LE ROMAN EN VERS

de très-excellent, puissant et noble homme

GIRART DE ROSSILLON

JADIS DUC DE BOURGOIGNE

PUBLIÉ POUR LA PREMIÈRE FOIS

D'APRÈS LES MANUSCRITS DE PARIS, DE SENS ET DE TROYES

avec de nombreuses Notes philologiques et neuf Dessins, dont six chromolithographiés

SUIVI DE

L'HISTOIRE DES PREMIERS TEMPS FÉODAUX

PAR MIGNARD

Correspondant du Ministère de l'Instruction publique,
Membre des Académies de Dijon, de Lyon et de plusieurs autres Académies françaises et étrangères,
Membre de la Société Archéologique de la Côte-d'Or,
Chevalier de l'Ordre pontifical de Saint-Grégoire-le-Grand, etc.

PARIS
J. TECHENER, RUE DE L'ARBRE-SEC, 52
DIJON
ANTOINE MAITRE, LIBRAIRE
1858

LE ROMAN EN VERS

de très-excellent, puissant et noble homme

GIRART DE ROSSILLON

JADIS DUC DE BOURGOIGNE

PUBLIÉ POUR LA PREMIÈRE FOIS

d'après les Manuscrits de Paris de Sens et de Troyes

PAR M. MIGNARD

CORRESPONDANT DU MINISTÈRE DE L'INSTRUCTION PUBLIQUE, ETC.

Rien de plus utile à nos études historiques que la reproduction de ce que M. Victor Leclerc de l'Institut appelle *nos grands poëmes*. Ils se lient étroitement à nos annales ; ils éclaircissent une multitude de faits curieux et importants qu'il n'est pas toujours impossible de dégager des enveloppes de la légende ni de celles de l'esprit chevaleresque de nos rapsodes nationaux. On n'a peut-être pas encore assez réfléchi à une chose : c'est que nous retrouvons dans *ces grands poëmes*, comme les Grecs dans les leurs, nos propres époques héroïques, et que nous y pouvons suivre pas à pas non-seulement l'établissement et les progrès de la politique féodale et les premières délimitations de nos provinces, mais aussi les phases, les tâtonnements et les premières assises de la langue française s'élançant un beau jour à tire d'ailes des idiomes romans et de leurs mille dialectes.

Il existe deux ordres de textes : ceux en vers et ceux en prose. Les premiers offrent une image vivante et naïve des XIIe, XIIIe et XIVe siècles qui les ont produits ; les seconds ne sont le plus ordinairement qu'un abrégé sans couleur des précédentes productions et ne nous transmettent pas aussi infailliblement que la poésie, soit la prononciation, soit l'orthographe du temps, soit les tours vifs, rapides et diversifiés du langage. Les romans en prose ne sont plus, en un mot, que des abrégés ou de froides et pâles transformations en usage seulement au XVe siècle.

Aussi les étrangers nous envient-ils nos richesses du premier genre et profitent-ils de notre apathie. On a publié à Berlin le délicieux poëme de *Flore et Blanchefleur*. Le docteur Hofmann, de l'université de Munich, vient d'éditer à Berlin encore le poëme *provençal* de Girart de Rossillon (1), qu'un de nos plus laborieux

---

(1) On varie sur ce nom. Les Allemands écrivent *Girartz de Rossilho* d'après la chanson de geste en langue provençale. Les Romans en langue d'Oil diversifient leur orthographe : on trouve *Girart*, *Gérart* et même *Ghérart de Rossillon*. Le manuscrit que nous avons principalement mis en œuvre écrit tantôt *Girart* et tantôt *Girars*. On paraît avoir adopté généralement en France la dénomination de *Gérard de Roussillon*.

français, M. Francisque Michel, a eu par bonheur le mérite de reproduire plus fidèlement dans la collection elzévirienne de M. Janet. Et c'est aussi un allemand, M. Bekker, qui a pris l'initiative de l'impression du poème de *Girart de Viane (Vienne)*, dont l'auteur paraît avoir été un clerc de Bar-sur-Aube, du nom de Bertrand.

Laisserons-nous donc les étrangers nous avertir du grand prix de nos vieilles poésies nationales? Il y a pourtant, dans ce genre d'érudition, d'éminents services à rendre, soit à notre histoire qu'on trouvera à demi submergée dans cette poésie primitive, soit à notre langage dont on découvrira les origines et la grammaire à mesure qu'on aura la patience de creuser dans ces mines fécondes. Il y a d'importants travaux à faire dans cette voie et de sérieux encouragements à obtenir de la part des bons esprits qu'anime le sentiment de notre gloire littéraire à son aurore et dans ses jets les plus vigoureux.

La raison d'être de nos plus illustres provinces et l'émancipation des guerriers qui en firent autant d'états libres se voient tout entières dans le fond historique de ces poèmes. Par exemple, les Bourguignons possèdent dans l'œuvre qu'on se propose ici de reproduire, un poème épique national des plus riches; et il y a de quoi s'étonner qu'il n'ait pas cessé plus tôt d'être un manuscrit sans nom afin de prendre le rang littéraire qui lui est dû tant pour son heureuse contexture et pour son intérêt historique que pour l'utilité incontestable de l'étude du développement de la langue française au commencement du XIVe siècle : car ce poème porte la date de 1316, comme on le verra démontré dans la partie bibliographique.

Notre poème a le droit d'intéresser la France aussi bien que la Bourgogne, puisqu'on y trouve toute l'histoire de Charles-le-Chauve et le récit des batailles où la royauté tendant à s'affaiblir disputait ses dernières prérogatives à la féodalité qui la supplantait déjà avec audace. Ce poème enfin, qu'on peut dire historique, met pour ainsi dire sous nos yeux les plus anciennes délimitations de la principale frontière de la Bourgogne, celle du Nord, la mieux garnie de forteresses parce qu'elle était la plus exposée aux incursions des armées royales.

On rencontrera avec plaisir parmi les guerriers compagnons de Girart les noms d'illustres familles bourguignonnes : celui du sire de Grancey, celui de Thierry comte de Duesme, de Lambert de Salives, du sire de Vergy, du sire de Montaigu et du sire de Thil. On y verra encore les noms de Bouchars vicomte d'Avallon, de Landry comte de Nevers, du comte de Grignon, de Bellandin de Frolois, de Gauthier de Rochefort, de Roubelin d'Arnay, du sire de Noyers, de Geoffroy de Sombernon, du comte Guillaume d'Autun, etc. On montre encore en divers lieux de la Bourgogne les débris des châteaux ou manoirs de ces seigneurs renommés.

Voici très en raccourci un premier aperçu de ce poème né en Bourgogne.

Le prologue renferme des avis pleins de sens et de sagesse pour quiconque écrit l'histoire. On sent par le début seul que l'auteur a principalement en vue la vérité, tout en donnant à ses récits les ailes de la poésie : ainsi, les dissensions de famille de Louis-le-Débonnaire; les menées de Charles-le-Chauve, son caractère cauteleux, suborneur et emporté; la puissance des grands vassaux exprimée par celle de Girart de Roussillon, vrai type des vigoureux champions de la féodalité : tout est exposé dans ce poème selon l'histoire. Nous avons aussi, grâce à ce recueil, une image complète de nos temps héroïques précurseurs de notre haute civilisation : rien de plus intéressant, comme partie épisodique, que de voir un héros jusqu'alors gâté par la fortune être en proie pendant sept ans aux rudes épreuves de l'exil, de l'abandon et de la misère, mais soutenu et consolé par un ange de vertu, le type de l'épouse chrétienne, par Berthe en un mot; puis rentrer en grâce auprès du Roi par des circonstances les plus ingénieusement produites, et recommencer une vie héroïque et exemplaire où rien n'est oublié des leçons de la fortune, même dans la conduite de la guerre qui reprend bientôt avec fureur entre le roi de France et lui. Les épisodes du siége de la forteresse de Roussillon sont remplis d'intérêt; les scènes de combats sont très-diversifiées; et rien ne manque au terrible spectacle d'une lutte tellement acharnée entre la royauté et la féodalité, que l'intervention divine est nécessaire pour ramener la paix parmi les peuples. Enfin l'on sent partout la profonde influence du christianisme dans notre société moderne : déjà au IXe siècle la dignité des mœurs conjugales et l'influence douce et pénétrante de la femme chrétienne avaient remplacé la suprématie farouche des guerriers. Un fond de moralité remarquable respire dans ce poème : c'est le respect des peuples pour les personnes de haut rang qui donnent l'exemple des vertus.

Neuf dessins, dont six coloriés à plusieurs teintes et fidèlement calqués sur les originaux, existant au manuscrit de la Bibliothèque impériale, occuperont dans notre ouvrage la même place qu'au manuscrit même. Ces dessins respirent, par leur naïve expression, les premières années du XIVe siècle, dont ils reproduisent exactement les costumes. « On voit d'abord Girart, poursuivi par le roi de France, s'échapper
« de Dijon pour fuir à Besançon. Un saint hermite habitant les forêts le reconforte
« et dispose son ame à la résignation. Ici, Berthe est représentée gagnant sa vie
« comme couturière, pendant que Girart s'en va au marché avec un sac de charbon
« sur le dos. Là, rien de plus original que la scène où il se venge de l'insulte d'*un*
« *varlet*. Les dessins suivants nous montrent d'abord la reine, épouse de Charles-
« le-Chauve, rencontrant fortuitement les pauvres proscrits accablés sous le poids
« de leurs sept années d'infortune; puis vient Charles, à qui la pieuse reine Elwis,
« sœur de Berthe, avait raconté un songe rempli d'émotions; ainsi préparé, le roi
« pardonne à Girart tous ses torts. Ailleurs, ce dernier, après avoir commis une
« grosse faute contre Berthe, se tient, avec les signes du plus vif repentir, à la porte
« d'une église toute flamboyante des solennités de Noël. Un peu plus loin, la pieuse
« et magnanime Berthe le console et le fait entrer dans le temple. Enfin, le 9^e
« dessin représente un ange révélant au peuple d'Avignon que les fléaux répandus
« sur la contrée cesseront seulement lorsqu'on aura transporté les précieux restes
« de Girart à son abbaye de Pothières, en Bourgogne. »

Il n'est pas possible de faire ressortir dans une esquisse aussi rapide tout le mérite de cette production; on y puise les plus judicieuses leçons sur les qualités de l'homme de guerre, sur le respect dû à l'autorité, ce qui était une morale plus en vigueur chez nos aïeux que chez nous malheureusement; on y trace les principales qualités d'un souverain, dont le cœur doit être le sanctuaire de la justice; on y expose comment il doit craindre et mépriser la flatterie, honorer et garder ses serviteurs, priser le bon sens et les bonnes mœurs du pauvre comme du riche, demeurer attentif entre la miséricorde et le droit, respecter les choses saintes et les ministres de Dieu.

Nous ne finirions point si nous voulions analyser l'intérêt historique de ce poème où l'on apprend jusqu'aux formules des sommations et appels de bans entre vassal et suzerain. Charles-le-Chauve y est parfaitement dépeint sous les couleurs de sa forfanterie habituelle, tandis que la religion, qui a relevé le cœur de Girart, rend toutes ses pensées grandes et généreuses.

Puisse cet exposé fort court, et circonscrit dans les limites d'un simple avant-propos, donner une suffisante idée d'un poème qui a été trop longtemps enseveli dans ses langes, et auquel nous nous sommes proposé de redonner la vie en le rendant intelligible à tous par des explications et par le commentaire des mots d'un sens difficile et aujourd'hui inusité. Toutefois, nous ne nous bornerons pas au poème uniquement, mais nous l'accompagnerons de recherches consciencieusement élaborées sur le personnage réel de Girart et sur son rôle dans l'histoire du IXe siècle. On trouvera dans ce travail des aperçus tout neufs sur la suite des comtes de la contrée depuis la mort de Girart jusqu'au gouvernement des premiers ducs héréditaires.

M. Francisque Michel, dans un de ses savants rapports à M. le Ministre de l'instruction publique, s'écriait en parlant de la chanson de Roncevaux et en faisant allusion à l'empressement des étrangers à faire des irruptions littéraires sur notre terrain : « Dieu veuille que cet éditeur soit un Français ! » Nous même, à l'occasion du poème national dont nous venons de donner un rapide aperçu, nous dirons : « Dieu veuille que son éditeur soit un Bourguignon ! »

Cet ouvrage sera imprimé à un *petit nombre d'exemplaires* en un fort volume sur très-beau papier, dans le format de ce prospectus qui est aussi celui des neuf dessins énumérés plus haut. Il exigera en outre des soins minutieux d'exécution à cause du vieux langage et des nombreuses notes philologiques. Le prix de l'exemplaire ne pourra dès lors être au-dessous de 12 francs, payables lors de la mise en vente.

Comme le tirage à nombre limité dépendra de la liste des souscripteurs, il est nécessaire de s'inscrire d'avance :

A Dijon, chez
- Ant. MAITRE, libraire-éditeur, rempart du Château ;
- LAMARCHE et DROUELLE, libraires, place St-Etienne ;
- l'Auteur, rue Saint-Michel, 3 ;

A Paris, chez :

L'ouvrage sera mis sous presse aussitôt qu'on aura réuni un certain nombre de souscripteurs.

GIRART DE ROSSILLON

Se trouve aussi chez les Libraires dont les noms suivent :

PARIS.
- Aubry, rue Dauphine, 16.
- Derache, rue du Bouloy, 7.
- Didron, rue Saint-Dominique, 23.
- Dumoulin, quai des Augustins, 13.
- B. Duprat, libraire de l'Institut, etc., rue du Cloître Saint-Benoît, 7.
- A. Durand, rue des Grès-Sorbonne, 7.
- A. Franck, rue de Richelieu, 67.
- Longuet, boulevard Sébastopol, 37.
- L. Potier, quai Malaquais, 9.

LYON. — A. Brun, rue du Plat.

DIJON. — Lamarche et Drouelle, place Saint-Étienne.

BESANÇON. — Bulle, rue Saint-Vincent.

Nota. — Cet Ouvrage n'est tiré qu'à 500 exemplaires, dont 50 seulement sur papier de Hollande, avec les dessins sur Chine.

Dijon, imp. Loireau-Feuchot, place Saint-Jean, 1 et 3.

LE ROMAN EN VERS

de très-excellent, puissant et noble homme

GIRART DE ROSSILLON

JADIS DUC DE BOURGOIGNE

PUBLIÉ POUR LA PREMIÈRE FOIS

D'APRÈS LES MANUSCRITS DE PARIS, DE SENS ET DE TROYES

avec de nombreuses Notes philologiques et neuf Dessins dont six chromolithographiés

SUIVI DE

L'HISTOIRE DES PREMIERS TEMPS FÉODAUX

PAR MIGNARD

Correspondant du Ministère de l'Instruction publique,
Membre des Académies de Dijon, de Lyon et de plusieurs autres Académies
françaises et étrangères,
Membre de la Société Archéologique de la Côte-d'Or,
Chevalier de l'Ordre pontifical de Saint-Grégoire-le-Grand, etc.

PARIS

J. TECHENER, RUE DE L'ARBRE-SEC, 52

DIJON

ANTOINE MAITRE, LIBRAIRE.

1858

INTRODUCTION.

> Le siècle de Louis IX est, pour le moyen-âge, ce qu'est le siècle de Louis XIV pour les temps modernes : notre vieille littérature y parvient à son apogée. — Ce n'est qu'en possédant notre vieille langue qu'on possédera la véritable langue moderne, qu'on en pénétrera le génie et les ressources. Plût à Dieu que cette étude s'organisât dans les colléges à côté du grec et du latin.
> (*Des variations du langage depuis le XIIe siècle*, par Genin, introd.)

Rien ne sera plus utile à nos études historiques et philologiques que la reproduction de ce que M. Victor Leclerc, de l'Institut, appelle *nos grands poëmes*. Ils se lient étroitement à nos annales; ils en éclaircissent une multitude de faits curieux et importants, et il n'est pas toujours impossible de dégager, des enveloppes de la légende ni de celles de l'esprit chevaleresque de nos rapsodes nationaux, l'histoire véritable de notre société moderne. On n'a peut-être pas encore assez réfléchi à cela; mais nous retrouvons indubitablement dans *ces grands poëmes*, comme les Grecs dans les leurs, nos propres époques héroïques, et nous y pouvons suivre pas à pas non-seulement l'établissement et les progrès de la politique féodale et les premières délimitations de nos provinces, mais aussi les phases, les tâtonnements et les premières assises de la langue française s'élançant un beau jour, à tire d'ailes, des idiômes romans et de leurs mille dialectes.

Il existe deux ordres de textes : ceux en vers et ceux en prose. Les premiers offrent une image vivante et naïve des XIIe, XIIIe et XIVe siècles, qui les ont produits; les seconds ne sont, le plus ordinairement, qu'un abrégé, sans couleur, des précédentes productions, et ne nous transmettent pas aussi infailliblement que la poésie, soit la prononciation, soit l'orthographe du temps, soit les tours vifs, rapides et diversifiés du langage [1]. Les romans en

---

[1] Le judicieux et profond philologue Génin donne, par ce qui suit, une grande autorité à notre pensée : « Il faut tâcher pourtant de s'ins-

prose ne sont plus, en un mot, que des abrégés ou de froides et pâles transformations, en usage seulement au XVe siècle.

Aussi les étrangers nous envient-ils nos richesses du premier genre et profitent-ils de notre apathie. On a publié à Berlin le délicieux poème de *Flore et Blanchefleur*. Le docteur Hofmann, de l'université de Munich, vient d'éditer, à Berlin encore, le poème *provençal* de Girart de Rossillon, qu'un de nos plus zélés érudits, M. Francisque Michel, a reproduit, on ne peut plus fidèlement, dans la collection elzévirienne de M. Janet, et sur les meilleurs textes. C'est aussi un Allemand, M. Bekker, qui a pris l'initiative de l'impression du poème de *Girart de Viane* (*Vienne*), dont l'auteur paraît avoir été un clerc de Bar-sur-Aube, du nom de Bertrand. Le très-savant M. Burguy, de la ville de Berlin, riche pépinière de philologues, vient d'étudier à fond, dans une œuvre fort recommandable, nos dialectes français des XIIe et XIIIe siècles.

Laisserons-nous donc les étrangers nous avertir du grand prix de nos vieilles poésies nationales? Il y a pourtant, dans ce genre d'érudition, d'éminents services à rendre, soit à notre histoire, qu'on trouvera à demi submergée dans cette poésie primitive, soit à notre langage, dont on découvrira les origines et la grammaire à mesure qu'on aura la patience de creuser dans ces mines fécondes. Il y a d'importants travaux à faire dans cette voie et de sérieux encouragements à obtenir de la part des bons esprits qu'anime le sentiment de notre gloire littéraire à son aurore et dans ses jets les plus vigoureux.

La raison d'être de nos plus illustres provinces et l'émancipation des guerriers, qui en firent autant d'Etats libres, se voient tout entières dans le fond historique de ces poèmes. Par exemple, les Bourguignons possèdent désormais, dans l'œuvre qu'on va lire, un poème épique national des plus riches; et il y a de quoi

---

truire. C'est une circonstance bien favorable à ce désir, que le moyen-âge ait produit tant de vers; car vous voyez de quel secours nous seront les rimes pour déterminer la prononciation.- Voilà déjà un puissant auxiliaire de nos recherches, la rime; ensuite les discordances d'orthographe. Si le même mot se montrait toujours écrit de même, il faudrait désespérer; mais le voilà écrit de quatre façons à la même époque, souvent dans le même manuscrit; or, il se prononçait assurément toujours de même : il ne s'agit donc que de ramener ces quatre notations à une seule valeur. L'une éclairera l'autre, et de nombreux rapprochements, de nouvelles analogies, nous fournissant un supplément de lumières, nous arriverons, avec de la patience, à poser des règles générales, etc. »

s'étonner qu'il n'ait pas cessé plus tôt d'être un manuscrit sans nom, afin de prendre le rang littéraire qui lui était dû, tant pour son heureuse contexture et pour son intérêt historique que pour l'utilité incontestable de l'étude du développement de la langue française au commencement du XIVe siècle; car ce poème porte la date de 1316, comme on le verra démontré bientôt.

Il concerne la France carlovingienne aussi bien que la Bourgogne, puisqu'on y trouve toute l'histoire de Charles-le-Chauve et le récit des batailles où la royauté, tendant à s'affaiblir, disputait ses dernières prérogatives à la féodalité, qui la supplantait déjà avec audace. Ce poème, enfin, véritable chronique en vers, met pour ainsi dire sous nos yeux les plus anciennes délimitations de la principale frontière de la Bourgogne, celle du nord, la mieux garnie de forteresses, parce qu'elle était la plus exposée aux incursions des armées royales.

On rencontrera avec plaisir, parmi les guerriers compagnons de Girart, les noms d'illustres familles bourguignonnes : celui du sire de Grancey, celui de Thierry, comte de Duesme, de Lambert de Salives, du sire de Vergy, du sire de Montaigu et du sire de Thil. On y verra encore les noms de Bouchars, vicomte d'Avallon, de Landry, comte de Nevers, du comte de Grignon, de Bellandin de Frolois, de Gauthier de Rochefort, de Roubelin d'Arnay, du sire de Noyers, de Geoffroy de Sombernon, du comte Guillaume d'Autun, etc. On montre encore, en divers lieux de la Bourgogne, les débris des châteaux ou manoirs de ces seigneurs renommés.

Voici, très en raccourci, un premier aperçu de cette chronique rimée native de Bourgogne :

Le prologue renferme des avis pleins de sens et de sagesse pour quiconque écrit l'histoire. On sent, par le début seul, que l'auteur a principalement en vue la vérité, tout en donnant à ses récits les allures de la poésie : ainsi, les dissensions de famille de Louis-le-Débonnaire; les menées de Charles-le-Chauve, son caractère cauteleux, suborneur et emporté; la puissance des grands vassaux exprimée par celle de Girart de Rossillon, vrai type des vigoureux champions de la féodalité : tout est exposé dans ce poème selon l'histoire. Nous avons aussi, grâce à ce recueil, une image complète de nos temps héroïques, précurseurs de notre haute civilisation; rien de plus intéressant, comme partie épisodique, que de voir un héros, jusqu'alors gâté par la fortune, être en proie, pendant sept ans, aux rudes épreuves de l'exil, de l'abandon et de la misère, mais être soutenu et consolé par un ange de vertu, le type de l'épouse chrétienne, par Berthe en un mot ; puis, rentrer en grâce auprès du roi par des circonstances les plus ingénieusement produites, et recommencer une vie héroïque et exemplaire, où rien n'est oublié des leçons de la fortune, même dans la conduite de la guerre qui reprend bientôt avec fureur entre le roi de France et lui. Les épisodes du siége de la forteresse de Rossillon sont remplis d'intérêt, les scènes de combats sont très-diversifiées, et rien ne manque au terrible spectacle d'une lutte tellement acharnée entre la royauté et la féodalité, que l'intervention divine est nécessaire pour ramener la paix parmi les peuples. Enfin, l'on sent partout la profonde influence du christianisme dans notre société moderne ; déjà, au IXe siècle, la dignité des mœurs conjugales et l'influence douce et pénétrante de la femme chrétienne avait remplacé la suprématie farouche des guerriers. Un fond de moralité remarquable se fait voir dans ce poème : c'est le respect des peuples pour les personnes de haut rang qui donnent l'exemple des vertus.

Neuf dessins, dont six coloriés à plusieurs teintes et fidèlement calqués sur les originaux existant au manuscrit de la Bibliothèque impériale, occupent dans notre ouvrage la même place qu'au manuscrit même. Ces dessins respirent, par leur naïve expression, l'époque reculée du XIe siècle. On y voit d'abord Girart, poursuivi par le roi de France, s'échapper de Dijon pour fuir à Besançon. Un saint ermite, habitant les forêts, le reconforte et dispose son ame à la résignation. Ici, Berthe est représentée gagnant sa vie comme couturière, pendant que Girart s'en va au marché avec un sac de charbon sur les épaules. Là, rien de plus original que la scène où il se venge de l'insulte d'*un varlet*. Les dessins suivants nous montrent d'abord la reine, épouse de Charles-le-Chauve, rencontrant fortuitement les pauvres proscrits accablés sous le poids de leurs sept années d'infortune ; puis Charles, à qui la pieuse reine Elwis, sœur de Berthe, avait raconté un songe rempli d'émotions : ainsi préparé, le roi pardonne à Girart tous ses torts. Ailleurs, ce dernier, après avoir commis une grosse faute contre Berthe, se tient, avec les signes du plus vif repentir, à la porte d'une église toute flamboyante des solennités de Noël. Un peu plus loin, la pieuse et magnanime Berthe le console et le fait entrer dans le temple. Enfin, le neuvième dessin représente un ange révélant au peuple d'Avignon que les fléaux répandus sur la contrée cesseront seulement lorsqu'on aura transporté les pré-

INTRODUCTION.

cieux restes de Girart à son abbaye de Pothières, en Bourgogne [1].

On puisera dans cette épopée d'un caractère éminemment noble et élevé les plus judicieuses leçons sur les qualités de l'homme de guerre, sur le respect dû à l'autorité, ce qui était une morale plus en vigueur chez nos aïeux que chez nous malheureusement. Le poète y trace les principales qualités d'un souverain, dont le cœur doit être le sanctuaire de la justice; il y expose comment le prince doit craindre et mépriser la flatterie, honorer et garder ses serviteurs, priser le bon sens et les bonnes mœurs du pauvre comme du riche, demeurer attentif entre la miséricorde et le droit, respecter les choses saintes et les ministres de Dieu. On y apprendra jusqu'aux formules des sommations et appels de bans entre vassal et suzerain. Charles-le-Chauve y est parfaitement dépeint sous les couleurs de sa forfanterie habituelle, tandis que la religion, qui a relevé le cœur de Girart, rend toutes ses pensées grandes et généreuses.

A ce poème épique et national trop longtemps enseveli dans ses langes, nous nous sommes proposé de redonner la vie, en le rendant intelligible à tous par des explications et par le commentaire des mots d'un sens difficile et aujourd'hui inusité. Toutefois, nous ne nous bornons pas au poème uniquement, mais nous l'accompagnons de recherches, consciencieusement élaborées, sur le personnage réel de Girart et sur son rôle dans la politique du IXe siècle; de plus, nous faisons l'histoire des premiers temps féodaux. On trouvera, dans ce travail, des aperçus tout neufs sur la suite des comtes de la contrée, depuis la mort de Girart jusqu'au gouvernement des premiers ducs héréditaires. Les démêlés et les partages successifs des deux Bourgognes, *transjurane* et *cisjurane*, amènent naturellement, dans notre exposé, l'histoire de ces importantes contrées et de leurs principales villes, Lyon et Vienne, pendant une des plus curieuses périodes du IXe siècle. Poligny, Pontarlier, Château-Chalon et plusieurs autres forteresses assises sur la croupe du Jura, semblent avoir eu un rôle actif dans ces luttes à mort entre la royauté déchue et la féodalité triomphante : aussi donnons-nous sur ces localités de curieux détails.

---

[1] Tous ces dessins ont été reproduits avec le plus grand talent et avec une fidélité irréprochable par M. Digeon, artiste chromocalcographe, à qui les Chevreul, les Vilmorin et autres grandes célébrités confient tous les jours les ouvrages de science ou d'art qui exigent le plus d'éclat et de précision. Il a obtenu pour ses procédés nouveaux, très-favorablement accueillis de l'Institut, la première médaille à l'Exposition de 1855 et un brevet de S. M. l'Impératrice.

M. Francisque Michel, dans un de ses savants rapports à M. le ministre de l'instruction publique, s'écriait, en parlant de la chanson de Roncevaux, et en faisant allusion à l'empressement des étrangers à faire des irruptions littéraires sur notre terrain : « Dieu veuille que cet éditeur soit un Français ! » Nous-mêmes, à l'occasion du poème national que nous sommes enfin assez heureux pour reproduire, d'après ses divers textes, nous nous sommes dit plus d'une fois : «Dieu veuille que son éditeur soit un Bourguignon ! »

Lorsque nous hésitions encore à entreprendre cette tâche ardue, M. Fortoul, alors ministre de l'instruction publique, nous y exhortait avec le plus paternel empressement et nous facilitait de même toutes les communications désirables, soit dans les bibliothèques, soit dans les dépôts de manuscrits. Nous ne sommes pas le seul qui ayons entendu les bienveillantes paroles de M. le ministre : d'autres illustres protecteurs des lettres, et particulièrement M. Nisard, de l'Académie française, notre compatriote et ami, nous les ont rappelées depuis, comme pour nous avertir de ne point oublier de hauts encouragements. Or, nous venons d'accomplir ce qui était demeuré pour nous un point d'honneur, puisque le patron le plus éminent de notre œuvre n'en sera pas témoin. C'est sur une tombe, hélas ! que nous allons déposer notre plus légitime hommage ! Notre cœur se souvient mieux et plus vite que notre esprit, et il a de l'entraînement vers cette dette et vers ces respects avant de pouvoir s'ouvrir à toute autre espérance, et surtout à celle que nos efforts seront aussi bien soutenus que par le passé.

Quatre manuscrits divers nous ont servi à reproduire le texte du poème, ou chronique en vers, que nous donnons au public. Le premier est un manuscrit sur papier, d'une écriture fort abrégée et fort difficile à lire, inscrit à la Bibliothèque impériale sous le n° 254 ; son format, ancien petit in-4° et in-8° actuel, a de 22 à 23 centimètres de long sur 15 à 16 centimètres de large. Il renferme 142 feuillets ou 284 pages, et 6,712 vers. Le poème finit au 138ᵉ feuillet ; les quatre feuillets suivants renferment trois pièces de vers indépendantes de cette épopée. Il n'y a ni ponctuation, ni accentuation [1] ; les hémistiches

---

[1] Nous ne pouvions mieux faire que de suivre l'exemple des continuateurs de l'*Histoire littéraire de France*, lesquels ont ponctué et accentué tous les passages tirés par eux des poèmes des XIIᵉ et XIIIᵉ siècles. Toutefois, et d'après le conseil de l'illustre M. Leclerc, de l'Institut, nous avons été très-sobres d'accentuation, et nous n'y avons eu pour ainsi dire recours que lorsqu'il fallait noter le rhythme du vers.

sont indiqués, soit par des traits longitudinaux, soit par un, soit par deux points, ce qui était esssentiel, parce que, selon le besoin du vers, le poète fait certains mots tantôt monosyllabiques, tantôt dissyllabiques, comme dans ce qui suit :

> Quant aucun lui disoient que il partout cre-ust [1]
> Ses tailles et ses tre-us [2] pourtant que plus he-ust.
> (P. 126, v. 2899.)

Une syllabe muette ne compte pas plus au premier hémistiche qu'à la fin du vers :

> Li bon bien les entendent | et meilleur en deviennent.
> (V. 4.)

Chaque alinéa commence par une grande lettre coloriée en rouge, et toutes les fois que le vers fait maxime, on aperçoit en marge un doigt indicateur colorié diversement. Certaines lettres sont répétées au commencement du vers, comme *Ffut* pour fut, *Ffait* pour fait, etc. L'écriture est d'un siècle plus jeune que le poème, ce qui explique la diversité d'orthographe entre ce manuscrit et celui de Sens, qui est plus ancien. En un mot, c'est une erreur de Roquefort d'avoir imputé la composition du poème à *Eude Savesterot*, prêtre de Châtillon-sur-Seine [3], tandis que ce clerc n'a été que copiste, comme on le verra tout à l'heure. Ce qui a pu tromper Roquefort, ce sont les termes de l'*explicit* [4] ou note de la fin du poème. Il fallait les entendre simplement d'une tâche accomplie, comme celle d'avoir copié ce poème, et non de l'avoir composé.

D'ailleurs, la contexture et le style qui lui sont propres diffèrent autant de la version manuscrite en prose du même poème, version datant de 1447 [5], que ces choses ont d'analogie, au contraire, avec le style et la contexture du roman de Girart d'Eufrate, écrit vers le commencement du XIIIe siècle.

---

[1] Qu'il augmentât.
[2] *Treu, treud,* trus et trehu, du mot latin *tributum,* impôt, péage.
[3] Voir Roquefort, *Glossaire de la langue romane,* t. II, p. 770.
[4] « Explicit le romant de Girart de Rossillon et de Berthe sa femme fait et compli par moy Eude Savesterot prestre en la ville de Chastillon sur Seigne le semadi IXe jour du mois de janvier l'an mil IIII^cXVI (1416) a loux (à la louange) de Dieu et de sa douce mère et à la louange de nossigneurs les Dux de Bourguoigne. »
Quand nous considérions nous-même *Eude Savesterot* comme auteur du poème dont il s'agit (voir dans l'*Album du Châtillonnais, Excursions par les voies romaines,* p. 8, Dijon, 1855), nous parlions d'après Roquefort ; mais les études que nous venons de faire ont bien éclairci la question et nous obligent aujourd'hui à contredire Roquefort.
[5] C'est le M^s de Beaune.

Nous avons dû naturellement rechercher toutes les sources au moyen desquelles nous pourrions remonter à la facture originale du poème édité par nous. La bonne hospitalité littéraire que nous avons rencontrée près de M. le maire de la ville de Troyes, et de M. Harmant, bibliothécaire de cette ville [1], nous a mis à même de compulser, avec toute la réflexion nécessaire, une des deux copies de Girart de Rossillon provenant du fonds Bouhier [2], et ayant 304 pages in-4º d'une écriture nette et sans rature. Entre autres remarques écrites sur les feuillets de garde, elle porte celle-ci : « Le présent œuvre, dédié à Jeanne de Bourgogne, femme de Philippe-le-Long, roy de France, fille d'Othelin, comte de Bourgogne, 1316. »

D'un autre côté, M. le ministre de l'instruction publique a bien voulu autoriser, en notre faveur, le déplacement du manuscrit de Girart de Rossillon appartenant à la bibliothèque de l'Arsenal, Belles-Lettres, nº 184. C'est un in-fº de 213 pages, que nous avons reconnu, M. Lacroix, conservateur des manuscrits à la bibliothèque de l'Arsenal, et nous, pour être de *Barbazan*, à cause de l'identité de l'écriture de ce manuscrit avec un glossaire, aussi manuscrit, de l'ancienne langue française, in-fº, nº 3, œuvre de Barbazan, possédée par l'Arsenal. Nous nous sommes assurés, en même temps, que les notes marginales et les annotations du manuscrit nº 184 sont de Lacurne-Sainte-Palaye, l'un et l'autre savants et laborieux philologues, nés, le premier en 1696, le second en 1697, et morts à

---

[1] C'est avec une parfaite obligeance que M. le maire de la ville de Troyes a consenti pour nous au déplacement d'un précieux manuscrit de Girart de Rossillon que cette ville possède.

[2] C'est la copie D. 14. Une autre copie D. 13, provenant du même fonds, est à la bibliothèque de Montpellier. (Voir t. I, p. 377, nº 244 du *Catal. gén. des Mˢ des bibl. publ. des dép.*) La copie D. 14 que nous avons compulsée est ainsi décrite (t. II, p. 307, nº 742 du même Catalogue) : « In-fº sur papier. Roman (en vers) de Girart de Rossillon, duc de Bourgogne, dédié par l'auteur à Jeanne de Bourgogne, femme du roi Philippe-le-Long (1316), et copié sur un ancien manuscrit, par M. Jean Bouhier, conseiller au Parlement de Dijon et grand-père du président; XVIIᵉ siècle. — Bibl. Bouhier, D. 14. Mˢ de 150 feuillets. Ce roman commence ainsi :

La chose qui plus fait toutes gens resiouir...

Après le prologue, qui est de soixante vers, l'auteur continue :

Il est désormais temps d'entrer en ma matière.

Cette rédaction, *en français du quatorzième siècle*, est, sauf quelques légères variantes, la même que celle qui existe à la Bibliothèque Nationale de Paris, Mˢ supl. français, nº 254², in-8º, sur papier, XVᵉ siècle. *Elle est inédite.* »

onze ans de distance l'un de l'autre. En tête du manuscrit n° 184 on lit cette importante remarque de Lacurne-Sainte-Palaye :

« Ceste copie a esté faite sur le manuscrit d'une écriture moderne de M. le président Bouhier, D 14, dont les pages ont esté marquées ici à la marge. Je l'ai conféré, en quelques endroits, avec un autre manuscrit, d'une écriture du XVe siècle finissant, de M. le président Bouhier, D 13, qui est presque entièrement semblable, *et avec un troisième manuscrit de la cathédrale de Sens, qui me paroist de la fin du XIIIe siècle, et dont le langage et l'orthographe sont souvent très-différents des deux premiers.* Je me suis contenté d'en rapporter en marge les principales variantes, que j'ai marquées par un S. Dans ce dernier manuscrit l'hémistiche est distingué par une grande lettre en rouge. »

On va juger de quelle importance était pour nous la découverte de cette copie de l'Arsenal. Lacurne-Sainte-Palaye l'avait collationnée avec le manuscrit de Sens, et il avait pris soin de souligner tous les vers qui différaient le moins du monde de ceux de ce manuscrit. Il a eu fort à faire, car le président Bouhier, qui avait entrepris de copier un texte, d'une écriture fort peu commode à déchiffrer[1], ne s'est point du tout contraint pour interpréter çà et là ce texte à sa façon, ni pour y substituer quelquefois des expressions de son goût particulier, ni pour en rajeunir l'orthographe .

En même temps que le manuscrit de Sens était sous les yeux de Lacurne-Sainte-Palaye, ce savant ne pouvait se passer non plus de notre manuscrit[2], n° 254, de la Bibliothèque impériale, car le manuscrit de Sens, dès cette époque même, avait plusieurs lacunes par suite de lacérations ; ainsi, et comme l'a signalé Lacurne-Sainte-Palaye lui-même, le manuscrit de Sens ne commence qu'au 89e vers du nôtre, et il y a encore d'autres lacunes, notamment une disparition de 76 vers, à partir du 3185e de notre même manuscrit. Or, il résulte du travail auquel s'est livré La-

---

[1] Sauf les excentricités dont nous parlons, et qui sont signalées par la copie de l'Arsenal, celle du président Bouhier se rapporte au M^s n° 254[2] de la Bibl. Impériale. Elle est, comme ce dernier, sans accents ni ponctuation. Il est vraisemblable que le laborieux et docte magistrat bourguignon avait eu, des religieux de Pothières, communication du manuscrit en question, que nous avons tout lieu de penser leur avoir appartenu.

[2] On a beaucoup trop adouci les choses, en disant : « Il n'y a que la différence de quelques variantes entre le M^s de Sens et la copie du président Bouhier ; encore la plupart de ces variantes portent-elles uniquement sur l'orthographe. » (V. l'édition elzévirienne Janet du *Girart de Rossillon* provençal, donné par F. Michel, préface, p. XIII.)

curne-Sainte-Palaye, que le manuscrit de Sens est fort identique avec celui de la Bibliothèque impériale n° 254², et que la copie du président Bouhier s'écarte de l'un et de l'autre de la même façon. Il résulte encore de la confrontation que nous avons faite nous-même, que le clerc châtillonnais Savesterot a dû prendre sa copie sur ce même manuscrit de Sens ; mais, quelque soin qu'il y ait apporté, il a oublié, après les vers 911 et 975, deux autres vers qui rendent, dans sa copie, la rime boiteuse. Toutefois, à partir de l'entrée en matière du poème (p. 5, v. 72 de notre édition), jusqu'à la fin, Savesterot, sauf quelques empreintes de son orthographe personnelle, s'est bien conformé au manuscrit plus vieux que lui d'un siècle au moins [1].

Tous les savants et philologues dont nous venons de citer les noms tant dans le texte qu'aux notes, sont unanimes pour donner à notre poème la date de 1316 [2]. C'était précisément l'époque où la reine *Jeanne de Bourgogne,* femme du roi de France Philippe-le-Long, était couronnée à Reims. C'est aussi à cette prin-

---

[1] Le Mˢ de Sens est ainsi indiqué au tome I, p. 377 du *Catal. gén. des Mˢ*, et de ceux de la bibliothèque de Montpellier particulièrement : « N° 349, in-4° sur vélin. Roman de Girart de Rossillon, XIVᵉ siècle.— De la bibliothèque d'Auxerre. Il y a une note de *Laire*. On a refait plusieurs feuillets au XVIIIᵉ siècle. » — Cette note ne serait pas comprise sans les quelques explications qui suivent : le manuscrit dit *de Sens,* parce qu'il a figuré dans les archives de cette ville, est un in-4° sur vélin de 103 feuillets, lequel avait appartenu primitivement à l'abbaye de Vezelay. Lorsqu'on forma la bibliothèque de l'école centrale d'Auxerre, ce manuscrit précieux y fut transféré avec d'autres livres encore, provenant de la ville de Sens ; aujourd'hui il est bien autrement déclassé, puisqu'il est dépaysé comme un trouvère dans le pays des troubadours. : en effet, le docteur Prunelle, ancien maire de Lyon, lequel avait été chargé en 1804, par le ministre de l'intérieur, P. Chaptal, de l'inspection des bibliothèques des départements, a jugé convenable de doter la bibliothèque de l'école de médecine de Montpellier, sa ville natale, de livres et de manuscrits de choix, parmi lesquels figure encore aujourd'hui le manuscrit en question. Pendant que ce manuscrit était à la bibliothèque d'Auxerre, le savant dont il est parlé plus haut sous le nom de *Laire* écrivit sur la garde du volume une note pour apprendre au lecteur que les lacunes qui existaient dans le roman de Girart de Rossillon avaient été comblées par les soins de Lacurne-Sainte-Palaye d'après le manuscrit de la bibliothèque de la rue de Richelieu, c'est-à-dire d'après notre propre manuscrit n° 254². Laire ajoutait que *celui d'Auxerre est le plus ancien qu'on trouve de ce roman tant en France qu'en Italie.*

[2] Quatre ans plus tôt, en 1312, l'ordre de la milice du Temple venait d'être supprimé après des procédures dont nous avons parlé amplement dans nos *Eclaircissements sur les Pratiques occultes des Templiers* (Paris, Dumoulin, Duprat, Franck, etc.). Charger des accusés qui succombent, c'est la coutume : on leur imputait, entre autres vices, de boire avec excès, et le mot *templariter bibere* est bien connu de tout le monde. Or, en 1316, époque où notre poème voyait le jour, le grand

cesse, en même temps qu'à *Eudes IV, duc de Bourgogne*, son gendre, et à *Robert de Bourgogne, comte de Tonnerre*, que notre poète, dont on ignore aujourd'hui le nom, faisait l'hommage de sa chronique en vers[1]. Il n'est pas étonnant que l'auteur de cette épopée nationale l'ait dédiée en première ligne à la reine Jeanne de Bourgogne, car elle protégeait beaucoup les poètes, et notamment Philippe de Vitry, évêque de Meaux, auteur de la traduction des Métamorphoses d'Ovide *moralisées en vers*[2]. Dans cet ouvrage, *Daphné* est la vierge Marie, qui résiste aux séductions du monde et mérite de jouir dans le ciel d'une immortalité glorieuse[3].

Nous avons dit plus haut que le copiste du manuscrit édité par nous avec les variantes de ceux de Sens, de l'Arsenal et de Troyes, n'a commencé bien fidèlement sa tâche qu'à partir de l'entrée en matière. Il suffira, en effet, à ceux qui auront lu le poème, de relire le prologue pour s'assurer qu'il jure par la forme avec l'ensemble, comme un péristyle retouché par une main indiscrète ferait disparate avec l'irréprochable unité de tout le reste d'un monument.

Nous ne serions pas surpris que ce prologue ait été remanié après coup : en effet, ce n'est plus la facture grammaticale du XIIIe siècle, comme elle règne avec régularité dans tout le poème. Ainsi l'on apercevra, dès les 8e, 12e vers et suivants du prologue, cette anomalie que l's y caractérise le nominatif pluriel, tandis que c'est tout le contraire dans le poème; l'emploi de

---

événement du procès des Templiers en laissait encore les diverses péripéties toutes palpitantes. Aussi notre poète fait-il dire à Thierry, duc d'Ardenne, en parlant du preux Droon et de lui-même :

. . . . bien sommes fors d'enfance
Et *bevons* aussi bien comme chevalier de France.
(P. 40, v. 853.)

[1] Voir, p. 14 et 15 du poème, les termes de cet hommage.
Jeanne, fille d'Othon IV, comte de Bourgogne (Franche-Comté), et de Mahault, comtesse d'Artois, épousa le roi de France Philippe-le-Long, en 1307, lorsqu'il était encore comte de Poitiers. Elle fut couronnée à Reims le 9 janvier 1317, et mourut à Roye (Picardie) en 1329. (*Art de vérifier les Dates*.)
Eudes IV, duc de Bourgogne de 1315 à 1349, épousa *Jeanne*, fille aînée de Philippe-le-Long, héritière par sa mère des comtés de Bourgogne et d'Artois. Eudes IV recueillit cette riche succession en 1329, à la mort de sa belle-mère. (Courtépée.)
Robert de Bourgogne, marié à Jeanne de Châlon, qui lui apporta en dot le comté de Tonnerre, mourut sans enfants en 1334. Il était fils de Robert II, duc de Bourgogne de 1272 à 1305. (Courtépée.)
[2] Uns grans roumans de Fables d'Ovide qui sont ramenées à moralité de la mort de Jésus-Christ, poème de 71,000 vers.
[3] Paulin, Paris, *les Manuscrits français*, t. III, p. 183,

l'*s* est aussi intempestif, mais d'une autre manière, dans les vers 29e et 30e; l'emploi de l'*y* comme final de participes passés dans les vers 27e, 43e et 44e[1] porte l'estampille du commencement du XVe siècle, époque où Savesterot travaillait à sa copie.

Le titre même placé en tête du prologue et ainsi écrit : « *Cy commance le romant,* » appartient certainement au XVe siècle, car, dans les premières années du XIVe, le poète n'aurait pas manqué d'écrire : *Ci commance li romans.* Un des manuscrits du roman de Girbert de Metz, de la fin du XIIIe siècle, se termine, comme un *ite missa est,* par ces mots :

Allés vous-en li romans est fenis.

Tout le monde semble avoir taillé en plein drap dans ce prologue, pour lequel on n'a plus de terme de comparaison, puisqu'il manque depuis longtemps au plus ancien manuscrit, c'est-à-dire à celui de Sens, avec plusieurs feuillets du commencement du poème. Ainsi le président Bouhier a substitué dix vers à vingt-quatre vers de ce prologue, et en a intercalé deux autres, de telle sorte que le prologue n'a que soixante vers dans la copie de Troyes tandis qu'il en a soixante-douze dans celle de Savesterot.

En outre, les dix derniers vers du prologue n'ont aucun rapport avec le poème, véritable chronique pieuse et chaste d'un bout à l'autre, et n'ayant que faire de conseils sur l'amour; cependant le poète-romancier, qui en était sur le chapitre des maximes en fait de respect dû à la vérité quand on écrit l'histoire (v. 17 et suiv.), a pu être bien aise, en vrai trouvère, d'étendre ces maximes aux sentiments chevaleresques habituels aux esprits de son temps, mais toujours dans un but noble, élevé et chrétien.

Nous avons placé à la suite du poème quelques pièces de vers que nous avons trouvées dans le même ordre au manuscrit n° 254 de la Bibliothèque impériale. On jugera comme nous, à la première vue, que ces compositions ne sont pas non plus de la même époque que le poème, et qu'elles accusent parfaitement leur XVe siècle[2].

---

[1] On remarquera aussi ce même emploi de l'*y* aux vers 177e et 178e, et peut-être encore çà et là dans le cours du poème, mais rarement. Ce sont des traces de l'orthographe particulière à Savesterot et à son époque. Ainsi, contrairement à l'usage général au XIIIe siècle, de maintenir le participe présent en *ant,* quel que soit le verbe d'où il provienne, notre copiste châtillonnais aurait assez volontiers une tendance à donner aux verbes français dérivant des deuxième, troisième et quatrième conjugaisons en langue latine, un participe en *ens.* (Voir p. 9, v. 154.)

[2] Voir p. 277 de ce volume.

Notre poète ou plutôt notre chroniqueur en vers, et dont le nom est aujourd'hui une énigme, nous entretient dès le début de son œuvre des matériaux mis en œuvre par lui [1] : c'était, d'une part, la *chronique en latin* qu'on lisait au réfectoire des moustiers de *Poutières* et de Vezelay, et, d'autre part, le *romant en vers* attribuant à Charles-Martel les faits et gestes que notre poète considère avec raison comme appartenant à Charles-le-Chauve. C'est pour cela et encore pour *moult choses* qu'il rejette le *romant* et adopte en tout la chronique latine, parce que son désir était, principalement d'être chroniqueur.

> Et pour ce au latin me vuil du tout aordre :
> Quar en plusieurs mostiers le lisent la gent d'ordre.
> (P. 6, v. 93 et 94.)

Que sont devenus et cette *chronique en latin* et ce poème ancien? On ne le sait guère. Nous trouvons dans la chronique de Vezelay des traces évidentes de la leçon du manuscrit latin de Pothières, et cela dans une légende concernant la translation des reliques de *sainte Marie-Madeleine*. C'est le même art du prud'homme *Badilon* pour s'approprier pieusement les précieuses reliques; ce sont les mêmes circonstances merveilleuses et les mêmes détails : seulement les moines ont abrégé, afin d'avoir la matière d'une légende qui forme les trois leçons du deuxième nocturne des matines.

On ignorait déjà, au siècle dernier, ce qu'était devenue la chronique latine de Pothières; car Delamothe, châtillonnais érudit, contemporain et correspondant de Courtépée, et qui a laissé des mémoires inédits sur le pays qu'il habitait [2], remarque que cette

---

[1] Voir p. 6 *loc. cit.* 81 à 98.

[2] Pierre-François Delamothe, avocat à Châtillon-sur-Seine, y était né en 1734; il mourut aveugle en 1805 au village de Spoy. Contemporain et correspondant de Courtépée, à qui il a fourni des documents, il parcourut comme lui divers points de la Bourgogne, et principalement de son bailliage, pour y recueillir les traditions locales et surtout les traces des voies romaines. Dans ses notes manuscrites, mal digérées et entassées sans plan régulier et avec une décourageante confusion, Delamothe prend cette épigraphe empruntée à Virgile (*Æn.*, liv. 7.) :

> Ad nos vix tenuis famæ perlabitur aura.

Et il ajoute (p. 21 de ces notes) : « Je ne me flatte pas de débrouiller sans erreur un chaos fort obscur, ni de parler exactement d'un point d'histoire dont aucun de nos historiens de Bourgogne ne s'est encore occupé. En général, l'histoire de ce pays est la plus ignorée de toute la province. Je fais les premiers efforts pour commencer à la tirer de l'oubli; un autre, plus heureux en la recherche et au choix des manuscrits, des titres et des auteurs, achèvera l'ouvrage. »

Ces paroles sont de nature d'ailleurs à faire pressentir d'avance le défaut de certitude qu'on peut reprocher à Delamothe; et, comme l'écrivait le savant M. Bonrée sur le feuillet de garde du manuscrit de

chronique en latin et le roman en vers avaient disparu de l'abbaye de Pothières[1]. Nous avons fait de vaines recherches pour le trouver ; mais nous avons cru un instant mettre la main sur le roman en vers, à la bibliothèque de Troyes, où l'on a conservé une partie des livres de l'abbaye de Clairvaux, qui avait acheté la bibliothèque du président Bouhier. Nous avons en effet vu, au commencement et à la fin d'un missel, format in-32, épais et compacte, portant le n° 2057 de la bibliothèque de Troyes, deux fragments en parchemin servant de feuillets de garde et tronqués dans tous les sens. Des bribes de vers, plutôt de l'époque du XII° que de celle du XIII° siècle, peuvent s'y lire tant bien que mal. Serait-ce là, nous disions-nous de prime-abord, ce *roman en vers* indiqué par l'auteur de notre poëme et mutilé de manière à en être réduit au pauvre office de feuillets de garde dans les missels ? Nous avons pris copie de ces bribes afin de nous en rendre compte ; mais rajuster les vers était presque aussi difficile que de réunir les feuilles éparses de la sibylle. Enfin nous avons vu que les héros de ce poëme sont Girart et le roi Pépin[2], et non pas Charles Martel.

---

ce zélé compilateur : « Malgré tout son travail, Delamothe ne fit presque rien que d'informe, comme on peut en juger en parcourant son volume manuscrit. » Néanmoins, disons que l'on peut le consulter avec fruit si on le fait avec circonspection. Ses notes sont plus remarquables, en effet, pour la variété des données que pour leur solution. Il confond en plusieurs endroits les comtes de la Bourgogne cisjurane (Franche-Comté) avec les comtes du Lassois. Il est impossible d'en douter quand on recourt aux citations faites par lui de l'ouvrage de Gollut, qui, précisément, traite de cette partie de la Bourgogne, et quand il cite une charte de Pérard ayant trait à ce même comté, croyant qu'il s'agit du *comté de Châtillon*. En résumé, le mérite de Delamothe est d'avoir eu la pensée d'exhumer des faits qui se cachent dans l'obscurité des premiers temps carlovingiens et qui sont précieux pour l'histoire. Nous ne savons si nous serons cet écrivain plus heureux dont il parle. En tout cas, nous sommes bien sûr qu'il se trouvera quelqu'un pour s'estimer plus heureux que nous-même sans l'être en effet : douce folie que de se croire riche au sein de l'indigence.

[1] Ms Delamothe, p. 517.

[2] Voici quelques-uns de ces vers écrits sur la deuxième page du parchemin de garde de la fin du missel :

>   . . . Epervier la roine tendi
>   . . . Fut moult biax et la dame la pris
>   Par grant chierté desor son poing la mis
>   Devant le roi la franche dame vint
>   (Les dernières consonnes finales ne se prononçaient pas.)

>   . . . .
>   — Cis espervier madame ou fu il pris
>   — Sire fait ele ne vous enquier mentir
>   B. . . mes nies mes drus mes amis
>   Len aporta la soie grant mercis

>   . . . .
>   — Par grant amor le faites recoillir
>   Moult ditez bien dame se dit *Pepins*
>   Que ne refuse ne doit terre tenir

INTRODUCTION.

Trente-un ans plus tard que le jour où Savesterot terminait sa copie du poème de Girart de Rossillon, un autre copiste, ou, pour être plus équitable, un traducteur officiel, du nom de *Jehan Tuauquelin*, faisait sur la chronique latine de Pothières, d'après l'ordre de Philippe-le-Bon, duc de Bourgogne, la version en prose qui appartient aujourd'hui à l'hospice de Beaune [1]. Nous ne pouvons nous empêcher, à l'occasion de cette chronique en prose de Girart de Rossillon, laquelle charmait tant la cour de Philippe-le-Bon, nous ne pouvons, au sujet de ce prince, nous empêcher de faire à notre mémoire l'emprunt de la rapide esquisse qui suit. Nous ne savons plus où nous avons lu cet éloge d'une si parfaite concision : « Quoiqu'on voulût l'exciter contre Charles VII, il conclut la paix pour révérence de Dieu et compassion du pauvre peuple. Il surpassait le roi de France en puissance et en richesse. Il possédait cinq duchés, quinze comtés et de grandes seigneuries; les princes étrangers lui donnaient le titre de grand duc d'Occident; sa cour était la plus brillante de l'Europe, et il protégeait les lettres. »

Vingt-trois ans après l'apparition de l'œuvre de *Tuauquelin*, elle devenait, comme une chose précieuse, l'objet d'une donation faite à l'hospice de Beaune afin de servir d'agréable passe-temps aux sœurs et à toutes les personnes composant ce saint asile [2].

. . . .
Moult voluntiers dame se dit *Pepins*
. . . .
— J'irai sor eus pour lor terres saisir
. . . .
Que je ne face de male mort morir
Dist Girars sire il lor sera bien dit
Nel laisseroie por tot lor que Dex fist.

[1] Savesterot date sa copie du 9 janvier 1416. Voici le titre du manuscrit de Beaune : « Croniques des faiz de *feurent* Monseigneur Girart de Rossillon, à son vivant duc de Bourgoingne, et de dame Berte sa femme, fille du conte de Sans, translatées du latin en notre langage maternel que nous disons wallet ou françoys, au commandement de Phelipe, par la grâce de Dieu duc de Bourgoingne, en l'année 1447, par Jehan Tuauquelin. Ces chroniques sont intitulées : *Gesta nobilissimi comitis* Gerardi de Rossillon, *sans nom d'auteur*, lequel Girart a son vivant fut seigneur de toute la seigneurie de Bourgoingne (duché et comté), Auvergne, Nevers, une grande partie de l'Espaigne et d'Alemaigne, car sa seigneurie duroit depuis la rivière du Rhin jusques à la cité de Bayonne, sans compter plusieurs duchés, conté, possédés actuellement 1447 par ledit Phelipe. »

[2] Voici la teneur de cette donation :
« Martin Besancon (châtelain de Beaune de 1473 à 1479) et Jaquette Guigeon sa femme, ont donné à Dieu, à la glorieuse vierge Marie sa doulce mère et à Monsieur saint Jehan Baptiste, patron du grand hospital nagueres fondé audit Beaune par feu bonne mémoire messire Nicolas Rolin à son vivant chevalier seigneur d'Authumes etc. et chancelier de Bourgoigne et dame Guigogne de Salins dame d'Authume et d'Oigny sa compaigne, CE LIVRE, à l'intention que jamais

Afin de ne laisser à part rien de ce qui concerne le personnage historique et légendaire dont nous nous occupons, nous avons imprimé déjà une analyse de l'intéressante traduction de *Tuauquelin* [1].

Environ un siècle après la curieuse élucubration de ce traducteur parut une autre version en prose, imprimée sans date, et se composant de trente-six feuillets, avec ce titre : « On les vend à « Lyon, auprès de Nostre-Dame-de-Confort, cheulx Olivier Ar- « noullet. » Cette édition était devenue on ne peut plus rare, et M. de Terrebasse vient de la reproduire sur un papier magnifique, avec des caractères neufs et un soin particulier, chez Louis Perrin, à Lyon (1856), avec un préliminaire historique et bibliographique.

Il s'en faut bien, toutefois, que la version Arnoullet présente un texte aussi étendu que le manuscrit de Beaune. Elle n'est qu'un abrégé et, pour ainsi dire, une paraphrase des titres de la table de ce dernier.

Avant de passer à l'analyse de notre poème, il est bon d'en faire une sorte d'exposé philologique et d'entrer pour cela dans quelques considérations sur les progrès de la poésie des Trouvères.

Dès la fin du XIIe siècle, on connaissait les vers *monorimes* de douze syllabes. Dans ce rythme, une syllabe muette pouvait accompagner la césure comme la dernière syllabe du vers. On devait cet arrangement métrique à un trouvère du XIIe siècle nommé *Alexandre*, et l'on commença dès lors à l'adopter généralement pour les poèmes héroïques. Ainsi, la Geste ou chanson d'*Antioche*, par Richard-le-Pèlerin, œuvre antérieure à l'an 1268 [2], est en vers alexandrins monorimes; la Geste de Jérusalem, celle d'Hélias, celle de Garin de Monglane; la Geste de Belle-Aye, qui est une des branches du roman des Quatre fils Aymon; celle de Parise-la-Duchesse, etc., etc., poèmes héroïques, soit du commencement, soit du milieu du XIIIe siècle, sont tous écrits dans ce rhythme alexandrin de douze syllabes [3].

---

il ne soit, *de die* que à l'usaige et passe temps des sœurs et membres, sans le mectre hors dudit hospital, tesmoing le saing dudit Martin cy mis ce premier jor de May MCCCC LX et Dix (1470). Plaise aux lisans prier Dieu pour eulx. »

[1] Paris, librairie archéologique de Victor Didron.
[2] *Histoire littéraire de la France*, t. XXII, p. 355.
[3] *Id.*, t. XXII.

INTRODUCTION.

Adam ou Adénès, surnommé *le Roi*, parce qu'il était le coryphée des ménestrels, était aussi le poète favori du duc de Brabant Henri III, lequel gouverna cette province de l'an 1248 à l'an 1261 [1]; Adénès introduisit dans la poésie de geste une grande innovation, ce fut celle des rimes variées alternant entre elles, mais encore sans distinction de fortes et de muettes, connues plus tard sous la dénomination singulière de rimes masculines ou féminines, et dont l'art ne fut bien en vigueur qu'au XVIe siècle. Le but du trouvère Adénès était d'épargner aux chansons de geste la monotonie des rimes uniformes. On peut dire qu'il devança, par son poème de *Cléomadis*, le progrès de plus de deux siècles postérieurs au sien : car ce fut le sentiment et l'étude de l'harmonie qui porta les poètes de la Renaissance à adopter enfin cette alternance méthodique et mesurée des rimes masculines et féminines. Une telle innovation ne plaisait pas beaucoup aux contemporains d'Adénès, habitués au son continu et vielleux d'une finale invariable. On est étonné, en lisant le poème de *Clémoadis* et celui de *Berte aux grans piés* [2], de l'indépendance du génie poétique d'Adénès; car, sauf le langage particulier au XIIIe siècle, il semblerait, d'après l'alternance harmonieuse de ses rimes, que ce n'est déjà plus un trouvère qui écrit, mais bien un de ceux qui ont commencé la série des poètes de la Renaissance. — Dans le roman de *Brut* par Wace, chanoine de Bayeux [3], les rimes vont presque régulièrement de deux à deux, mais fortes ou muettes indifféremment.

Les Italiens, qui ont eu de plus bonne heure que nous le sens poétique, prenaient grand goût aux assonances diversifiées qui, dès le XIIe siècle, signalèrent notre poésie : c'était, de leur part, une sorte de critique *in petto* de leurs assonances invariables. Dante et Pétrarque se laissèrent charmer dit-on, par les poésies du Roi de Navare, et l'heureux agencement de ses rimes fut la principale cause de ce triomphe. Toutefois, il s'opéra dès le XIVe siècle comme une sorte de transaction entre ce mode nouveau et le mode primitif : ainsi l'on admit l'alternance des rimes, mais sans beaucoup de distinction entre ce que les modernes ont appelé rimes masculines et rimes féminines, c'est-à-dire entre les syllabes fortes et les syllabes muettes ou affaiblies par la présence de l'*e muet :* il suffit d'abord que les rimes d'assonances diverses res-

---

[1] *Histoire littéraire de la France*, t. XX, p. 67.
[2] *Id., ibid.*, p. 704 et 708.
[3] Né à Jersey, mort en Angleterre vers 1184.

tassent croisées entre elles. Cependant, et pour nous servir des expressions même de l'*Histoire littéraire de France* (t. XXIII, p. 64), « les rimes croisées commencèrent à devenir régulièrement mas- « culines ou féminines dans les petits poèmes du XIIIe siècle con- « nus sous le nom de lais et fabliaux. » En effet Thibaut IV, comte de Champagne (né en 1201 et mort en 1253), avait une grande prédilection pour cet entrelacement symétrique des vers, comme on peut le voir dans les poésies dont l'illustre trouvère aimait à s'inspirer au souvenir de la reine Blanche, mère de saint Louis. Un autre trouvère né en Bourgogne au XIIIe siècle, Guyot de Dijon, écrivait aussi dans ce rhythme harmonieux et plein de flexibilité [1]. Le roman de la *Rose*, laissé inachevé vers 1240 par le trouvère Guillaume de Lorris, et repris vers 1280 par Jean Clopinel, dit Jean de Meung, est en rimes alternatives, sans choix et sans règles de désinences masculines ou féminines.

Il ne faut donc pas s'étonner si notre poème, éclos sur la fin du XIIIe siècle ou tout à fait au commencement du XIVe, a suivi les traditions rhythmiques que nous venons d'exposer brièvement. En effet, il est écrit en vers de douze syllabes, mode universellement admis avant cette époque pour les chansons de geste, et les rimes y sont croisées sans distinction de fortes ou de muettes, c'est-à-dire masculines ou féminines. On y aperçoit seulement la tendance du poète à grouper ses vers un peu plus régulièrement sous ce rapport que ne l'avaient fait ses devanciers.

Quant à la fidélité historique, on peut regarder notre poème comme une véritable chronique en vers dont l'origine remonte au Xe ou XIe siècle, puisque la chronique latine en prose, si répandue dans les monastères et qui lui a servi de base, remonte à cette époque [2]. Il ne faut point s'étonner, toutefois, si dans les gestes

---

[1] On peut en juger par ces vers du trouvère bourguignon :

Plus est que rose vermillette
Cele por qui je vos chans
S'est simple jone et tendrette
Et grailete par les flans
Et de tous biens a tans
Qu'onques ne vi sa pareille
Ne de biauté ne de sens
. . . . . , . .

[2] L'original latin, dit M. Francisque Michel d'après une note du savant M. Cherest d'Auxerre, avait été rédigé sur des documents perdus, vers le milieu du XIe siècle, dans un incendie de l'abbaye de Pothières. (Préface de son *Gérard de Rossillon* en langue provençale, p. 7.) — Delamothe avait déjà dit quelque chose d'analogue.

nombreuses concernant Girart, la chronologie laisse à désirer : elle a toujours dépendu du caprice des trouvères et de l'ignorance générale ; et, d'ailleurs, il s'agissait de la plus importante lutte politique du moyen âge, et ce n'était pas trop d'un type aussi vigoureux et héroïque que Girart pour que les trouvères en fissent le héros de plusieurs époques.

Pendant les XIe, XIIe et XIIIe siècles, on le sait, les récits en vers tiennent lieu d'histoire, et ce n'est qu'au moment ou le règne de la prose se substitue à celui de la poésie que la chronique se substitue aussi à la *geste*. Ainsi la chanson d'Antioche est l'exposé réel de l'expédition de Pierre-l'Ermite et de celle de Godefroy de Bouillon. Les historiens de Rome nous ont décrit quelque part la rapacité des valets d'armée ; mais il faut lire dans la Geste d'Antioche le surprenant tableau de ce hideux ramas de gens sans aveu appelés *truands* ou *ribauds*, qui suivaient comme des hyènes nos expéditions des croisades, portaient les fardeaux, pillaient et dévastaient tout sur leur chemin, achevaient les blessés sur les champs de batailles, et arrachaient les dépouilles de ces victimes encore palpitantes. Les Villehardouin, les Joinville et les sire de Nangis, qui écrivirent en prose un peu après ces histoires rimées, n'ont rien trouvé à ajouter aux sincères exposés des trouvères, et la geste de Jérusalem laisse moins à désirer, sous ce rapport important, que le récit des chroniqueurs en prose latine [1]. La geste de *Garin le Loherain*, disent encore les auteurs de l'*Histoire littéraire de la France*, a l'autorité et la sécheresse d'une chronique contemporaine ; et, dans un autre genre, le poème appelé la *Chanson du Renart*, est un tableau fidèle de la société au XIIe et au XIIIe siècle. Voici dans ce poème si reculé un exemple frappant de la tendance à entremêler les rimes :

> Fols en qui croit folle espérance
> Que toz li monz est en balance
> Fortune se jeue del mont
> Li un vienent, li autre vont
> Li un devant, l'autre derrière
> Ce est li geux de la civière.

Les poètes sont donc nos premiers historiens ; mais leur principale gloire a été de polir le langage, en tirant du latin, comme d'une mine inépuisable, une foule de tours et d'expressions. Ainsi certain dialecte roman des trouvères, avant de devenir la langue française, se mit à gagner peu à peu ses titres de noblesse sur les

---

[1] *Histoire littéraire de la France.*

nombreux dialectes usités dans les provinces, et dont quelques uns gardèrent encore longtemps leur empreinte bariolée, leur saie gauloise et leurs vêtements rayés, comme d'humbles et respectueux vassaux devant un suzerain vêtu avec recherché et majesté.

L'analogie des mœurs guerrières et du règne de la force est frappante entre les temps appelés homériques et les premiers siècles de notre moyen âge. Seulement la langue d'Homère était formée et admirable, tandis que la nôtre, en retraçant pour ainsi dire le retour des mêmes scènes, bégayait encore, au point qu'elle offre aujourd'hui au philologue, dans la lecture de nos poèmes héroïques, l'intéressante étude des secrets de sa formation et de son génie propre.

Au milieu des dialectes nombreux qui se partageaient le nord et le midi de la France, un centre était nécessaire pour l'intensité des progrès, et ce centre a été naturellement le lieu où résidait la cour. Aussi remarque-t-on que le *dialecte picard* a été comme la base, et, si l'on veut nous passer le terme, comme l'étalon de la langue française. Ceci nous reporte au temps de sa formation première, c'est-à-dire au Xe siècle, époque pendant laquelle les derniers Carlovingiens, Louis IV, Lothaire et Louis V, faisaient de la ville de *Laon* leur place de sûreté et leur plus habituel séjour. Ce n'est pas à dire pour cela que d'autres dialectes de la langue d'Oïl ne continuassent pas à apporter leur tribut à cette sorte de roi improvisé entre eux tous : on trouve, au contraire, qu'il leva de très-larges impôts sur la Normandie[1], la Touraine, la Bourgogne et la Champagne.

Chaque trouvère exportait naturellement de son propre pays un certain contingent de formes et de désinences; si la monnaie paraissait de bon aloi, elle était adoptée à la cour, non sans y avoir été pesée et comparée avant d'entrer dans la règle décisive du langage : ainsi la plupart de nos anciens dialectes concouraient à cet éclectisme, soit à l'aide des trouvères, soit à l'aide des gens de cour, et la langue française devenait insensiblement le résultat d'une épuration produite au creuset de la cour de France, c'est-à-dire de l'élite des gens de goût rassemblés soit à Laon, soit à Paris. Tout ce qui n'était point concentré là par la force de l'usage retournait avec une sorte de confusion à ses dialectes habituels et restait au

---

[1] Par exemple, Guillaume de Saint-Paër, auteur normand de l'histoire en vers du Mont-Saint-Michel en 1180 environ, écrit *esteit, aveit, franceis*, au lieu de *estoit, avoit, françois*, usités dans l'Ile-de-France et dans la Champagne. (Voir l'*Histoire littéraire de la France*, t. XXIII, p. 394).

vulgaire sous le nom trop déconsidéré de *patois* comme on l'a fort bien dit ; car ils sont eux-mêmes un amalgame de la langue maternelle des Gaulois et de celles que les Romains, les Francs et les nations germaniques introduisirent depuis dans les Gaules.

Notre but, dans le vocabulaire de notre *Histoire de l'Idiome Bourguignon*[1], a été de faire l'étude de *certains mots aujourd'hui sans dictionnaire*, lesquels ont leurs racines jusque dans les dialectes gaulois désormais perdus. Nous n'aurons pas de peine, au contraire, dans ce nouvel aperçu que nous présentons en ce moment au public lettré, de mettre sous ses yeux le très-petit nombre d'emprunts que la langue façonnée par les trouvères a fait à ces mots sans dictionnaire dont nous venons de parler, et de l'éloignement qu'il leur ont montré en accordant une sympathie presque exclusive aux sources du latin.

Il ne faut pas s'étonner, en outre, si, dans un même manuscrit et surtout d'un manuscrit à l'autre, on trouve dans les poésies des trouvères de grandes variations d'orthographe : la langue se formait alors, et l'orthographe oscillait, pour ainsi dire, de copiste à copiste. Une telle indécision se rencontre d'une manière marquée dans les manuscrits des XII°, XIII° et XIV° siècles.

Sauf quelques altérations des copistes, l'orthographe de notre poème est absolument semblable à celle du XIII° siècle, comme elle existe, soit dans les poèmes de Brut, de Garin le Loherain, de Girbert et de Hervis de Metz, du roman de *la Rose* et dans les poésies de Marie de France, soit dans nos premiers chroniqueurs, comme Villehardouin[2], Guillaume de Nangis[3] et le sire de Joinville[4]. La langue écrite par le sénéchal de Champagne était du même temps que celle de notre poète ; car si ce dernier faisait hommage de sa chronique rimée à la reine Jeanne, femme de Philippe-le-Long, vers l'an 1316, époque du couronnement de cette reine, le sire de Joinville avait fait, en 1309, un semblalbe hommage de son livre à Louis-le-Hutin, fils de Philippe-le-Bel[5].

---

[1] Lamarche et Drouelle à Dijon, éditeurs, 1856.
[2] Né près de Bar-sur-Aube en 1167, mort en 1218.
[3] Mort en 1302.
[4] Né en 1223, mort en 1317.
[5] C'est après les instances de la royne Jeanne épouse de Philippe-le-Bel mère de Louis Hutin que Joinville entreprit de faire un livre des sainctes paroules et des bons faiz de saint Loys. Ce fut pour acquitter la promesse qu'il avoit faite à la reine qui moult l'amoit, que le livre fu assouvi, comme il le dit, en deux parties. Or, la reine Jeanne mourut en 1304 et Philippe-le-Bel en 1314 ; ainsi l'ouvrage commencé

Ainsi notre poète et les chroniqueurs ses contemporains parlaient la même langue que saint Louis. Ils avaient huit manières d'écrire le mot *achoison*[1], dix manières d'écrire le mot français traduit du latin *adulterium*[2]. *Etainer* (importuner), expression empruntée par la langue d'Oïl à l'idiome bourguignon[3], est écrit de trois façons dans l'*Histoire de saint Louis : atteiner, atainer, ateiner*. On trouve dans le sire de Joinville : *il s'aluche*, c'est-à-dire il s'émancipe ; c'est encore un emprunt fait à l'idiome bourguignon, où *éluchi* signifie se rassasier de quelques mets[4]. Il en est de même de *craulai*[5], employé par les trouvères, dans l'acception de trembler :

> Tant a duré (la guerre) que vieus sui et *crolans*.
> (Girbert de Metz.)

On trouve dans Auberi l'expression de *crosler* la tête, pour exprimer l'action de fuir. Villehardouin s'est servi de *gandiller*. Il y a dans l'idiome bourguignon le mot *gandôle*, qui signifie une femme ou une fille vagabonde[6]. On trouve encore dans notre poème les mots suivants, de provenance bourguignonne : *li grigns* (la crème, le grenon)[7] ; *put*, de *pute* aire (l'opposé de bon air), *pute besogne*, etc. : on rencontre même cette expression à l'état d'adverbe, comme *deputairement*[8] ; *puouis* (poui) s'y trouve comme substantif au lieu de simple interjection[9] ; *gruses* (querelles)[10] ; *groncier* et *grugnir* (grogner)[11] ; *mès* (triste)[12] ; *bargignier* (marchander, amu-

---

en 1304, achevé en 1309 sous Philippe-le-Bel, fut offert à son fils Louis Hutin, roi de Navarre. — *Ci fu escript en l'an de grace Mil CCC et IX au moys d'octovre*, lit-on dans la préface du sire de Joinville. (Extrait de l'édition de 1761.)

[1] Cause, motif, occasion. (Voir, pour ces différentes sortes d'orthographes, le vocabulaire de l'édition de 1761 des œuvres du sénéchal.)

[2] Avoutire, avoutrise, avoutre, avoultrie, etc.

[3] Voir, p. 63 de notre *Histoire de l'Idiome Bourguignon*, au mot *étainai*.

[4] Voir au mot *éluchi*, au vocabulaire de notre *Histoire de l'Idiome Bourguignon*, p. 57.

[5] Voir *id.*, p. 42.

[6] Nous avons, dans notre enfance, entendu appeler la *gandille* une vagabonde de ce genre.

[7] Li *grigns* des vaillans bons qui oncques fut en France.
(V. 234.)
Voir au mot *grenon* de notre vocabulaire, *loc. cit.*

[8] Voir, aux pages 62, 65, 72, 124 du poème et au mot *peut, peute* de notre vocabulaire, *loc. cit.*

[9] Telx *puouis en voula*, c'est-à-dire telle puanteur en sortit. (P. 125 du poème.)

[10] P. 136 *id.*

[11] P. 139 *id.* — Voir au mot *graigne* de notre vocabulaire *ibid.*

[12] P. 152. On disait *meusse* en Bourgogne. (Voir au mot *meussai* de notre vocabulaire.)

ser, endormir quelqu'un); *engignier* (le subtiliser)[1]; *berule* (plainte)[2]; *gobes* (enflés de gloire)[3]; *tamboissier* (fracasser)[4].

Quant à l'orthographe, sans parler de l'assouplissement des mots par la tyrannie de la rime, elle est tout aussi variable dans notre poème que dans ceux des XII⁰ et XIII⁰ siècles. On trouve dans le nôtre ces variantes : *aler* ou *aler*, *avoir* ou *havoir;* ageloigner ou agenoillier (s'agenouiller); clèrement ou clairement; doner, douner, dener, ou donner; enemi, henemy, anemi et anemin; haus, halz et ault; moinner, moiner et mener; pié et piet; ploin, plain ou plein; subgez et subjès; solempnellement et solempneument; volenté, velanté et voulenté; vitez, vité et vilté; verai et vrai; bone et bonne; bele et belle; pais, paiz et paix. On rencontre dans le sire de Joinville cinq manières d'écrire ce mot. *Pès faire* (faire la paix) se trouve dans le roman de Gérard de Nevers. *Benoict*, du latin *benedictus*, a diverses orthographes dans les chroniqueurs : benoiz, benoiez, beneaiz, la benoiète virge Marie (le sire de Joinville). Contez, conteye, conteit et contée pour comté. Le mot voire (vrai) s'emploie à chaque pas dans notre poème, comme dans toutes les œuvres en vers et en prose de son époque. On lit dans Jehan de Lanson (XIII⁰ siècle) :

Voire, elle ne vous aime vallissant ung bouton

c'est-à-dire : Vraiment son amitié n'a pas pour vous la valeur d'un bouton.

On doit expliquer par le sens de *vraiment*, *véritablement*, cette sorte de cheville que l'on emploie encore sans cesse en Bourgogne dans le langage familier. Disons en passant que la comparaison triviale ci-dessus ou autres équivalentes sont très-habituelles dans les poèmes du XIII⁰ siècle. La cédille n'y est point connue; on écrit il *auca* pour il haussa[5]. Le *t* ne remplace pas encore le *c*; on écrit caucion, condicion, contricion (le sire de Joinville). *Hons*, *home* et *homme* sont tout un. Ce mot nous rappelle un vers plein de grandeur du roman de Garin le Loherain :

Li cuers d'un homs vaut tout l'or d'un païs[6].

---

[1] P. 170 du poème.
[2] P. 216 *id.*
[3] P. 255 *id.* — Voir au mot *gobargi* de notre vocabulaire, *loc. cit.*
[4] P. 266 du poème.
[5] Il auca le poing destre, parmi le chief l'en fiert.
(Parise la Duchesse.)

Les trouvères écrivaient chancon pour chanson.
[6] Ce dernier mot est encore multiple; on le trouve dans notre poème sous diverses orthographes, comme *pahis*, *paiis* et *pais*.

Approfondissons un peu plus, et voyons les rapports de notre langue française avec les dialectes du roman d'Oïl. Cette langue française n'est autre chose qu'un de ces dialectes enrichis ; et le même phénomène qui a eu lieu chez les Grecs s'est produit chez nous, comme par une loi constante et normale de l'esprit humain. Le savant Burguy, de l'école allemande, a rétorqué triomphalement une singulière proposition émise sans preuves et consistant à dire que la langue française n'a pas eu de dialectes, mais *seulement des variétés provinciales d'orthographe et de prononciation.* Or, les *dialectes* n'ont jamais été autre chose que des variétés de ce genre et des désinences de mots différentes d'autres désinences représentant toutefois la même idée [1].

M. Génin, dont le livre *des Variations du langage* est une œuvre de premier ordre, a néanmoins forcé çà et là les limites de son système, et, comme il arrive toujours dans les choses excessives, il a des adeptes qui, sur la foi du maître, nient aussi les dialectes ; mais aucun d'eux n'a encore pu exposer de théorie, tandis que les théories contraires abondent. M. Génin ne croit qu'à la langue française, à laquelle le trouvère, picard ou bourguignon, dit-il, se faisait une loi de se *conformer au mépris du ramage de son pays*. Il nous sera facile de démontrer tout à l'heure que l'idiome nommé depuis langue française a pris lentement sa forme des larcins faits par lui à *ces soi-disant ramages*, et qu'il y eut pour la langue nationale au moins autant d'éléments fournis de diverses parts que d'éléments trouvés sur place. Du propre aveu de l'habile philologue, nos noëls le forcent à croire au dialecte littéraire bourguignon [2]. Nous n'en sommes point surpris : ce dialecte *sui generis* n'a jamais abjuré ses droits ; il est resté vivace jusqu'au milieu du XVIIe siècle, et il s'est posé lui-même une statue de bronze par la plume de La Monnoye.

Le dialecte picard, appelé ainsi à l'ouest et *roman wallon* au

---

[1] Ainsi, chez les Grecs, le *dialecte attique* était devenu dominant, comme chez nous le dialecte de Picardie ou de l'Ile-de-France. On disait dans le dialecte attique λαγω et λαγως pour λαγοι et même λαγους, formes usitées dans d'autres dialectes. Les *Eoliens* écrivaient ἄμμες pour ἡμεῖς, Μοῖσα pour Μοῦσα, ὄνυμα pour ὄνομα. Les *Ioniens* disaient ἄεθλος (lutte) pour ἄθλος ; et, de la forme future τύπτεσαι, ils faisaient τύπτεαι.

[2] « Qu'on me montre, dit-il, une composition, n'eût-elle qu'une page, de franc picard ou de pur bas-normand pareille aux Noëls de la Monnoye, et je croirai à vos dialectes littéraires. » (*Des Variations du Langage*, p. 271.)

nord¹, est devenu l'*idiome* triomphant, à cause de ses nombreux titres littéraires²; car il faut bien un nom qui distingue un dialecte sortant de toute cette milice des autres dialectes, comme un soldat qui devient empereur. C'est lui qui, avec l'aide de deux autres idiomes, le *normand* et le *bourguignon*, sans compter les dialectes accessoires, a régi toutes les lois du langage. Encore le dialecte *anglo-normand* relève-t-il indirectement de l'idiome picard, puisque le congénère de ce dernier, c'est-à-dire le roman wallon, devint, par un décret de Guillaume-le-Conquérant, la langue nationale en Angleterre. C'est dans ce dernier dialecte³ que sont écrites les délicieuses fables et poésies de Marie de France, où notre La Fontaine aurait pu puiser toute la naïveté de la forme et du fonds, s'il n'était né avec ces dons naturels.

En généralisant encore plus et en comprenant dans ce genre d'ethnographie toute la carte de France, la seule diversité des langues suffirait, dit l'abbé Carlier⁴, pour donner à nos rois l'idée de diviser leurs territoires d'après l'étendue des trois idiomes principaux, langue d'Oc⁵, langue d'Oïl et langue picarde. Le même abbé proposait de substituer à cette dernière dénomination celle

---

¹ En pénétrant par le département de l'Oise, dit Scnakenburg (*Idiomes populaires de la France*), le picard a influé sur le langage usité à Paris. — En sens opposé, le picard passe au *wallon* en traversant le département du Nord et partie de celui des Ardennes, et en s'étendant dans les provinces belges du Tournaisis, Hainault, Namur, Liége, partie du Brabant méridional et partie du pays de Luxembourg, où il se confond avec une altération du patois lorrain.

² L'idiome du paysan picard, dit G. d'Essigny (*Mémoire sur cette question : Quelle est l'origine de la langue picarde?* Paris, 1811), est absolument le même que celui dans lequel les Mémoires du sire de Joinville, qui vivait au XIIIᵉ siècle, sont écrits.

³ Les formes normandes, selon Burguy, furent semblables à celles de Bourgogne jusqu'à l'époque où le langage de Normandie se mélangea de picard; dès lors on trouve dans les textes normands un alliage toujours croissant des formes de Picardie jointes à celles de Bourgogne.

⁴ *Histoire du Valais*, t. II, p. 142.

⁵ Le même phénomène a été observé dans le Midi. Là chaque province avait son dialecte, mais celui du Languedoc devint bientôt la langue générale. Il dut cette prérogative à la résidence des comtes à Toulouse. (Voir le *Parnasse Occitanien*, par Rochegude.)

Si l'on veut une similitude de plus, la poésie des troubadours suivait la même marche que celle des trouvères : ainsi, un des plus anciens troubadours, *Bernat de Ventadorn*, mélangeait déjà les rimes; car, après une strophe monorime en *a*, on en rencontre deux autres dont les rimes se croisent :

   Ai ! Dieus, ar sembles irunda
    Que voles per l'aire
   E vengues de noch prionda
    Lai dins son repaire !

de *langue d'Ouen*, qui devait embrasser tous les dialectes dépendant de l'idiome picard.

L'Ile-de-France occupait le centre de ces divers berceaux de la langue française, laquelle s'assimilait petit à petit dans son royal domaine les divers éléments de vie et de développement nés autour d'elle. Par là même, elle est le résultat d'un long travail de ces éléments, et vouloir, au contraire, que les dialectes (ou patois) soient une émanation directe mais plus grossière de cette même langue française, c'est supposer qu'elle n'est pas née, avec ces dialectes, du roman d'Oïl, et qu'elle a fait tout à coup irruption comme un volcan, ou comme Minerve sortant un beau jour armée de pied en cap du cerveau de Jupiter. Nous ne savons plus lequel des nombreux philologues, pensant bien autrement, a dit : « La verdeur de la langue est dans les patois seuls, tout le reste est factice. » Est-ce Rivarol ou Charles Nodier? Quoi qu'il en soit, les vocabulaires romans et les vieux poèmes comme le nôtre sont les chartriers de ces précieux titres, et nous aurons eu notre part dans le nobiliaire de la langue française. « Faire l'histoire des langues, a dit le savant Burguy, c'est faire l'histoire de l'esprit humain ; et, ajoute-t-il encore (*Gram. de la langue d'Oïl*, t. I, p. 201), la langue actuelle, on le sait, ne dérive pas immédiatement du latin; elle s'est dégagée avec violence de tous les dialectes de nos provinces. »

Les idiomes normand, picard et bourguignon sont pour la langue française ce qu'ont été pour le dialecte attique les autres dialectes : éolien, ionien et dorique; et, dans l'un et l'autre cas, on a été enclin, sans doute, à n'indiquer que les principaux, c'est-à-dire les plus littéraires : car les nombreux dialectes de la langue grecque devaient, comme ceux de la langue française, présenter des nuances d'autant plus fondues avec l'idiome triomphant, que l'intervalle existant entre eux était plus rapproché.

Si nos dialectes n'avaient été qu'un vain *ramage* ou de *purs provincialismes*, il ne se serait pas rencontré de trouvères pour les préférer au français de cour, comme l'ont fait Jean de Meung [1] et Quênes de Béthune [2], etc.

---

[1]
. . . .
Si m'excuse de mon langage
Car je ne suis pas de Paris ;
. . . .
Mais me rapporte et me compère
Au parler que m'apprit ma mère

[2]
Encoir ne soit ma parole franceoise
Si la puet on bien entendre en franceois
. . . .

INTRODUCTION. XXVII

Le dialecte picard est celui de tous qui a le mieux pris à tâche de conserver la dérivation latine. Indépendamment de sa proximité de la Cour, ce dialecte doit en grande partie au soin dont nous parlons, d'avoir eu le plus d'influence sur la formation de la langue française. Ainsi, pour en citer un exemple frappant (quoique ce cas particulier n'ait pas été maintenu dans la langue française et qu'elle lui ait préféré la prononciation bourguignonne), il a retenu la prononciation originelle du *ch*, et dit un *kien* (canis), une *mouke* (musca), la *bouke* (bocca). « C'est, s'écrie plaisamment Génin, ce qu'on pourrait appeler les libertés de la langue picarde, aussi compromises, hélas! que celles de l'Eglise gallicane! »

Un simple tableau fera mieux comprendre que des explications générales ce que la langue française s'est approprié çà et là dans nos dialectes ou idiomes principaux. Nous ne donnons qu'un très-minime aperçu : on jugera du reste par induction.

Dialecte bourguignon.	Dialecte normand.	Dialecte picard.	D. de l'île de France ou langue française.
Chantai.	Chanteir, chanter.	Kantier.	Chanter.
No chantons.	No chantum.	No kantomes.	Nous chantons.
Lessai.	Laier et léier.	Laissier, lessier.	Laisser.
Suj. Mes, tes, ces.	*Suj.* Mes, tes, ses.	Mis, tis, sis.	*Suj.* et *rég.*
Reg. Mon, ton, son. (XIIe siècle.).	*Reg.* Mun, tun, sun.	Men, ten, sen.	Mon, ton son (1).
Lor.	Lur.	Leur, lour.	Leur.
Celu, cestu, autru.	Ceo.	Chou, cho, chelui, autrui	Celui, autrui.
Li quei, lai quei.	Li quels, li quele.	Li queils, li queile.	Le quel, la quelle.
Chaicun.	Chescun.	Cascun.	Chacun.
Tei.	Tal.	Tiel.	Tel.
J'étein ou j'aitein (2).	Nos estium.	Nos estiemes.	Nous étions.

---

¹ On dit en français *mon* amie, *mon* épée, affreux solécisme comme le serait *ma* chapeau, *ta* soulier (Génin). On disait en langue d'Oïl, avec une élision euphonique, *m'espée*, *m'amie*, et non pas *ma mie*, autre affreux solécisme moderne qui signifierait tout au plus *ma part de moitié*. Il faudrait, pour être conséquent, dire aussi *ma mour* au lieu de m'amour (mon amour).
Ces anomalies et d'autres encore faisaient dire au docte et spirituel Génin : « L'étude du vieux français et celle de toutes les langues, je pense, mène à reconnaître ce phénomène étrange, qu'une langue, à son origine, est régulière et logique dans toutes ses parties, et qu'à son point de perfection elle est pleine d'inconséquences et d'irrégularités. »
² Henri Estienne dit qu'à la cour de Henri III c'étaient les mieux parlants qui prononçaient *j'étions, j'allons, je venons, je disnons, je soupons*. François Ier écrivait au duc de Montmorency : « Le cerf nous a menés jusqu'au tartre de Dumigny. J'avons espérance qu'y fera beau temps, veu ce que disent les estoiles que j'avons eu le loysir de voir, etc. » (*Lettres de la reine de Navarre*, t. I, p. 467.) Sans doute la manie italienne, qui *monsignorait* tout et *pluralisait* obséquieusement, si l'on peut dire ainsi, une seule personne, s'était glissée dans le langage de la cour depuis Catherine de Médicis. Les Jansénistes l'ont fait revivre pour nous, pauvres auteurs, car l'usage nous fait dire *nous*, comme à des têtes couronnées. *Nous avouons*, pour notre part, que nous en sommes fort *géné*, et que ce *nous* va aussi peu aux allures franches de notre esprit qu'au bon sens universel.

Dialecte bourguignon.	Dialecte normand.	Dialecte picard.	D. de l'île de France ou langue française.
Que je feusse.	Que jou fusse.	Que jou fuse.	Que je fusse.
J'aivon ou j'on.	Nos avum.	Nos avomes, avommes.	Nous avons.
Que j'eusse.	Que j'usse.	Que j'euisse.	Que j'eusse.
Que j'eussein.	Que nos ussum.	Que nos éuissiémes.	Que nous eussions.
Que je fezein.	Que nos faciums ou faciuns (1).	Que nos faciomes ou faciémes.	Que nous facions ou que nous fassions.
Que je doie.	Que je dei, deive.	Que je doic.	Que je doive.
Je conôsson.	Nos cunessum.	No conissons.	Nons connaissons.
Saiche, saiches (*subj*.).	Sache, saches.	Sace, saces.	Sache, saches.
Je rent.	Je rend.	Je renc.	Je rends.
Lou jeù.	»	Li gius.	Le jeu.
Lou feu.	»	Li fu.	Le feu.

Certains verbes flottaient, surtout dans le dialecte normand, entre la première et la seconde conjugaison : on disait *render* et *rendeir*, *vender* et *vendeir* (rendre et vendre); certains autres verbes flottaient entre la troisième et la quatrième conjugaison : on disait recevoir et *receoivre*, movoir et *muevre*. Les formes en *er* et en *oir*, qui étaient plus particulières l'une au dialecte normand et l'autre au dialecte bourguignon ont été adoptées par le français.

On pourrait multiplier ces exemples à l'infini; mais nous avons hâte d'arriver à une sorte d'exposé analytique et littéraire de notre poème, afin qu'on voie, d'une part, que l'euphonie, la rapidité du discours et l'ordre logique sont les principaux caractères de la langue d'Oïl, et, d'autre part, que les productions qui en dépendent sont loin d'être dépourvues de beautés littéraires.

Un des premiers signes qui frappent le lecteur, c'est la forme concise des verbes, dont la plus simple des modifications change la clef, de manière à faire exprimer au mot radical des idées diverses qui, en français, nécessitent de longues périphrases.

Ainsi l'on trouve dans la langue d'Oïl : *amer*, *enamer* (aimer tendrement), *s'entramer* (s'aimer mutuellement), *desamer* (cesser d'aimer), *mesamer* (haïr).

Aler, *raler*, *mésaler* (s'égarer), *trésaler* (fuir, échapper, se passer, en parlant des choses), *paraler* (parvenir à), *poraler* (parcourir), *se poraler* (se donner beaucoup de peine), *entraler* (se mêler, combattre).

Parler, *aparler* (adresser la parole à quelqu'un), *emparler* (raisonner), *mesparler* (médire), *porpârler* (traiter, décider), *contreparler* (contredire).

Les verbes *tenir*, *venir*, *traire* (du latin *trahere*), avaient chacun douze composés.

Voici une petite série de mots heureux, formés du latin, et

---

[1] On trouve *que nous faciom* dans les dialectes mixtes entre la Bourgogne et la Normandie.

dont la disparition de nos vocabulaires français est bien regrettable :

Atremper (ad temperare), réprimer doucement ; — *s'assouaiger* (ad suave), revenir à une douce quiétude ; — *s'amouloir* (mulcere se), s'adoucir ; — *engriger* (increscere) *son tourment*, accroître son tourment ; — *laidenger* (lædere), injurier ; — *s'entr'oblier*, s'oublier réciproquement ; — *se tergier* (tergum), rester derrière, se tenir à l'écart ; — *se haastir* (ad stare), se montrer raide, se faire valoir. Ce mot a pour pendant une expression dont rien n'égale la force, c'est l'adjectif *vertoilleux* (de vertex, cîme, sommet).

Soneter, c'est-à-dire faire peu de bruit, est charmant. C'est l'heureux antipode de *tamboissier*, faire grand fracas. — Deux verbes (*girare* et *vagari*) ont servi à la composition du mot *girovaguer*. Un cœur *girovagant*, se disait d'un cœur qui ne peut se fixer.

Nous n'avons plus ces expressions laconiques : *entesé* (intensus), tout prêt à ; — *envergié* (inversus), esprit à l'envers ; — *layant*, là-dedans ; — *affaitié* (affectatus), peiné, troublé ; — *lieve sur*, hâte-toi de sortir d'ici ; — *trosser* et *ammaler*, c'est-à-dire mettre en paquets et serrer ses hardes dans des malles.

L'esclairier valait bien notre mot soleil, et *gentilz moiller*, agréable femme. — Il y avait, certes, quelque chose de mieux dessiné dans *gueule bée* que dans bouche béante. — Le *vat en ville* de l'homme aux chiens est plus logique et moins affreux à entendre que le *va en ville* de nos académies ; d'ailleurs, il a une raison d'être, c'est le *t* conservé du mot latin *vadit*, d'où il dérive. C'était la règle, comme dans il *at*, formé du mot *habet*[1], et notre poème s'y est parfaitement conformé dans ce vers :

Tant *vat* li poz à l'eau qu'aucune fois il brise.
(P. 209.)

Traduisez *cui qu'en poit* en français, et vous aurez huit mots pour quatre, c'est-à-dire *à qui que ce soit qu'il en pèse*.

Le redoublement des consonnes était très-ordinaire à la fin du XIIIe siècle[2] ; aussi n'est-il pas rare de voir le mot enfant écrit *emffent*, et enfer écrit *emffer* dans notre poème, soit dit en passant et pour ne rien omettre.

---

[1] Aime-t-il vient du latin *amat ille*. On a donc tort de croire ce *t* simplement euphonique (Génin). Il n'est pas plus euphonique et il est tout aussi grammatical que celui de Malbrough s'en *vat* en guerre (*id.*)

[2] Burguy (*loc. cit.*, t. II, p. 110).

Les verbes réfléchis étaient plus nombreux dans la langue d'Oïl que dans notre langue française ; ainsi l'on disait *s'aller, s'en issir, se disner, se dormir, se combattre, se vivre*, etc. : c'était une véritable analogie avec la forme moyenne usitée dans la langue grecque [1]. Nous n'avons plus les verbes impersonnels *il ajorne* (il fait jour), *il avesprit* (il fait soir), *il anuite* (il fait nuit) : bien au contraire, on oublie en français la règle grammaticale, dont ne s'écarte point la langue d'Oïl : en effet, on y trouve ces mots : *il vos anoie* (littéralement *il vous ennuie*), tandis que le français, laissant là ses meilleures traditions, dit : *je m'ennuie ou je me repens*, au lieu de : *il m'ennuie, il me repent* [2]. Ces infractions provoquaient la bile du spirituel Génin, qui, pour les mieux faire sentir, mettait en scène un gamin grimpant sur un poteau de réverbère, à la barbe d'un excellent gendarme, et faisait dire à ce dernier : « Je m'importe peu que tu tombes [3]. »

Quiconque voudra bien étudier avec soin la langue d'Oïl du temps de saint Louis, époque de sa plus grande perfection, la trouvera logique et grammaticale dans toutes ses parties ; il pourra se rendre compte des moindres choses : ainsi pourquoi prononçait-on *véu, recéu*, par exemple ? Mais parce que ces mots étaient des *synérèses* ou flexions de deux voyelles en une ; ils offraient, enfin, les formes abrégées des mots latins *visus* et *receptus*, et l'accent faisait sentir leur dérivation.

La langue d'Oïl est une langue faite. Relevant directement du latin [5], elle respecte ses origines, et n'est pas hérissée d'exceptions

---

[1] L'infinitif moyen τύπτομαι, par exemple, équivaut au présent de la forme active suivie de son régime τύπτω με.

[2] Dans le latin, *pœna me tenet* exige la traduction : il me repent, *le repentir me tient*.

[3] Le même philologue relève une série d'inconséquences qui ont passé dans nos dictionnaires à la barbe de nos académies ; et, pour n'en citer qu'un exemple, comment a-t-on pu dire *dorer* au lieu de *orer* ? Molière ne pouvait manquer de faire dire à un des paysans de ses comédies :

Il porte une jaquette à grands basques plissées
Avec *du d'or* dessus. . . . .
(*Misanthrope*.)

Ainsi, parce qu'on disait en langue d'Oïl *espeed orée* (épée dorée), on en est venu à prononcer en français *espée dorée* ; mais le dictionnaire n'aurait pas dû sanctionner la bévue.

[4] Une des synérèses les plus notables de la langue d'Oïl, c'est *asme*, formé du latin *œstimatio* et ayant le même sens.

[5] Sauf la terminaison, on pourrait, à peu de chose près, retrouver dans les mots de la langue d'Oïl leurs congénères en latin. Pour le

comme la langue française; elle répugne à l'arbitraire, et il n'est pas de bon latiniste qui ne puisse saisir promptement, et avec un charme réel, ses inversions, et par conséquent une foule de nuances donnant de la couleur et de la force au style : car le sujet et le complément étant marqués par des désinences différentes [1], n'avaient pas besoin de suivre aussi servilement qu'en français l'ordre des parties du discours. La langue française méconnut peu à peu ces règles de dérivation, et, selon Génin, le poète Marot les ignorait déjà. Ce fut bien pis quand son jeune contem-

---

prouver, prenons au hasard quelques vers de la fable du *Loup et de l'Agneau*, par Marie de France :

   Li lox à la sorse beveit
   Ille lupus ad fontem bibebat
   Et li aigniaus a vaul esteit.
   Et ille agnellus ad vallem stabat.
   Iriement parla li   luz
   Irate parlavit ille lupus
   Qui mult esteit contraliuz
   Qui multum stabat contrarius; etc.
   Tu m'as   dist-il fet grant anui
   Tu mihi habuisti dixit ille factam grandem noxiam
   Tu m'as   ci ceste aigue troublée
   Tu mihi habuisti hic hanc aquam turbatam
   Etc.

[1] *Mes vrais amis* était la traduction littérale de *meus verus amicus*, et nous signalons ici le *s* final, qui représentait, comme dans le latin, le singulier sujet. Dans cette autre proposition : *j'aime mon vrai ami*, le *s* disparaît parce qu'il n'existe pas non plus pour le complément direct du latin, comme on le voit par ces mots : *amo meum verum amicum*. Il reparaît, au contraire, aux compléments directs et indirects du pluriel, absolument comme dans le latin. Exemple : j'aime mes vrais amis, j'accorde ma confiance à mes vrais amis, *amo meos veros amicos, do fiduciam meis veris amicis*. Dans la phrase qui suit, au contraire, le *s* s'éclipsait en langue d'Oïl, parce qu'il n'existait pas non plus au pluriel sujet : *les vrai ami sont rare*, veri amici sunt rari.

Ce système si simple et si conforme à la langue d'Oïl pure, suivait ainsi le mode des déclinaisons latines. Par exemple, les noms féminins provenant de ceux de la première déclinaison en *a* ne prenaient pas le *s* au nominatif. On n'écrivait pas *li roses*, mais li *rose* (la rose), parce que le mot correspondant latin *rosa* est sans *s*. Au contraire, on écrivait les nominatifs et les accusatifs féminins pluriels avec *s* dans les mots *lois, mains, espèces*, etc., parce que leurs congénères latins s'écrivaient dans les deux cas avec le *s*, comme dans *leges, manus, species*.

Ce n'est que vers le milieu du XIVe siècle que cette loi si vitale jusqu'alors tomba en désuétude, et que le *s*, qui était, comme désinence, le caractère essentiel des cas dans les substantifs et les adjectifs, ne servit plus qu'à marquer le nombre. Alors les prépositions se substituèrent aux désinences, et un substantif ne fut plus lié à un autre de manière à faire considérer l'un comme complément de l'autre, ainsi qu'on le voit dans cet assemblage de mots : *la Dieu amour* (l'amour de Dieu), lesquels marquent l'union, la possession intime; mais depuis on les a séparés par la préposition *de*. Il reste pourtant en français quelques traces de cet usage : on dit encore *la fête Dieu*, et, familièrement, *le fils un tel*, etc.

Il est étonnant qu'on n'ait découvert que de nos jours le jeu et les ressorts de l'ingénieux mécanisme de la langue d'Oïl. C'est l'illustre Rénouard, en effet, qui en a parlé le premier.

porain Ronsard voulut substituer aux formes latines les formes helléniques. Il *brouilla tout*, comme l'a dit Boileau ; mais la langue française sortit de ce chaos passager pour se rendre immortelle, et, malgré l'éclat de son triomphe, il y aura toujours des esprits sages et amis de la simplicité qui goûteront le charme de la langue d'Oïl [1], comme les amis d'une illustre maison distinguent et honorent deux sœurs, dont l'une est faite pour être reine et dont l'autre subjugue plus modestement les cœurs par sa grâce et sa naïveté.

Il y a dans notre poème des beautés de plus d'un genre, que nos lecteurs découvriront mieux que nous, et si nous en disons un mot ici, c'est uniquement pour appeler leur attention sur ce point.

Quand Gérard, exilé et malheureux, renonce à sa haine contre Charles-le-Chauve, il dit à Berthe, son épouse, avec une résignation qu'on appellerait sublime dans un poème moderne :

> Douce seur, si fai je tout pour la Dieu amour.
> (P. 98 du poème.)

Le passage qui, dans une description de combat, commence par ce vers :

> Li ars resplendit touz de splendissours des armes,
> (P. 161.)

est d'un pittoresque achevé.

Virgile n'a rien de plus concis que cette réflexion sur la mort d'un héros :

> Droons cheist touz morz, ses sancs la terre moille;
> Il fu la fleur des preux, li verais Diex l'absoille.

Croit-on qu'il y ait quelque chose de mieux senti, que ces vers où le vainqueur déplore sa victoire, achetée par tant de victimes :

> . . . . Les gens nous maudiront,
> Et contre nous à Dieu les bestes muiront.
> (P. 172.)

---

[1] L'Institut enregistre avec soin tous les documents inédits qui peuvent servir à l'histoire des langues romanes, et par conséquent de la langue d'Oïl. Ainsi le savant linguiste M. Egger vient de publier, dans les Mémoires de son illustre compagnie, l'Académie des Inscriptions et Belles-Lettres (t. XXI), entre autres documents du plus haut intérêt, une rédaction en français du XIVe siècle, du formulaire de la foi en douze articles, connu sous le titre de *Credo des douze Apôtres*, et dont la première rédaction en grec remonte au moins au IVe siècle de notre ère.

Voici un sentiment stoïque exprimé avec une heureuse concision :

> Plorer doivent li femme, li homme avoir doleur.
> (P. 175.)

A-t-on su faire comprendre d'une façon plus naïve la suite d'une bataille douteuse :

> Mas li ami commun la paix sanz paix féirent?
> (P. 176.)

Les Bourguignons seront fiers de cet éloge donné à leur bravoure :

> Je crois cis Bourguignon sont de fer ou d'acier.
> (p. 198.)

Les vers qui suivent ceux que nous allons indiquer nous montrent Gérard aussi éclatant qu'un héros d'Homère :

> Et plus bruioit s'espée que foudre ne espars, etc.
> (P. 206.)
> Girars joinz en ses armes com un amerillon.
> (P. 207.)
> . . . . Il rompt tout et effroisse.
> (P. 219.)

Rien n'égale la force de ce passage :

> Li froisseis des lances si très fort retantissent
> Qu'il sembloit pour certain que cent maison cheissent, etc.

Nous n'en finirions pas si nous voulions enregistrer ici tous les traits de sentiment et les réflexions d'une haute morale. Terminons par cette flèche lancée par notre poète contre la triste race des envieux, qui pétrissent jour et nuit leur affliction contre les succès d'autrui.

> . . . . Chascungs en moine joie
> Fors que li traïtour à cui tout bien henoye.
> (P. 226.)

Une des publications les plus importantes qui se soient faites dans la Collection elzévirienne Jannet en 1856, est, sans contredit, la *Chanson de geste ancienne de Girard de Rossillon* en langue provençale, éditée par les soins de M. Francisque Michel, correspondant de l'Institut. Ce poème du XIIIe siècle, en vers monorimes de dix syllabes, est la reproduction du manuscrit n° 7991⁷ de la Bibliothèque Impériale [1]. Il est aussi national pour le midi de la France ou langue d'*Oc*, que notre poème en langue d'*Oïl* est national pour le

---

[1] Il s'en trouve à la bibliothèque de l'Arsenal, belles-lettres, n° 183, une copie moderne faite page pour page, et dont les marges ont été enrichies par Lacurne de Sainte-Palaye de quelques notes instructives.

nord de ce même pays. Nous nous réjouissons donc de ce que notre publication a pu suivre d'aussi près celle de M. Francisque Michel, parce qu'il nous semble que la patrie des trouvères n'aura rien à envier à celle des troubadours en fait d'œuvre littéraire patriotique. Les deux poèmes n'ont presque de commun dans leur contexture que les noms de plusieurs personnages de ces temps héroïques. Nous en présenterons succinctement le double exposé analytique, afin qu'il ne reste aucun doute là-dessus.

Dans le poème provençal, l'épouse de *Charles-Martel*[1] et celle de *Gérard de Rossillon*[2] sont deux sœurs, filles de l'empereur de Constantinople. Gérard aimait la première; mais afin qu'elle devînt reine, il avait fait le sacrifice de ses plus tendres sentiments et avait épousé *Berte,* l'autre sœur. Néanmoins il resta uni à la reine par un de ces mariages spirituels et chevaleresques dont le XIIe siècle a vu maints exemples. Les précieuses ridicules, tant flagellées par Molière, en ont essayé la parodie dans nos temps modernes.

Charles-Martel vient assiéger Gérard dans son château de Rossillon, dont il s'empare au moyen d'intelligences par lui ménagées dans la place. Le poète décrit en un vers énergique l'imposante structure de cette forteresse :

No i ac porta neguna que non toreilh[3].

Gérard s'enfuit à Avignon, où il assemble une armée. Il vient ensuite livrer bataille à Charles-Martel, en Bourgogne, dans un lieu désigné en provençal par *Peira-Nauza.* Charles est vaincu et pense prendre sa revanche à *Valbeton;* mais à cette bataille certains signes effrayants se manifestent : des flammes s'élancent des enseignes de Charles, et l'on voit des charbons ardents se précipiter des étendards de son rival. Les combattants terrifiés se séparent sans résultat décisif. *Drogon,* père de Gérard, et *Odilon,* son oncle, ont été tués par *Terric,* et, malgré le désir de Gérard de venger son père, il accepte une réconciliation dont l'exil de Terric sera le prix; mais cette paix dure peu : car aussitôt que Terric reparaît à la cour de Charles-Martel, après cinq années d'exil, la discorde renaît entre le suzerain et le vassal; c'est au

---

[1] Déjà un des héros importants diffère, comme on le voit, du nôtre, qui est Charles-le-Chauve.
[2] Telle est l'orthographe de ce nom dans le titre du poème publié par M. Francisque Michel; le titre du nôtre est *Girart de Rossillon*.
[3] La traduction italienne de ce seul vers suffira pour indiquer le rapport intime des deux langues provençale et italienne :

Quivi non ha porta che non torregi.
(*Hist. litt. de la France,* t. XXII, p. 179).

INTRODUCTION. xxxv

tour de Gérard d'être vaincu. Il est voué alors avec sa compagne aux plus rudes traverses, et, comme dans notre poème, ils endurent l'un et l'autre pendant sept années les plus accablantes épreuves. Un jour, les deux pauvres époux, perdus dans la foule, sont témoins d'un tournoi entre de jeunes et élégants seigneurs ; la pensée de leur splendeur éteinte se réveille alors dans leur esprit, et ils sont profondément émus : Berte, surtout, regrettant les jours de gloire de son illustre époux, aujourd'hui poursuivi par l'infortune et sans patrie, se sent défaillir, et inonde de ses larmes les joues pâles et flétries de Gérard, qui la soutient chancelante et presque inanimée. Dès cet instant, Gérard ne veut plus que sa misère soit à charge à la plus dévouée des épouses, et il la conjure de retourner en France ; mais Berte n'accepte qu'à la condition qu'il sera du voyage.

Il faut avouer que notre poème en langue d'Oïl renferme peu de tableaux aussi touchants, si ce n'est celui du tendre dévouement de la reine de France et de sa sollicitude pour ramener sur les illustres proscrits les bonnes grâces du roi son époux. Son entrevue surtout avec le comte est une délicieuse page. Le poète provençal a commis un anachronisme en faisant mouvoir, au VIIIe siècle, ses personnages dans le régime féodal complet. Notre poète bourguignon, au contraire, visant plutôt au titre de chroniqueur qu'à celui de romancier, a bien su se tenir dans les mœurs et dans le synchronisme réel de son IXe siècle.

Cependant le duc Terric, favori du roi, est tué à la cour même du monarque par Booz, neveu ou cousin de Gérard. Là-dessus, grand émoi parmi les guerriers ; Charles-Martel impute le meurtre aux instigations de Gérard, et émet devant tous ses barons sa volonté de le traiter comme traître et sans aucun ménagement. Toutefois, dans une sorte de paraphrase de son premier discours, malencontreuse redite puisqu'elle implique contradiction, Charles est d'avis d'envoyer *Pierre de Montrabei* en ambassade à Rossillon, où s'était prudemment retiré Gérard ; et l'on entend Charles-Martel dire : « Tu exhorteras avec douceur Gérard à venir de son « plein gré me faire droit. Dis-lui que je ferai toujours sa volonté « et que notre amitié ne sera jamais rompue. »

On ne voit pas de ces contradictions dans les remarquables discours mis par notre poète chroniqueur dans la bouche des barons convoqués par Charles-le-Chauve. Ce dernier y conserve toujours son caractère cassant et irritable, pendant que *Girart*, au contraire, garde au milieu de ses guerriers bourguignons toutes les bienséances et la dignité de son rang. Dans notre poème, aucun meurtre, même indirect, n'a souillé notre héros, et la guerre recommence pour une cause qui ajoute au contraire à sa gloire : en effet, les barons de Charles sont envieux de l'éclat des vertus de Girart, et le démon sait si bien exploiter toutes leurs sombres fureurs, qu'il rallume la guerre, dont le roi Charles-le-Chauve devient le seul instigateur manifeste. Chez nous, l'action marche toujours régulièrement et se dénoue bien, à la différence du roman provençal, surchargé d'incidents intermédiaires et d'interminables et puérils discours semés de contradictions palpables. Il semble que les troubadours et les jongleurs s'en soient fort peu mis en peine et qu'ils aient préféré des couplets pour divers à-pros a la régularité de l'ensemble; car l'usage était établi généralement de chanter les poésies de geste avec accompagnement de viole[1]. Voilà qui est de nature à ressusciter dans quelques esprits la pensée des intercalations qu'on a prétendu exister dans le majestueux poème d'Homère, s'il est vrai qu'il se chantait aussi par les rapsodes pour faire vibrer, dans ce beau pays de Grèce, tous les échos de la gloire et de la splendeur nationales, comme les troubadours caressaient chez nous les élans prodigieux de la chevalerie.

En résumé, une notable différence entre le poème provençal et le nôtre, c'est que le premier s'occupe plus du merveilleux que de l'histoire, au lieu que le nôtre est presque en son entier une chronique rimée.

Dans le même volume de la Collection elzévirienne Jannet[2], M. Francisque Michel a publié à la suite du roman provençal tout ce qui reste d'un manuscrit d'Oxford en langue d'Oïl et en vers décasyllabiques monorimes, qui est la traduction en cette langue d'Oïl du même poème provençal dont nous venons d'entretenir nos lecteurs. Malheureusement ce manuscrit, outre d'autres lacunes plus considérables encore, ne commence qu'à la 70ᵉ page du poème provençal, et par ce vers, calqué comme tout le reste sur le même poème :

Dex lor mostre miracle qui fu castiz[3].

---

[1] Voir t. XXII, p. 265 de l'*Histoire littéraire de la France*.
[2] De la page 285 à la page 396.
[3] Dieus lor mostret miracles que fon castis.
(Poème provençal.)

Nous avons maintenant deux textes du poème provençal, celui de M. F. Michel et celui du docteur Hoffmann. Berlin, 1855.

INTRODUCTION.

Voici maintenant le sommaire du poème en langue d'Oïl dont la reproduction est notre œuvre. Nous donnons ce sommaire avec régularité et avec le moins d'omissions possibles, afin que le lecteur se trouve aidé d'avance dans la lecture qu'il entreprendra.

La dissension s'étant mise entre les fils de Louis-le-Débonnaire, Louis et Charles, qui s'étaient ligués contre Lothaire, vont trouver Girart en son château fort de Rossillon (près de Châtillon-sur-Seine, en Bourgogne), pour le solliciter d'entrer dans leur alliance. Girart leur tient de sages propos, afin de les dissuader de la guerre, et leur déclare qu'il gardera une stricte neutralité. Charles se retire courroucé de l'attitude du comte. Lothaire est vaincu à la sanglante bataille de Fontenai, à laquelle, en effet, le comte de Rossillon ne prend aucune part. Paix de Verdun et partage du vaste empire de Charlemagne. Enumération des nombreuses possessions de Girart; il était chef du lignage des ducs de Bourgogne. Invocation du poète à Jehanne de Bourgogne, reine de France; à Eudes, comte de Bourgogne et sire de Salins, et à Robert de Bourgogne, comte de Tonnerre, gardien de l'abbaye de Pothières : le poète les invite à honorer la sépulture de Girart et de sa famille. Mont de Lassois, puits (dont on voit encore les vestiges), bois où se réfugia saint Loup. Histoire du château de Rossillon avant Girart. Siége de ce château par les *Vandres* (les Vandales), qui l'investissent pendant sept ans. Histoire du taureau nourri de blé. Sortie malheureuse des assiégés et destruction de la forteresse. Discorde parmi les *Vandres*, qui s'entretuent jusqu'au dernier. Girart relève les murs de cette forteresse. Singulières étymologies du nom de Rossillon. Eglise de Saint-Marcel, *où est l'épée du saint*.

Girart épouse Berthe, fille de Hugues, comte de Sens, dont l'autre fille, nommée *Eslwis* (1), épouse Charles-le-Chauve, qui, en sa qualité de roi, prétend, sans partage, au comté de Sens après la mort de Hugues. Les deux contendants se disputent avec de gros mots, à la façon des héros d'Homère, et, de même que ceux-ci juraient par leurs plus puissantes divinités, Minerve, Mars, Apollon ou autres, de même Charles jure par saint Denis et Girart par saint Antoine, *le saint aux Bourgoignons*. Ce n'est pas la seule similitude qu'il y ait entre nos preux du moyen âge et les guerriers des premières époques helléniques : on ne peut faire un pas dans ce poème sans rencontrer une multitude d'analogies frappantes, d'après lesquelles on est forcé de reconnaître qu'à l'aurore de toute grande civilisation les hommes sont d'une trempe vigoureuse et d'une simplicité de mœurs d'un type semblable, mais destiné à s'affaiblir ensuite à mesure que la civilisation progresse. Nos époques héroïques, on le voit, ont eu leurs chantres populaires tout aussi bien que la Grèce, et il ne manquerait peut-être plus que de pouvoir grouper sous un seul nom les œuvres de nos rapsodes nationaux du cycle carlovingien, pour avoir un corps d'histoire complet avec une sorte d'Hérodote sacré qui parlerait le langage des muses au lieu de leur dédier une majestueuse prose.

Droon, père de Girart, avait conquis le comté d'Ardennes sur Thierry, qui devint l'allié de Charles-le-Chauve ainsi que ses deux fils. Au nombre des autres alliés de Charles étaient aussi le comte de Blois, le duc de Normandie; Gauthier, comte de Saint-Pol; Gui, comte de Montfort; Hugues, comte de Troyes; Hernaux, vicomte de Chartres, etc. Discours du comte d'Ardennes, approuvé par le duc de Normandie et par les autres comtes, qui décident que Girart sera entendu devant la cour du roi. Thierry parle du comte de Rossillon en ennemi courtois, loyal et généreux : c'est presque un discours à la façon de l'Illiade, et, pour corroborer le parallèle, un murmure approbateur de l'assemblée se fait entendre. Néanmoins, Charles jure par saint Denis qu'il en fera à sa volonté. Adresse du poète, qui met l'éloge des Bourguignons dans la bouche du roi Charles, leur ennemi juré. Gui de Montmorency essaie vainement d'entamer la fidélité des grands vassaux de Girart. Bruns de Montalemart, homme

---

(1) Le manuscrit de Beaune a traduit ce nom par Eloïse.

de ce dernier, mais aussi attaché à la règle qu'à son maître, dit qu'il ne le servira qu'autant qu'il aura fait au roi, son suzerain, des sommations régulières, c'est-à-dire un an ou six mois avant de recourir aux armes. Toutefois Charles envahit par surprise la forteresse de Rossillon et ravage le pays placé sous la dépendance du comte.

Cependant Berthe, type de la femme chrétienne, dont la salutaire influence commençait déjà à agir sur l'esprit des guerriers, triomphe enfin de la hauteur de son époux. Elle lui donne d'excellents avis (1), par suite desquels il convoque ses barons. On convient d'envoyer, en ambassade au roi, le neveu de Girart, vaillant guerrier portant le nom de Fourques. Au sage et généreux discours de ce dernier, Charles répond par la colère, et menace de faire pendre Girart; mais alors Fourques, blessé dans son caractère d'ambassadeur et stimulé par un noble aiguillon, déclare qu'il vengerait incontinent son maître si Charles n'était roi; il met la main à son poignard, et se voyant près d'être entouré, il se jette sur son cheval et s'élance hors de l'assemblée. Un des fils du comte Thierry veut le poursuivre et en reçoit un tel horion qu'il tombe de cheval, se casse un bras et qu'un des yeux lui sort de l'orbite. Fourques s'enfuit à Toulouse, où il rend compte à Girart du résultat de son message.

Par une habileté peu commune, et dont nous avons déjà vu un premier exemple, notre poète met dans la bouche de Charles l'éloge de Fourques, qui tout à l'heure l'avait menacé. Cet éloge d'un ennemi, en face des compagnons d'armes du roi, excite leur envie. Dénombrement des troupes françaises. Girart, abandonné des siens par les intrigues et l'argent du roi, gagne son castel de Gaillardon, puis la forteresse de Poligny, où le suivent seulement ses fidèles guerriers Bourguignons. Charles va construire à peu de distance de là une tour qu'il nomme Château-Charlon.

Girart, réduit à une poignée de braves contre une armée entière, fait des prodiges de valeur avec ses quatre neveux Fourques, Seguins, Gibers et Booz. Il est blessé, et on l'entraîne malgré lui hors du champ de bataille. Cependant cette petite phalange de preux est poursuivie par monts et par vaux, et le combat finit après une mêlée terrible où Hugues tue Gibers et succombe à son tour sous les coups de ses adversaires. Booz immole le comte Aymon, et Seguins assomme Pierre de Montraboy. Notre poète est plus d'une fois l'émule d'Arioste et des grandes épopées dans les diverses batailles de géants qu'il décrit.

Girart s'enfuit à Dijon, puis à Besançon et ensuite au fort de Jougne. De là il gagne les Ardennes et se décide, sur les conseils de Berthe, à se réfugier en Hongrie avec sept compagnons d'infortune, qu'il perd tous dans divers combats inégaux livrés par lui aux guerriers lancés à sa poursuite.

Girart et Berthe se réfugient dans un ermitage de la forêt des Ardennes. Là, pendant le sommeil de l'illustre fugitif, des voleurs lui dérobent ses chevaux et ses armes. Il pleure amèrement cette perte : Homère n'aurait pas répudié ce sentiment noble et délicat, si naturel à un guerrier. Cependant il fallait que Girart perdît tout ce qu'il possédait et que son calice d'amertume débordât, afin de montrer au monde un des plus puissants du siècle en proie aux plus accablantes épreuves. Le bon ermite des Ardennes reçoit les aveux de ses fautes et apporte tant de calme à l'esprit de ce dernier

---

(1) A la fin du XIIe siècle, époque où les mœurs étaient encore farouches, l'auteur du poème des *Quatre fils Aymon*, met ces dures paroles dans la bouche de Beuve, frère de Girart, en s'adressant à Berthe :

> Dame, ce dist li Dus, alés vous ombroier
> Là dedens en vos cambres et bien apparoillier
> Laienz à vos puceles prenés à chastoier
> Pensés de soie tordre, ce est vostre mestier.
> Li miens mestiers si est a l'espee d'acier
> Et ferir et joster encontre un chevalier
> Mal dahé ait la barbe a nobile princier
> Qui en la cambre de dame vait pour lui consoillier.
> (*Hist. littér de la France*, t. XXII, p. 671.)

Ici la femme sensée est brutalement éconduite; dans notre poème, au contraire, elle a toute l'influence qu'elle a reçue du christianisme. Il est bon de noter, en passant, les progrès que faisaient déjà, un siècle plus tard, les études historiques et l'adoucissement des mœurs.

par les douces consolations de la religion, que, sa fougue et sa colère venant à tomber comme par enchantement, il pardonne à son cruel ennemi et il se résigne. Ce tableau est aussi émouvant que moral, et la simplicité de la narration y ajoute un charme infini. Girart devient charbonnier et Berthe couturière. La patience échappe encore quelquefois au noble comte déchu, et il en résulte des scènes vives et pleines d'originalité ; mais Berthe, qui est un ange de vertu, rappelle toujours dans le cœur de son époux, qu'elle nomme son frère, la résignation et la dignité. Notre poète, en exposant les mœurs et la physionomie de ce IXe siècle, si peu étudié jusqu'ici et si peu connu encore, est un fidèle peintre ; on ne peut trouver, en outre, dans aucune épopée nationale un fonds ni plus religieux et philosophique à la fois, ni plus moral. Nous ne saurions trop recommander au lecteur l'épisode d'une religieuse rejetée comme folle par ses compagnes, à cause de son extrême humilité, et qu'un saint ermite vient remettre en honneur parmi elles sur la révélation d'un ange.

Les illustres exilés, après sept années d'épreuves, rentrent en France et se tiennent comme deux mendiants près du palais. La reine, en passant, découvre au doigt de Girart l'anneau qu'elle lui avait donné dans leurs beaux jours, en signe d'une chaste et chevaleresque union. Entrevue, joie et transports mutuels. La reine, par de douces paroles, agit sur l'esprit du roi, surtout lorsqu'elle lui raconte le songe touchant du cerf et de la biche. Le roi s'attendrit et pardonne aux époux bannis, qui se jettent à ses pieds au moment où il se rendait à l'église, le jour de la Pentecôte, pour communier avec la reine. Fêtes à la cour. Girart et Berthe vont en leur château de Rossillon en Bourgogne.

Tableau des vertus éminentes des deux nobles époux et de leur fervente piété. Apologue d'une femme disant à un tyran qu'elle prie pour sa conservation et sa longue vie, afin que Dieu n'en envoie pas un pire. Autre apologue d'un roi qui entretenait dans son esprit la salutaire pensée de la mort. Plusieurs apologues contre les flatteurs, scène piquante où on les voit dupes de leurs faux calculs. Apologue prouvant qu'il ne faut pas qu'un prince change ses serviteurs. Girart n'estimait chez les hommes que leur valeur personnelle, genre d'appréciation la plus rare de toutes dans le monde et qu'on trouve exprimé d'une manière concise dans ce vers :

De pouvres et de riches et scens et meurs prisoit.

Sage leçon donnée par une pauvre femme à Trajan, qui l'ajournait pour un acte de justice (1). Apologue sur la sobriété des princes et sur leur prévoyance. Bel exemple de charité et de piété filiale.

Le roi fait venir Girart à la cour et l'investit de toute sa confiance ; mais bientôt le démon, offusqué de cette paix, met tout en œuvre pour ranimer la discorde entre Charles et son vassal, et il n'y réussit que trop bien à l'occasion du partage de la *comté de Sens*. Dures paroles du roi au comte ; patience et longanimité de celui-ci ; mais Charles rassemble une armée imposante et marche sans ajournement aucun contre son vassal, qui s'était retiré à Rossillon. Ce dernier se ligue avec les rois d'Espagne et assemble son conseil, où il tient un langage plein de dignité et de modération. Fourques excite l'enthousiasme des chefs, qui demandent la bataille incontinent ; mais un vieux guerrier, Nestor de l'assemblée, pense qu'il vaut mieux que Girart se mette

---

(1) Ceci rappelle un fait de notre histoire rapporté par le sire de Joinville. Nous n'en affaiblirons point le parfum par des commentaires. On voudra bien remarquer que ce récit a lieu dans la même langue absolument que celle de notre poème.

« Looys ot mout de persécucions que il soustint en pacience ; certes com einsi fust que une femme qui avoit nom *Sarrette*, plédast en la court du benoit roy à monseigneur Jehan de Feuillarse, chevalier ; et une foiz quant le parlement séoit à Paris, et li benoicz rois fust descendu de sa cambre, la dite femme qui fu el pié des degrez, li dist : « Fi ! fi ! deusses tu estre roi de France ? Mout miex fust que un autre fust roi que tu ; car tu es roi tant seulement des frères Meneurs, des frères Prééchéeurs, et des Prestres et des Clers ; grand damage est que tu ès roy de France, et c'est grant merveille que tu n'es bouté hors du royaume. » Et comme les serganz du benoiet roy la vosissent batre et bouter hors, il dist et commanda que il ne la touchassent ne boutassent ; et quant il l'ot bien escoutée et diligaument, il dist et respondi en sousriant : « Certes vos dites voir, je ne sui pas digne d'estre roy ; et se il eust pleu à nostre Seigneur, ce eust esté miex que un autre eust esté roy que je, qui miex seust gouverner le roiaume. » Et lors commanda li benoicz rois à un de ses chambellens que il li donnast de l'argent, et, crois l'en, quarante solz ; et moult de persones estoient présentes és choses desus dites. »

dans son bon droit en offrant d'abord ses soumissions par un envoyé digne de sa confiance. L'assemblée adhère à cet avis. Le roi de France reçoit avec sa hauteur et son dédain habituels le messager de paix, et lui dit qu'il destine Girart au gibet. Grande joie et préparatifs de guerre dans le camp du comte bourguignon. Cependant, le Nestor de l'assemblée se lève encore et demande qu'on fasse de dernières soumissions. Fourques est alors envoyé en message ; mais ayant trouvé le roi encore plus intraitable, il lui déclare la guerre. Description de la bataille. Charles est vaincu et mis en fuite. Ce conflit désastreux pour ses armes a lieu en Flandres, et il est suivi de deux autres défaites, l'une près de Soissons, et l'autre à Pierre-Pertuis, sous Vezelay.

L'armée ducale adopte pour cri de ralliement le nom de *Saint Georges*, dont la chapelle se voit dans un lieu appelé *Quarrées-les-Tombes* (1). A l'exemple du preux Droon, père de Girart, toute l'armée se prépare au combat par la communion. Au fort de la mêlée, l'intrépide vieillard Droon renverse de cheval Thierry, comte d'Ardennes, et lorsque, après ce fait d'armes, il va frapper le comte de Montfort, Thierry, qui s'était relevé, surprend Droon à l'improviste et lui plonge son épée dans la poitrine. Cependant Eudes, comte de Provence, faisait de grands ravages parmi les soldats de Charles, lorsque Thierry le blesse à mort. On le ramène dans sa tente, pendant que ses trois fils, Fourques, Booz et Seguin, combattent comme des lions. Une foule de chefs illustres périssent dans l'armée royale ; le reste faiblit et le succès penche visiblement pour les troupes ducales. Le sang grossit la rivière d'Arce, qui, de cette circonstance, et selon que le poète l'explique, prend le nom de *Chorée* (2). Le roi assemble ses barons pour délibérer sur sa situation, et Thierry, comte d'Ardennes, conseille d'envoyer un message à Girart. Celui-ci se révolte à l'idée de quitter la partie et de laisser aller sain et sauf son ennemi vaincu ; mais Fourques lui conseille de s'en tenir à l'honneur de demeurer maître du champ de bataille, et de ne pas poursuivre l'armée royale. Réflexions de Girart sur les pertes cruelles qu'il vient de faire et sur les effroyables suites des discordes. Le comte Eudes, mourant, lève par ses dernières paroles les incertitudes de son neveu Girart, qui se décide à vouloir demeurer maître du champ de bataille. Le roi s'éloigne, et il en résulte ce que le poète qualifie ingénieusement de *paix sans paix*.

Berthe s'abandonne au désespoir à l'aspect du carnage, et l'on a beaucoup de peine à la consoler. Girart lui dit que le témoignage du meilleur deuil et l'expiation la plus méritoire, c'est de fonder des monastères. Les chefs se séparent, et les pieux époux reviennent à leur château de Rossillon, après avoir donné avec une profonde douleur et avec l'expression des sentiments les plus élevés, les plus pieux et les plus délicats, la sépulture aux malheureuses victimes de la guerre. Ce profond respect à l'égard des morts et cet empressement pour les honneurs de la sépulture ajoutent aux belles traditions antiques tout ce que renferme de sublime, sur ce sujet, le sentiment chrétien.

Girart, de retour à Rossillon, se met à songer qu'il n'avait pas d'enfants, et *pour ce, fit Dieu son hoir ;* il fonde des abbayes, des collégiales, des prieurés, et invite le pape Jehan VIII à en faire la dédicace. Le pape accède à sa prière et fait don de précieuses reliques à l'illustre fondateur de Pothières et de Vezelay, lequel fait transporter d'Aix en Provence dans ce dernier sanctuaire le corps de sainte Madeleine. Le poète critique l'opinion de ceux qui sont tentés de faire remonter cette translation au temps de Charlemagne, et surtout celle des Provençaux, qui prétendent avoir conservé ces reliques à Saint-Maximin.

Cependant le démon jetait les serpents de l'envie dans le cœur des méchants et des calomniateurs, qui ne cessent de réchauffer la haine du roi Charles. Le roi s'empare du château de Rossillon, qui lui est livré traîtreusement par le chambellan du comte. Berthe est conduite à Dijon par des parents, et Girart, avec quelques preux, se défend contre toute une armée à travers laquelle il s'ouvre un passage. Il se retire au châ-

---

(1) Voir sur cette localité le *Journal des Savants* de novembre 1724, p. 704, et le *Mercure de France* de février 1725.
(2) C'est la rivière de Cure, près de Vezelay.

teau de Semur, nommé alors *Olivant*, et de là à Avignon, d'où, après avoir rassemblé de nombreux partisans, il accourt disputer à son rival la forteresse de Rossillon. D'illustres compagnons de guerre de Girart, le sire de Grancey, Thierry comte de Duesmes, Lambert de Salives, etc., font des prodiges de valeur. Le poète bourguignon ne manque guère de donner un coup de patte aux Français toutes les fois qu'il le peut, comme dans ce vers :

> Fort assaillent li Franc qui sont grant cuidéour (1).

On trouve çà et là des traits de sentiment dignes de Virgile, comme celui-ci, entre autres :

> Maintes dolentes mères sont faites en cel jor.

Les scènes de ce champ de carnage sont aussi diversifiées que dans l'épopée grecque. La bataille avait lieu au pied de la montagne de Rossillon, aujourd'hui montagne de Vix (2), dans un lieu qui reçut depuis le nom de *Vauxsang*.

Le roi Charles est obligé de fuir après avoir perdu presque toute son armée. Ceux des siens qui avaient occupé par surprise le château de Rossillon y mettent le feu, afin de faire retraite à la faveur de l'incendie. Le château ne fut pas reconstruit, et ce fut alors, selon notre poète, que Girart bâtit la forteresse de Châtillon. Le roi se retira à Chalon, en vantant la valeur des Bourguignons, quoiqu'elle vînt de lui être si funeste; mais son langage trivial fait disparate avec les discours sages, courtois et retenus de Girart. On sent bien ici la plume d'un Bourguignon; toutefois, Charles-le-Chauve est peint dans ce poème selon l'histoire.

Cependant le roi revient avec une armée pour venger ses affronts et ses défaites successives. Une nouvelle bataille s'engage près du Val de *Bergis* ou *Vergy*. Elle est pleine de péripéties. Charles et Girart en viennent aux mains : le second est désarçonné par son adversaire, mais à son tour, il lui porte un coup de masse et le met hors de combat. A peine est-il revenu à lui qu'il cherche son salut dans la fuite et se réfugie au château de *Montargis*. Il revient avec des renforts, passe l'Yonne et marche sur Sens, où a lieu une sanglante bataille.

Girart se précipite comme un lion dans la mêlée ; il y est cherché par les comtes d'Avrens, d'Eu et d'Alençon, et tellement entouré qu'il tombe au pouvoir des Francs. Ses fidèles compagnons d'armes s'élancent pour le délivrer; ils sont cinq : Fourques, Seguin; Bouchars, vicomte d'Avallon; Landry, comte de Nevers, et le comte de Chalon. La mêlée est terrible ; le roi lui-même accourt et tombe au pouvoir des Bourguignons. Le vicomte de Brosse, le comte de Blois, le sire d'Ienville et le duc de Normandie se précipitent tête baissée contre Fourques, Bouchart et Landry, qui entraînaient leur royal captif. Dénombrement des illustres guerriers qui accourent au lieu du combat où Fourques jonche de morts la terre sous ses pas. Gui de Château-villain, Poinçon de Vergy, Bellandin de Froslois, Gauthier de Rochefort, Roubelin d'Arnay, le sire de Noyers, Geoffroy de Somhernon, se font jour à travers les bataillons ennemis et délivrent Girart. Celui-ci, libre enfin, répand la terreur dans l'armée des Francs et met tout en fuite. Le roi Charles, délivré à son tour, se sauve vers Paris.

Les deux terribles rivaux guerroyèrent encore pendant longtemps, et, si l'on en croit les supputations monastiques, le comte de Rossillon remporta encore sept victoires sur les troupes royales, ce qui ferait douze en tout. Enfin, l'intervention divine devenant nécessaire, un ange apparut au roi Charles et lui commanda de faire la paix. Le suzerain et le vassal font la paix et partagent le comté de Sens en deux portions égales.

Les pieux époux du célèbre manoir de Rossillon avaient perdu en bas-âge un fils

---

(1) Présomptueux.

(2) Du voisinage de Châtillon-sur-Seine, en Bourgogne. Dans une carte des plus précieuses, conservée à Londres, tracée de 1261 à 1270, et dont l'illustre savant M. Jomard a obtenu le *fac simile* parfaitement exact pour le cabinet des cartes et plans, dont il est conservateur à la Bibliothèque impériale, on a indiqué au-dessus de l'abbaye de *Putères* la montagne de Vix sous la désignation de *Rosselion mountich*. (Note de Fauriel.)

appelé Théodorys et une fille nommée *Eva* (1). Ils employèrent dès lors toutes leurs richesses à fonder des monastères. Notre poète en compte douze, c'est-à-dire autant que de victoires imputées par lui au comte de Rossillon ; mais, parmi ces monastères, deux sont particulièrement célèbres : ce sont les abbayes de Pothières et de Vezelay.

Pendant le cours de ces pieuses fondations, Berthe met elle-même la main à l'œuvre, et, comme elle se levait mystérieusement avant le jour pour se faire aider dans ce pieux labeur par ses *ancelles*, le démon de la jalousie s'empare du comte ; il se met en embuscade et aperçoit un ange invisible pour Berthe, et qui l'aidait, elle et ses suivantes, à porter sur la montagne une charge de sablon. Girart se retire plein d'admiration pour Berthe et de confusion pour lui-même, et il se hâte de faire l'aveu de son indignité à cette sainte épouse, en lui racontant le prodige dont il a été le seul témoin.

Une autre fois, lorsque les illustres fondateurs faisaient ériger l'église de Pothières, Satan voulut leur jouer pièce en les faisant trébucher au moment où ils portaient une tinette remplie d'eau ; mais un ange soutint le faix et prévint la chute de la *bonne dame*. Toutefois, le démon ne se décourageait point, et il vint à bout d'entraîner Girart dans un fâcheux oubli de ses devoirs ; mais son repentir suivit de près sa faute. Un ange apparut à Berthe pour lui révéler que Dieu pardonnait à son époux. *La franche débonnaire* (2) était alors occupée à prier avec ferveur pour lui.

Il est impossible de trouver nulle part un type de douceur, de simplicité, de bon sens et de charité plus aimable et plus ingénu que Berthe, ni un tableau plus attachant de la dignité des mœurs conjugales et de la douceur de la vie chrétienne. La ferveur religieuse du XIIIe siècle éclate partout dans notre poème. Il appartient essentiellement à nos époques historiques, et il nous semble qu'en l'étudiant on est disposé à s'attiédir pour les poèmes profanes où brille l'étalage de mœurs qui nous sont étrangères, et où la femme, au lieu d'être digne et honorée, est trop souvent avilie.

Berthe meurt à Pothières ; on place son corps dans un riche tombeau de marbre. Des prodiges multipliés se manifestent sur le lieu de sa sépulture. Girart était à Avignon lorsque, se sentant accablé d'âge et d'infirmités, il fit promettre aux seigneurs du comté de placer ses restes mortels près de ceux de Berthe ; mais le peuple d'Avignon se soulève pour empêcher l'exécution de cette promesse. Plusieurs fléaux viennent alors fondre sur le pays. Un saint ermite apprend d'un ange que la transgression du serment des barons est la cause des malheurs de la contrée, et transmet au peuple la volonté du ciel. On l'écoute, et l'on transporte, sans plus tarder, les restes du comte à Pothières, où on lui élève un tombeau de marbre à côté de celui de Berthe. Série de prodiges.

Plus tard les comtes de Bar-sur-Aube et de Bar-sur-Seine exercent des violences sur l'abbaye. Incendie du monastère. La tombe de Girart est brisée. Nouveaux prodiges sur cette tombe et sur celle de Berthe. Conclusion du poète en faveur de leur sainteté.

Afin d'épuiser la question en ce qui concerne notre héros, il est bon de répéter ici qu'il existe un roman en vers intitulé *Girart de Viane*[3], dont il y a trois manuscrits en Angleterre et deux à la Bibliothèque impériale. Ce poème a été reproduit à Berlin par M. Bekker, et à Paris par M. P. Tarbé. L'*Histoire littéraire de la France* fait remarquer que cette chanson de Girart de Viane est une sorte de contrefaçon de celle du Girart de Rossillon proven-

---

(1) Plusieurs chroniqueurs l'ont faite abbesse du couvent de Saint-Père, à Vezelay.
(2) C'est ainsi que la qualifie notre poète.

[3] Gérard de Vienne. Nous l'avions à peine signalé.

çal. Cependant, les personnages et les faits sont bien différents de ceux de ce poëme ainsi que du nôtre; car Charlemagne, Roland, Olivier et la belle Aude jouent dans la geste de Girart de Viane les principaux rôles. L'auteur de ce poëme, plus désireux que celui du nôtre, apparemment, de passer à la postérité, se nomme en toutes lettres, comme on va le voir : c'était un prêtre de Bar-sur-Aube, du nom de Bertrand :

>   Ce fu en mai qu'il fait chaut et seri
>   Ke l'erbe est vers et rosier sont flori.
>   A Bar-sur-Aube un chastel signori
>   Lai cist *Bertrans* en un vergier flori
>   Uns gentis clers qui ceste canson fist.

Il ne faut pas croire que nous nous adressions exclusivement, dans cet ouvrage, à une seule classe de lecteurs. D'abord nous avons eu l'intention, en donnant un précis essentiellement bibliographique, d'initier ceux qui ont le bonheur de n'être pas savants à des notions préliminaires dont ils n'auraient, sans doute, eu ni le courage ni le goût de faire l'étude; mais, en admettant que ces premières pages soient plus particulièrement du ressort de certains lettrés, nous aimons à croire toutefois qu'après avoir lu l'ensemble de notre introduction, il y aura peu de personnes qui ne soient tentées de faire connaissance avec le poëme, parce qu'il est, en réalité, une des chroniques les plus curieuses du vaste et fécond sujet de guerres engendrées par la lutte des grands vassaux contre leur suzerain le roi de France. En outre, les personnes adonnées au vieux langage trouveront, dans celui de notre poëme, tout le charme qu'elles rencontrent dans les allures vives des écrivains de l'époque de saint Louis. D'autre part, celles qui aiment à scruter et à analyser ce vieux langage comme étude comparée, auront une ample moisson à faire parmi les expressions et les tours de phrase dont nous avons signalé déjà quelque chose dans cette introduction, notre but étant d'indiquer plutôt que d'approfondir ici une matière qui demanderait à elle seule un volume. Aussi bien, indépendamment de nos travaux historiques, nous payons chaque jour de plus en plus notre dette à la philologie du langage : ainsi nous avons essayé déjà d'assigner à nos patois de France, et notamment à l'idiome bourguignon, leur véritable origine, et nous avons fait une étude comparée de la grammaire et de la littérature propre à ce dernier idiome [1]. Nos laborieuses annota-

---

[1] Voir notre *Histoire de l'Idiome bourguignon et de sa Littérature propre, ou Philologie comparée de cet idiome.* — Dijon, Lamarche et Drouelle, libraires-éditeurs, 1856.

tions sur le texte du poème qu'on va lire témoignent de notre zèle à demander à la langue française le secret de sa formation. Nous sera-t-il permis d'ajouter que nous avons ouvert la série de nos travaux par la méthode synthétique, en ce sens que nos débuts dans le genre ont commencé par un manuscrit d'environ 600 pages sur les progrès successifs de la langue française à partir du XVI⁰ siècle, sur sa fixité au XVII⁰ et au XVIII⁰ siècle, et enfin sur ses symptômes de décadence à notre époque. La langue dont s'est servi Molière y est étudiée à fond[1], et c'est pour cette patiente et consciencieuse élucubration que nous solliciterions avec le plus de confiance les sympathies du public lettré si jamais nous rencontrions un éditeur[2].

---

[1] Le titre principal que nous donnons à ce Ms est : *Vocabulaire du Théâtre de Molière, accompagné de l'Histoire de ses Piéces.*

[2] Cette bonne fortune est plus que douteuse pour nous, d'un côté parce que l'esprit public est moins stimulé aujourd'hui par l'amour des lettres, et d'un autre côté parce que la confiance qui fait naître un éditeur pour une œuvre quelconque est toujours lente, délicate, tâtonneuse et incertaine. En tout temps un éditeur de tact n'est guère plus facile à trouver qu'un écrivain digne, en tout, de l'acception du mot. Hélas ! celui qui réunissait en lui seul les plus précieuses qualités de l'éditeur, Victor Lagier, vient de mourir (le 31 août 1857), laissant (pour nous servir des termes mêmes de la *Revue de législation*) d'universels regrets parmi ceux de ses confrères qui avaient su l'apprécier. M. Techener, dont le nom, comme libraire, est des plus connus, nous écrivait, il y a peu : « La perte de M. Lagier a été sensible pour tous, et vous avez dû lire dans le dernier numéro du Bulletin toute notre pensée à l'égard de cet homme de bien. » Charles Nodier l'aimait; les libraires de Paris l'appelaient leur maître, et le savant professeur Ducauroy le qualifiait d'*éditeur célèbre.* En effet, il avait édité les ouvrages des Proudhon, des Poncet et ceux d'autres hommes qui, par leurs utiles travaux dans la jurisprudence, dans l'histoire et les lettres, illustrent encore en ce moment leur pays. Il accueillait avec une égale faveur tous les genres de librairie, notamment certain petit catéchisme dont le parfum lui fut révélé, et qui servit à faire connaître et aimer Dieu partout, dans nos villes comme dans nos campagnes. La Providence a rendu le centuple en prospérité à celui qui avait eu la première pensée de cette publication ; mais lui, sachant bien que les auteurs enrichissent noblement la librairie et peuvent néanmoins rester pauvres, honora la mémoire du bon prêtre de Léry, auteur du catéchisme, en lui élevant un monument funéraire digne de sa mémoire.

Victor Lagier enrichit une deuxième édition de Courtépée et Béguillet, entreprise par lui, de savants travaux de M. le baron Roget de Belloguet sur l'origine des Bourguignons, et de mémoires d'un haut intérêt sur Dijon, fournis par son infatigable et dévoué maire, M. Dumay. Toutefois, il nous a souvent répété que s'il nous eût connu alors, il n'aurait pas manqué de nous confier le soin d'une table des matières complète et raisonnée dont le besoin se fait sentir tous les jours de plus en plus dans ce recueil compacte. Combien notre judicieux libraire n'a-t-il pas aidé à la renommée de Gabriel Peignot ! « Je faisais tout passer, nous disait-il dans un moment de bonne humeur, et ce diable d'homme, qui travaillait dix-huit heures par jour, me donnait de la tablature.»

Victor Lagier, dans sa laborieuse carrière, s'est fait tout l'honneur qu'on peut se faire par les vertus essentielles : ainsi, il avait passé par

Sans les salutaires effets de la philologie, il pourrait y avoir de violentes ruptures avec le passé (ce sont les paroles de M. Francis Wey) et qui éloigneraient la génération naissante des sources de l'érudition. Mais heureusement pour ces sources sacrées, dirons-nous, si les *Ronsard* menaçaient la langue française, déjà vivace, d'entraves gênantes pour sa verte jeunesse, il y eut des *Henri Estienne* qui vinrent détrôner les novateurs. Plus tard encore, si, au milieu des formes majestueuses que le XVIIe siècle voyait s'épanouir, quelques femmes prétentieuses essayèrent d'y porter atteinte, Mme de Sévigné protestait par un meilleur exemple, et Molière ridiculisait l'attentat, pendant que d'habiles linguistes, comme

---

les degrés les plus propres à affermir le corps et à tremper l'ame comme l'acier. Né pauvre, en 1788, dans un hameau du département des Hautes-Alpes, il fut d'abord berger chez un maître dur, qui l'habituait aux privations. L'enfant s'efforçait, de toutes les manières, d'échapper à l'oisiveté des champs : il lisait, il calculait, et il nous a avoué que, faute d'autres ressources, il avait souvent, à l'aide d'un petit morceau de bois détaché des buisssons, écrit des chiffres sur ses gros souliers couverts de poussière, non à la façon de Mondeux, pour étonner un jour le public, mais se préparant de la sorte à faire plus tard un riche patrimoine à ses enfants.

Tour à tour maître d'école, teneur de livres et *canut* dans un atelier de Lyon, le jeune Lagier se sentit, un jour, battre le cœur à la vue des étalages de librairie : c'était une vocation qui se révélait en lui et qui ne l'a point déçu. Il se fit donc colporteur, et après avoir, à force d'économies, de privations, de labeurs et de voyages par tous les temps, gagné un petit pécule, il médita en lui-même sur le centre qu'il devait dès lors donner à son commerce naissant. Son tact heureux se révéla tout d'abord par le choix qu'il fit de Dijon, brillante cité, acheteuse de livres, et où tous les échos retentissent de bruits d'arts, de lettres et de sciences. Le voilà donc établi *au Coin-du-Miroir* en l'année 1809, compulsant sans cesse la *Bibliographie de Fournier*, dont il avait rogné les marges pour s'en faire un *vade mecum* portatif; le voilà furetant par les coins et recoins de la ville, et devenant le principal pilier des ventes publiques, pour y butiner les objets de son négoce ; le voilà, enfin, allant de Dijon à Paris, où il séjourne, et revenant avec une dépense totale de 11 fr. 80 c., fait curieux attesté par lui-même.

Un jour on le vit plier sa tente, *car il avait avisé un lieu plus marchand* que personne n'avait la pensée de lui disputer, c'était le porche du musée de Dijon. La fortune veilla pour lui en plein air pendant tout le temps qu'il s'y tint : il y supporta le froid des nuits et les intempéries de toutes les saisons ; là aussi vinrent l'assaillir de tristes rivalités, et pour qu'il soit écrit qu'aucun homme habile n'échappe à certaine souffrance dans notre envieuse Athènes, il lui fallut recourir à ses confrères de Besançon afin d'avoir le certificat de capacité qui lui était indispensable pour obtenir un brevet de libraire. Mais quelles entraves peut-on apporter aux vocations réelles, au culte d'une idée et à la persévérance, cette vertu, la principale de toutes, et contre laquelle viennent s'émousser, comme sur un roc, toutes les flèches ennemies? Victor Lagier triompha donc de tout. Il avait commencé par six francs, et finit par un million! Avis aux éditeurs futurs qui posséderont à un aussi rare degré que lui le secret et le discernement nécessaires pour juger de l'opportunité d'une entreprise et pour apprécier les auteurs au milieu de tous les faux jugements et de la passion

Vaugelas et le Père *Bouhours* rétablissaient le bon usage et la règle non pas en grammairiens seulement, mais en logiciens d'une sévère et persuasive raison.

Au XVIIIe siècle, où la limpidité du langage était çà et là ternie par les souverains maîtres du goût, on vit naître la plus délicate et la plus heureuse des protestations sous la forme de *synonymes français*; souhaitons, en passant, que le bon petit livre de l'abbé Girard soit toujours, avec Labruyère, entre les mains des jeunes gens enclins à rechercher les bonnes traditions. Voltaire, qui essayait avec gloire tous les genres d'esprit, n'avait pas échappé entièrement à la manie du néologisme.

Nous ne savons ce qui est réservé ultérieurement à notre belle langue française, mais combien de dangers n'a-t-elle pas déjà courus au XIXe siècle par un certain dévergondage de style qui a gagné ses plus célèbres écrivains! Ce fatal exemple étant donné, les écrivains d'un ordre inférieur ne manqueront guère de s'approprier tout ce qui, jettant un faux éclat, est d'autant plus propre à séduire la multitude. Alors la bouffissure des pensées pourra remplacer la simplicité, seule parure du vrai; alors la valeur des termes, qui devraient être immuables comme un métal de bon aloi, deviendra changeante, à l'instar des monnaies quand elles étaient soumises au seul caprice des rois. Sans pourtant vouloir trop désespérer de l'avenir, félicitons d'abord les *Génin* et les *Francis Wey* d'avoir continué pour la première moitié du XIXe siècle les sages traditions de nos philologues des époques antérieures, et surtout de l'avoir fait avec une délicatesse d'esprit, une finesse de goût et une fleur d'ironie peu communes. Leur noble colère, pour-

---

qui les dérobent au public. Victor Lagier est un noble exemple, qu'on ne peut trop citer aux jeunes gens, afin de leur donner la preuve que les chemins les plus âpres et les plus rudes au début de leur carrière deviendront les plus doux et les plus honorables à la fin.

Il nous est bien permis de payer à sa mémoire un tribut de regrets personnels, car nous avions aussi une part dans son estime et dans sa bonne volonté, et plus d'une fois il a ranimé nos espérances et encouragé nos efforts. Le prospectus de cet ouvrage a été disposé suivant son art et d'après ses conseils. Il s'intéressait vivement à notre œuvre et la recommandait avec chaleur. C'est lui qui nous a mis en bon rapport avec M. Antoine Maître, éditeur aussi habile qu'honorable, et donnant chaque jour l'impulsion la plus large et la plus étendue à la librairie et à tout ce qui s'y rattache. En un mot, Victor Lagier est cause que nous n'avons pas cédé au genre de découragement dont parle saint Augustin, qui, las d'envieuses et déloyales rivalités, laissait s'exhaler de son âme cette mélancolique protestation : *Sibi docti non videntur nisi alienos labores, non judicando, conentur discutere, sed lacerando conscindere.* (Aug., t. VI, *De bono viduitatis*, c. 15.)

tant, est un symptôme significatif d'un mal plus profond qu'aux époques plus innocentes où une simple critique des écarts du bon goût suffisait pour le faire rentrer dans ses limites.

Arrêtons-nous dans ce rapide exposé des services que la *philologie* est appelée à rendre dans tous les temps. Cette science si utile n'appartient qu'aux esprits patients et méditatifs, et ses travaux sont d'autant plus louables, ce nous semble, qu'ils sont plus austères et recherchent moins la popularité.

Voici la meilleure place de notre introduction, c'est-à-dire celle où, en terminant un exposé difficile et de longue haleine, il nous semble que notre esprit s'arrête pour laisser agir le cœur dans toute son expansion et sa liberté. Nous exprimerons donc ici, en des termes impuissants à la rendre, mais aussi sincères que respectueux, notre gratitude pour les personnes de tout rang qui ont daigné encourager nos efforts par leurs adhésions spontanées et revêtues, pour la plupart, des formes d'une si exquise bienveillance, que nous en conserverons un souvenir ineffaçable.

Parmi les vénérables prélats qui ont daigné s'intéresser à notre publication, figure, d'une part, un éminent archevêque dont le cœur a conservé, sous toutes les grandeurs possibles, sa douce et ineffable simplicité. D'autre part, Son Em. Mgr le cardinal de Bonald nous a fait l'honneur de nous écrire, avec une bonté infinie, « que l'archevêque de Lyon ne devait pas être le dernier à encourager une œuvre comme la nôtre. » Notre évêque vénéré, Monseigneur Rivet, ne voulant pas attendre notre retour de Paris, daignait nous y adresser une lettre toute paternelle, où Sa Grandeur nous exprimait « qu'elle veut nous aider de sa souscription dans notre entreprise non moins patriotique que littéraire. » Nos compatriotes châtillonnais les plus distingués, Monseigneur Caverot, évêque de Saint-Dié, et M. Nisard, de l'Académie française, nous ont invité, dans les termes les plus affectueux, à les compter parmi nos souscripteurs.

A Dijon, où nous avons reçu, pour cette même publication, les marques les plus flatteuses de sympathie de la part de M. le baron de Bry, préfet de la Côte-d'Or, et de celle de M. Vernier, maire de la ville, lesquels protègent de la manière la plus active et la plus persévérante tous les genres de dévouement dans les travaux littéraires comme dans ceux des arts et des sciences, ces éminents magistrats ont bien voulu nous permettre de placer leur nom en tête de notre liste.

Le même honneur nous a été concédé par nos honorables députés à l'assemblée législative, MM. Louis et Ouvrard; par M. Muteau, premier président de la Cour impériale; par M. de Mongis, procureur général; par M. de Lacuisine, président de chambre à la même Cour et président de l'Académie de Dijon, ainsi que par M. Cournot, recteur de l'Université. L'appui de ces trois écrivains d'élite nous cause la plus vive satisfaction. M. le président Legoux, en s'inscrivant de la manière la plus aimable sur notre liste, a bien voulu nous faire comprendre qu'il n'est pas de ceux qui oublient leurs anciennes relations.

La noblesse, et particulièrement celle de Bourgogne, ne s'est pas montrée moins courtoise qu'au bon vieux temps, pour le trouvère de la fin du XIIIe siècle, et dire où il a été le mieux accueilli serait chose difficile; l'humble trouvère aime mieux s'incliner respectueusement devant ses nobles hôtes et garder une reconnaissance profonde et égale pour tous[1].

---

[1] Voici, à l'occasion de sa souscription, ce que me fait l'honneur de m'écrire M. le duc de Blacas le 2 décembre 1857 :

« C'est presque un point d'honneur de ne pas laisser exploiter notre vieille littérature uniquement par des philologues allemands; et les lettres comme les amateurs des lettres vous sauront gré du bon exemple que vous donnez : car si c'est très-flatteur et très-honorable pour nos poètes et nos troubadours de trouver des éditeurs à Berlin et à Stuttgard, c'est moins honorable pour les littérateurs français de laisser aux étrangers l'exploitation de cette richesse nationale. »

Nous voudrions bien pouvoir parler ici des encouragements que daigne nous adresser notre plus illustre compatriote; car son dévouement en faveur de tous les nobles efforts ne se fait pas attendre; mais pour cela, comme pour les nombreux bienfaits qu'il répand dans son pays natal, sa modestie oblige tout le monde à être discret.

CY COMMANCE LE ROMANT

de très-excellant, puissant et noble homme

GIRART DE ROSSILLON

JADIS DUC DE BOURGOIGNE

PROLOGUE

La chouse qui plus fait toute gent resjoïr [1],
C'est des diz et des faiz [2] des bons parler oïr.
Li bon bien les entendent et meilleur en deviennent;
Li malvais en amendent; maint autre bien en viennent.
Pour ce furent cronicques faites et establies :
Pour savoir les merites et les faiz et les vies
De touz les trespassés dignes de grant memore,
Leur faiz sont amassés et tuit mis en ystore [3].
Plus avoir ne pouvons de leur fait que le lire;
En lisant les véons [4] : nuls homs n'en puet plus dire.

---

[1] La chose qui plus fait toutes gens resiouir.
(Variante de la copie de l'Arsenal.)

[2] Dès le XIIIe siècle *ts* se remplaçait par *z*. (Voir Burguy, *Gramm. de la langue d'Oïl*.)

[3] Ce mot, aussi bien que celui de la rime précédente, se prononçait comme dans le latin *historia*, *memoria*.

[4] Il n'y a, dans le texte de notre poème, ni ponctuation, ni accentuation, ni apostrophes. Il nous a paru indispensable d'introduire la ponctuation, afin

Lires [1] est noble chouse; quar il fait bon savoir
De quels gens cils hons sunt et plains de quel savoir,
Saiges, subtilz [2] ou foux, ou plains de couardie,
Hardis ou fors ou fiers, garnis de courtoisie,
Ou tres bien combatans, ou plains de vasselaige,
Ou rois, ou dux, ou cuens de bas ou d'aut lignaige [3].
Si ne doit dont [4] pour riens, cilz qui met en escript,
S'il ne veult contre Dieu faire ce qu'il escript,
Escripre riens qui soit [5] s'il n'escript verité.
Il ne doit point mentir pour nulle iniquité
De chouse qui tournoit en paine de prejudice;
Mas saiche bien de voir c'on ne tient pas à vice

---

de rendre le poème intelligible. Nous n'accentuerons les mots que lorsqu'il sera nécessaire, comme ici dans le mot *vé-ons*, d'indiquer la césure, et ailleurs, la rime. Quant à l'apostrophe, nous ne pouvons faire mieux, en l'introduisant, que d'imiter en cela les savants continuateurs de l'*Histoire littéraire de France* (voir le vol. 23e, où il est rendu compte des poésies du XIIIe siècle), la *Chronique de Rains*, donnée par M. L. Paris, etc., etc.

[1] Voici un exemple remarquable de l'infinitif employé substantivement et prenant comme nominatif singulier l's de flexion. A la place du vers où figure ce *substantif-verbe* et aussi à la place des 23 vers venant après, on trouve au ms de Troyes la variante qui suit, reproduite par le ms de l'Arsenal, en la soulignant comme indice qu'elle diffère du ms original :

Pour ce j'ay entrepris à l'aide de Dieu
De raconter au vray, si j'en ay tems et lieu,
D'un noble champion qui fut de gran lignage,
Digne de grand memore et plein de vesselage,
De grace, de vertus, si com l'escript tesmoigne;
Lequel fut duc et conte des pays de Bourgoigne
Et seigneur d'un chastel qui fut lez Chastoillon :
Pour le chastel print nom Girart de Rossillon.
Nobles estoit sur tous es terriens convines,
Et tout resplandissoit ez besongnes divines.

Le reste est comme dans notre ms.

[2] Déjà ce mot rentrait dans son étymologie naturelle, *subtilis* : car on trouve plus particulièrement dans les poésies de la langue d'Oïl *sutil*, *soutil* et même *soutif* et *sutif*.

[3] Ou comte de bas ou de haut lignage.

[4] *Dont* pour *donc*.

[5] N'écrire aucune chose. Du latin *scribere* on avait fait *escrivre*, et au commencement du XIVe siècle on changeait le *v* en *p*, de cette manière : *escripre*, mot qu'on rencontre encore chez Rabelais et Montaigne. (Voir Burguy, t. II, p. 156, *loc. cit.*)

D'aucung homme louer plus qu'il n'a deservi [1] :
Quar quant ungs faitis hons [2] a longuement servi,
En desir, en ardeur Prouesce l'a vaillant [3] ;
Et si la l'on véu es estours [4] assaillant,
Assaillis a estey, forment [5] s'est deffendus
A dextre et à senestre, mains escus a fendus,
Puis l'a l'on fait chéoir, et puis s'est remontés,
Autres l'a abatuz cui il ha surmontés.
Des premiers fut armés et par son assambler [6]
A fait sovant les rens et frémir et trambler ;
Es grant estours presens senz fouir l'a l'on pris
Entres hardi convine [7], et d'autres a repris [8].
S'il n'a telle vigueur com out li bons Rolans,
Charles ou Lancelot, Hyamons, Angolans [9],
S'out il [10] grant volenté de hardement parée,
Ensamble grant vigueur de cuidier enflabée [11] ;

---

[1] Deservir signifie mériter, obtenir, être digne. Le sens des quatre vers précédents est qu'il n'y a pas de vice à outrer l'éloge comme il y en aurait à mentir pour pallier des iniquités qui auraient causé du préjudice aux hommes.

[2] *Faitis hons*, gentilhomme. On écrivait aussi *faictis*, du latin *factitius*, et, selon Barbazan, de *factitare*, arranger avec art. Le mot français *factice*, venu plus tard, n'a pas d'autre origine. Dans les vers suivants du *Roman de la Rose* le mot *factis* a le sens de *gentil, agréable* :

> Le front eut bel, poli sans fronce,
> Les sourcils blons et bien traitis
> Et les yeux doulcetz et *faictis*,
> Qui rioient toujours avant
> Que la bouche le plus souvent.

[3] L'a vaillant, c'est-à-dire Prouesse le considère comme vaillant. Dans ce poëme, comme dans tous ceux de l'époque, on personnifiait les vertus guerrières ou autres. — [4] Combats. Le mot *estour* semble venir du latin *exturbatio*.

[5] *Forment*, dit Lacombe, répond au latin *magnopere*, grandement, fortement. — [6] *Assambler* signifiait dans la langue d'Oïl attaquer, assaillir.

[7] Le mot *convine* signifie mêlée, action chaude entre combattants, et semble venir du mot *convenientia*, annonçant un concours d'individus au même lieu.

[8] Ces traits généraux sont des allusions aux actes de Girart : on le verra bien dans la suite du poëme. — [9] On lit *Agollant* dans la copie de l'Arsenal.

[10] *Si eut-il* pour *eut-il*. La conjonction *si*, qui signifiait oui, comme dans l'italien, ajoutait un sens complètement affirmatif à la proposition. Le mot *hardement* qui est dans ce vers signifiait courage, valeur.

[11] Enflammée d'audace.

Et se li vaillans corps n'out povoir de fin traire [1]
Quanque [2] li hardis cueurs li desiroit à faire [3],
Pour auxi vaillant hons le pui je très bien dire
Com fut rois Alixandres c'on [4] vit du monde sire.
Or doit l'on donc avoir pour très bien excusey
Trestouz les romanciers qui ont lonc temps musey [5]
En ce qu'ont reconté les faiz des proudes hommes :
Saiches pour verité, perdus en ont mains sommes
Pour bien louer a droit ceulz cui il afferoit [6].
S'autrement estoit fait, pour verté [7] ce seroit
Vices tres grief et grans d'avoir dit janglerie ;
Quar d'armes et d'amours mentir ne doit on mie.

   L'on ne doit point mentir sans donner le pas d'armes [8]
C'on en met en peril l'avoir, le corps, les armes.
Pour ce s'ungs [9] poures hons en doit le pris avoir,
Nulz ne li doit toulir, pour ce qu'a pou d'avoir [10].
S'ungs haus hons bien le fait, ce n'est pas grant mervoille,
Quar de lui bien servir chascungs bien s'aparoille

---

[1] *Ad finem trahere*, venir à bout de...

[2] *Quanque*, de *quantumcumque*. Le sens est que si la valeur de son bras n'a pu opérer tout ce que désirait son cœur plein de courage, etc.

[3] Entre ce vers et le suivant, la copie de Troyes et celle de l'Arsenal (d'après la première et en soulignant) en reproduisent deux autres que voici :

> Si ne doit-il pour ce aucun blasme encourir ;
> Car Dieu vouloit son ame restirer de périr.

Le président Bouhier, dont ils émanent, ainsi que les suppressions et variantes de ce prologue, a voulu vraisemblablement introduire deux rimes masculines afin de séparer quatre rimes féminines de suite ; mais il aurait eu fort à faire dans ce poème, où ce genre de lacune est fréquent, car c'était tout à fait le commencement des rimes alternatives dans les poésies de geste.

[4] Le *c*, le *k* et le *q* avaient alors la même prononciation.

[5] *Muser* signifie ici écrire des poésies.

[6] C'est tout à fait le latin *quibus afferebat*, ceux à qui il appartenait d'être loués.

[7] Pour vérité, c'est-à-dire véritablement.

[8] Donner *le pas d'armes*, c'était attacher à un arbre ou à un pieu l'écusson de ses armes. Alors tout chevalier qui voulait contredire ou braver celui qui donnait *le pas d'armes*, touchait l'écu avec sa lance ou avec la pointe de son épée.

[9] *Si un*. On écrivait déjà *ung* vers la fin du XIIIe siècle, dit Burguy, et cet usage s'est conservé jusqu'au XVIe siècle.

[10] Nul ne l'en doit dépouiller (*tollere*), parce qu'il a peu de fortune.

Et l'ostant des perilz si en est plus hardis :
Li pauvres n'a pas ce, si en est plus tardis [1].
A penes puet poure hons, en fait d'armes, bien faire
Que li herault le veulent entre les bons retraire.
Cilz qui n'a que donner ne puet faire prouesce ;
Li riche homme la font s'il ont en eulz largesce.

D'amours [2] ne doit on point ne mentir ne voir dire,
Et cilz qui en joïst bien se gart de mesdire :
Quar nulz n'est si loyaulx, s'il ne scet bien celer,
Qu'il ne face l'oneur de maintes chanceler.
Et cilz qui n'en joïst gart soi de vanterie ;
Quar pour ung seul vanter, l'on doit perdre sa mie.
Cilz qui n'a ce qu'il quiert, soi point descomforter
Ne doit, qu'à pou de temps, se quoi [3] se scet pourter,
Loyaulx, perseverans et celans, n'en doubt mie,
Se il est vrais amans, il trouvera sa mie.

Dissension entre les fils de Louis-le-Débonnaire. — Girart refuse de se prononcer pour les uns ou pour les autres et ne se trouve point à la bataille de Fontenay. — Histoire du château de Rossillon et de Girart jusqu'à ses démêlés avec Charles-le-Chauve.

Il est désormais temps d'antrer en ma matière
Et de vous reconter comment, par quel manière
Girart de Rossillon fut sept ans charboniers,
Futis [4], de son païs ne fut point parçoniers [5],

---

[1] *Tardif*, c'est-à-dire timide. — [2] *En amor*, porte la copie de l'Arsenal.
[3] Le m^s de l'Arsenal, en donnant cette version, *se croix se scait porter*, témoigne que le président Bouhier, qu'il copie, n'a pas compris ce passage. *Quoi* vient du latin *quietus*; nous disons encore se *tenir coi*. — Nous aurons plus d'une fois l'occasion de remarquer que le président Bouhier s'est fait un art à sa mode au milieu de la difficulté qu'il éprouvait à lire le m^s qu'il transcrivait. — [4] *Futis* pour *fuitif* (*fugitivus*).
[5] Etre *parçonier* ou *parcenier* signifiait, en langue d'Oïl, avoir une portion dans un héritage ; n'être point *parcenier* de son pays, c'est en être privé par l'absence.

Charles li filz Loïs [1] tant celi [2] pourchassa,
Son paiis li toulit [3] et tout fors [4] l'en chassa.
Cilz Charles fut nommés, saiches, Charles li Chauves:
Petit avoit coleur qu'il estoit ung peu fauves,
La cronique en latin ainssin me le reconte;
Cilz qui fit le Romant [5] en fait ung autre conte
Et dist Charles Martiaux. [6] Ainssin le demena,
De luy deshonorer moult tres fort se pena.
Charles Martiaux pere fut Pepin l'empereur,
Et Pepins Charlemaigne, le très fort guerroeur,
Charlemaignes Loïs, Loïs Charle le Chaufe.
Cilz fist Girart ovrer de charbon et de chaufe [7];
Or soit, save la grace du premier romancier
Qui dist Charles Martiaux, fit le plait commancier [8].

Encore dit moult chouses, qu'il baille pour notoires,
Que selonc le latin je ne trove pas voires [9],
Et, pour ce, au latin me vuil du tout aordre [10] :
Quar en plusieurs mostiers le lisent la gent d'ordre [11].
Cilz qui ne m'en croira à Poutieres s'en voise [12],
A Vezelay auxi : si saura si l'on boise [13];

---

[1] Voici l'exemple d'un substantif qui en régit un autre avec un rapport de possession et de dépendance intime; plus tard on employa la préposition *de* : Charles le fils *de* Louis. (Voir encore aux vers 85 et suivants.)

[2] Celui-ci, c'est-à-dire Girart. — [3] *Tollist*, ms de Troyes. — [4] Du latin *foris*, dehors.

[5] Nous avons expliqué dans l'Introduction ce qu'il faut entendre par la Chronique latine et par cette autre chronique en vers appelée ici le *Romant*.

[6] On lit *Challes Marteau* dans la copie de l'Arsenal.

[7] Ouvrier, c'est-à-dire pourvoyeur de charbon et de cheminée.

[8] Sauf la grâce du premier romancier, dont le héros est Charles Martel, ce fut Charles-le-Chauve qui entama la querelle. — C'est ici que commence le ms de Sens, dont les premières pages ont été déchirées. — [9] Vraies.

[10] Attacher. Barbazan pense que le latin *adherere* est l'origine de ce mot.

[11] Les clercs, les moines. Il paraît par là que la Chronique latine était très-familière aux maisons monastiques, et notamment à Pothières et à Vézelay.

[12] S'en aille, du latin *vadere*.

[13] Tromper, en bas latin *bansiare, basiare*. Dans la langue d'Oïl, *boisie* signifiait trahison, félonie.

Quar on lit au maingier [1], c'est chouse toute certe,
Ainssin comme de sains les fais Girart et Berte [2].

Cilz Loïs que j'ai dist [3] si fut filz Charlemaigne,
Le très bon roi françois qui tant fut en Espaigne.
Apres la mort Charlon [4], Loïs par nom nommés
Au surnom Debonnaires fut de touz surnommés [5],
Rois fut de trois royaumes, ou tout ce [6], tint l'empire.
Le nom des trois royaumes vous vuilz briefvement dire :
Ce fut France et Itale que l'on dit Lombardie,
Et le tiers fut Germaine qui Alemens maistrie;
Imperères [7] estoit des Romains et de Romme :
De tout son tenement [8] bien en savés la somme.
Loïs le Debonaires dont cilz romans vous parle
Out trois emffens, Lothare et Loïs et puis Charles.
Quant cilz Loïs fut mors, sui trois filz descordèrent
De leur succession, entr'eulx point n'acordèrent.
Lor peres leur laissa l'empire pour partir [9] :
France, Germaine, Itale, ne peurent départir.
Lothaires fut ains nez, si voult [10] avoir l'empire
Et les royaumes touz : ne voult autrement lire [11];

---

[1] Au réfectoire.
[2] Ce passage est identiquement le même dans le m^s de Sens, mais celui de Troyes dénature ainsi les derniers vers :

> Car on list au maingier pour chose toute certe
> Auxi romant des saints les faits Girart et Berte.

[3] Louis-le-Débonnaire.
[4] De Charles. Les noms propres prenaient une désinence semblable quand ils figuraient comme régime. (Voir Burguy.)
[5] Renommé, m^s de Troyes.
[6] Outre tout cela, fut empereur.
[7] Le Glossaire dit : *impereor, impereres* et *imperrieres*, du latin *imperator*; dans la copie de Troyes on lit : *empérières*.
[8] Domaine. — [9] Partager, du latin *partiri*.
[10] *Voult* est l'abrégé du latin *voluit*, comme *pout* de *potuit*; il voulut, il put. On disait aussi il *sout* pour il *sut*.
[11] Lire les dispositions du partage fait par Louis-le-Débonnaire.

Bien vouloit si dui frere heussient [1] des noblesces [2]
Et de la terre plainne [3], et des grans forteresses.
Quant ce virent sui frere, perdirent patience ;
Ce qu'il porrent de gent havoir et de puissance,
D'amis et d'enemis, vont trestout assambler.
Quant Lothares le sout, ne prist pas à trambler,
Mais amassa de gent tant que ce fut mervoille ;
Ung chascungs de ces trois, ce qu'il pout s'aparoille.

Lothares va tantost le duc Girart mander,
Prier et requerir, et non pas commander [4],
Qu'a ce tres grand besoing ne lui vuille faillir ;
Qu'il entent [5] sui dui frere le vuillent assaillir ;
Lui requiert qu'il amoint [6] toute sa grant puissance :
Plus en puet que ne fait ly remenans de France [7].

Li dui frere Lothare [8] tantost s'acheminèrent,
A Rossillon venirent, iqui Girart trouvèrent.
Girart vont requerir que il soit de leur guerre
Contre leur ains ney frère qui leur veult toillir [9] terre ?
Girart leur respondit comme hons tres bien senés [10] :
« Mi seigneur my amy, vous serés malmenés
Entre vous et Lothare s'il vous convient combatre :
Vos honeurs ne povés plus folement abatre !
Vous avés grans amis qui bien vous partiront
De vos très grans honeurs [11] : ainssin départiront

---

[1] On lit *héussent* dans la copie de l'Arsenal.

[2] Des fiefs ou apanages. — [3] Et des terres en toute suzeraineté.

[4] Ce dernier mot exprime toute la puissance du vassal et la faiblesse du suzerain. — [5] Qu'il apprend que. — [6] Qu'il amène.

[7] Il peut plus, à cet égard, que tout le reste des seigneurs ou vassaux de France. — [8] Les deux frères de Lothaire, c'est-à-dire Louis et Charles.

[9] Le ms de Sens porte : *qui lor vult tolir.*

[10] Sensé, sain d'esprit, du latin *sanatus.*

[11] Le ms de l'Arsenal écrit *honors*, mot qui signifie fiefs, domaines. Ces amis feront entre vous le partage de vos domaines et feront cesser la guerre entre vous trois.

D'entre vous trois la guerre; s'aurois [1] bonne acordance :
Dieux le vuille et outroit [2], qui tout ha en puissance !
Se vous vous entr'amés, seigneur serés du monde ;
Se vous entreïssés [3], de tout bien serés monde [4].
Li subgés son signeur ne puet moins redoubter
Qu'en l'ore qui le fait d'aucung homme doubter [5].
Quant riches hons se doubte [6], trop se met en dangier
De ceulz qui senz doubter ne l'oseroient songier [7].
Seigneur estes du monde, se vous vous entr'amés,
Et se discord avez, pour chaitif [8] vous clamés :
Quar vos gens vous tiennent en leur subjection.
Seigneur ne serés plus en vostre région,
Ains serés compaignon se vous dure la guerre,
Li doubters lés seigneurs mettent en telle serre [9].

— « Girars biaux doulz amis, vous parlés saigement,
Nous n'alons point querant le vostre enseignement ;
Dites nous se voulés avecques nos deus estre :
Temps est de departir [10] et d'aler en nostre estre [11]. »

---

[1] La copie de Sens porte *s'auroit*, c'est-à-dire *si auroit*, il y aurait.
[2] Et octroie.
[3] Entre-haïssez.
[4] Privés, dépouillés, nettoyés, du latin *mundus*.
[5] Qu'au moment où il se fait craindre de quelqu'un.
[6] Se redoute, c'est-à-dire est craint.
[7] C'est *songnier* qu'il faudrait, ce semble, ici, et qui signifie aider, secourir.
[8] D'après les glossaires de la langue d'Oïl, *se clamer chaitif*, c'est être reconnu pour faible et sans crédit.
[9] Même texte dans la copie de l'Arsenal. Voici l'explication littérale : L'effet de redouter les seigneurs mettant en telle servitude, c'est-à-dire d'être seulement compagnon de guerre au lieu d'être suzerain chez soi. Nous ferons observer que dans notre ms les participes présents sont tantôt terminés en *ent* et tantôt en *ant*, selon que le verbe latin qui y correspond à son participe en *ens* ou *ans*.
[10] *Temps est dou departir* (ms de Sens); *Temps est du reparier* (copies de Troyes et de l'Arsenal).
[11] *Estreas, estres, estrées*, signifiait en langue d'Oïl tous les coins et recoins d'une maison ; il s'employait même pour maison, demeure, d'où est venu cette sorte de pléonasme : *les êtres de la maison*.

Girart leur respondit : « Du mont estes greigneur [1],
Lothares, et vous dui vous estes mi seigneur;
Ne pour vous ne pour li ne me vuilz point meffaire,
Ne pense point aidier à vous ne à Lotaire;
Mas à faire la paix vuilz je moult travaillier,
Et s'il est point mestiers [2], du mien y vuilz baillier.
A vous et à Lothare fai je ceste responce :
Ne vuilz qu'à vous n'a li elle soit point absconce [3]. »
Li dui frere s'en partent, saichiés, moult corrocié :
Charles li Chauf en a plus que Loïs groncié [4]
Et jura saint Denis que si li chiet en taille [5],
Repentir en fera Girart comment qu'il aille.
Li dui contre le tiers orent leur mandement [6] :
Plus grans ne fut véus [7] ou mes escrips me ment.
En l'Aussorois se vont li troi frere encontrer,
Li dui contre le tiers vont leur guerre montrer [8].
Ce fut à Fontenoys ou fut celle bataille;
L'on ne treuve en escript en fait n'en divinaille
Si grant occision, si grant mortalitey
Com fut en yce lieu, si com truis [9] recitey.

---

[1] « Vous êtes les plus puissants du monde ; » le comparatif a ici la force du superlatif, ce qui arrive fréquemment dans la langue d'Oïl. (Voir Burguy, *loc. cit.*, p. 103.)

[2] *Mestiers*, du latin *ministerium :* et si le besoin s'en fait sentir, s'il est nécessaire.

[3] Cachée, secrète.

[4] Du latin *grunnire*, murmurer.

[5] En juridiction, en suzeraineté.

[6] C'est-à-dire l'acte qui, de la part de Charles-le-Chauve et de Louis de Germanie, mande ou assigne à leur troisième frère Lothaire le lieu de la bataille, qui fut Fontenai, dans l'Auxerrois.

[7] La copie de l'Arsenal écrit *véhu*, pour faire mieux sentir que le mot doit être ici de deux syllabes.

[8] Voici la variante des copies de Troyes et de l'Arsenal :

> En l'Auxerrois se vont cilz iij frère encontrer,
> Li dui contre le tier vont leur ire monstrer.

[9] Je trouve.

Li troi frere s'en partent tout pour saver leur vie;
N'eurent armes n'enseigne [1] ne fust du tout perie.
Adès heurent li dui contre le tiers victoire,
Non pas outreément, c'est chose toute voire [2].
A Verdung s'asemblèrent après pour la pais faire :
L'empère [3] demora à l'ains ney filz Lothaire,
Et fust rois d'Italie, Loïs rois de Germène,
France out Charle li Chauf et tint en son demène.
Trante deux ans regna, pour voir le vous puis dire,
Charles li Chauf en France et ij ans tint l'empire [4] :
Es croniques des Rois truis ce que je vous conte :
Se lire les voulés, vous trouverés ce conte [5].

Charles fut vaillantz rois et d'armes trop puissantz,
Des malvais desprisens [6] et des bons congnoissantz.
Quant l'empire out tenu deux ans paisiblement,
Mors fut venans de Romme d'ung ampoinsenement
C'ungs juif li donna au lieu c'on dit Nantue [7] :
Son phisicien fut [8], et de tel mort le tue.
Unze ans vesquit Girart après la mort le roy
Et trois ans dame Berte senz bobant senz desroy [9].
Se veulz savoir le temps et le droit miliaire [10]
Quant moururent li dui, je le te vuil retraire [11] :
Huit cens sexante et dix huit [12] (met après et conte)
Muert li rois; Girart muert xj après mis en conte.

---

[1] Ni enseigne. — [2] Voire ou voir, de *verum*, véritable.
[3] Du latin *imperium*, l'empire.
[4] Charles-le-Chauve s'était fait couronner empereur d'Italie en 875, deux ans avant sa mort.
[5] Vous treuverés en compte. (Copie de l'Arsenal.)
[6] Méprisant les méchants ; la copie de l'Arsenal porte *desprisserres*.
[7] C'est Nantua. — [8] Son médecin. — [9] Sans faste ni trouble.
[10] Si tu veux savoir le juste millésime. — [11] Rapporter.
[12] La copie de l'Arsenal met neuf au lieu de huit, mais le m^s de Sens maintient huit.

Maintes gens se mervoillent comment desheritès
Fut Girars tout à bout de ses grans herités [1] :
Quar sires fut d'Auvergne, d'Avignon, de Gascoigne,
Sires de Limosin et de toute Bourgoigne ;
Grant partie tenoit de la terre d'Espaigne,
Ausserre, Tonnerrois, Nivernois, d'Alemaigne ;
Tenoit Montbéliart, la conté de Farotes [2],
La puissance de Basle souvent li fit grans rotes [3] ;
De Syons, de Genove, Savoie et Dalphiné
Es estours l'ont sovant ès grans plais affiné [4].
Ou tout ce [5] tenoit-il grant part de Lombardie
Jusqu'à mons de Monson [6], et de Flandres partie.
Cent et quatorze comtes erent, pour voir, sui homme ;
Deux dan et quatre bers et iij delphin par somme [7],
De très haut banerès, de chastelains senz numbre
Havoit en son hommaige : les autres plus ne numbre ;
Quar tant en y avoit, pour voir, qi m'esprandroie [8].
Sept roi li sunt aidant toutes fois qu'il guerroie :
Ci sont li roi d'Ongrie, d'Espaigne et de Cecile [9],
D'Arragon, de Navarre, Gallice, de Sebile [10] ;
Et ne li failloit point ses chiers cosins de Frise,
Hermant li riches dux, qui tout ront et effrise [11] ;
Quant vient es grans estours, bien resemble Fouchier
Le mareschaut. Girart ne le tien pas pou [12] chier ;

---

[1] Tout à fait deshérité de ses biens propres.
[2] Le poète veut citer les possessions de Girart en Dauphiné et en Provence, où il se trouve des bourgs du nom de *Fare*. (Voy. le *Glossaire occitanien*.)
[3] Pour *riottes*, querelles, débats.
[4] Et la puissance de Sion, de Genève, etc., l'a souvent conduit aux guerres et aux démêlés. — [5] Avec tout cela.
[6] Jusqu'aux monts de *mont Jeu* (mont Jou), dit la copie de l'Arsenal.
[7] Tels étaient alors les degrés de la noblesse : comtes, dam ou dan, bers (barons), dauphins, bannerets, châtelains.
[8] Que je m'y égarerais. — [9] Sicile. — [10] Séville.
[11] Brise, du latin *effringere*. — [12] *Pou*, de *pocum*, peu.

Quar il est filz Hermant, bien resemble son père :
Sovant ont fait aus armes mainte dolante mère.
Ensemble ceulz ici, ont quatre bons nevous [1],
Fourque, Gibert, Seguin, Booz. Sairement et vous [2]
Ont fait que à leur oncle, en guerre et en plaidant [3],
Contre Charles le Chauf seront tousjours aidant.
Leur pere si vivoit, qu'estoit cuens de Provance,
Li grigns [4] des vaillans hons qui oncques fut en France.
Et ne pourquant [5] Girart fut gitiés de sa terre,
Sept ans fut charbonniers par forte et par grant guerre [6] !
Or savez de Girart maintenant la substance,
Si vous dirai après sa force et sa semblance :
Nulz plus biaux hons de li ne fut de mère nez,
Ne plus doulx, plus courtois, ne de meurs mieux senez [7].
Il estoit grans et gros, par tout fais par mesure ;
Huit piés avoit de lonc sa très plaisant facture [8]
Et dix pieds et demi a de longueur sa toise :
Qui croire ne m'an veult, à Poutieres s'en voise.
Quatre fers de cheval à ses mains estandoit,
Cheval et chevalier tout armez pourfandoit,
Noblement se tenoit en robes en atour
Et tendoit a [9] ses mains une arbalete à tour.

---

[1] Neveux. — [2] Serment et vœux.

[3] En discutant dans les plaids ou assemblées de seigneurs.

[4] La croûte, la meilleure partie de ; dans les glossaires de langue d'Oïl, *grignon* a le même sens, d'où est venu *grenon* qui, dans le langage des enfants, exprime encore en Bourgogne la partie croustillante d'un mets qui s'attache aux parois d'un ustensile de cuisine. La copie de l'Arsenal porte : *ly ung des vaillants hons*, etc.

[5] Et néanmoins.

[6] Par force de grant guerre. (Copie de l'Arsenal.)

[7] Ni de mœurs plus saines.

[8] La copie de l'Arsenal dit *faiture*; mais ces deux mots signifient également mine, maintien, extérieur, conformation.

[9] Avec.

Le javelot, la lance, le dart si sout gitier [1],
Nulz qui en fust ferus mort non peut respitier [2].
Il mangeoit grandement et assez poul [3] bevoit
Et moins après maingier que devant s'esmevoit [4].

Cilz est chief du lignaige à nos dux de Bourgoigne
Ainssin com la cronique en latin le tesmoigne ;
Mieux en doivent amer le lieu où il repouse
Et deffendre et garder comme leur propre chouse.
Reigne [5] tres excellens, la plus noble du munde,
Jehanne de Bourgoigne, en cui tous biens habunde,
Femme le roi [6] des Frans, prenés en vostre garde
Le lieu ou Girars gist ou quel son corps l'on garde!
Chief fust de vo lignaige, si devez laborer [7]
De tres biaux privilaiges icel lieu honorer.

Eudes cuens de Bourgoigne [8], dux et cuens paladins,
Et encore cuens d'Artois et sire de Salins,
Tu es li hons Girart [9], tu es son successeur
Que l'on tient pour corps saint et pour vrai confesseur,
Pourchasce [10] privilaige au lieu où il repouse :
Pour l'oneur de Girart dois faire ceste chouse
Et donner de tes biens. Je croi tu le dois faire
Quavans [11] Dieu ta aidié à passer ton affaire.

---

[1] De la manière qu'il a coutume de les lancer ; — *sout* vient du latin *solet*.
[2] Retarder, avoir du répit. — [3] De *paululum*, peu.
[4] Agissait. — Le m^s de Sens porte *s'esmevoit* et la copie de l'Arsenal *s'esmouvoit*.
[5] Reine très-excellente; *excellens* est la forme latine.
[6] Femme du roi des Francs, Philippe-le-Long, qu'elle épousa en 1306, lorsqu'il était comte de Poitiers, et fille d'Othon IV, comte de la Bourgogne *Cisjurane*. — [7] Vous efforcer.
[8] Eudes IV, duc de Bourgogne, qui épousa en 1347 Jeanne de France, fille du roi Philippe-le-Long et de Jeanne de Bourgogne.
[9] Tu es l'homme de Girart.
[10] Travaille à faire un lieu privilégié du lieu où il repose.
[11] Puisqu'auparavant Dieu a aidé à ta prospérité.

Hé [1] Robert de Bourgoigne, gentilz cuens de Tonnerre,
Et Jehanne ta femme, seur le conte d'Ausserre,
Vous estes gardien de l'eglise qui garde
Le corps du duc Girart; vostre est pour voir [2] la garde :
Sa femme, sui emffent sont ou [3] lui ;.quelx tresoirs!
Hé gentilz cuens Robert, vous estes de ses hoirs !
Je cuid dire pour voir, l'escripture ne nomme
N'en romant n'en latin point de plus vaillant homme,
Plus preu ne plus segnur [4], ne senz regne plus riche,
Ne qui plus de mostiers fundast, bien m'en affiche [5],
Ne qui plus de victores pour vigueur pour chéance [6]
Héust : quar douze fois vainquist le roi de France.
Tu troveras escript devant sa sépulture
Qui n'est pas moult polie ne faite par grant cure :
« Je, qui tien sur mon poign cest noble esmerillon,
« Nommés à mon vivant Girart de Rossillon,
« A celle fin qu'il soit a tousiours mais [7] memore
« Contre le roi françois qu'oï [8] xij fois victore ;
« Ensemble [9] onze mostiers ai fundé ceste église
« Ou l'on fait pour les mors et pour moi le servise ;
« Pour lui fui charbonniers sept ans trestout, par conte
« Douze fois le vainquis, dont il out plus grant honte. »
Où est li hons qui treuve n'en romant n'en latin [10],
Tant saiche raucherchier le soir ne le matin,

---

[1] On lit *toi* au lieu de *hé* dans la copie de l'Arsenal.

[2] *Per verum*, en vérité.

[3] Avec. Il s'agit de l'église de l'abbaye de Pothières, dont les comtes de Tonnerre ont eu la garde ; il y avait en effet à côté des illustres morts le tombeau du jeune Thierry, leur fils.

[4] Puissant; *seignourer*, dans le Glossaire, signifie dominer.

[5] Je l'affirme bien. — [6] Par la force et par la fortune.

[7] Mais, de *magis*, plus grande mémoire.

[8] Que j'eus; *oï* ou *oy*, selon le Glossaire, signifie j'eus ou j'entendis, parce qu'il dérive aussi bien du latin *habere* que d'*audire*. — [9] Avec.

[10] Ni dans les romans de chevalerie, ni dans les chroniques latines.

C'ungs hons si noble roi comme le roi de France
Ait vaincqu douze fois ou [1] toute sa puissance.
Vous qui estes sui hoir, devés avoir grant glore
Quant li chief de Bourgoigne est de si grant memore.
 Gentilz cuens, or gardés et de tort et de force
Le lieu ou Girart gist; quar bien sai l'on s'efforce
De nuire et de destruire et son droit et sa rante [2].
Le premier qui tendra [3], le corps Dieu le crevante!
 L'eglise où Girart gist l'on l'appelle Poutières :
Li moigne y font pour lui très dévotes prières.
Sa femme et sui emflent trestuit, pour voir, y gisent :
Cilz scavent si di voir [4] qui la cronique lisent.
La file avoit nom Eve, le filz, Théodoris :
Chascungs est avec Dieu avecques Dieu floris [5].
Poutieres fust fondés en son propre demoine :
Si prant l'on tous les jours la provende d'un moigne
Pour donner à celui qui fait le Dieu servise [6].
Pour eulz et pour les morts jusques au jour du juise [7].
Girart et dame Berte, lay ou siet [8], la fondèrent
Et de biaux privilaiges, ce saichés, la douhèrent [9].
Senz moyen [10] est subjecte à l'église de Romme ;
Ly moigne sont exempt, auxi sont tuit leur homme.

---

 [1] Avec. Ces deux vers offrent l'exemple d'une inversion où le régime *le roi de France* est distinct du sujet *ungs hons*, marqué comme tel par un *s* final.
 [2] Allusion aux tentatives de plusieurs seigneurs pour piller et dévaster l'abbaye de Pothières, à la garde de laquelle ils élevaient des prétentions.
 [3] Qui aura cette tendance. — [4] Si je dis vrai.
 [5] Voici la variante de la copie de Troyes :

  Chacuns est avec Dieu en Paradis floris.

Une remarque de Sainte-Palaye insinue que *Paradis floris* ou *champfiori* est mis par opposition à *champ noir*, c'est-à-dire l'enfer. — [6] Le service de Dieu.
 [7] Jugement ; *juisium*, en basse latinité, a le même sens que *judicium*.
 [8] Là où elle est.
 [9] La *dotèrent*. Ce mot est écrit avec un *h* afin qu'on fasse deux syllabes de *douè*. — [10] Elle relève sans intermédiaire et directement du pape.

La terre de Poutières a teile exemption :
Quar a point d'ordinaire [1] ne doit subjection ;
Evesques n'arcevesques ne puet excommenier
Les hons que li abbés ne puist [2] commenier
En la vie en la mort, et touz lor sacremens
Leur donner : quar du Pape en a commandemens,
Et si nest nulz [3] vivans que s'il prant ou s'il gaige,
Dans les menors [4] l'abey, homme chatex ou gaige [5],
Ne soit excommeniés de la bouche du Pape.
Li hons n'est pas trop saiges qui à telx lieus s'entrape [6],
Girars li nobles cuens li fiers li fort li saiges
Impetra du Saint Pere trestouz ces privilaiges
Et d'autres grant foison lesquelz a present taise [7];
Quar de touz reconter ne seroit pas grant aise.

L'église de Poutières siet sur le flum de Seigne,
Tres bien près de Laussois; c'est une grant monteigne,
En qui si com lisons en la tres fort hautesce
Ot jadis ung chasteaus [8] qui fut de grant noblesce.
Rossillon avoit nom; mais [9] li rois Alixandres
N'out plus bel ne plus fort; puis fut destrus des Vandres [10].
En l'aut [11] de la monteigne avoit un noble puis :
Nulz très plus biaux veuz ne fuit avant ne puis [12];

---

[1] *Ordinarius*, c'était l'évêque diocésain.
[2] Que l'abbé de Pothières ne puisse relever de l'excommunication des évêques. — [3] Et il n'y a.
[4] Manoirs, habitations de l'abbé de Pothières.
[5] *Chastel* ou *chatel*, au Glossaire, signifie homme qui doit le sens ou le gage.
[6] Suscite des entraves.
[7] Le verbe roman *taésir* ou *teixer* vient du latin *tacere*, passer sous silence.
[8] *Out* jadis un *chasteaul*. (Copies de Troyes et de l'Arsenal.)
[9] Jamais. — [10] Vandales.
[11] La copie de l'Arsenal écrit : *en l'ault* (*in altitudine*).
[12] C'est la même version dans le mª de Sens; la copie de l'Arsenal donne cette variante :

Nulz autres plus beau veu ne fut avant ne puis.

Et saichiés de cel puis issent sept grant fontaines
Qui sont au piet du mont belles cleres et saines.
Li simple qui ne sçavent les lois et les decrez
Tesmoignent qu'en cel mont ha moult de grans secrez :
Trop y a de fantosmes, ce tiennent pour prové,
Et maintes grant tresour y sont héu [1] trové :
Encor en y a trop si com il le font croire
Ne sai se leur paroule est mensonge ou véoire [2] :
Trop seroïe quoquars [3] foulz ou musars ou ivres
Se jen disoïe plus ne que m'en dit mes livres [4].
Si disent li vulgal [5] du bois desoubz le mont
Que Girart le sema ; mais ce m'annuïe mont [6]
Car lor opinion si est faux et frivole ;
Quar nous trovons escript en tres vielz prothocole
Que messires Saint Loups, cuens evesques de Troyes,
Pour eschuir [7] du monde les solas [8] et les joïes,
En ces bois demena sa vie solitaire
Ains que [9] Girars fu nez pour pénitance faire [10].
Comment ledit chastiaus fut pris des mescréans,
Comment qu'il fust [11] si hauz, si fors, si bien séans,
Selonc les anciens orreiz [12] la vérité
Si com est ou latin escript et récité.

---

[1] Y ont été ; nos paysans bourguignons parlent encore comme on vient de lire.
[2] Vérité. — Le manuscrit de Sens met *ne* au lieu de *ou*, *mensonge ne voire*. La copie de l'Arsenal dit : est *mensongère ou voire*.
[3] Parleur.
[4] Mon livre. L's final indique toujours le substantif sujet. *Mes* représente *meus*.
[5] Le vulgaire.
[6] Licence pour *moult*, et à cause de la rime.
[7] Eviter. — [8] Divertissements, *solatia*. — [9] Avant que.
[10] L'abbé Lebeuf, dans ses *Eclaircissemennts sur l'Histoire de France*, a fait une dissertation fort savante pour prouver que le mont de Lassois ou de Roussillon n'était pas le lieu où se réfugia saint Loup.
[11] Quoiqu'il fût. — [12] Vous entendrez.

Le mont de Rossillon, si com l'on puet véoir,
Ne vit nulz en plus bel n'en plus fort lieu séoir,
En tours reons [1] en hauz quarrés fais par nature
Et d'une part et d'autre par humaine faiture.
Il siet en trop fort lieu, en marois d'une part,
Et li mons de Lauxois [2] du plain lieu le départ [3],
Si que il est fermés du mont d'une partie,
Li mont et li marois en font leur départie :
Bien part [4] que nulz ne vit chastel plus bel ne gent,
Et si pout habiter moult grant foison de gent.
Li Vaudre, qui en France tante pueples occirent
Et à feu et à flamme tante bons païs mirent,
Vindrent à Rossillon le fort chastel parant [5]
Ou tuit cilz du païs fuioïent à garant [6] :
Ilz trouvèrent le lieu fort, hault et bien garni,
Ni pourent riens meffaire, en sont moult escharni [7].
Lor rois, ni par angins, mangoniaux ne peirières,
Ne le puet entreprandre ne devant ne derrières :
Quant vit ne le prandroit par armes ne par piege,
Grant foison de sa gent fist lors jurer le siege [8],
Et dist qu'il les prandra ou par faim ou par force.
Par autre part aler pour destrure s'efforce.
Sept ans dura li sieges que nulz n'antra léans ;
Quar nulz ny ose antrer pour [9] les faux mescréans.
Hélas com biaux assauz et com belles issues [10]
Firent cilz de Lauxois [11] aval parmi les rues,

---

[1] Ronds. — [2] Le mˢ de Sens porte *Laçois*. — [3] Le sépare de la plaine.
[4] Il ressort bien, il est bien manifeste que.
[5] Mettant à couvert ceux qui s'y réfugiaient.
[6] Pour se mettre en sûreté. — [7] Offensés, piqués, déconcertés.
[8] C'est-à-dire jurer de ne pas quitter la place avant qu'elle ne soit forcée.
[9] A cause de. — [10] Sorties.
[11] Le mˢ de Sens porte *Laccois*.

Et souvent estormirent [1] ceulz qui tindrent le siege ;
Quar trop souvant cuidèrent estre surprins au piege.
Tant d'eschas [2] y féirent qui ressemblent batailles,
Tant aloient de troinchant et percent les entrailles,
Nulz ne povoit leurs coups suffrir ne endurer.
La bataille finast [3], nulz ne péust durer ;
Mas tant y out de Vandres nuls nombrer non savoit
Que contre ung du chastel vingt Vandres y avoit,
Et ne pourquant sovant leur firent telx molestes
Qu'à cens et à milliers, senz poinz, senz bras, senz testes
Les laissent en leur host et en eulz recoillant [4],
Rentrent en leur chasteau tres las et tres doillant [5].
Les tres dolans assauz qui les veult reconter
Les biaux deffendemens, ce pouroit trop monter [6] ;
Se te veulz remembrer des biaux assauz de Troies,
Des assauz de Laussois [7] seras tu mis en voies.
Nulz assauz ne faisoient ou fort chastiau du Mont
Qu'il n'avoit lors plus fort, saches, en tout le mont [8] ;
Mas au bourg tres dessouz qui est Laussois clamés
Furent les bons loués, li malvais diffamés.
Qui voudroit reconter les tres grans pouretés,
La faim qui fut ou mont mains yvers mains estés,

---

[1] Mirent en désordre, en déroute par des sorties.
[2] Echauffourées ; *escayre*, en langue romane, signifie rencontrer.
[3] *Finair* signifie cesser dans le glossaire roman. (Voy. Roquefort.)
[4] Se rassemblant, du latin *recolligere*.
[5] Du latin *dolere*, se plaindre. Voici la variante de la copie de l'Arsenal :

>Les laissent en leur ost, et en eux receuillant,
>Rentrent en leur chasteaul très las et très deuillant.

[6] Aller trop loin.
[7] *Laccois* (mᵉ de Sens). Au surplus, il n'y a pas grande différence avec *Laussois* quand on écrit ce mot ainsi. D'autre part, le pays d'*Auxois* avait pour chef-lieu Alise, et le pays du *Lassois* avait pour chef-lieu *Latiscum*, où était la forteresse de Girart.
[8] Qu'il n'y eut d'aussi célèbres dans tout l'univers.

Et les tres grans meschiés [1] qu'ils orent de famine
Tuit cilz Rossillonnois, senz nulz malvais convine [2],
Nulz ne pouroit tenir ses yeux qu'il ne plorast
Et pour les trespassés de tres bon cuer n'orast!

   Li Laxois furent mat [3] et las pour la clousure [4]
Et redoutoient la mort pour deffaut de pasture [5].
Il prirent au traitier [6] volentiers se rendroient,
Mais que sauve lor vie, s'empetrer [7] le povoient.
Tuit n'èrent pas d'acort du noble chastel rendre ;
Ains moult voloient morir pour le fort lieu deffendre,
Avant que par meschief telx chastiaus fust rendus
Ne pour mal de famine fust trahis ne vendus.

   Dementiers [8] quil estoient divers en lor conseil,
Ung d'eulx qui fust tres saiges lor dit : « Je vous consoil,
Nous n'avons qu'ung torel [9], trois jours soit en prison
Senz boire et senz mangier de nulle garison [10],
Au quart jour soit pourveuz [11] de tres bon blanc frument [12] :
Moult nous porra preu faire [13] je vous dirai comment.
Quant il aura maingié trestant com il porra,
Chascungs peut bien savoir [14] que de grant soif morra ;
Hors du chasteau sera chaciés por aller boire [15],
Des Vandres sera pris ce povons nous bien croire ;
De lances ou de glaives tantost l'effonderont [16] ;
Grant planté [17] de frument en son corps troveront :

---

[1] Malheurs, anxiétés causées par la faim.
[2] Sans qu'il y eût eu mauvaise direction pendant le siége.
[3] Abattus. — [4] A cause du blocus. — [5] De vivres.
[6] Ils se mirent à discuter si... — [7] Si obtenir. — [8] Pendant que.
[9] Un jeune taureau. — [10] Provision, vivres de guerre.
[11] On lit *pehu*, de *pastus* apparemment, dans la copie de l'Arsenal.
[12] Blé, *frumentum*.
[13] *Fere por son preu* signifiait en langue d'Oïl agir pour son utilité, son avantage.
[14] *Chascuns peut percevoir*. (Copie de l'Arsenal).
[15] On lit *boivre* au ms. — [16] Bientôt le perceront. — [17] Abondance.

Bien penseront que nous ayens grant habondance
Quant bestes armelines [1] paissons de tel substance :
Il laisseront le siege selonc m'opinion. »
Acordé fut et fait à sa division [2] :
Au quart jour fut mis hors, li henemy le prirent,
A lances et espées et à glaives l'occirent.
Tuit dient : Cy perdons et nos temps et nos paines,
Bien véons que ces gens sont de trestouz biens plaines [3] :
Quant trestoutes leurs bestes de fin frument si'usent,
Bien sont foul et musart trestuit cilz qui cy musent.

Lors s'en partent et troussent et tref [4] et pavillon.
Ainssin fut garantis chastiaus de Rossillon,
Et tuit cil qui estoient a grant doleur encloux
Ne furent pas lors pris ne mis en fers n'en cloux ;
Mas Fortune, qui tourne si comme velt sa roe,
Après ceste grant joye leur fist tantost la moe :
Quart cilz qui out [5] donné le conseil devant dit
Si com cuida bien faire, à touz bonement dit :
« Pour Dieu, signeur, vous pri, ne faites movement
Qu'il [6] vous pouroit tourner a grant decevement.
Se cil de l'ost aval le pevent entroïr,
Faire vous en porront à la fin mal joïr. »
Il ne le crurent point, mas de joïe s'émeurent,
Et saichiés cilz de l'ost tantost s'en aperceurent,
Si pallèrent ensamble comme gent tres renarde
Et doublèrent de gent, saichés, la rèregarde.

---

[1] Du latin *armentum*, allusion au jeune taureau.
[2] Selon qu'il avait disposé, arrangé.
[3] Gens était féminin comme le mot latin *gens*.
[4] Tente ; ils plient bagage.
[5] Du latin *habuit*, eut.
[6] *Qui* dans la copie de l'Arsenal.

Encor dit li preudons : « Point ne vous esmoiés ¹,
Pour Dieu tuit me créés ² et tuit seguir ³ soiés.
Se vous les poursegués ⁴ et bien et saigement,
Vous les porrés confondre, saichés, certainement. »
Mas il non firent pas si com il devisa :
D'ordonner lor batailles nulz d'eulz ne s'avisa;
Tuit armé s'en issirent senz garder rang ne ordre,
Les Vandres cuidant prandre et tuer senz estordre ⁵.
Cil furent fort et dru, bien norri, fort péhu ⁶;
Quar meschief ne mesaise ne deffaut n'ont héu :
Li nostre furent foible persones a cheval,
Nes ⁷ porent garantir armes, ne mons, ne val ;
Quar pou furent de gent; mas moult tres bien le firent
Si quant eulz recoillant au chastiau s'en alirent;
Mas bien devés savoir tant de Vandres tuèrent
Que les mons et les vals de mors junchiés laissèrent.
S'il ne fuissent si mat, si las, si mal péhu
De leur noble chastiau ne leur fust meschéu ⁸.
Il avient bien sovant grant tristeur de liesse :
Pour ce suffrirent tuit de mort la grant destresse;
Quar li Vandre se mirent avec eulx brelle mesle ⁹
Et toujours esplevoient plus espais ne fait gresle;
Si tres fort les enchassent que de si grant puissance
Tuit entrent ou ¹⁰ chastel senz nulle différance ¹¹.

Lors péussiés véoir comment cil cruel Vendre ¹²
Lor très grant cruauté voudrent és Lauxois ¹³ rendre :

---

¹ Etonnez. — ² Croyez. — ³ Du latin *securi*, soyez assurés, certains de.
⁴ C'est la forme latine *persequi*.
⁵ Sans faire d'efforts; *estorces*, en langue d'Oïl, signifiait efforts. (V. Roq.)
⁶ Bien repus (*pastus*). On lit dans le mˢ de Sens : *norri et bien pehu*.
⁷ Abréviation pour *ne les*. — ⁸ Arrivé malheur, catastrophe, perte de leur château. — ⁹ Pêle-mêle. — ¹⁰ Au. — ¹¹ Retard, délai.
¹² Pour Vandre, Vandels ou Vandales. — ¹³ Aux habitants du mont Lassois.

Trestouz les detrainchèrent : n'en remest aucques piés [1]
A lances et à glaives et à trainchans espiés ;
Tout en despit de Dieu et de la douce Dame
Mirent trestout Laccois et Rossillon à flame,
Les tours et les palais et les murs escrevantent,
De si tres grant victore font joïes et s'en vantent [2].
D'anqui s'en sont tournés en Galles [3] vers Lyon,
Haut et lie et joyeux et fier comme lion ;
Il n'y a nulz si povre qui n'empourtoit d'avoir
Plus c'on ne vous porroit ne dire ne savoir.
Après cele grant joie gaires ne demora [4]
Que telx rist au matin que puis au soir plora :
Diex envoya entr'eulz si tres grant discordance
Que tuit s'entretuèrent senz nulle demorance
(Li rois fut pris et mors des siens, senz enemis),
Que par ungs que par autres sont à mort dure mis.

Anvis [5] puet bien morir qui vit mavaisement [6],
Anvis puet mal morir cilz qui vit bonement :
Telx sont li jugement de Dieu le roi haultisme [7]
Qu'il n'y a fons ne rivé, c'est une droite bisme [8].
Ainsin se vaingea Diex des Vandres cruaument :
En enfer sont dempnés c'est perpetuaument.

Si, com oï avés, és Laccois moult meschut [9],
Après assés de temps au duc Girart eschut
Li pays, li chastiaus ; mas avant, fut refais
Non pas si biaux si fors com quant il fut deffais.

---

[1] Façon de parler ordinaire à la langue d'Oïl, pour exprimer que rien n'échappe aux lances et aux glaives. (Voir le glossaire de Burguy au mot *Piet*.)
[2] *Font grand joye et s'en vantent.* (Copie de l'Arsenal.)
[3] En Gaule.
[4] Il ne tarda guère que. — [5] Expression qui répond au *vice versa* des Latins.
[6] *Malvaisement.* (Copie de l'Arsenal.)
[7] C'est la vraie forme du latin *altissimus*. — [8] Abîme. — [9] Tourna à mal.

Deis enqui ¹ cilz chastiaus fut Rossillon nommés,
Et de lai prist son nom Girars li renommés.
Combien qu'autres chastiaus héust en la Bourgoigne
Qu'avoient éu tel nom li latins le tesmoigne,
Pluseur mettent raison pour quoy dit Rossillon :
Li.ung le font compos ² de *ro* et de *sillon*.
Ro signifie maistres *sillons* fut conseillerres
Des Romains et touz maistres des pahis ³ et des terres
Avant qu'empereor héussent signorie
En Rome, ne l'onor que l'on dit monarchie.
Cilz funda Rossillon par autre opinion ;
En redient li autre diverse entention.

En cel tres noble boix, au pié de la monteigne
Qi est environnée de la tres douce Seigne,
Chasqu'an ⁴ en leur saison chantent li rossignot ⁵,
Et il font leur desduit cointe ⁶, gay et mignot ⁷.
Il n'est nulz si malades d'amour qui les oïst
Qui par droite nature toust ⁸ ne s'en esjoïst,
Et lay plus qu'autre part en vient grant multitude
Qui nuit et jour y menent joïe par grant estude,
Si que des rossignos puet tres bien estre dis
Rossillon li chastiaus senz aucungs contredis :
Cil noms près s'entr'acordent, *rossignoz*, *Rossillons*,
De telx ethymologes pas ne vous mervoillons.
Et li autre en redient autre raison et cause :
Tant chief, tantes sentences ⁹, chascun en dit sa clause ¹⁰.

---

¹ Depuis ce temps-là. On lit *doiz enquy* dans la copie de l'Arsenal.
² Composé. — ³ *Des pays.* (Copie de l'Arsenal.)
⁴ Chaque année. — ⁵ Les rossignols. — ⁶ Gentil.
⁷ Mignon, agréable.
⁸ Ne s'en réjoult bientôt.
⁹ Autant de têtes, autant d'opinions.
¹⁰ Dans le sens de glose.

Rossillons puet bien estre diz pour la grant rousée
Dont la douce monteigne est sovant arousée ;
Quar la terre du val et du mont et du tertre
Est plus douce des autres : ny ha roiche ne dertre [1],
C'est à dire qu'elle est plus grasse et planteureuse [2]
De pluseurs autres mons et bien plus benereuse [3] ;
Pour coillir les chardons n'y convient point sarcel [4].
On y puet bien véoir l'espée saint Marcel
Et des belles reliques en haut en habitacle
Ou lay en arriers [5] ont esté fait bel miracle.

 Lelonc celle monteigne est assise Poutieres,
Par ethymologie puet l'on dire Pautieres ;
Quar en yver y a trop grant foison de pautes [6],
De palus et de boues, de ce n'y a pas fautes,
Et s'en y trovons bien telle fois en Estey :
Ce peulent bien savoir cilz qui y ont esté ;
Mas c'est de la douceur du lieu et de la graisse
Que nulle secheresce nul temps estre n'y laisse.
Li lieux est gras et drus [7] et bons et delitables [8],
Et li hairs [9] estrampez de touz biens habondables,
D'aigues, de praieries et de touz bons gaignaiges [10],
De vignes et de bois, y a grans signoraiges [11]

---

[1] Il n'y a ni roche ni gerçure. — [2] Fertile.
[3] En provençal *benurado*, fortuné. — [4] Sarcloir. — [5] Ou là autrefois.
[6] Mottes de terre des marais; en langue d'Oïl *pautye* signifie *poussière ;* témoin ce vers du roman de la *Rose :*

   Ostez luy tost celle pautye.

Barbazan dit qu'en Bourgogne on se sert de l'expression *pautier* dans les boues, et que *pautier le rasin* signifie le fouler comme la boue. On disait dans le droit féodal *apautir*, c'est-à-dire donner une terre à cens.

[7] Abondant. — [8] Du latin *delectabilis*, délectable.
[9] Du latin *area*, les terres, le sol. *Et l'y air attrempé.* (Copie de l'Arsenal.)
Il nous semble que *attempré* serait le mot propre.
[10] Pâturages. *Et de bons gahainnages.* (Ms de Sens.) — [11] Seigneuries.

De tres grans norrissons et de pors et d'oüailles [1],
Et de grans haieries [2] et grant foisons d'armailles [3];
Ensurque tout, y a belle fort noble eglise
Où tres dévotement fait on le Dieu servise,
Et il le praigne [4] en gré par sa sainte pitié
A touz les habitans doint pais et amitié.

Oï avez [5] comment Rossillons fut destrus
Et comment depuis tost il fut après restrus [6],
Or est droit que reviegne à ma droite matière
De dire de Girart les faiz et la manière :
Nobles estoit sur tous ès terriens convines [7]
Et tout resplendissoit ès besoignes divines [8];
De grant justice fut droituriers curtiverres [9]
Et de toutes injures tres crueux impugnerres [10];
De meurtrers, de larrons faisoit tres grief [11] vaingeance,
Poures orphenis, vesves defendoit de grevance;
En vaincre grant batailles fut il moult glorieux :
Quar de Dieu bien servir estoit moult curieux.
Assés de monastère à son vivant funda;
Mains poures mendians de ses biens habunda [12].
De grant vigour estoit en cuer et en coraige
Et d'armes biau pourter savoit-il bien l'usaige.
Onc par homme ne fut de cheval abatus
Forsque une seule fois qu'il se fut embatus

---

[1] Brebis, du latin *ovilia*. — [2] Propriétés, du latin *herus*, maître.
[3] Grands troupeaux, *armentum* en latin.
[4] Et puisse-t-il le prendre... et donner paix, etc. — [5] Vous avez ouï.
[6] Ces deux rimes ne sont que l'abrégé des formes latines *destructus*, *reconstructus*. — [7] Débats concernant les revenus des terres.
[8] Exercices de piété. — [9] Cultivant la droite observance de la justice.
[10] Du latin *pugnare*, combattre contre, venger une injure.
[11] On prononçait gref.
[12] Enrichit; la finale *s* annonce assez que les mots *mains poures mendians* sont autant de régimes pluriels.

Devant Charle le Chauf. Cinq le fièrent [1] de lance :
Au revenir qu'il fist, Charle à terre le lance ;
Mas tost se redressa, a piet se trait vers Charle,
Tel cop li va bailler qu'il nout [2] ne voit ne parle.
Parpou [3] qu'il n'enraigea quant il se vit chéu [4],
Pour ce qu'à cele fois li estoit meschéu.
Il estoit le plus grans qui fut en toute France ;
Quant consoille le Roi [5] tuit tiennent sa sentance ;
Doucement et briefment parloit senz ramponer [6].
Saiges fut et subtil pour bon conseil doner,
Avec ce tenoit-il le plus bel heritaige,
Le tres plus grant havoir, le plus grant signoraige
Qui jamais soit tenus en France par nul homme.
Il avoit cens chasteaus et dix cités pour somme :
Sa puissance duroit doiz le Rim [7] en Lorraine
Tout droit jusqu'à Béonne [8] qu'est assise en Espaigne ;
De nostre région que l'on appelle Galle
Tenoit il presqu'autant com [9] fasoit le roi Challe.
Trestouz les siens païs gouvernoit roidement
Et trestouz ses subjés démenoit aprement :
Si l'en meschut si fort [10] que trestuit le laissèrent
Et à Charle le Chauf par grans dons s'alièrent,
Fors que les Bourguoignons et ceulz de son lignaige
Qui furent mort out pris dont au cuer out grant raige.

---

[1] Le frappèrent. — [2] Du latin *non audit*, qu'il n'entend.
[3] De *paruit pocum*, il s'en fallut peu.
[4] Qu'il néprouvât un mouvement de rage quand il se vit à bas.
[5] Quand il conseille le roi. Ce sens ne peut être douteux ; car, s'il en était autrement, on lirait : *li rois*, comme orthographe indispensable au substantif sujet.
[6] Railler. Dans la copie de l'Arsenal il y a une transposition de ces deux vers.
[7] A partir du Rhin. — [8] Bayonne.
[9] *Qu'en fasoit*. (Copie de l'Arsenal.)
[10] Et s'en fit si mal venir.

Girars puis s'avisa¹, si mena doucement
Son païs et sa terre, ses gens, son tenement² :
Puis li aidèrent tuit à redresser³ sa terre
Et faire grans batailles et maintenir grant guerre.
   Girars se maria en dame très aperte⁴
Belle, plaisant et saige que l'on appeloit Berte,
De grant lignaige, fut file au conte de Sens,
Hugues estoit nommés, saiges, subtilz de sens.
Ainsin com Berte fust née de haut lignaige,
Plus hault en bones meurs a mis tout son coraige⁵
A Poutieres où gît⁶, maintes gens qui là viennent
Pour eulz garir de max, sainte dame la tiennent.

Girart devient par alliance le beau-frère du roi Charles-le-Chauve. — La division se met entre eux à cause de la succession du comté de Sens. — Charles s'empare du château de Rossillon, puis va à la rencontre de Girart vers Poligny. — Girart, réduit à un petit nombre de défenseurs, est vaincu.

   Li clercs qui en latin ceste ystore posa⁷
Dist que Charles li Chauf sa serour⁸ espousa,
Qu'out a nom Esluis, et si estoit mains nee⁹
De Berte sa serour qu'estoit de lei ains née.
Bertes et Esluis dont je fais cy le conte
Furent files Huguon, de Senz le noble conte :
Or avint quant Huguons et sa femme morurent,
Les noblesces de Senz¹⁰ és deux seurs eschéurent,

---

¹ Se ravisa, réfléchit.
² Domaine, héritage; du latin *tenere*.
³ *Au recouvrer sa terre.* (Copie de l'Arsenal.) — ⁴ Illustre, renommée.
⁵ C'est-à-dire qu'elle met toute sa gloire à ce que sa réputation égale sa naissance. — ⁶ Où elle gît, où est son tombeau.
⁷ *Pouza* dans la copie de Troyes. — ⁸ Du latin *soror*.
⁹ Qui eut pour nom *Esluis* ou *Elsvis*, dont quelques-uns ont fait le nom propre Eloïse. — *Mains* (moindre) est mis par opposition à *ains*. Le latin *ante nata* répond à *ains née*. — ¹⁰ Les fiefs ou terres nobles du comté de Sens.

La cités, li pays, li fiez, toute la terre,
Dont mut Charles li Chauf à Girart trop grant guerre;
Quar Charles vout[1] avoir, pour ce que rois estoit,
Toute la descendue[2] : Girart li contestoit[3]
Et disoit que sa femme, laquelle estoit ains née,
Devoit avoir le tout et néant la mains née.
Charles eut grant desdaign quant Girart out[4] paller
Et jura saint Denis quains le feroit aller
Comme poure truant tout hors de son réaume,
Que du costé de Sens tenist sa plène paume[5].
Girars jura son père et à visaige baut[6]
Foy qu'il devoit Droon qui fut filz Gondebaut
Le bon roi de Bourgoigne qui tant out vesselaige,
N'avoit[7] soubz firmament tant com li mondes naige[8]
Ne roi n'emperéor, qu'ains qu'il perdit de terre
Ung arpent mesuré, qu'il ne féist par guerre
Morir cent milles hommes, et dist de cuer felon :
« Se je me ment de mot[9], pendre me puisse l'on.
Qui d'ung denier se laisse à tort desheriter,
Ne doit par jugement en plain pié hériter ;
Quant cuers est si malvais qu'il pert son héritaige,
Li corps a deservi de morir a hontaige[10]. »
Quant Charles out Girart, par pou n'anraige d'ire[11]
Et par si grant corroux com pout se prant à dire :

---

[1] Du latin *voluit*, voulut.

[2] L'héritage. D'après Lacombe, *deschendement* signifie une succession directe. La copie de l'Arsenal dit *toute la destendue*, et il faut entendre par là toute l'étendue du comté de Sens.

[3] Contestait, s'y opposait; du latin *contra stare*. — [4] Il entendit parler.

[5] *Bailler la paumée*, c'était toucher la main, comme un témoignage d'une convention conclue. Le sens de ce passage paraît donc être que Charles exilerait Girart plutôt que de lui donner la main en signe de convention pour le partage entre eux du comté de Sens. — [6] Décidé, *validus*. — [7] Qu'il n'y avait.

[8] Dans tous les points où gravite le globe. — [9] Si je mens d'une parole.

[10] Mourir d'une mort honteuse.— [11] Il s'en fallut peu qu'il n'enrageât de colère.

« Girart que penseś tu! comment as tu ousé
Dire teiles paroules com as cy proposé?
Cuides tu donc en France contre moi contrester?
Foy que doi saint Denis n'oseras arester [1]
Lai ou Diex soit créuz, s'à toi tu me fais prendre [2]
Desherités ne soies et puis te ferai pendre.
Sur ce consoille toi : tenrai toi convenant [3]
Ains c'ungs ans soit passés, à saint Jehan venant. »
— Haro! ce dit Girart, fort gibet convenroit :
Je suis si grans et gros, comment me soustenroit?
Foy que doi saint Anthone, le saint aux Bourguoignons,
Qui gist en Viennois et fait a mains maingnons [4],
Miaux ameroie assés ne hust forches en France
Que ce c'on y pendist pour riens ma grosse pance.

« Charles li Chauf, enten, maint te tenent pour saige,
Partie tien de toi de mon grant heritaige,
Et d'aluef [5] en tien je la tres plus grant partie
Et li contez de Sens est miens sans départie [6] :
Ne te quier assaillir [7], n'uncques n'assailli homme
Le premiers, non summé [8], de mon droit c'est la somme.

---

[1] Empêcher que tu ne sois deshérité.
[2] Si tu fais tant que je me prenne à toi.
[3] Je te tiendrai ma promesse avant (*ains*) un an.
[4] Et guérit maints estropiés. *Mehaigné* signifie perclus, impotent.

> Les aumosnes qui sont deuës
> Aux lasses gens povres et nuës
> Foibles et vieulx et *mehaignez*,
> Por qui pains ne sont plus gaignez
> Pour ce qu'ils n'en ont la puissance.
>
> (*Roman de la Rose.*)

[5] Aluef ou alluez, du latin *allodium*, héritage, franc-alleu.
[6] A ce vers, qui termine bien le sens, le président Bouhier a substitué, on ne sait trop pourquoi, cette variante :

> De tout mon tenement et de ma seigneurie.

(Voy. la copie de Troyes et celle de l'Arsenal qui a reproduit la même version.)
[7] Je ne cherche pas à t'attaquer.
[8] Ni jamais je n'attaquai personne de prime abord et avant sommation.

Ne pensè jou à faire ¹ pour chouse qui avienne :
Qui vouldra ou pour foul ou pour couart m'en tienne ;
Mas de cuer reni Dieu et si me rend au diable
Se tu me cour point sus senz cause raisonable ².
Ne te faudrai de guerre tout à ton souhaitier,
Tant com voudront quatre homme ³ moi contre toi aidier.
Je ne suis qu'ungs seulz hons, je ne puis contre mil :
Ainssin contre ung oisiau ne puet ung grain de mil.
Et si te di encor, senz tres grant desirance,
Assaïe contre moi tout le povoir de France,
Et, je pri, pendu soie qu'a tort le mien prendra
Se je li fau de guerre qu'après ne me pendra ⁴,
Et s'il a en ta court qui ⁵ s'en vuille combatre,
Je presente mon corps contre ung, deux, trois ou quatre ;
Mas pour ce que ne vuilz à mon tort faire plait ⁶
A ta court je quier droit : fai le me s'il te plait. »

Charles d'enqui se part senz nulle rien ⁷ respondre
Et va pensant tel chouse dont puis fit Girart gondre ⁸.
Charles mist en son cuer ce qu'oïst Girart dire
Que se tuit sui subjet aidier senz contredire

---

¹ N'ai-je point la pensée de le faire, c'est-à-dire d'attaquer sans des sommations régulières, dût-on me regarder comme fou, etc.

² Je renie Dieu, etc., si tu ne me fais pas une guerre sans cause raisonnable, *se tu me cour point sus*, etc. L'usage de donner régulièrement un *s* à la deuxième personne du présent dans les verbes ne s'établit que bien après le XIII⁰ siècle, excepté dans le dialecte picard (voy. Burguy, *loc. cit.*, I, p. 215), où cette innovation fut plus prompte. La première personne du présent prenait encore moins le *s* que la deuxième, comme on peut le voir par les mots suivants : je di, je pri, je joui, etc.

³ La copie de l'Arsenal porte *m'y hons*, mes hommes, mes vassaux. Cette version nous paraît la plus sensée.

⁴ Et je veux être pendu si celui qui me dérobera mon bien, me pendra en cas où je lui ferai défaut de guerre.

⁵ Et s'il y a en ta cour quelqu'un qui, etc.

⁶ Elever contestation à mon préjudice.

⁷ *Nulle rien*, métaphrase de *nullam rem*, nulle chose.

⁸ Se plaindre. On lit *grondre* dans la copie de l'Arsenal; le mot latin *grunnire*, l'italien *grugnire* ont la même signification.

Le vuillent contre lui, ne li faudra de guerre
Tant com Charles vivra ne par mer ne par terre.
Girars avoit a court de ceulz qui consoilloient
Le roi, mains malvuillans qui de mort le hayoient :
Les filz au duc d'Ardene et neveux le roi Charle,
Effens de sa soreur, c'est ce de quoi je parle.
Haïne avoit entr'eux pour la guerre plenière
De Thirri [1] de Droon qui peres Girart ière [2].
A Girart, és effens icil dui furent père
C'oncques [3] en leur vivant n'orent pai fort qu'amère.
Droons audit Thirri pour force de [4] grant guerre,
Sept ans li toillit tout son paiis et sa terre.
Droons tint les sept ans la grant duchié d'Ardaine,
Auquel duchié s'espant [5] et toute la Lorraine
Et grant pars d'Alemaigne ; puis en fut la pais faite :
Charle li Chauf la fist qui grant pene i a traite [6].

Droons rent [7] à Thirri trestout son tenement,
Puis ala en Espaigne, iqui fut longuement,
Anqui se combatit li nobles palazins
Avec les rois d'Espaigne contre les Sarrazins.
Puis la mort Challemainne [8] Droons maintint la guerre
Contre les Sarrazins et par mer et par terre ;
Grant temps y demora, grans vigours, grans prouesces
Fist Droons en Espaigne et tres grans hardiesces.
Sarrazin le fuoient com passer [9] l'espervier ;
Ses coups ainssin doutoient com d'ung ferrey levier [10],

---

[1] Thierry, duc d'Ardenne. — [2] Qui était père de Girart.
[3] Qui jamais. — [4] A force de. — [5] Dépend.
[6] Qui grand peine y a mise.
[7] C'est le *t* de la terminaison latine *reddit*. Une remarque aussi à faire, c'est qu'en Bourgogne le *d* se changeait souvent en *t*.
[8] Depuis la mort de Charlemagne. — [9] Moineau.
[10] Redoutaient comme les coups d'un levier garni de fer.

Tuit cilz qu'essayé l'orent aux autres ont mandé [1] :
« Fués [2] celui qui pourte le noble escu bandé
« D'our [3] et d'azur par tiers entour bourdé de gueles [4] ;
« Les dames pour ses cops de leurs maris sont sueles [5].
« Fués celui, fués, ou vous aurés grevance :
« Quar qui longue velt vivre [6] de loing ait s'acointance. [7] »
    Li filz au duc d'Ardene s'en venirent à Charle :
As oï com Girars contre toi gronce et parle !
Tu es li plus fustetz [8], li plus deshonorés
Se cilz or vilz Bourgoins n'est pas toi acorés [9] !
Has oï com se vante comment s'est haastis [10] !
C'est drois [11], li Bourgoignons out le chief trop hastis [12] :
Ne te prise ung bouton ne toi ne tout le monde.
Par celui qui le ciel fist tonner [13] à la ronde,
Se ne le deserites et puis après le poin [14],
N'auras en toi d'oneur la monte d'un époin [15].
Ses peres li malvais deserita noz pere
Et ta serour germene nostre tres chiere mere.
Pendre nous puisse l'on s'en ta Court plus venons
Et se plus pour nostre oncle jamais no te tenons,

---

[1] Dit. — [2] Fuyez. — [3] D'or.

[4] Bordé de gueules. Lacurne-Sainte-Palaye indique en marge de la copie de l'Arsenal que cet écu de Droon est le même que celui de Bourgogne ancien.

[5] Par ses coups les femmes deviennent veuves.

[6] On lit dans la copie de l'Arsenal : *Car qui longueur veut vivre.*

[7] Ne t'aborde que de loin.

[8] Faible comme un arbrisseau, *fusteil.*

[9] Si bientôt ce vil Bourguignon n'a pas le cœur arraché par toi.

[10] S'est montré plein de témérité ; du latin *ad stare.*

[11] C'est évident.

[12] A eu la tête trop vive.

[13] *Tourner*, dans la copie de l'Arsenal.

[14] L'accable, du latin *pungere.*

[15] Le mot *époigne*, dans le Glossaire, signifie gâteau. Voici la variante de ces deux vers d'après la copie de l'Arsenal :

> Se ne le desherite et puis après le pent
> N'auras en toy d'bonneur la monte d'un arpent,
>   (la valeur d'un arpent de terre).

Se du Bourgoign ne prans briefment si grief vengeance ¹
Qu'à tosiours soit retrait ou réaume de France ². »
— « Effant ³, ce dit li Rois, j'ai tel chouse pensée,
Dont Girars contre moi aura courte durée. » —
Li effant l'en mercient et par les piés l'embracent :
A Charle en prant pitié quant les chambes li lacent ⁴ ;
Les effanz fi lever et lor di : « Biau neveu,
Contre moi plus ne faites ne sairement ne veu ⁵. »
Thirris li dus d'Ardene et li contes de Blois,
Li dus de Normandie qui les crins porte blois ⁶
Gauthiers cuens de Saint Poul et Guiz cuens de Montfort,
Hugues contes de Troies que li Rois croit moult fort,
Hernaux ⁷ vicuens de Chartre et pluseur consoillier
Se traient vers le Roi pour le bien consoillier.
Au Roi premiers parla li vaillans Hardenois
Et dit au Roi premiers ⁸ : « Je suis blans comme nois ⁹ :
Ne doi plus consoillier si ne di verité,
Roi, foi que je doi Dieu et sainte Trinité,
Vous avés hui parlé à Girart foulement,
Et il ha respondu outrecuideusement.
N'apartient pas à Roi de parler par tel guise,
Rois doit moult poul ¹⁰ parler et bien garder justise

---

¹ Nous avons déjà fait remarquer que grief se prononce *gref* et ne forme qu'une syllabe. Il en est de même de *brief* et de son composé *briefvement*. Quoi qu'il en soit, voici la variante de la copie de Troyes :

    Se du Bourgoing ne prens briefvement vengeance.

² Soit banni de France.
³ Enfant. Le mot qui l'exprime a différentes orthographes dans la langue d'Oïl.
⁴ Lui enlacent les jambes de leurs bras suppliants.
⁵ Ni serment ni vœu.
⁶ Qui a les cheveux blancs. *Bloi*, au glossaire, signifie à la fois blond, bleu et blanc.
⁷ On lit *Harnaus* dans le mˢ de Sens, et *Harmans* dans la copie de l'Arsenal.
⁸ D'abord. — ⁹ Neige.
¹⁰ Forme abrégée du latin *paululum*.

Au poure com au riche [1] senz accepter personne
Et si doit faire grace quant equités li donne.
Nulz rois ne doit regner s'il n'a miséricorde
Pour justice atramper [2] et pour faire concorde.
Girars n'est pas telx hons c'on doïe menacier
De pendre à ung gibet ou du pahis chacier [3].
Foi que doi Saint Gengou [4], se subjés et ami
De bien aidier s'estoient acertes arrami [5],
Tu n'a chasne [6] en Biere [7] n'en ta foret d'Orliens
N'en cele de Gésort, ou n'a mais [8] nulz liens
Ou pendre le péusse ne chacier non porroie
Plein piet [9] de son pays se tu jurié l'avoie [10].
Ne di pas [11] ces paroles pour chouse que je l'ame [12];
Vous savez bien trestuit l'ung l'autre ami ne clame [13] :
Ses peres me fit guerre, chassa moi du paiis, [14]
Et si n'estoïe point de mes voisins haiis.
Tu m'estoïes aidans et tuit tui bon suïant [15];
Mas pour ce ne remest ne me faist fuïant [16].

---

[1] *Au pauvre homme et au riche.* (Copie de l'Arsenal.)

[2] Du latin *attemperare*, régler. — [3] Ou chasser du pays.

[4] Saint Gengou, ou Jeangoul, était particulièrement honoré en Bourgogne et surtout à Langres.

[5] S'étaient fermement engagés à lui donner bon aide. Le bas latin *arramire* signifie faire serment de.

[6] Chêne, arbre.

[7] Nom donné par le *Roman de la Rose* à la forêt de Fontainebleau :

> Contre Dangier avant se lance
> En sa main tenoit forte lance,
> Qu'elle apporta bele et polie
> De la forêt de Thuerie
> Il n'en croist nulle telle en *Bierre*.

[8] Où tu n'as pas davantage, etc.

[9] Au beau milieu. — [10] Quand même tu l'aurais juré.

[11] Je ne dis pas. — [12] Que je l'aime.

[13] Vous savez bien tous, les uns et les autres, que je ne le nomme point mon ami.

[14] *Pahis* (Copie de Sens.) — [15] Vassaux. *Suiance* signifie redevance.

[16] Mais pour cela je ne demeure ni m'abandonne, c'est-à-dire je suis impartial.

S'a premiers¹ a parlé desmesuréement,
En la fin a requis en ta Court jugement.
Nous sumes de l'acort², bons rois, que l'on li face,
Et, s'amolir³ se velt, que tu li faces grace. »

 Li dus de Normandie, li autre noble conte
Dient trestuit au roi : « Thirris n'a dit point conte :
Girars est nobles hons et de tres grant puissance,
N'a meillor consoillier en ton regne de France ;
Toi tient pour son seigneur, de lui te peus aidier
En consoil et en armes tout à ton souhaitier.
S'a parlé⁴ hautement, tu l'en a mis en voie,
Nulz n'est en bon chemin que l'on bien ne desvoie⁵.
Se tu, Girart, vouloies pour ung pou d'avarice,
Aloingnier de t'amour, l'on tenroie à grand vice⁶.
Vous avés les deus sors ; la conteye est eschoite
De Sens⁷ qu'est en Bourgoigne : ci est moult belle eschoite⁸.
Tu la velz toute havoir, il la velt havoir toute,
Partir la conviendra, nous le creons senz doubte.
Senz partir la conteye, iert la terre partie⁹ ;
Quart conteiz ne duchiés ne doit estre partie,
Il n'i a point d'ainsnesse, si com dient li saige
En partaige de femmes, ce tenons por usaige.
Girars demorra cuens pour ce qu'il a l'ainsnée ;
La roine l'a perdu pour ce qu'elle est mainsnée. »

---

¹ Si d'abord il a parlé, etc. — ² Nous sommes d'accord.
³ S'adoucir. Même version dans la copie de Sens. Celle de l'Arsenal porte : *Et, s'avoyer se veult*.
⁴ S'il a parlé. — ⁵ *Que bien l'on ne desvoye*. (Copie de l'Arsenal.)
⁶ Si tu l'éloignais de ton amour, l'on tiendrait cela comme une grande faute.
⁷ La succession de la comté de Sens est échue. *Conteie, conteit, cuntet* et enfin comté était autrefois féminin.
⁸ Le mot *eschoite*, en terme de loi, était un nom substantif qui signifiait *succession collatérale*.
⁹ C'est-à-dire que la terre de Sens sera partagée (*partie* du latin *partiri*) de manière à ce que le comté fasse un lot à part.

— « Haro, ce dit li rois, mi baron, qu'avez dit !
De Girart me parlés qui tant m'a de lez dit ![1]
Je tenir vous souloie ung chescun pour trop saige,
Et vous voulés que Senz je li mette en partaige !
Voulés vous doncques faire Girart mon compaignom ?
Certes de vos consoil orendroit[2] nous plaignom :
S'il y out oncques droit, en parlant l'a perdu. »
A ces mos li parlant furent tuit esperdu,
Forsque li Hardenois qui dist : « Droit en ta Court
Quiert le contes Girars selonc l'us que la court
Ne li doit refuser, je le te di pour voir[3] ;
Ainssin disons nous tuit, Senz toi point decevoir. »
— « Je sai bien, ce dit Charles, comment ira la chouse ;
Mas saichés de présent ne vous sera desclouse[4]. »
 A ce mot tuit se quoisent mesque le dus d'Ardenne :
Amis estoit le roi, s'avoit sa seur germenne[5].
Devant touz dit au roi : « Hé rois, que veulz tu faire ?
Girars est si grans hons et de si noble affaire,
Si gentilz, si puissans et de si grant emprise[6],
Qu'en son droit maintenir nul ne doubte, ne prise[7] ;
Soubz le firmament n'a emperère ne roi
Que Girars doutoit pour le bobant le desroi[8] ;
Il n'est nulz qui par force le puisse maistrier,
D'estour ne de bataille ne traire, ne trier[9],
Se pour ses rutes cops n'a tousiours la victoire.
Je l'ai bien essayé par demonstrance voire :

---

[1] Qui m'a dit tant de choses, tant d'injures en face.
[2] Désormais. — [3] Je te le dis pour vrai.
[4] Découverte, révélée, du latin *discludere*.
[5] Excepté le duc d'Ardenne, qui était ami du roi et dont la sœur était sa parente. — [6] Capable de si grands projets. — [7] Ni n'ait la pensée de maintenir.
[8] Dont Girart redoute la concurrence pour l'éclat et la conquête.
[9] Ni en approcher ni le lui disputer en fait de combats ni de batailles.

Tout ton povoir avoie, ton seours et t'aïde [1]
Et de trois puissans rois de Libie et d'Elide,
Li bon rois d'Alemaigne me fist sovent secour.
Inglois, Escoz, Puilloiz vindrent vers moi recour [2],
Quant ses pères Droons par force de grant guerre
Me chassa du pahis et me touilli [3] ma terre.
Sept ans la tint tout plaine [4] trestout malgre mes denz;
Quar point ne te douta ne trestouz tes aidenz [5].
Lay [6], fut premiers armés Girars de Rossillon;
Mas ainssin comme fuient li petit oisillon
L'espervier, le fuoient, pour voir, trestuit à somme
Li josne et li veillart et trestuit vaillant homme.
Les tres plus rutes cops [7] les plus desmesurés
Donnoit cilz josnes hons : oncques diables heurés [8]
Quant esloide [9] et puis tonne homme n'acravanta [10]
Si fort com faisoit ces emprès cui il hanta [11].
Or est et grant et gros et d'armes bien apris,
De toutes grans victores a loux, onor et pris [12].

---

[1] Et ton aide.
[2] Anglais, Ecossais, habitants de la Pouille, vinrent me secourir.
[3] M'enleva. On lit dans la copie de l'Arsenal *me tollit*.
[4] La garda tout entière. — [5] Car il ne te redouta point ni tes auxiliaires.
[6] *Lay* pour là, comme on parlait en Bourgogne.
[7] Le président Bouhier a francisé cette version, qui sent son treizième siècle et qu'on trouve dans le ms de Sens, en celle-ci : *les plus terribles coups*.
[8] *Heürer* et *aürer* (de *hora* ou *augurium*) est une épithète qui s'employait dans la divination et les sortiléges. — *Hure* se disait aussi comme signe de dérision ou de quelque aspect diabolique. Témoin ces vers tirés du fablian du *Vilain de Bailluel* :

> Il estoit granz et merveillex
> Et maufex et de laide *hure*.

On lit *huré* dans la copie de l'Arsenal.
[9] Du latin *elucere*, faire des éclairs. — [10] N'écrasa.
[11] Ceux auxquels il s'attacha.
[12] A la louange, l'honneur et le prix de toutes les grandes victoires. Ce vers, qui manque dans notre manuscrit, se trouve dans celui de Sens et dans les copies de l'Arsenal et de Troyes.

Et encor vit Droons ses pères [1] li vaillans
Li preux et li hardis, li fort li assaillans,
Li preux des autres preux, la fleur de courtoisie.
Hardement l'engendra et Prouesce sa mie,
Et Viguers la norri touz temps en vesselaige [2];
Vaincre estours et batailles l'ont mis a fin d'aaige [3].
Nous fumes jouvencel entre moi et Droom :
Ne trovera les telx en trestout ton room [4];
Chascun à VI^{xx} ans, bien sommes fors d'enfance.
Et bevons auxi bien com chevalier de France [5].
Tout soit veillars Droons, nulz devant lui ne dure :
Il fiert si rutes cops par si grant desmesure
Q'il acravante tout, cheval et chevalier,
Ne prise homme vivant le vaillant d'ung talier [6].
Bien monstra sa vigour li tres preux paladins
En Espaigne où il est contre les Sarradins :
Lay les desromt [7] et tue, il fiert et toille et maille [8];
Touz ceulz tue qu'attaint, semblant fait ne l'en chaille [9].
De bon pere bon filz issir nature fait,
Pour [10] ung bon chevalier ung lignaige est refait.

---

[1] Et son père Droon vit encore.

[2] Cette personnification des vertus ou qualités d'un héros est très-fréquente dans ces sortes de poèmes, surtout dans le *Roman de la Rose.*

[3] Gagner victoire et livrer batailles l'ont accompagné jusqu'en sa vieillesse.

[4] Ton royaume.

[5] Ne serait-ce point une allusion aux Templiers, car, dans ce temps de leur disgrâce, au commencement du XIVe siècle (l'ordre fut supprimé en 1312), on disait, entre autres allusions, *templariter bibere.* C'est précisément à cette même époque qu'était composé le poème que nous éditons et dont nous avons donné la date dans l'introduction. Le mot *bevons* se trouve aussi au m^s de Sens. La copie de l'Arsenal, conformément à celle de Troyes, donne la variante *vivons*; mais ce changement est tout à fait personnel au président Bouhier.

[6] *Taillier.* Etabli sur lequel travaille un tailleur. (Voy. le glossaire de Roquefort.) Ces sortes de comparaisons triviales, qui nous font aujourd'hui l'effet de chevilles ou remplissage pour la rime, sont très-fréquentes dans les romans de geste des troubadours et des trouvères.

[7] Les met en pièces. — [8] Et cotte et maille. — [9] Il a l'air de peu s'en soucier.

[10] *Pour* est très-souvent mis au lieu de *par*, comme ici.

Cilz peres et cil filz sunt li meillor du munde :
Tout le bien c'on puet dire en icels deux habunde;
N'est point apetisie[1] leur poixance et leur force,
Mas en trestouz paiis tosiours croist et enforce.
Or te pri, sire roi, pour Dieu, qu'il ne te chaille
De toi movoir contreux, por guerre ou por bataille.
Girars ta requis droit, toi pri que tu li face[2],
Et trestouz mal talans de ton cuer li efface[3] ;
Qu'il n'y demoure point d'amer ne de rancune
Et se faire non velz, garde toi de fortune.
Je n'ai pas ceci dit pour chouse que j'amoie
Ne Droon ne Girart, ne qu'amer je les doie[4] ;
Mas li léaus subjés[5] si doit tousiours veillier
De son tres bon signeur loyalment consoillier. »
— « Oez, ce dient tuit, comment c'est preudons parle,
Comment de tres bon cuer consoille le roy Charle,
Comment il ha ioué le filz et puis le pere
Qi tant temps li ont fait guerre si tres amere!
Bien monstre sa valor, son scenz[6] et sa noblesce :
Le temps qui est passés sa raison point ne blesce
S'adès[7], ha vielle haine novele mort pourtée[8]
En parlant, cilz preudons l'a bien entroubliée[9]. »
    Quant Charles out oï parler le duc d'Ardene,
Grans sospirs a gitiés, et puis reprist s'alène[10],
Et dist au duc : « Ami, vous parlés saigement :
Or vous en taisiés tuit, qu'il ira autrement[11].

---

[1] Amoindrie. — [2] Que tu lui fasses droit.
[3] Et que tu chasses de ton cœur toutes mauvaises dispositions contre lui.
[4] Doive. — [5] Le loyal sujet. — [6] Son bon sens.
[7] Si toujours.
[8] Antithèse et proverbe : « Vieille haine, nouveau sujet de mort. »
[9] Y a bien fait trève. — [10] Son haleine.
[11] Mettez fin à ces discours, parcequ'il en ira autrement.

Li roi est bien quoquars [1] et fols je vous plevis.[2]
Qui quiert de tant consoil, ainssin le vous devis [3] :
J'ai bien vint et cinq ans, hors suis d'avouerie [4];
Curator ne tutor ne m'ont plus en baillie.
Foi que doi saint Denis [5] qui plus m'en parlerai [6]
Saiche trestout de voir je le corroucerai [7]. »
Trestuit sont esbaï quant li roi out ce dit :
Dès or fera son ban trestout senz contredit [8].

Charle li Chauf appele ung sien biau [9] secretaire :
Guy de Montmorancy, homme de noble affaire [10] :
« Gui, je vuilz movoir guerre encontre ung tres grant homme,
Se me veuilz pourvéoir que m'aidient tuit mi homme,
Mi homme et mi ami tout vuilz abandoner [11]
Et de mes grans tresours vuilz je grans dons doner :
Riches princes avers qui avoir ha senz conte [12],
S'il ne set qu'est donners [13], vivre doit à grant honte.
Girars de Rossillon ha bonnes gens de guerre,
Vatain, je te commant, cerchier [14] toute sa terre,

---

[1] Sot. Lacurne Ste-Palaye considère ce mot comme une allusion à un fou qui porte une plume de coq à son chapeau, d'où serait venu le mot *cocarde*.

[2] *Plevir* ou *pleuvir*, assurer quelqu'un d'une chose.

[3] Je vous l'exprime.

[4] Ce mot répond à *hors de page, hors de tutelle*, ce qui avait lieu à la majorité de vingt-cinq ans.

[5] Par la foi que je dois à saint Denis.

[6] Pour *m'en parlera*. Exigence de la rime suivante.

[7] Je le châtierai. *Corrugier*, en langue d'Oïl, signifie punir; la racine est *corriga*, courroie, fouet.

[8] Désormais il tiendra son assemblée sans y trouver de contradiction du tout.

[9] Ce mot *biau* répond au sens du latin *præclarus*.

[10] Même version dans le ms de Sens. La copie de l'Arsenal et celle de Troyes ont substitué ce vers :

Guy de Montmorency ainsi l'oï retraire.

[11] Je veux donner avec profusion à nos hommes et à nos amis. C'est le vrai sens du latin *abundanter donare*, traduit ici par abandonner.

[12] Riche prince avare qui a des richesses innombrables.

[13] S'il ne sait ce que c'est que donner.

[14] Parcourir le pays qui est sous sa dépendance.

Pourtant de mon avoir grant foison et grant masse
Et touz les vaillans hons per bel donner [1] m'amasse :
Quant je les manderai que chascungs aïe prest [2].
De mon havoir hauront deus grans soubdeers [3] prest.
Garde [4] ne parle point à celz de son linaige
N'aux puchiens [5] Bourgoignons : loyaulx sont par visaige.
J'ai entendu pour voir [6], Girars, en son demoine,
Les grans et les petir trop asprement demoine :
Ce n'est pas de mervoille, trop pare a male teste [7] ;
Tu sez dois avant ier me fist il grant moleste.
Foi que doi saint Denis, de par moi leur peus dire
Je tenisse Girart et de guondre et de tire [8]
Ne feust por amour d'eulz cui j'ai lonc temps amé.
Se guerroiens ensamble mains en seroient clamé
Maintenant malestruit [9], mort et desèritez ;
Et en auroit cent mil qui morroient en vitez [10],

---

[1] En donnant beaucoup.

[2] Sois prêt. Ce vers manquait de rime dans notre ms ; mais le vers suivant se trouve dans le manuscrit de Sens et dans les copies de Troyes et de l'Arsenal.

[3] Ou *soubdics*, syndics, officiers chargés des affaires d'une communauté ou d'un chef.

[4] Prends garde.

[5] Ni aux puissants, c'est-dire ni aux chefs bourguignons. De *puch* est venu puits (en latin *podium*), assemblée, cour de seigneurs.

[6] J'ai appris, à la vérité, etc.

[7] Il ne paraît que trop qu'il a mauvaise tête.

[8] Je tiendrais Girart pour trompeur et pour tyran. Le mot *guondre* ou *gandre* vient sans doute de *ganda*, qui dans la langue des troubadours signifie feindre. (Voir au glossaire occitanien de Rochegude.) Toutefois voici la variante du ms de Sens :

    Je tenisse Girart et de grondre et du rire,

c'est-à-dire j'empêcherais Girart de murmurer et de railler. La variante de la copie de l'Arsenal se rapproche de celle du ms de Sens :

    Je tenisse Girart et de gronce et de rire.

[9] Maints en seraient reconnus bientôt mal avisés, etc. Même version dans le manuscrit de Sens. Le z final, dit Burguy, se mettait, vers la fin du XIIIe siècle, sans règle et sans suite en une multitude de cas où il n'avait pas été employé aux époques précédentes.

[10] Qui mouraient dans un état de mépris. *Qui mourroient à vilté*, dit la copie de l'Arsenal.

Que orphenins lairoient et poures femmes veves [1]
De quoi ne donroit pas Girars vaillant II feves.
J'ai pitié du paiis, j'ai pitié de la terre,
Trop sont mal gouverné, trop sont en male serre [2].
Ne vuilz envers Girart que nulz d'eulz se méface [3]
Mas de moi et de lui me plaist qu'il aïent grace;
Je leur pri chierement non me doïent noïer [4].
Se Girars envers moi vouloit point guerroïer,
Il savent tuit comment li subjés doit sommer
Son seigneur par ung an, foi que doi saint Hommer [5],
Avant qu'a son seigneur puisse guerre bastir.
Giras sanz nulz sommer se set trop tost hastir [6],
Je le di plus pour eulz que pour nulle doubtance.
Je ne pris [7] riens Girars ne toute sa puissance;
Mas j'auroïe grant deul se pour l'anroiderie [8]
D'ung seul hons à mon temps tant gens perdoient la vie.
Girars ne les ait point contre moi amassés
Ainssin soit demis ans trestout avant passés [9],
Je mettrai bon consoil, di lor certainement
Comment il soient mené plus débonairement.
Girars ha male teste, mas bientost se revient :
A gens qui tost se muevent faire ainssin le convient [10].
Helas com ses paroules sont douces et amères !
Girars je me doubte trop que tu ne le compères [11].

---

[1] Qui laisseraient des orphelins, etc.
[2] Mauvaise compression.
[3] Agisse mal. — [4] Du latin *negare*, refuser. — [5] Saint Omer.
[6] Se hâter. — [7] Je ne prise rien Girart, etc.
[8] L'entêtement.
[9] Que Girart ne les ait point rassemblés contre moi avant qu'il ne se soit passé six mois. Ce délai était du droit des gens entre vassal et suzerain et devait toujours avoir lieu entre la sommation de faire droit et la guerre ouverte.
[10] C'est l'ordinaire des gens trop vifs. — [11] Que tu ne le payes.

Guiz de Montmorancy hons plains de grant savoir
En la terre Girart s'en va ou grant avoir [1],
En Auverne, en Guascoigne, en celle grant Provance
Et en ces basses Marches ou Girars ha puissance,
Et es autres paiis, parla aux riches hommes,
De par Charle le roi leur donna d'our grans sommes;
Partout est reçeus bien pour les dons qu'il lor donne
Et pour ce que l'avoir le Roi lor abandonne.
Ne parla pas premiers de ce qu'aloit quérant,
Mas aloit de Girart subtiment enquerant.
Tuit sui subjet disoient trop estoit mal terriers [2],
Et Guiz leur respondoit : « Si est il mal guerriers,
A pou se tint na gaires [3] ne deffia le Roi. »
Helas! dient sui homme, si héust grant desroi
De pranre au roi de France [4], n'est pas geux de pelotte [5];
Trestouz nous héust mis en tres male riotte [6];
Quar nous sumes certains nous heust desérités
Et nous feussions par lui tournés en grant vités.
Charles est trop crueux à gens cui il guerroie :
Nous fussiens trestuit mis par lui en male voie.
N'avons pas oblié la guerre de Droon,
Comment chassa Thirri hors de tout son roon.
No pere y furent mort et touz nostre linaiges,
Orphenins demorames, ce nous est grant domaiges.
Certes tuit Bourgoignons ne quierent que contens [7];
Il n'ont cure, pour voir, de pais ne de bon tens.

---

[1] Avec de grands trésors. — [2] Méchant seigneur domanier.
[3] Peu s'en fallut naguère qu'il ne défiât le roi.
[4] Il eut grand tort de s'en prendre au roi de France.
[5] Ce n'est pas un gueux vêtu d'une simple peau. *Pelotte* est un diminutif de *pel*. — [6] Dispute, débats fâcheux.
[7] Ne cherchent que querelles, *contentio*.

Nous créons que Girart velt enseugre son pere [1]
Qui a fait en son temps mainte dolante mere [2]. »
— « Entendés, ce dit Guiz, ce que Charle vous prie :
Il vous mande en priant que li faciés aïe [3].
Emprise ha une guerre qu'est moult pesme [4] et moult dure [5],
Et pourtant qu'il set bien vous estes gent ségure,
Loyal et tres proudom et tres bon conseiller,
Es grans estours pleniers savez bien traveiller,
Vous requiert il d'aïde [6]. Quant il vous mandera,
De son avoir vous doin [7], il vous en dounera
A si tres grant planté [8], non troverez pas chiche
Ne vous doint tant d'avoir que tuit en serés riche. »
A ung cri tuit respondent : « Diex save le roi Charle
Auxi face il la bouiche [9] qui si saigement parle !
Nous voulons le bon roi en trestous cas aidier
En contens [10] et en guerre, en pais et en plaidier ;
Seigneur, merci vous rent de vostre grant bonté. »
— « Ne doubtés, cedit Guiz, au roi iert bien conté
Ce qu'avez respondu si gracieusement
Que tuit li aiderés senz nul descordement [11].
Or oez, biau signeur [12], encore li rois vous mande
Que li doigniés consoil d'ung cas dont il demande :

---

[1] *Velt ansegre* dans le mˢ de Sens.

[2] Ce vers manque dans notre mˢ. Nous le reproduisons d'après la copie de l'Arsenal. — [3] Aide, secours. — [4] Du latin *pessimum*.

[5] Même version dans le mˢ de Sens. On lit dans la copie de l'Arsenal :

Emprise a une guerre qui est moult griesve et dure.

[6] Et comme il sait bien que vous êtes des gens sûrs, etc., aussi vous demande-t-il votre aide. — [7] Vous donne. *Doint* (Arsenal) ; *doing* (Sens).

[8] Avec une si grande abondance, que vous ne le trouverez pas avare au point de ne pas vous faire tous riches.

[9] La bouche de celui qui parle, c'est-à-dire de Gui de Montmorency.

[10] Contestations, querelles.

[11] La même chose dans la copie de Sens ; celle de l'Arsenal porte *sans nulz dilaiement*. — [12] *Or oez, biaul seignour*. (Mˢ de Sens.)

Par quel temps doit sommer li subjés son signeur,
Par sex mois, par ung an ou par temps plus grigneur [1],
Avant que son signeur il puisse delaissier
Ne guerroyer à lui senz s'onor abaissier [2] ?
Guiz, nous en parlerons, si vous plaist, tuit ensamble;
Après vo respondrons tout ce que nos en samble. »
« Il me plaist, ce dist Guiz, vous parlés com preudomme,
Ainssin sont par consoil li droit rendu à Romme. »

Après ung pou de temps à Guy tuit retournèrent,
A une part premiers grant piesse [3] consoillèrent.
Pour tous les Provanciaux parla Guiz d'Abenas,
Chevaliers fu vaillans, saiges non pas quenas [4] :
« Sire Guiz, je vous di pour trestout mon racort [5]
Ne subjés ne puet point, tuit sont de cest acort,
Delaissier son signeur se par un an non somme [6],
Ainssin nostre [7] ancessor l'ont fait li vaillant homme.
Et s'avvant [8] li fait guerre il pert son chasement [9] :
Nous sumes tuit ensamble de cest acordement. »
— « Signeur, ce respont Guiz, bien pert [10] vos estes saige,
Vous ouseroi tantost descouvrir mon coraige [11] ? »
— « Oïl, ce dirent tuit, dites vostre vouloir,
Saichiés ne nous ferés de riens les cuers douloir. »

---

[1] Comparatif de *grand*. — [2] Sans compromettre son honneur.
[3] Espace de temps. — D'abord, premièrement, ils tinrent longtemps conseil.
[4] *Quenasne*, au glossaire de la langue d'Oïl, signifie vilain. On trouve dans Lacombe *guena*, femme, efféminé; le mot *cagne* se rapproche beaucoup de ces termes. — [5] Mon conseil.
[6] S'il ne lui fait pas sommation (de lui faire droit) un an avant de le délaisser.
[7] Métaphrase du latin *nostri*, nos.
[8] Et si avant. — On lit dans la copie de Sens :

      Et s'avant li muet guerre.....

[9] Son fief. *Chase, case, kasel*, en langue d'Oïl, signifient demeure, ferme, métairie.
[10] Il paraît bien que....
[11] Oserai-je promptement vous découvrir ce que j'ai dans le cœur.

— « Signeur, par le saint Dieu qui fist et ciel et terre,
A pouc n'avés héu [1] la tres plus mortel guerre
C'oncques Charle féist a nul jour de sa vie.
N'éust laissié Girars, beste, n'oisel ne pie
Se tant ne vous amast Charles li rois de France.
Riens fors l'amour de vous [2] n'y a mis d'estorbance [3]. »
— Diex salve nostre roi, Diex li doint [4] bone vie,
Dient li Provanciaux, uns chascuns pour lui prie.
— « Par foi, ce leur dit Guiz, mains furent esboï
Dou semblant [5] d'el roi Charle quant Girart out oï.
Nulz ne porroit penser com Girars hautement
Parla l'autr'ier au roi et si tres baudement [6] :
Li sires à son garson [7] n'ouseroit pas tant dire
Com Girars dist au roi en corroux et grant ire,
Et sembloit par ses moz li voulsist [8] guerrïer [9].
Par semblant li ungs l'autre fust pres de defïier;
Mas Charles ne dist mot ainssois se départi [10],
Et par Dieu vous savez li gen sont mal parti [11].
Tant vous di, biau signeur, si li rois vous amoit
Et pour ses grans affins envers tous vous clamoit [12],
Se ne le doutiés et amiés com signeur,
Je croi nulz hons ne vit foulie plus grigneur.

---

[1] Il s'en est peu fallu que vous n'ayez eu, etc.
[2] La copie de l'Arsenal donne cette variante : *riens fors l'amour des bons;* mais le m⁵ de Sens est conforme au nôtre.
[3] D'alarme. *Estorbance* ou plutôt *estorbarge*, qu'on rencontre plus ordinairement dans les productions en langue d'Oïl, vient du latin *exturbatio.*
[4] Que Dieu lui donne. — [5] De la contenance. — [6] Insolemment.
[7] Le seigneur à son valet.
[8] Métaphrase du latin *voluisset*, qu'il voulût.
[9] Faire défi de guerre. — [10] Avant de s'en aller.
[11] Se sont mal séparés. Même version dans le m⁵ de Sens. — On lit dans la copie de l'Arsenal: *l'y jeu son mal party*, c'est-à-dire les parties ne sont pas égales.
[12] Au lieu de *envers tous*, on lit *amis tous* dans le m⁵ de Sens; *affins* du latin *affines*, alliés.

— « Nous doubtons [1] tuit le Roi et amons loyalment,
Dient li Provanciau trestuit communalment. »
 Guiz lor dit que Girars est de trop grant desroi
Et de trop grant bobant [2] : « Se guerroyer le Roi
Vouloit par avanture, qu'en pensés vous à faire?
Charles ne velt por lui nulz se doïe meffaire.
Est vostre entencions que vous le seguessiés
Jusqu'au summey [3] le roi, et certain en fussiés.
Consoil m'avez douné [4] : li hons se deserite
Qi laisse son seigneur, n'em faiz n'em dis l'affite [5]
Jusques il l'ait summé par ung an plainement.
Li rois n'en velt pas tant, ma demi [6] seulement.
Se Girars vous semont [7] irés vous contre Charle?
Li ungs de vous responde, icelei qui mieux parle.
Charles si ne velt point nulz de vous se mefface,
Mas velt que vos aïez tuit de Girart la grace ;
Par ce point vous l'aurés, d'ung an faites demi :
Du roi de France auxi, ne le di pas de mi [8] ;
Mas par moi le vous mande, tuit certains en séés :
S'il vous plaist respondés et bon consoil tréés [9].
S'a Girart estes hommes, Girars est hons le Roi,
Touz les subjés du regne à li rois en eroi [10] :

---

[1] Nous redoutons.

[2] *Desroi* et *bobant* signifient ordinairement désastre et luxe. Ici le sens est *égarement* et *orgueil*.

[3] Jusqu'au moment où sommation sera faite au roi. — On lit au mˢ de Sens : *jusque ayt sommé le roi.*

[4] D'après l'usage des fiefs, c'était une obligation des vassaux de donner conseil de bonne foi à leur seigneur.

[5] Du latin *ad fidem*. Et ne lui montre de confiance ni en faits ni en paroles.

[6] Mais moitié, c'est-à-dire six mois.

[7] Vous sollicite.

[8] Je ne vous le dis pas comme de moi, mais Charles vous le fait savoir par moi.

[9] Emettez, du latin *habere*.

[10] *Eroi* pour *arroi*, suite, dépendance : le roi a sous sa dépendance tous les sujets du royaume.

Si ne peut on le roi mes qu'à tort guerroer,
Mas que trestouz les torz face à bon droit roer [1].
En son grant parlemant où cilz qui se desroie
Est par les jugéours mis en droit, ploit en roie [2].
Or respondés, signeur, ma paroule est finée,
Tel chouse s'il vous plaist qu'au roi de France agrée. »
   Bruns [3] de Montalemart parla en audiance :
« Je suis hons à Girart, subjés au roi de France ;
Par la foi que doi Dieu, j'ame bien mon signeur,
De corps le servirai en l'estour plus grigneur
Quant liex et temps sera, tant com povoir aurai,
Contre touz, senz delai, dès lors que je saurai
Qu'aura summé le roi par le temps souffisant,
Par ung an ou demi, ainssin le vai disant.
Se je li fau [4] d'aïde contre roi ne roïne,
Tousiours vuilz demorer en sa tres grant haïne ;
Mas se Girars croit ung ou deux ou III ou quatre
Et senz parlez à noz [5] se velt au roi combatre,
Et nous mande tantost en cheval et en armes
Pour perdre nos avoirs, nos corps, ne sai, nos armes [6],
Honi soïent du corps, s'aler y pensent point [7],
Se Girars ains [8] ne summe le roi de point en point. »
Ainssin respondent tuit li foul et li estouz [9].
   Guiz de Montmorancy les mercïe trestouz :

---

[1] *Roer* de *roe*, roue ; pourvu qu'il fasse tourner à bonne justice tous les torts.
[2] Mis en droit, *pli en raie*, façon de parler figurée.
[3] On lit *Pons* dans la copie de l'Arsenal. — [4] Manque.
[5] A nous. On dit plus ordinairement *nos avons* et *noz anemi*.
[6] Nos ames. La copie de Sens est conforme à ce vers ; mais dans celle de l'Arsenal on lit *fors que* au lieu de *ne sai*.
[7] Que ceux qui pensent y aller soient honnis. — [8] Auparavant.
[9] De *stultus*, les insensés, les inconsidérés qu'ils sont.

« Seigneur, irai pour voir trestout ce repourter
A Charles nostre roi cui devons foi pourter. »
— « Oïl, respondent tuit, nous tenrons convenant
De ce que nous t'avons tuit pour lui convenant [1]. »

Guiz de Montmorancy à leur congié se part [2],
En la terre Girart s'en va par autre part.
Se que plus en diroie [3] ? Que fist Guiz en Provance
Ainssin fist autre part : tuit sont d'une aliance;
Biau les sout decevoir et subtiment parla :
En Gui bon consoiller et saige homme Charle a.
Guiz s'en retourne en France et senz riens mesconter [4],
Ce qu'out fait au roi va de mot en mot conter :
Li rois en out tel joie que ce fut grant mervoille.
De la joïe qu'il out l'uns à l'autre consoille [5] :
« Qu'est ce qu'a nostres rois qu'est en si grant liesse?
Il a, piessa [6], esté en moult très grant tristesse,
Or a novelles fraiches : qui les ha appourtées ? »
Nulz nes [7] povoit savoir, quar trop furent celées.
Charles li Chauf à Gui deffendu trop havoit
Qu'à nul ne les déist : pour ce nulz nes savoit.

Or aïst Diex Girart [8] ! mal li est avenu,
Pour ce point perdra tout le gros et le menu.
Charles est saiges hons, de loign [9] choisit sa proie ;
Girars ne pense point nulz meffaire li doie
Se premiers non deffie [10] : c'est li lois du païs,
Quant li ungs de grans hons est de l'autre haïs.

---

[1] Le même mot est substantif dans le vers précédent et participe dans celui-ci; il signifie promesse d'une part, et l'action de faire un traité d'autre part.
[2] Part avec leur congé. — [3] Qu'en dirai-je de plus ?
[4] Omettre. — [5] Tient propos. — [6] Beaucoup auparavant.
[7] *Nes*, abréviation pour *ne les*. — [8] Que Dieu assiste Girart. — [9] De loin.
[10] Le mˢ de Sens est conforme à cette version. Il y a *ne défie* dans la copie de l'Arsenal.

Girars out grant despit quant au roi out droit quis [1]
De la conté de Senz : lors dist : « J'ai bien requis
Le roi de France droit, partis s'est senz respondre.
Ne sai comment il mort, mais bien sai qu'il scet grondre [2].
Girars s'en va à Senz, s'oste la gent le roi,
Les soües [3] mist partout, de ce fist grant desroi [4].
Tantost q'il eust ce fait, l'on le mande au roi Charle,
Il n'en fait nul semblant, n'en rit, n'en gront, n'en parle.
Après ung pou de temps Girars se part de France
Et s'en va par Bourgoigne tout droit en la Provance.
Anqui pou demora, assés tost s'en esloigne :
Quant s'en fust départis si s'en va en Gascoigne,
Assés y demora, quar moult y out à faire :
Berte estoit avec li la frainche débonaire
Qui sovant li disoit : « Sire, ralés [5] en France,
Au roi, pour Dieu, vous pri, quérés bonne acordance,
Je me doubt trop de li. Mal ne nous pourchassoit [6],
J'ai jà deux fois songié c'ungs lïons nous chassoit
Qui nous vouloit tüer : nos deus seul estïens,
Ne savoïens que faire mesque [7] nous en fuïens.
J'en ai sovant au cuer, foi que doi saint Briccon,
Et le soir et le main souvant mainte friccon [8]. »

---

[1] Demandé justice.
[2] Allusion grossière : je ne sais pas s'il mord, mais je sais bien qu'il grogne. — Il faut remarquer dans ce vers un exemple frappant d'un même mot orthographié différemment : *je sui, il scet*.
[3] Les siens, *suos*, ses créatures. Même version au mˢ de Sens. On lit *les siennes* dans la copie de l'Arsenal, ce qui répond au latin *suas gentes*.
[4] Grande désorganisation.
[5] Retournez. Les réduplicatifs sont assez communs dans la langue d'Oïl. Notre idiome bourguignon en offre aussi de nombreux exemples.
[6] Quoiqu'aucun malheur ne nous poursuivît, j'ai néanmoins songé, etc.
[7] Sinon que.
[8] *Main* pour matin. — *Friccon* (frisson) pour l'exigence de la rime. On lit *saint Bricom* au mˢ de Sens ; la copie de l'Arsenal est conforme à notre texte.

— « Dame, vous estes foule qui vous créés en songe¹,
Vous savés bien de voir ce n'est fors que mensonge. »
— « Girars, on dist que saiges est cilz qui ne mesprant ²,
Et foulz ne doubte riens jusques il de près prant ³.
Vous avez vos subjés malmenés et repris,
Par telz cas sont sovant li signor entrepris.
Que chaut à bon subjet quant voit le mal signeur ⁴
Honte avoir ou grant lait ou meschance grigneur ⁵ ?
Par ma foi je vous di pour voir qu'il n'y fait force ⁶
Et se lui est armés ⁷, saichés qu'ami s'efforce
De li très bien secourre ou de lui bien aidier.
Néant pert : s'il a perte il a son souaidier ⁸. »
— « Dame, quar vous taisiés ⁹, se li sires ne tont
Bien sovant ses subjés et puis tont et retont,
Saichés par le cuil-Dieu ¹⁰ ja ben ne l'ameront,
Ne ne le tenront chier ne point non priseront ¹¹. »
— « Ha! sire, com mal dites, save la vostre grace,
Je pri nostre Signeur qu'à nul jour ne li place ¹²
Qu'à vostre cuer demore ceste fole pensée :
Li hons qu'ainssin le fait ¹³ ne doit avoir durée.
— Quant Charles out oï comment Guiz esploita
Et comment il out fait tout ce qu'il covoita ¹⁴,

---

¹ Vous êtes folle d'avoir confiance en un songe; la copie de l'Arsenal porte : *qui vous croyez en songe.*
² Qui ne tombe pas dans quelque mégarde.
³ Jusqu'à ce qu'il touche de près le mal. — ⁴ Le mauvais seigneur.
⁵ Ou grand affront ou mauvaise chance, pire.
⁶ Qu'il n'y a pas à lutter. — ⁷ Et il n'a qu'à paraître en armes pour, etc.
⁸ Il ne perd rien; s'il reçoit dommage, il a son aide, c'est-à-dire ses amis.
⁹ Car vous aviez fini de parler.
¹⁰ Par le ciel-Dieu, le ciel de Dieu. Voici la variante de la copie de l'Arsenal :
    Sachiés par le cuer Dieu que jà ne l'ameront.
¹¹ Et ne l'estimeront pas non plus.
¹² *Place,* plaise; c'est la forme latine *placeat.*
¹³ Les hommes qui agissent de la sorte.
¹⁴ Tout ce qu'il désira. On lit *convoita* dans la copie de l'Arsenal.

Secrétement enquiert ou Girars est alés :
Il treve pour certain qu'il s'en est avalés [1]
En ung de ses païs c'on appelle Gascoigne.
Il n'a pas demi an soi partit de Bourgoigne [2],
Il a voulu aler par toutes ses cités ;
Ses terres, ses païs a trestouz visités.
Or s'est mis a repoux [3] entre li et s'espouse [4]
En sa bone cité qu'on appelle Tholouse.
Hélas! frans gentilz dus, com li repoux t'esloigne!
Meschiés auvrez [5] assés ou tost male besoigne!
Or quier autre païs, tu es deserités ;
Saiches d'or en avant tu suffreras assés [6]
Hontes, males meschances, grans poines à foison.
Li loups maingue l'aignel a petit d'accoison [7] :
Ainsin sera maingué tes païs et ta terre
Dois or mais te convient autre repaire querre [8].

Li roi si fust moult lies [9] de ce qu'il out oï ;
Des novelles de Gui forment s'est esjoï,
En France ne demore prince ne dus ne conte
Qu'il ne moint [10] en la terre Girart le vaillant conte.
Premiers ala à Senz dont mut la contançon [11],
Et la noise et la guerre et la grant cusançon [12].
Mis en estoit li dus en la propre saisine [13];
Mas n'y demoura pas par moult très grant termine [14].

---

[1] Métaphrase du latin *ad vallem ire;* nos paysans disent encore *s'en aller à la vallée.* — [2] Il n'y a pas six mois qu'il est parti de Bourgogne.
[3] A présent il s'est mis dans une situation inactive. — [4] Son épouse.
[5] Aurez. On trouve au glossaire *auver,* avoir, du latin *habere.*
[6] *Tu souffriras vilté.* (Copie de l'Arsenal.)
[7] Sous le moindre prétexte ; c'est la fable si connue du loup et de l'agneau.
[8] Chercher autre retraite. — [9] Joyeux.
[10] Qu'il ne mène en la terre de Girart. — [11] D'où provint le débat, *contentio.*
[12] L'inquiétude cuisante. — [13] Le duc s'était saisi du comté de Sens.
[14] Ce vers, qui est dans les autres copies, manque dans notre ms.

Les gens Girart en chace [1], Charles il obéirent
Qu'il n'en ousent plus faire [2], riens ne li contredirent ;
Puis va à Rossillon dont avoit tel envie
Tantost entrât dedans que nulz ne li desvie [3].
Li gens ne cuident pas qu'il alast pourchassant,
Ce qu'il fist tant pour ce qu'aloit ou bois chassant
Qui est assis au pié du mont de Rossillon
Ou cerf et porc repairent, oisel et rossillon [4].

Or est pris Rossillons li fors senz coup férir :
Charles le garnist fort, et partout fait quérir
Gens preux, forz et segures pour le très bien garder :
Se prins ou perdus est, vifs les fera larder.
Après prant et saisist villes, chastiaux, cités
Sur Girart, quant qu'il pout [5], et touz ses herités [6],
Fermetés et domons [7], mobles et heritaiges,
Terres, vignes et prés, rivières et bochaiges [8] ;
Partout met pennunciaux [9], partout met gardïens,
C'oncques mais si grant tort ne fist rois crestïens,
Que senz faire savoir guerre ne deffience [10],
Deshérite celui qu'estoit en sa fience [11].
Bien savoit que s'a temps [12] li héust fait savoir.
Il li péust [13] très bien honte et domaige havoir :

---

[1] Le roi chasse de cette possession les gens de Girart.
[2] Au point qu'ils n'osent en faire davantage.
[3] Où il avait telle envie d'entrer bientôt, que nul ne l'en détourne.
[4] Rossignols. Le sens de ce qui précède est : On ne pensa pas que Charles allât simplement vers Rossillon pour chasser les cerfs, sangliers ou oiseaux du bois qui est au pied du mont.
[5] Autant qu'il put. — [6] Ses biens provenant d'héritage.
[7] Forteresses et maisons ; le mot fermeté, de firmare, s'est contracté en ferté. On lit donjons dans la copie de l'Arsenal.
[8] Terres en culture ; du latin boagium ou bovagium, travail de deux bœufs, d'où plus tard notre mot bocage.
[9] Pannonceaux, signes de royauté. — [10] Ni défi de guerre, sommation légale.
[11] Sous sa foi, sous sa protection de suzerain.
[12] Si à temps. — [13] On lit péhust au ms de Sens.

Ainsin s'en va partout ouvrant[1] en tel manière,
Et se met en saisine; mais elle est torturière[2].
Il ne treve ne lui qui li voit[3] au devant;
Quar li dux ne s'en va de riens apercevant :
Chascungs redoute tant sa grant malivolance
Et sa crudelité et sa très grant venjance
Qu'il n'osent contrester ne les grans fors[4] tenir,
Bien voient à quel fin il en porroient venir.
Li roi out trop grant main, c'est de piessa scéu[5]
Et mesmement sur celz qui sont despourvéu.
Cy peut ou bien véoir, foi que doi saint Amour,
Qu'en guerre ne en plait[6] n'a[7] ne foi ne amour :
Ainssin li rois conquiert tout senz force et senz guerre,
Tout le pays Girart, ses chastiaux et sa terre.
Renommée qui court plus tost[8] que dromedaires
Fist savoir à Girart ces doloreux affaires,
Ne fust pas de mervoille s'il en fut esbahis;
Quar bien vit par cest point seroit du tout trahis[9].
Entre li et sa femme quant sorent ces novelles
Bien povez, pour voir, croire ne leur furent pas belles!
Il envoya tantost savoir par bons messaiges
Se li rois li fasoit tel gref[10] et tex domaiges;
Et il li rappourtèrent que cens tens plus l'en fait[11]
C'on ne pouroit conter et en diz et en fait.

---

[1] *Travaillant*, agissant.
[2] Ce mot à le même sens que *torsoniere*, et exprime l'action d'une saisie déloyale.
[3] Ou *voist* ou *voise, qui aille*, du verbe roman *voiser*, aller, se diriger vers.
[4] Est-ce *for* (du latin *forum*), assemblée, ou s'agit-il des forteresses? La copie de l'Arsenal dit : ...*ne les fors lieux tenir*.
[5] Ly roy ont trop grant main, c'est de pieça sebu. (M^s de Sens.)
Les rois ont trop de puissance, on le sait depuis longtemps.
[6] Assemblée. — [7] Il n'y a. — [8] Plus vite.
[9] *Dou tout trahiz*. Ms de Sens. — [10] Grief. — [11] Qu'il en fait cent fois plus

Berte dist à Girart : « Sire, quar me créés [1],
Vers Charle ne povez durer [2] bien le véés :
Envoiés bons messaiges qui le saichent requerre
Qu'il vuille en paix laissier et vous et vostre terre.
Se vous li avez fait ne tort ou déraison,
Vous l'irés amender [3] vers li en sa maison,
Au loux et à consoil [4] de trestout son bernaige [5]
Sauf alant sauf venant [6] et cessant vos domaige.
Sire, s'il velt entendre celz qui aurés tramis [7],
Vous avez à la Court et partout bons amis,
Qui ne vous laisseront pas à tort fors jugier [8].
Diex li soverains juges, qui tout ha à jugier,
Li vuille mettre au cuer et en sa conscience
Que ne vous face faire mesque [9] juste sentence.
Lasse [10] com mal fus née [11], quant pour cause de mi
Senz vostre coulpe avez si mortel anemi,
Si tres contralieux [12], si fort et si puissant,
Et si malicieux et si mal cognoissant
De la tres grant amour qu'entre vous déust estre !
Quar pléust or à Diex le verai [13] roi celestre
Que jamais ne maingesse [14] de chars ne de poissons,
Ne béusse de vins ce n'estoit en moissons,

---

[1] Car croyez-moi. — [2] Résister.
[3] Lui faire satisfaction.
[4] Avec l'approbation et le conseil.
[5] De toute l'assemblée de ses seigneurs.
[6] Avec un sauf-conduit.
[7] Ceux que vous aurez entremis.
[8] Condamner par contumace. — [9] Rien que.
[10] Malheureuse que je suis.
[11] *Fuis née*. (Ms de Sens.)
[12] Si fort opposé du latin *contrarius*.
[13] Métaphrase assez commune du latin *verus*.
[14] On trouve aussi *mangusse* et *mengusse*. — « E saciez ke l'ordre de manger feit à son home à garder au meins ke mangusse une feiz le jur. (*Les enseignements d'Aristote*.)

Qu'à Charle [1] héussiés pais et bon acordement
Mas que tousiours durast [2] senz nul descordement !
Sire, pour Dieu, vuilliés user de bon consoil
Et ne vous corrouciés se pour bien vous consoil :
Nous sumes seul et seul nulz fors nous non saura.
Se non faites ainssin grant doleur si haura.

 « Sire, sovaignés vos de Caton en romant
Qi disoit à son filz : Je te pri et commant
Que vuille la paroule de ta femme suffrir
Se tu vois qu'en ton preu se doïe parouffrir [3].
Aucunes fois li femme ont bon consoil dené
A cez qu'à eles croire se sont abandené :
Si comme d'ung saige clerc une fois me fut dit
D'une tres bonne dame qui avoit nom Judit
Qui delivra le pueple d'une tres grant province
Des mains d'Olofernès ung tres bien malvais prince.
S'elle de son bon sens n'éust tres bien ouvré
De mort eschappement n'ahussient [4] recouvré.
Elle les délivra par la divine aïde
Qui le vout et suffrit si out bon homicide [5] ;
Le chief en appoincta [6] en donnant à Dieu glore :
Ainssin orent sa gent délivrance et victore.
Bien puot par ce cognoistre la science et la force
De la tres bonne Dame qui du savoir s'efforce :

---

[1] Qu'avec Charles.
[2] Pourvu que ce bon accord durât toujours.
[3] Si tu vois qu'on doive porter atteinte à ton bien. D'après Lacurne Sainte-Palaye, *parouffrir* est un terme de juridiction seigneuriale qui exprime l'achat d'une redevance.
[4] Même version dans le m⁵ de Sens.
[5] Qui le voulût et souffrît, qu'il y eût un légitime homicide.
[6] On lit dans la copie de l'Arsenal : *le chief en apporta*. D'après notre m⁵, *le chief en appoincta* voudrait dire : l'issue en prépara.

Li dus Olofernès cest affaire éprouva
Quant en son lit dormens [1] senz teste se trouva.
Pourtant non di-je mie que je me face saige,
Mas que pour la doutance de nostre grant domaige
Son ami fait trop bon havoir à sa querèle [2];
Quar la douce paroule les amis amoncèle.
Chiers Sires, or pensés comment vous le ferés
Et quelx certains messaiges vous y envoyerés,
S'il vous plaist et vous semble que ce soit bon à faire;
Quar j'ai trop grant péour du roi à [3] cest affaire.

« Cil qui vuillent des femmes au consoil contrester
Ne savent pas l'istore de la tres bone Hester;
Quar si com j'oï dire à ung predicatour
Elle fu si très humbles et de de si noble atour,
Si saiges, si vaillans et si très gracieuse,
Courtoise, débonnaire, simple, douce, amoreuse
Que pour [4] sa très plaisant contenance et menière
Et pour sa très grant grace et sa douce prière
Délivra tout le pueple qu'estoit jugiés à mort
Par droite traïson qui maint prod'hom a mort [5].
Cilz dui le sorent bien Amant, Mardochéus:
En cest cas fu li ungs auctour l'autre réus [6],
Dont pour [7] la bonne Dame faillit celle misère [8].
Elle fu bien venue du bon roi Assuère;
Devant lui fut encline [9], doucement l'adora,
Cilz li tendit son sceptre et très bien l'onora.

---

[1] C'est presque le participe latin *dormiens*.
[2] Ce n'est pas que je me prétende sage, mais c'est qu'ayant à redouter notre propre dommage, il fait bon voir son ami prendre part à sa querelle.
[3] *En* (Copie de l'Arsenal.)
[4] Par. — [5] Avoir quelqu'un mort, c'est-à-dire causer la mort à quelqu'un.
[6] Termes de jurisprudence répondant à demandeur et défendeur, accusateur et accusé. — [7] Par. — [8] Echoua cette misérable tentative. — [9] Prosternée.

De bonne heure pourquist [1] cel besoigne et basti [2].
Roïne en fut assise et si perdit Vasti,
Qui ne daigna venir du roi au mandement,
Et Hester obéist à son commandement.
Ci peut on bien véoir qu'humilités profite,
Orguels et vanités de touz bien deshérite.
On porroit bien, pour voir, ce que j'ai dit prover;
Quar on dit qu'en la Bible puet on tout ce trover.
Sire, prenés en gré pour Dieu ce que je loe [3];
Quar Fortune nous tourne contrairement sa roe.
Se saigement non faites, trop de perde harons [4] :
A vos amis prenés consoil, à vos barons,
Si c'on ne puisse dire ce soit consoil de fame [5] ;
Aucune fois en ont pluseur, à tort, diffamé. »
— Quant li dus Girars out la paroule escoutée
Saichés certeinement pas ne li désagrée;
Quar bien voit clerement qu'ele dit vérité,
Et s'autrement le fait il sont deserité.
A consoil appela ses druz [6] et ses privez :
« Signeur, dit-il, je suis de grant deul abrivez [7],
Charles li rois de France, si com vous oés dire,
Se fait tout marvoier [8] de grant corroux et d'ire :
Il ha prinse ma terre et partout mis ses gardes
Bannieres et enseignes en toutes mes angardes [9],
Masqu'ans [10] par la Bourgoigne et ma terre d'entour
Il ne me laira riens ne en mur ne en tour.

---

[1] Du latin *proquærere*, poursuivit cette besogne, ce plan.
[2] Et l'acheva. — [3] Je loue, c'est-à-dire je conseille.
[4] Trop de dommage nous y aurons. — [5] Femme. — [6] Fidèles amis.
[7] Pour abreuvé. Même leçon dans le ms de Sens.
[8] Du latin *male viare*, se met tout hors de voie, extravague à force de colère.
[9] Hauteurs, lieux élevés où l'on plaçait des surveillants. Du bas latin *ante gardia*. — [10] Tellement que.

S'il le puet ainssin faire, trestout voudra havoir
Par force ou par foulie par scens ou par savoir.
Il m'a pris Rossillon ou [1] toute ma monteigne :
Jamais ne serai lies jusques je la reteigne.
Or vous demant consoil que nous en porrons faire,
Ou d'envoier à lui savoir s'il li velt plaire,
Se riens li ai meffait, qu'en sa Court li amende [2]
Et que par ses barons soit jugiée l'amende ;
Ou il me tiengne en pais se je n'ai rien meffait,
Oncques tort ne li fis, outraige ne meffait.
Et se ce ne velt faire je manderai mes hommes,
Mes amis, mes parens dont j'ai partout grans sommes ;
Tant en ferai venir par parchemin et aincre [3]
Que mater le porrons et en bataille vaincre.
Biaux signeur, si vous pri doucement tous ensamble
Que vous me respondés ce que bon vous en samble. »
— Ungs chevaliers se lieve qui fut preux et hardis
Courtois, vaillans et saiges et par faiz et par dis :
« Au roi de France hons estes si com bien le savez
Je lou [4] qu'ainssin soit fait com vous dit nous avés
Si que n'em puissiés estre à vostre tort blamés
N'en repous, n'en apert [5], repris ne diffamés.
Envoiés y bien tost, ainssin que [6] pis vous face,
Tel qui hardiement parle à li face à face,
Et, s'il velt prendre en gré ce que li offrerés,
De guerroyer à li très bien vous suffrerés [7].

---

[1] Avec. — [2] Je lui fasse satisfaction. — [3] Encre. — [4] J'approuve.
[5] Ni en secret ni à découvert. *Repous* et *repost* (*repositum*) signifient cachette, lieu secret.
[6] Avant que, etc.
[7] *Se suffrir* était un terme de jurisprudence, lequel signifiait s'abstenir de poursuivre en justice une action commencée.

Je ne vous ai rien dit fors que save la grace
De vos et des signeur qui sunt en ceste place :
Et s'il y a aucuns qui y vuille amander
Ne le se face jà de rechief demander ;
Mas avant que faciés partout vos mandemens,
Soient ainssin fait [1] qu'il plaist à vos commandemens
Et à lous [2] de tos cels qui sont cy assamblé,
Qu'en droit de moi [3] j'ai di ce qui m'en ha samblé. »
— Trestuit à une vouix li autre respondirent
D'ung seul assentement et au vaillant dus dirent :
« Sire, faites ainssin ; quar nouz tuit le loons
De foi de cuer entier, tant comme nous poons,
Et se Charle trovés félon et de pute aire [4]
Faites par toutes terres amis, subgés atraire.
S'il vous vuillent aidier de bon cuer, senz faintise,
Vous aurés contre lui gloire et henor conquise. »
   Girars et ses barnaiges s'acordent à cest dit,
Au chevalier prièrent trestuit senz contredit,
Qui avoit pour elz toz respondu saigement,
Qu'il aille au roi tantost senz nul deslaïement,
Et Berte la duchesse moult doucement l'en prie ;
Quar elle doutoit moult la guerre et l'envaïe [5].
Li vaillans chevalier de l'aler s'aparoille :
En trestout son paraige [6] n'out li dus son paroille ;

---

[1] Soit ainsi fait. (Copie de l'Arsenal.)
[2] Et avec l'approbation. *Lous* vient de *laus*, louange, éloge.
[3] Parce qu'en ce qui me concerne particulièrement, etc.
[4] Voici ce que je lis dans Burguy (t. III, p. 8) : « On disait *de mal aire, de put aire*, pour de mauvais naturel, *de bon aire* pour de bon naturel. » — Le mot bourguignon *peut*, au féminin *peute*, est absolument le même.
[5] L'envahissement.
[6] Son affinité, son alliance, sa noblesse.

Il estoit preux és armes couraigeux et hardis,
Oncques en ung bon fait ne fut acouardis [1];
Il fu de grant lignaige et de tres grant noblesce
De biauté, de loquance, fu plains et de proesce :
Tant fist qu'apres sa mort de son grant pris parlon [2].
Il s'en ala au roi droit à Chastiau-Charlon :
Ce fut li nies Girart [3], qui Fourques fut clamés,
Il fu de toutes gens et prisiés y [4] amés.
Il s'en monte au palais lay ou li rois estoit,
Qui de Girart destrure sa gent amonestoit.
Estes vos le messaige devant le roi venu [5],
Devant lui s'agenoille : tuit se sont coi tenu.
Il salua le roi si bien com le sout faire ;
Mas li rois ne dit mot tant ha cuer de put aire.
Cilz parla hautement si que tuit l'ont oï,
Ne fut couars ne nices ne fist pas l'éboï [6].
Bien pert à son parler qu'il fut à bone escoule.

« Sires rois entendés, s'il vous plaist, ma paroule.
Ça m'envoïe li dus Girars de Rossillon ;
Et trestouz ses barnaiges partout se mervoillon
Comment vous li voulés à tort touillir sa terre
Senz nulle deffience [7] ne senz li mander guerre.
Sires, li dus Girars est hons de grant vaillance,
Et si est vostre hons lige et en vostre fiance.
En tout vostre royaume n'avez nulz plus puissent
Ne d'aidier à servir vous, nul mieux cognoissent [8].

---

[1] Timide. — [2] Nous parlons de tout ce qu'il valait. — [3] Le neveu de Girart.
[4] Y pour *et*. — [5] Voici le messager arrivé devant le roi.
[6] *Ebouer* et *ébover*, en langue d'Oïl, signifient effrayer, intimider. *Esbaï*, d'où notre mot *ébahi*, a le même sens. — [7] Défi.
[8] Il faut prononcer *puissant* et *cognoissant*. Nous avons déjà remarqué la tendance du poète ou du copiste à conserver çà et là les formes latines, comme le seraient ici *potens* et *cognoscens*.

Il est preux et hardis et saiges et vaillans;
De faire vostre preu [1] ne fut oncques faillans.
Devant touz ouse dire, senz noise et senz plaidier,
Nulz chevaliers au monde ne vous puet mieux aidier
De force ne d'amis, d'avoir ne de richesce,
De scenz ne de valeur, d'onor ne de prouesce.
Après, mon chier signeur, si com pour voir savez,
Espousées deux sors germanes vos avez :
Vostre effant et li sien seront cosin germain.
Sire, prenés cy garde por Dieu et saint Germain [2],
Vuillés prandre en amour celui qui est tous vostres
Et gardés bien vos terres et nous laissiés les nostres;
Guardés que traïteur ne malvais losangier [3]
Vostre tres grant ami ne vous facient changier.
S'il est nulz si hardis qui li ousoit surmettre [4]
Qu'il ait fait contre vous par bouiche ne par lettre,
Il est apparoilliés [5] de li souffre à deffendre [6]
Et dedans vostre Court touz pres de bon droit prendre,
Sauf alant et venant, et ses biens restaublis
Qu'à tort, senz nulle cause, li avés destaublis [7].
Par moi vous mande ainssin, com son signeur vous prie
Que li faites bon droit devant voz baronie. »
— Charles ha entendu moult tres bien le messaige;
Mas ne vout pas tout dire ce qu'il out en coraige [8] :

---

[1] Ce qui vous est avantageux.
[2] *Foy que doibs saint Germain.* (Copie de l'Arsenal.)
[3] Flatteur.
[4] Accuser.
[5] Prêt.
[6] De s'offrir à se défendre.
[7] Même version dans la copie de l'Arsenal. — On lit *destablis* au m⁸ de Seus, c'est-à-dire dont vous l'avez privé.
[8] Au cœur, en pensée.

Toutefois respondit tres foulenessement [1],
Tres députairement [2] et tres angressement [3] :
« Chevaliers, se céens n'éussiez tant d'amis,
Jamais ne vous véist qui vous a cy tramis [4];
Mais je vuilz bien qu'il saiche que tant com je porrai
Ne li lairai de terre plain pré [5], ou je morrai.
Saichiés certeinement et point ne mescuidiés [6],
Girars est faux félons, et fouls outrecuidiés [7];
Mes paroilles cuide estre et cuide à moi partir [8];
J'aurois éu plus chier qu'il fist de moi martir [9].
Combien qu'il aie le cuer fort et fier y adroit,
Je li ferai tout perdre soit à tort soit à droit:
Je le ferai corps saint, je l'osterai de terre :
Il ne puet longuement sostenir ma grant guerre ;
Mais jou promet à Dieu que se jou puis vif prendre,
Il n'iert [10] ars ne noyés, mais je le ferai pendre.
Or li va renuncier ceste bele novelle :
Bientost verra tranchier maint chief mainte cervelle.
Auxi bien com abbés mon *convent* [11] li tenrai ;
Tant en ferai venir et tant en amenrai
Que j'en aurai bien cens pour ung qu'il en aura.
Mon povoir et ma force procheinement saura :

---

[1] Avec beaucoup d'emportement. — On lit *felonneusement* dans la copie de l'Arsenal.

[2] Voici les expressions de *pute aire*, dont nous avons parlé, réunies en un adverbe.

[3] Avec beaucoup d'aigreur. — [4] Envoyé ici. En latin *transmisit*.

[5] On lit *plain pied* dans la copie de l'Arsenal.

[6] Et ne refusez pas d'y ajouter foi.

[7] Et un fou rempli de présomption. — [8] S'égaler à moi.

[9] Voici la variante de la copie de l'Arsenal :

Mais j'auroye plus chier qu'il me feist martyr.

[10] Métaphrase du latin *non erit*. Il ne sera ni brûlé ni noyé.

[11] Equivoque sur ce que *convent* signifie à la fois abbaye et convention. Ces sortes de jeux de mots de très-mauvais goût étaient alors fort en usage.

Je ne le prise mie d'ung cher le vielx essil [1],
Que ne le face pendre ou fuïr en exil. »

— Quant Fourques li vaillans Charle parler oï
Saichés tres bien de voir que point ne s'esjoï;
A Charle va respondre : « Or ai-je trop vesqu!
Bien doi mal dire l'oure [2] c'oncques portai escu,
Quant on di, moi présent, mal du vaillant preudomme
Girart de Rossillon, par son droit nom le nomme,
Et je n'en fais samblant. Hé! cuers que ne pars tu?
Hé! corps chaitif, mavais, de ci [3] que ne pars tu?
Comment peus tu oïr du preudomme mal dire
Que li cuers et li corps ne partent par grant ire?
Charle, qu'avez vous dit de Girart fouls clamer [4],
Et que vous le pendrez? cist moz sont trop amer.
Pour celui, Diex dou ciel, qui ne faut [5] ne ne ment!
Se vous ne fussiés rois, tantost le vaingement
A deux mains en préisse, et, fussiés vouz d'acier,
Diex, Diex, que me tient or que mon coustel glacier [6]
Ne vous fais par cest corps, qui menaciés [7] de pendre
Le miaudre [8] des meilleurs nés que jà soient en cendre [9].
Oncques desléalté ne pensa en sa vie;
Mas tu mavaisement à tort le contralie [10]. »

— La main gitte au coustel, vers le roi se vout traire;
Anqui out [11] mains parens qu'ariers le vont retraire.

---

[1] Que le vieil essieu d'un char. — [2] Je dois bien maudire l'heure.
[3] *D'ici*. (Copie de l'Arsenal.)
[4] D'appeler, c'est-à-dire de qualifier Girart de fou ou d'homme faux.
[5] Du verbe faillir.
[6] *Glacier* ou *glasser*. Glisser, couler, passer à travers.
[7] Vous qui menacez de pendre.
[8] Ou *mieudre* et *mieldre*, le meilleur.
[9] C'est-à-dire le meilleur des meilleurs de tous ceux qui sont nés et qui soient morts.
[10] Tu contestes à tort contre lui. — [11] Là il y eut.

Charle commance à rire et dit en audience :
« Fourques certeinement a courte patience :
Or tost prenés le moi, mettés le en prison,
Je li ferai savoir s'il a dit mesprison [1]. »
— Tel flot y out de gent c'on non pout apruichier [2].
Il choisit son cheval, si se prant à huchier
Tantost lon li amoint [3] ; de tres loign sur sailli [4]
Entre les deux arçons, saichés point n'y failli.
Il n'out pas le loisir qu'avant ceignist s'espée [5],
Lon li tent à cheval, tantost il l'ahappée [6] ;
Il la met en escharpe à son costet sénestre [7] :
N'a pas acostumé de celui senz en estre.
Li ungs des filz Thirri si coisit [8] ung cheval
C'on amenoit de boire : n'out si bel Parceval.
Il saisist une espée et sur le cheval monte
Et va crier à Fourques : « Je vengerai la honte.
Or vilz salés Bourgoins [9], que fait avez le roi
Pour vostre grant orguel, pour vostre grant desroi.
Le cheval des talons hurte, l'espée nue :
Fourques fort le regarde et point ne se remue.
Li filz Thirri s'approuiche, Fourcom cuide férir ;
Fourques en li se plunge [10] non pas pour lui chérir [11],
Dou bras ferit Fourcom li filz Thirri d'Ardéne.
Fourques, par grant haïr [12], son poign quarré [13] ramène,

---

[1] Une parole de mépris. — [2] *Qu'on ne puet aprouchier.* (Arsenal.)
[3] Il se met à appeler pour qu'on le lui amène aussitôt. — [4] S'élança dessus.
[5] Il paraîtrait, d'après ce récit, qu'on n'avait que le poignard au côté dans le costume d'apparat, ou bien qu'on ne ceignait pas l'épée pour paraître en ambassade devant le roi.
[6] Il l'a bientôt saisie. — [7] *A son costé sénestre.* (Arsenal.)
[8] *Coisit* signifie à la fois choisir et apercevoir.
[9] On donnait aux Bourguignons l'épithète de salés, parce qu'ils possédèrent peu après leur invasion les salines du Jura.
[10] Vers lui se baisse. *Fourques* est sujet, *Fourcom* est régime.
[11] Faire amitié. — [12] Emportement. — [13] Poing fermé.

Le donzel lez leïe¹ si fiert, point ne failli,
Que l'eul senestre à terre trestout jus² li sailli;
Il chiet jus du cheval, le bras se vat brisier.
Fourques, senz lui mot dire ne senz lui mesprisier,
D'anqui se va partir arriers va à Thelouse :
Ce qu'a fait contera à Girart et s'espouse.

Lon va conter le roi comment Fourques ouvra,
Comment blessa son nies et son cheval couvra³,
Et comment saillit sur, comment s'en est alés
Senz estre point bléciés n'estre dechevalés⁴,
Senz ramponer nelui⁵ ne dire vilainie
S'en est partis sol, quar plus n'a de compaignie.
« Certes, ce dit li rois, de mon neveu me poise
Qu'a si tost assayé que li poings Fourques poise⁶.
S'éust piessa apris quelx cops il scet doner⁷,
Autrement fust garnis quant l'ala ramponer⁸.
Je croi que Fourques est si preux com nulz puet estre;
Ne sai comment fiert mieux a destre y a senestre :
Il fiert si rutes cops, nulz devant li ne dure;
De sa tres longue espée qui est pesans et dure
Il tüe chevalier et cheval acrevante,
Et de vigueur qu'il face en nul lieu ne s'en vante.
Il est trop larges hons, biau, despent son avoir⁹,
Es bons bel¹⁰ le départ par scenz et par savoir;

---

¹ *Leie* ou *luitz* signifie lumière, yeux. (Voy. le glossaire occitanien.)
² Fourques frappe le jeune homme vers l'œil et ne désempare point que l'œil gauche ne jaillit jusqu'à terre.
³ Recouvre. — ⁴ Démonté.
⁵ Sans railler personne.
⁶ Ce que pèse le poing de Fourques.
⁷ S'il eût connu auparavant quels coups il sait donner.
⁸ Il se serait tenu autrement sur ses gardes quand il alla l'insulter.
⁹ Prodigue ses biens. — ¹⁰ Bien.

Nulz gentilz hons de li, saichiés, point ne se part [1]
Qu'il n'ait de son avoir s'il y veut prendre part;
Il est li colomiers [2] de touz les esgarés,
Il est de toutes gens [3] si ournés si parés
Que toujours est garnis de grant chevalerie
Et de tres excellent, pour voir, bachelerie [4];
Les couars fait hardis les desvoyés ravoie [5]
Trestouz desconfortés remet en bone voie;
Il est saiges, courtois, biaux parliers, debonaires [6],
Humbles, doulz et piteux, segurs en tous affaires,
Il aime sainte Eglise, Dieu sert, poures gens garde,
Il pugnist trestouz crimes, faveur point n'i esgarde [7];
Il aime pais sur touz, je le vous jure par m'arme [8],
Et quant il est mestiers, pour voir, des premiers s'arme.
Bien sai qu'il est dolans de ce qu'avons à faire
Entre moi et Girart; mas son devoir velt faire
De servir son signeur, son oncle; son païs
Veult deffendre et garder, quar il y fut naïs [9].
Malgré ne l'en sai point [10], quar il fait son devoir :
Moi fera grans meschiés [11], je le sai tout devoir.
Oncques mais ne le vit, par foy, si deflaé [12],
En quelque lieu qu'il feust ne si fort effraé [13];
Mas je suis touz certains d'autre chouse n'out ire [14]
Fors de ce qu'il m'oïst de son oncle mal dire.

---

[1] Ne se sépare. — [2] Le colombier, le refuge.
[3] De tous pays. — [4] Noblesse.
[5] Ramène, remet dans la voie.
[6] Ce n'est que par la suite que débonnaire a pu former un seul mot. On a dit longtemps *de bon aire*, c'est-à-dire de bon naturel, et le fils de Charlemagne et son successeur s'appelait au IXe siècle Looys *de bon oire*.
[7] La faveur n'y décide rien. — [8] Mon ame.
[9] Natif. — [10] Je ne lui en sais pas mauvais gré.
[11] Il me causera de grands maux. — [12] Par ma foi si troublé.
[13] Courroucé. — [14] Colère.

Par mon Dieu mieux voudroie li du tout resambler
Que cinq réals povoir ou le mien assambler [1]. »
Lors répondirent tuit : « Grandement le loés. »
— « Certes, ce dit li rois, vous savoir ne povés
La grant vigour de lei, le scenz, la grant vaillance :
Par mon chief je ne croi qu'ait son paroil en France. »
De ce mot pour certain orent moult grant despit,
En bas [2] dient : « Li rois pour ung seul nous despit [3]. »

—Ainssin s'en partit Fourques senz congié demander,
Senz le roi ne ses gens au corps Dieu commander [4].
Il reconte à Girart tout ce qu'il out oï :
Or saichés que li dus point ne s'en esjoï ;
Mas fait tantost escrire par trestoute sa terre
Que tuit veignent à lui tantost en fait de guerre.
Girars n'ouse assambler au roi ; quar pou de gent
Havoit en sa compaigne [5] ne li fut bel ne gent.

Li rois se pensa bien que Girars manderoit [6]
Et trestout son effort sur li assambleroit,
Il le savoit si fort et si fier de coraige
Que de corps et d'avoir, se pense, aura domaige.
Charle li rois de France mande trestout venir
Outre Sone [7] où il est : là se voudra tenir
Avecques ceulx qu'il ha ou [8] lui menés ainssois [9].
L'arère ban venir fait de touz les François :
Oncques ne demora en trestoute la France
Chevalier n'escuïer puis qu'il fust de puissance [10]

---

[1] Que de pouvoir réunir cinq royaumes au mien. — [2] Ils disent tout bas.
[3] Du latin *despicere*. Nous dédaigne, nous rabaisse.
[4] Recommander à Dieu, c'est-à-dire sans prendre congé, sans dire adieu.
[5] Même mot que compagnie d'après le glossaire.
[6] Assemblerait ses vassaux.
[7] Saône. Le roi était alors à Château-Chalon dans le Jura, près de Voiteur.
[8] Avec lui. — [9] Auparavant. — [10] Le plus qu'il y eut de force armée.

Qu'il ne venissent tuit dou roi au mandement,
Pour obéir du tout à son commandement [1].
Si furent tuit li altre que dire vous vouroie;
Mas le tiers ne le quart reconter ne pouroie.
Il fi venir Anglois et touz ceulz de Bretaigne
Les Yllans [2], les Galois et touz ceuz d'Aquitaigne;
Il fi venir à lui trestouz les Angevins
Et la chevalerie de touz les Petevins [3];
Il fi venir à lui trestouz les Berruers [4]
Et si fist assambler trestouz les Henjuers [5];
Il fait venir la fleur de toute Picardie
Et les bons Thorangeaux et ceulz de Normandie;
Il fait venir la fleur de son païs de France :
C'est bone gens ès armes et plaine de vaillance;
Il fait venir Chartrains et touz ceulz de Bavière
Et ceulz du Mans : chascungs se trait à sa bannière;
Il fait venir Briois [6] et touz les Champenois,
Tous ceulz de Gastinois et touz les Orlenois
Et tout plain d'autre gent dont je ne sai le nom :
Totevoies estoient il gens de tres grant renom.
Li rois ainssin ha fait son grand host assambler :
Partout lai ou il vont, font la terre trambler;
Tant y a belles armes et tant de biaux chevalx
C'oncques jour n'en vit tant Gauvains ne Parcevalx [7].
Trompes, corps et husines, gens, chevalx font telx noises
C'on les povoit bien oir de vingt lées [8] françoises.

---

[1] Ce vers, qui manque dans notre ms, se trouve dans la copie de l'Arsenal.
[2] Les Irlandais. — [3] Les habitants du Poitou.
[4] Les habitants du Berry.
[5] Les habitants de l'Anjou vraisemblablement.
[6] Les habitants de la Brie.
[7] Fameux héros de chevalerie dont le premier est déjà antérieurement cité.
[8] Lieues.

De lieu en lieu Girars se pensoit à retraire;
Mas ne treve cité, chastel ne fort repaire [1]
Que Charles n'ait saisi et sa gent dedans mise
Par amour, par agait [2], par force ou par maistrise.
Girars est esbaïs, Girars est escharnis [3]
Quant de touz ses forz lieux se treve desgarnis :
Or ne scet ou aler ; cy ha pute [4] besoigne :
Ainssin com plus biau puet, le roi fouit et esloigne [5] ;
A ceulz qu'ot avec lui dit : « Plus point ne tardon,
Alons en mon chastel que l'on dit *Gaillardon* :
Si attendrons anqui ma gent que j'ai mandée,
Et penserons comment moi sera amandée
L'injure que me fait Charles li rois de France.
Bien la cuit [6] amander, s'a moi vient ma puissance [7]. »

— A Gaillardon s'en vont, ung pou y demorèrent,
Pour le lieu qu'est petis autre part s'en alèrent.
Pres out [8] une monteigne, Girars s'y va retraire,
Sa garnison y met, tres fort lieu y fait faire,
De bars et de chaffaux la clouse [9] tout entour,
N'a lésir [10] son argent mette en mur ne en tour ;
Anqui pense sa gent qu'a mandée attendra,
Et dit ce qu'on li fait, moult chièrement vendra.

Hélas ! envers le roi ne puet avoir deffense.
L'on dit qu'il faut assenz [11] de ce que li fouc pense [12] !

---

[1] Ni forte retraite. — [2] Par subtilité, surprise, artifices.
[3] Raillé, insulté.
[4] Vilaine besogne. *Cy a male besougne.* (Arsenal.)
[5] Il fuit du mieux qu'il peut le roi et s'en éloigne.
[6] Pour *cuide*, je crois, je présume.
[7] Mon armée. — [8] Près de là il y eut.
[9] *De claudere.* L'enferme.
[10] *N'a loisir son argent mettre en mur ne en tour.* (Copie de l'Arsenal.)
[11] On dit qu'il faut être de l'assentiment.
[12] De ce que la foule, le peuple pense. *Fouc* et *foulk* signifient troupe, multitude.

La gent que Girars ha l'uns à l'autre consoille¹ :
« Et qu'est ce que sera? nous véons ci mervoille,
Girars le roi Charlon fouit tousiours et esloigne! »
— Girars les oit, si dist : « Mal savez la besoigne :
Vous parlés de ce qu'ai le roi si pourloignié....
Ou mes fors me faudra ou je l'ai pou loignié². »
— Pour cest mot *Poligni* fut cilz fortz lieus nommés,
Quor androit³ est chastiaux tres fors tres renommés.
Quant Charles sout cela, ou toute sa compaigne⁴
S'en vient après Girart en une autre montaigne :
Anqui se va loigier, une tour y funda;
Anqui de toutes parts sa gent li habunda.
Li lieus est biaux et fors et tousiours en parlon :
Charles li Chauf le fit, s'a nom Chastiaux Charlon⁵.

A Poligny se tient Girars senz faire tours⁶,
De trestoutes ses terres attendoit le secours :
Mas il n'y vindrent mie ne tuit ne la moitiés,
Quar li rois les a touz devers lui esploitiés;
Mas toutes voies y vindrent li plus grant de Bourgoigne
Et ses proichain lignaige et touz cilz de Gascoigne.
S'il fussient tuit venu cilz qui venir debussent,
Contr'eulx contretenu⁷ ja li réaul⁸ ne fussent.

---

¹ Devise, se consulte.
² Le président Bouhier n'a pas compris ce passage, rendu inintelligible par lui dans la copie de Troyes. Voici la version du ms de Sens, qui est toujours la plus exacte :
  Ou mes fors me faudra, ou je l'ay pou loignié,
c'est-à-dire : ou ma forteresse me fera défaut, et alors je ne me serai pas encore tenu assez éloigné du roi.
³ Auquel endroit — ⁴ Avec toute son armée.
⁵ Si a nom, c'est-à-dire il a le nom de.
⁶ Voici la variante de la copie de l'Arsenal :
  A Poulougny se tint Girart sans faire cours.
⁷ On lit dans le ms de Sens ne *pussent contretenir*, et dans la copie de l'Arsenal : ne *pussent contrevenir*. La première de ces deux versions nous semble préférable. — ⁸ Les royaux, c'est-à-dire les troupes royales.

Guiz de Montmorancy tout ce plait [1] li basti
Après ce que Girars au roi Charle hasti [2] ;
Touz les subjés Girars [3] par grans dons suborna
Et par devers le roi tout à bout les tourna [4] :
Se Girars ne sommoit le roi premièrement
Par an ou par demi, n'irint [5] au mandement
Que Girars leur féist. A Gui tout ce promirent ;
Il ont moult bien tenu la promesse qu'il firent.
Comment Guiz procura ce que je vous reconte
Cy devant vous ai dit et le voir et le conte,
Et, pour ce que Girars Charle le Chauf ne somme
Par an ne par demi, tuit li faillent sui homme.
Par ce point fut Girars à très grant tort trahis ;
S'en perdi son pahis sept ans, touz esbahis.
Au jour que Girars mande n'out fors que ses parens,
De touz ses autres hons n'i ot nulz apparens,
Fors bien pouc de Gascoings et les grans de Bourgoigne.
Quant Girars voit si pou de gens, trois fois se soigne [6],
Si commence à crier com hons tout forcenés :
« Hé très chaitif dolans [7], en quel point fu-je nés ?
Je suis mors ou pendus ou chasciés de ma terre ;
Je voi bien contre Charle ne puis maintenir guerre,
Il est de si mal cuer, il est de tel afaire,
Il n'est nulz hons vivans ma pais me puisse faire.

---

[1] Lui ourdit toute cette machination.
[2] On lit *s'asti* dans la copie de l'Arsenal, et Lacurne-Sainte-Palaye traduit ce mot en marge par *s'attaqua, défia*. *Hastif* signifie colère, emporté. Un verbe construit sur cet adjectif signifierait donc s'emporter contre, ce qui ne s'éloigne pas du sens indiqué par Lacurne-Sainte-Palaye.
[3] Tous les sujets de Girart.
[4] Et les tourna entièrement vers le parti du roi.
[5] *N'iront.* (Copie de l'Arsenal.)
[6] Se signe, fait le signe de la croix.
[7] Malheureux.

De moi ne me chaut point, mesque¹ de ma compaigne.
Hélas! ou demorrai? je n'ai lieu ou remaigne.
    Li rois assaut Girart, ce fust ou temps d'esté;
Mas Girars out pou gent, pou y a conquesté.
Li siens furent tuit mort desconfit ou navrés,
Saichés tant en y ot ja compte n'en saurés.
Li rois ne trova pas qui li parast chastaignes² :
Ses meilleurs y perdist de toutes ses compaignes.
Cuens Girars et li sien firent cel jour tant d'armes
Que de ceulz qui sunt mort et qui gisent senz armes
Senz les bleciés à mort nombrer ne les sauroie³
Que tel meschiés ne fut en ung jour devant Troie⁴.
Quant Girars voit des siens si grant mortalité,
Ampris de mal talant⁵, ung sopir ha gité ;
Ainssin com li bergiers met devant li sa proie
Les batailles Charlon met devant li en voie⁶.
Fel⁷, desvés dire esprès d'armes il fait mervoilles,
Tant piés, tant poings, tant bras, tant testes fait vermoilles⁸!
Deux cens en ha occis, saichés, en petit d'ore :
Li loups est qui tout tue, tout mort et tout dévore,
Es tas les plus espès s'embat et s'entrelance⁹,
Fiert d'espée et d'escu, brisié avoit sa lance.

---

¹ Mais bien plutôt de.
² Cette locution familière : ne trouver pas même quelqu'un pour éplucher des châtaignes, ne répondrait-elle pas ici, d'une manière éloignée, il est vrai, à cette autre plus récente et que Molière, si habile dans l'art de dépister les proverbes, met dans la bouche de Sganarelle :
    Si je suis affligé, ce n'est pas pour des prunes.
³ *Ne les pourroye.* (Arsenal.)
⁴ Tellement qu'une aussi grande catastrophe n'arriva pas jadis devant Troie.
⁵ Saisi de rage. — ⁶ Il met en fuite les bataillons de Charles.
⁷ *Fel* ou *feil* signifie feuille de papier. C'est la partie pour le tout, car le sens est celui-ci : O mon livre, vous devez raconter formellement les merveilles de ses armes.
⁸ Fait rouges de sang. — ⁹ S'abat et s'élance.

Qui le fiert ne li chalt [1], les rans ront et dessoivre [2],
En corps et en cervelles son branc fait partout boivre [3] :
Tuit cilz de l'ost le doubtent com passer l'espervier ;
L'on redoubte son colp com d'un ferrey levier.
Amprés lui, sui neveu sunt souvant trestuit quatre,
Fourques, Seguins, Gibers, Booz : bien sevent [4] abatre
Chascungs son chevalier trestout jus du cheval [5] :
Miaudres ne fut de celz Gauvains ne Perceval.
Las ! quel mortalité ! com maint en ont tüé
C'onques puis de la place ne furent remüé.
Que voulés que vous die ? il est confusion
Et mervoilles tres grant et griefs abusion.
De regarder les morz que cil quatre tuèrent
Et que Girars tua : les enseignes y pèrent [6].
Quant Girars fiert ès eux [7] si les fait sembeler [8]
Que quatre chars de front iroient senz chanceler.
S'ou corps ne fut bleciés [9], nulz ne scéut la perte
Que li gens li rois Charles héust par li sufferte.
Girars est desconfis, bien le cognut et voit ;
Quar li rois out cent hommes pour ung qu'il en avoit.
Descoinfis ne fut pas, mas fut en ragerie,
Quant le roy attendit [10]. Out si grant compaignie,

---

[1] *Chalt* pour *chaut*. Peu lui importe qui le frappe.
[2] Sépare. *Dessoivre* vient du bas latin *dissire*.
[3] *Boivre* pour boire. Même forme que le mot italien *bevere*.
[4] Savent.
[5] Tout à fait à bas de cheval.
[6] Les marques en paraissent.
[7] Quand Girart porte ses coups au milieu d'eux. — On lit *en eus* dans la copie de l'Arsenal.
[8] Trébucher, tournoyer. *Sembel* signifie trébuchet. (Voir au glossaire occitanien.) Il signifie aussi tournoi, danses. (Voir au glossaire de Roquefort.) Le m^s de Sens écrit *cembeler*.
[9] Si Girart n'eût été blessé.
[10] Il ne fut pas véritablement déconfit, mais ce fut une folie d'attendre le roi.

Qu'il n'avoit pas ou lui pour luy commenier [1].
Com foulz les attendit, nulz ne le puet nier ;
Plus y perdit li rois les trois pars senz doubtance
Que ne fit cuens Girars : s'en ha au cuer grevance [2].

Avant ce que Girars féïst de l'ost partie [3],
S'en estoit de sa gent alé trop grant partie :
Il s'aperçoivent bien, plus ne peuvent durièr [4],
Ne de cest grant estour les grans fais endurièr.
Avoir n'en doivent blasme, qu'il n'ont brans ne jusarmes [5] ;
Tout ont brisié, ou sunt toutes routes [6] leurs armes :
Ce n'est pas de mervoille, onc si pesant estour,
De si pou contre tant ne vit-lon puis Hectour [7].
Diex absouille les morz, les vifs vuille garder !
Se Girars plus demore, trop y porra tarder [8].
Girars estoit ou champ soi tousjours combatant,
Navrés estoit ou corps, mais garison atant [9].
Fourques le prist au frains [10], cui mult en ha pesé [11].
Pour blecier ou tüer tient le branc entesé [12] ;
Guibers, Seguins et Booz outre son gré l'emmeignent,
De ce qu'il est bleciés moult grant deul en demeignent.
Tuit sui quatre neveu l'en ont ou eulz tourné
Dolant et abomó et tres mal atourné.

---

[1] Le roi avait si grande compagnie, que lui Girart n'avait pas avec lui de quoi lui opposer rien d'égal.
[2] On lit *pesance* dans la copie de l'Arsenal : cela pèse au cœur du roi.
[3] Avant que Girart ne se fût retiré de l'armée, c'est-à-dire du champ de bataille.
[4] Résister, tenir bon.
[5] Puisqu'ils n'ont plus ni épées ni lances.
[6] Rompues, du latin *rupta* (arma).
[7] Depuis Hector.
[8] Empêcher les vivants d'attendre l'effet de la protection divine.
[9] *Attend*. (Arsenal.) — [10] Saisit son cheval au frein.
[11] Lui à qui il en a beaucoup coûté de se retirer ainsi.
[12] Il tient encore le glaive levé, apprêté. *Entesé* vient évidemment du latin *intensum*.

N'orent mais si grant deul en trestoute leur vie
Ne li rois si grant joie comme à ceste foïe [1].
Cilz de l'ost les chascèrent de grant et fort randon [2] :
Fuyant s'en vont li cinq corant à grant bandon [3].
Moult s'en alassient bien par vax et par montaignes [4],
Quant sur eulz en travers vindrent à grans compaignes [5]
Pierres de Mont Ràboy et Hugues li preux contes
Et le vïeilz Aymons, ci dit li verais [6] contes :
Quant il commance aucung d'aucung cas meschéoir [7],
Il li meschiet du tout, bien le povons véoir.

Hugues fiert par derriers Guibert le vaillant conte,
A descouvert le fiert, ne li chaut de la honte,
Et cheval et persone tout gite en ung moncel,
Ou corps li met la lance à tout le pannoncel [8].
Ne fut pas de mervoille s'il à la mort le mirent,
Quar sept fors compaignon avec li le férirent.
Danz Boz et danz Fourcons [9] qui estoient suï frère
Tantost prinrent venjance de celle mort amère :
Mort ont le cuent Hugon [10] : onc puis ne chevaucha,
N'il [11] de ses bons chevalx puis [12] terre ne chaucha [13].

Li cuens Aymons et Pierres orent bien trois cens hommes,
Girart ne ses nevous ne prisent pas deux pommes.
Tantost les vont encloure [14], Hugon vuillent vaingier ;
Mas qui véist Girart et Fourcon revaingier [15] !

---

[1] Comme à cette fois, en ce moment.
[2] Avec une grande impétuosité. — [3] Hâte.
[4] Ils se fatiguent beaucoup par les vallées et les montagnes.
[5] Avec grande foule de gens. — [6] Même version dans le mˢ de Sens.
[7] Quand il commence d'arriver malheur à quelqu'un. — [8] Avec la banderolle.
[9] Seigneur ou sire Booz et sire Fourques. C'est à cause de l'hémistiche du vers que ce nom propre sujet prend ici la désinence du régime.
[10] Ils tuent le comte Hugues. — [11] Ni lui. — [12] Depuis.
[13] Ne foula, du latin *calcare*. On dit encore dans le Morvan *chaucher le foin*, c'est-à-dire fouler. (Lacurne-Sainte-Palaye.)
[14] Entourer. — [15] Prendre leur revanche.

Danz Boz et danz Seguins plus sunt fier que liépart [1].
Quant il fait bien mal temps, quant pleut tonne et espart [2],
L'on ne doute [3] pas tant que descende la foudre
Com les cops de ces quatre tout versent en la poudre [4];
Mas qui véist Girart combatre de sa mace
Et trestout entour lui faire vuidier la place !
Et celz cui ataignoit trestouz acerveler
Cheval et chevalier, je ne vous quier celer [5] !
Il sembloit pour certain soi ne fust combatus [6]
N'es grans estours pesanz [7] ne se fust ambatus [8] :
A dextre et à senestre de sa mace tout tue ;
Trente cinq en a mors premiers [9] qu'il se remue.
Fourques est d'autre part, ou tout une jusarme [10]
Quatorze en a occis : saichés que nul n'esparme.
Boz saisit ung espié, Aymont ferit le conte
Très permi ens le corps [11] : mort chiet, n'en a point d'onte.
Quant cuens Aymons fu morz Boz fut si envahis
Des gens au conte Aymont et si très fort haïs
Que pris fut et saisis et ses espiez [12] perdus ;
Mas pour ce ne fut pas, saichés, moult esperdus :
La main giete au coustel [13] et si fort se revainge
Que partout lai ou fiert le boute jusqu'à mainge [14].

---

[1] Léopard. — [2] Et qu'il fait des éclairs.
[3] Redoute.
[4] Renversent tout dans la poussière.
[5] Je ne cherche pas à vous le céler.
[6] Qu'il n'eût pas encore combattu.
[7] Même version dans la copie de l'Arsenal.
[8] Abattu. Il faut se rappeler que Girart avait été blessé.
[9] D'abord, aussitôt que. La copie de l'Arsenal porte : avant qu'il se remue. C'est un contre-sens ou une exagération inadmissible.
[10] avec sa lance seulement.
[11] Frappe le comte Aymon à travers le corps.
[12] Son épée perdue.
[13] Il saisit son poignard.
[14] Jusqu'au manche.

Neuf leur en gieta morz, saichés, en petit d'ore [1] :
L'on le doit païer bien qu'en pou de temps labore [2].
Seguins est d'autre part qui n'a n'escu ne lance
N'espée ne coustel : la main à l'estrier lance [3] ;
Cui ataint à plain cop, pour voir, le fait dormir.
Pierres de Mont Raboy ha si fait estormir [4]
Que jus chiet du cheval com une beste mue [5] :
Il n'a membre sur lui, saichés, que point remue,
Tels douze en fait dormir nulz ne le peut celer
Qu'a terre ne versoit après le chanceler ;
Mas nulz d'eulz ne fut mors, après se relevèrent.

Grant mervoille fut quant cils quatre s'eschappèrent [6],
Mas [7] la mort des deux contes et li verseis [8] de Pierre
Que dort ne ne se bouge ne que fait une pierre.
Après ce qu'il regardent qu'il sunt si deffaé [9],
Que pour foinson de gent ne sunt point esmaé [10],
Les en laissent partir, persuigre ne les veulent,
De la mort leur signeur tuit ensemble se deulent [11] ;
Chascung s'en va au sien. Tantôt à li revient
Pierres de Mont Raboy, et si honteux devint
Ne scet que doïe dire. Chascuns honor li porte,
Et de ce qu'est chéus chascungs le recorforte.

---

[1] En peu d'instants.
[2] Parce qu'il fait beaucoup de besogne en peu de temps.
[3] Saisit son étrier.
[4] Du latin *exturbare*, étourdir.
[5] Bête sauvage.
[6] Ces quatre étaient Girart, Seguins, Fourques et Booz, qui non-seulement échappèrent, mais de plus mirent sur le carreau les comtes Hugues et Aymon et Pierre de Mont-Raboy, qui étaient venus les poursuivre.
[7] De *magis*, plus.
[8] La chute de Pierre de Mont-Raboy.
[9] Endiablés, ensorcelés, enragés. (Lacurne-Sainte-Palaye.)
[10] Effrayés.
[11] De *dolere*, gémissent.

« Par les sains Dieu, dit Pierres, j'ai le cuer abosmé [1],
Quant li cops d'ung estrier m'a si fort assomé :
Certes cop plus pesant ne ressuis [2] en ma vie :
D'auxi biaux cops doner ai je moult grant envie. »

Fuite de Girart à Dijon, à Besançon, puis au fort de *Joigne*, et enfin en Hongrie.
Sa vie errante et aventureuse.
Longue et touchante période de ses infortunes.

Girars et sui neveu, ou point n'a de feleur [3],
S'en vont à esperon, irié [4], plain de doleur.
Bien s'en cuident aler à refuge à Dijon;
Mas leur fuite ne vault la cuisse d'un pijon [5] :
Ly réaul les enchacent [6]; et moult leur meschut pourques [7]
Qu'il ont blecié Seguin et puis enmoinent Fourques;
Mas Girars en fuïant eschappa toute voie,
François li ont tolu devers Dijon la voie [8].
De nuit s'en est alés fuïant à Besançon :
Plains fut de maltalant, d'ire et de cusançon [9].
Boz et Seguins s'en vont fuïant vers la Provance
Ou lor peres demore, hons plains de grant vaillance :
Ainssin sont départi li ungs çai l'autre là,
A miex que chascungs pout en fuïant se cela.
Li rois arriers retorne; li jours fust à vesprès [10],
Desoubz Chastiau-Charlon est descendus esprès.

---

[1] Abattu, déconcerté. — Le mot *estrier* du vers suivant est de deux syllabes.
[2] Ne reçus, n'essuyai. — [3] Chez lesquels il n'y a point de perfidie, de duplicité.
[4] S'en vont à force d'éperons. — *Irié*, remplis de colère, du latin *ira*.
[5] C'est-à-dire leur sert à peu de chose. Les comparaisons de ce genre sont fort communes dans les poèmes du XIIIe et du XIVe siècle.
[6] Les troupes royales les poursuivent.
[7] Et il leur en arrivé malheur, parce que Seguin est blessé et Fourques emmené prisonnier. *Pourques*, expression contournée répondant à *pour ce*.
[8] Lui ont pris, enlevé, c'est-à-dire coupé la route vers Dijon.
[9] Il fut plein de dépit, de colère et d'adresse pour se tirer d'affaire.
[10] Le jour était arrivé au soir.

Trestouz les prisonniers li ha l'on lors rendus :
Il jura que Fourcons sera demain pendus.

 « Biaux sires, ce dit Fourques, vous ne devés pas pendre
Vostre riche baron, mas la réançon prendre.
Se ne voulés ce faire s'ou [1] tenés en prison,
Lon rent, sovant avient, bon prison pour prison [2]. »
— « Par ma foi, di li rois, ainssin te le feron :
Mas ne chasceras mais à nul jour esperon [3]. »
Forques ceste paroule ne tint pas en despit;
Quar cent sols ou cent mars vault ung jour de respit :
Forques de sa prison moult très bel se déporte,
Charles s'en va tantost visiter sa gent morte :
Tant en treve de morz, de bleciés et navrés,
Après lui nulz tel deul autre ne vous n'avrés [4].
« Hélas! se dit li rois, qui out su, pour voir dire,
Que si petit de gent [5] féissent tel martire?
Il n'avient pas de gent à nous communier [6],
Et nous ont desconfis, je ne lou puis nier.
Je voi pour ung des lor cens des miens morz en gisent :
Je croi que gens plus preuz ne clercs ne lais ne lisent [7].
Maintenant m'aperçoi par démonstrance voire
Que j'ai bien poul héu en trestouz lieux victoire. »
 — Charles manda Artaut, de Dijon est vicuens :
« Or me di, dist li rois, où est Girars li cuens. »
— « Sire, je ne sai riens, ce dit Artalx, par m'ame
Ne foi que je doi Dieu n'à la tres douce Dame. »

---

[1] Métathèse pour *ou si*.
[2] Il arrive souvent qu'on rend bon prisonnier pour bon prisonnier.
[3] Mais tu ne chausseras désormais en aucun temps l'éperon.
[4] Futur du verbe de la langue d'Oïl *aver*, avoir.
[5] Qu'un si petit nombre de guerriers.
[6] Egal à nous en nombre.
[7] Que clerc ou laïque ne lisent l'histoire de gens plus courageux.

— Apourte-moi les clers [1] de Dijon maintenant,
A tousiours te ferai estre riche menant [2],
Et se ce ne velz faire, demain seras pendus,
Ja par Dieu ne par homme n'en seras deffendus. »
— « Je ferai, dit Artalx, tout a vostre vouloir,
Je vous rendrai Dijon ne m'en verrés douloir :
Cinc cens bourgeois tenez [3] prisonniers tout d'élite,
Je vous pri qu'il s'en veignent ou moi [4] de prison quites. »
— Li rois dit : « Je le vuilz, alés vous en devant,
Se tantost ne vous sui li corps Dieu me crevant [5]. »

— Girars out ung parant qui ist [6] de celle presse,
En ung mostier trouva Dieu priant la contesse [7].
— « Or sus [8], dame, dit-il, que pour fin estouvoir [9]
De Dijon vous convient fuïr et remouvoir.
Cils païs est traïs ; li rois vient por tout prendre ;
Girars a tout perdu, seulz s'en va senz attendre,
A Besançon s'en va dès ier à la vesprée. »

— Quant la dame l'oït, à terre chiet [10] pasmée ;
Quant elle se leva moult fut espéourie [11].
Lors entrent à Dijon Artalx et sa maignie [12] :
Il ont tantost saisi la maistre tour de pierre ;
Le roi doubtèrent [13] plus que saint Poul ne saint Pierre.

---

[1] Ce même mot signifie aussi clef dans l'idiome bourguignon.
[2] Manant, habitant d'une ville.
[3] Vous retenez.
[4] Avec moi.
[5] Pour *crevante*, sorte de serment très-ordinaire au moyen-âge.
[6] Sortir, du verbe *issir*.
[7] Berthe.
[8] Sus, du latin *surge*.
[9] Par entière nécessité. Même version dans le ms de Sens.
[10] *Chut*. (Ms de Sens.)
[11] Epouvantée, du latin *expavescere*.
[12] Troupe.
[13] Redoutèrent.

Il li pourtent les clers, Charles les en mercie ;
La contesse l'entent, de deul taine et nercie [1]
Deux vallez [2] appela : « Or, tost mettés vos selles,
S'achapper en povons, vezcy bones novelles.
D'aler à Besançon ai-je trop grant envie !
Ma perde ne pris riens [3] se Girars est en vie ;
Je ne prise ne terre ne cité ne chastiaul,
Masque mon seigneur aie [4], la valeur d'ung gastiaul [5]. »
Avant s'en vat la dame, ce fut tout en requoi [6],
Drapz, our, n'argent n'empourte n'autre riens ce ne quoi [7].
Bien out [8] le cri des femmes et com braïent et crient
Et comment son seigneur [9] l'aidengent [10] et maldient [11].
En Besançon entra la duchesse, de nuit ;
Puis que voit son mari n'est riens qui li ennuit :
Plus de cens fois le baise et dist : « Estes haitiés [12]. »
— « Nenil, dit-il, ma suer, je suis trop maltraitiés ;
Je suis ung pou navrés, mas de ce ne me chaut.
Jamais jour n'aurai joie face froit face chaut :
Je croi de mon grant deul par tout le mont parl'on [13].
Je me suis combatus au félon roi Charlon,

---

[1] Même version dans le m⁵ de Sens. On lit *teinte* et *noircie* dans la copie de l'Arsenal. *Tains*, en langue d'Oïl, signifie blême, défait. Le mot *taine* en serait pris comme féminin.

[2] Deux vassaux.

[3] Je considère comme rien ma perte, etc.

[4] A moins que je ne possède mon seigneur.

[5] La valeur d'un gâteau. — On lit *chastel* et *gastel* dans la copie de l'Arsenal.

[6] En cachette. — [7] Elle n'emporte ni vêtements, ni or, ni argent, ni autre chose que ce soit.

[8] Elle n'entendit que trop bien.

[9] C'est-à-dire Girart.

[10] Injurient, du latin *lædere*. — On lit dans le *Roman de la Rose* :
   Chascun le ledenge et diffame.

[11] Et le maudissent.

[12] Vous êtes *ou* soyez reconforté, ranimé, joyeux.

[13] Par tout le monde parle-t-on.

J'ai perdu mes amis, j'ai perdu toute terre ;
Quar presque tuit mi hom m'ont failli en ma guerre.
Mon bon neveul Guibert hai hui [1] véu occirre :
Jamais de si grant deul ne puis que me consirre [2].
Mon bon neveul Fourcon, moi voyant, a l'on pris :
Que voulés que vous die? li rois en ha le pris.
Plus que vif mieux m'amasse en bataille estre mort
Que ce que j'ai fuï [3] : ciz deulz trop me remort [4]. »
— « Ne vous chaut, biau doulz sire, dist la gentilz contesse,
Puisque vous estes fors de la main felonnesse
Celui [5] que bien resamble le faulz roi Pharaon [6].
Nous avons tout perdu ; mas nous prise ung chaon [7].
De traïson me doubt, alons en en Hungrie
Au riche roi Outon qui est de ma lignie. »
— Et Girars li respont : « Dame, ainssin le ferons. »
A tant [8] vint ungs messaiges a couite d'esperons [9]
Qui ce dit à Girart : « De toi or te conveigne [10],
Voici le roy Charlon et toute sa compeigne.
A la journée d'ier je li oï jurier
Que s'il te puet vif pranre, plus ne pouras durier.
Qui li donroit tout l'our qu'est des aire au Landit [11],
Il ne le pranroit pas et il ne te pandit [12]. »
— « Sire, dit la duchesse, trop ouvrés lentement,
Conduisés votre corps [13] et nous à sauvement. »

---

[1] Aujourd'hui.
[2] Ne puis me consoler. — [3] Plutôt que d'avoir fui.
[4] Ce deuil accable trop mon esprit.
[5] Puisque vous êtes hors de la main félonne de celui, etc.
[6] Le mal roi Pharaon. (Arsenal.)
[7] Pour un chacun, exigence ou plutôt licence pour la rime.
[8] Alors. — [9] A grande vitesse d'éperons.
[10] Veille à ta sûreté à présent.
[11] Qui se trouve sur le lieu de la foire de Landit, apport célèbre qui se tint d'abord dans la plaine Saint-Denis.
[12] Plutôt que de ne pas te pendre. — [13] Votre personne.

Maintenant est montés li dus touz esbaïs,
N'enmoine que sept hommes de trestout son païs;
Sa femme dame Berte fut persone huitaime,
Emoïs la pucelle fist le nombre novaime,
File fut d'ung marquis, plus belle n'estet guerre :
Pour sa dame délaisse son païs et sa terre.
Girars s'en va fuïans, dolans pour ses amis
Qu'à doleur et à mort pour son orguel ha mis.
De chevachier bientost ne cessent soir et main;
Li rois out [1] Besançon tout droit le landemain.

Girars voit et perzoit que mal va sa besoigne,
A ung fort lieu s'en va que l'on appele Joigne.
Li lieux est bien caichiés [2] et fors à desmesure [3],
N'a garde d'estre pris, se vitaille li dure [4] :
Dix jours y demora senz faire s'impartie [5],
Et li rois ha sa gent entre deux départie.
Berte disoit tousiours : « Sire, alons en Hungrie,
Vous ne savez ici quel meschief vous congrie [6].
Se Charle vous savoit à ce qu'avés pour gent,
De vous ne pranroit pas ne Troïe ne Noigent [7]. »
— « Par foi, ce dit Girars, demain nous en alons,
Et pourque le voulés, monstrons lor les talons. »

— Quant Girars part de Joigne à Landeser [8] s'en torne;
Charles le sout tantost, après point ne séjorne.
Girars fut assigiés en son très fort chastiaul,
Pou y out garnison de pain ne de gastiaul,

---

[1] *Habuit*, eut, s'empara de. — [2] *Quaichiez*. (Ms de Sens.)
[3] Et fortifié extraordinairement. — [4] Si les vivres lui durent.
[5] On lit *mespartie* dans la copie de l'Arsenal.
[6] Quels malheurs s'assemblent sur vous.
[7] Pour rançon vraisemblablement.
[8] *Landser* est un bourg de la haute Alsace, près de Mulhouse; c'était la résidence d'un seigneur.

(V. 1937) GIRART DE ROSSILLON. 87

Et n'avoit que sept hommes. Bien voit non puet tenir,
Pour ce s'en va fuïant quant le roi sout venir.

Va s'en Girars senz terre, bien le puis pour voir dire;
Mas le cuer out tout plain de maltalant et d'ire :
Ce fut par son orguel, ce fut par son meffait.
On dit que sovant vient surefait au deffait [1] :
Girars vint à un gué [2], unze Lorrains trouva
De l'ost le roi partis, contr'eulz bien se prouva,
Bien leur fit comparer ce qu'il estoit marris [3].
Les dames out laissiés par de lez ung larris [4] :
D'anqui peuvent véoir très bien le chapléis [5].
Ne fut par tant de gent fais plus biaux feréis [6] :
Girars point à Hugom conte de Vaulchenue [7],
Si l'empoint [8] de sa lance qu'à terre mort le rue.
Li Lorrain sur Girart se sunt si embatu
Que li cinq en sunt mort et li quatre abatu ;
Il furent si navré [9] puis ne se relevèrent :
Ainssin li Bourgoignon icels Lorrains plaissèrent [10].
Guinemans s'en eschappe fuïant tout une plène,
Li cuens Giraut encontre qui vint [11] chevaliers mène.
Il dit à Guinemant : « Di nous de tes novelles. »
Cil dist : « Je n'en sai dire nulles bones ni belles :
Girart avons trové; occis ha vostre frère,
Fors moi dix en ha morz, si est novelle amère. »

---

[1] Surabondance, surcroît au mal.
[2] Près d'une rivière, dit le mˢ de Beaune.
[3] Bien leur fit payer tout ce qu'il avait de peine.
[4] Lande ou bruyère. — [5] Le combat, du mot roman *chapla*, tuerie.
[6] Il ne fut pas fait plus beau choc.
[7] Comte de Valcenne. (Mˢ de Beaune.)
[8] Le heurte, du latin *impingere*. — [9] Blessés si grièvement que depuis etc.
[10] Défirent ces Lorrains. *Plaissier*, dans le dictionnaire de Lacombe, signifie courber, plier.
[11] Vingt, *viginti*.

Quant cuens Giraus entent ses freres estre meurtris,
Puissans estoit és armes et saiges et sortris [1],
Il dit à Guinemant : « Moine moi droitement
Après ceulz qui m'ont fait tel deul, tel marrement [2] :
Se Girart puis trover procheinement saura
S'il out oncques grant deul plus grant encor l'aura. »
En ung pré sur un rup [3] est Girars descendus,
N'y a tref [4] ne ancubes [5] ne pavoillon tendus :
Il sunt tuit si lassé, tuit li membre leur deulent ;
D'un seul pain de fourment qu'il ont, digner se veulent,
En hiaume boivent l'aigue [6]. Quant sont enqui gousté [7],
Girars se tourne et voit devers dextre cousté
Venir Giraut le conte fort malentalantif [8]
Et de vingier la mort son frère talantif [9].
« Helas! ce dit Girars, nous sumes bareté [10],
Diex ne velt que puissiens aler a saveté :
Bien voi pour mon orguel pou me tient chier et aime ;
Cy voi venir Giraut, de chevaliers vingtaime [11] :
Nous ne povons fuïr, or pensons de deffendre
Et mieux que nous porrons nos morz à eulz chier vendre. »

---

[1] Même leçon dans le m⁸ de Sens. Celui de l'Arsenal écrit *subtil*. Le poète, comme on le voit, aurait passablement défiguré pour la rime le mot roman *soutif* ou *soustif*, qui signifie avisé, pénétrant, véritable sens de l'épithète dont il se sert.
[2] Affliction, être *marri* de, etc.
[3] *Ru*. (M⁸ de Sens.)
[4] Tentes. On lit *trez* au m⁸ de Sens.
[5] Mis sans doute pour *excubes*, gardes, sentinelles.
[6] Ils boivent l'eau dans leur casque.
[7] On disait : *je suis dîné, je suis goûté*, au lieu de : j'ai dîné, j'ai goûté.
[8] Très-animé de perfides intentions.
[9] Et désireux de....
[10] Trahis, du latin infime *baratare*. — On lit *baretey* dans le m⁸ de Sens.
[11] Lui, vingtième personne parmi autant de chevaliers.

— Giraut broiche[1] et s'escrie : « Larron, vous n'y garrés[2];
La mort d'Ugon mon frère chierement comparrés[3].
Li assemblers fut malx, hé! les vous amassés,
Mas li departirs fut à touz pires assés[4] ! »
Li vint courent à sept; mal fut li jeux partis[5] :
Broignes[6] et auburgons[7] y out moult dessartis[8].
Girars leur corrut sur, broichant a espéron,
Le nieps Giraut[9] occit qui avoit nom Béron;
Li sept en tüent dix[10] : assés se sunt vendus[11];
Mas ne puelent plus estre de la mort deffendus.
Li cinc en sunt occis; li sextes à tel playe
Dont jamais ne garra[12] : de tel merchié tel paye.
Le demorant occit danz Girars et detrainche[13] :
Ainssin de son grant deul, en eulz tüant, se vainche.
Vezcy la fin du plait[14] : tuit sunt occis et mort
Fors Girars et ung autre cui la mort point et mort.
Girars celui enmoine et sa gentilz moiller[15];
Il n'a ne vin ne viande ou poist son pain moiller[16];
Chiés ung hermite vinrent le soir ou boix d'Ardéne.
Li sains hons fist bon feu, mas poure fut la cêne.
Le chevalier navré vont en I lit couchier;
Girars li demanda, qui ne l'out pas pou chier[17] :

---

[1] Charge. *Brocade* signifie charge, escarmouche, dans le glossaire occitanien. Il signifie aussi piquer des deux : « Il brocha le destrier des esperons, » lit-on dans le *Roman de Gérard de Nevers*.

[2] Vous n'y échapperez pas. — On lit *guarrez* dans le ms de Sens.

[3] Achèterez. — [4] Le rassemblement est mauvais, mais la fuite est pire.

[5] Le jeu fut mal départi. — [6] Cuirasses. — [7] Cottes de mailles.

[8] Entamés. — [9] Le neveu de Giraut.

[10] Les sept de Girart tuent dix chevaliers de Giraut.

[11] Ils ont assez vendu leur vie.

[12] On lit *ne guerra* dans la copie de l'Arsenal.

[13] Le comte Girars tue le reste et les pourfend. *Détrainche* vient du latin *detruncare*. — [14] Démêlé. — [15] Du latin *mulier*, femme.

[16] Avec lesquels il puisse mêler son pain. — On lit *mouillier* dans la copie de l'Arsenal.

[17] Girard, à qui il n'était pas peu cher, lui demanda, etc.

« Dites moi s'en santé pourrés ja repairier [1] ? »
— Cilz dist : « Je serai morz ains demain l'esclairier [2] :
Pour Dieu, vous pri que j'aie tantost confession
Et de mon redemptor tanstost communion. »
Girars en fist l'ermite bien faire son devoir :
Morz fut en celle nuit si com l'on dit de voir.
Girars out grant doleur, aida au saint hermite
Au saint service faire pour sauver s'esperite [3].
Le soir com qu'il dormoient à bon feu de jarrons [4]
Es vous anqui venus [5] quatre grans fors larrons,
Les quatre chevalx emblent et trestoutes leur armes.
Quant Girars l'aperçoit, il plore à chaudes larmes ;
Tout a piet s'en départ : il [6] et Berte la belle
En la garde au saint homme laisse [7] la damoiselle.
Sui ami l'ont tant quise qu'il l'ont anqui trouvée,
Puis fut au cuent Bertram hautement espousée.
Diex n'a cure d'aidier homme qu'orguel maintient,
Bien le scet mettre à roi [8] ; car tout en sa main tient,
Je le di pour Girart qui premiers le maintient [9] :
Diex, fist tant ! nulle rien de terre en sa main tient !
Mas il l'espurgea si par si grant repentence
Qu'il li donna de Job semblable pacience.
Par l'aïde de Dieu et les prières Berte
Recouvrèrent touz biens puis et toute leur perte,

---

[1] Si vous pourrez bientôt revenir en santé.
[2] Avant le lever du soleil.
[3] Sauver son ame.
[4] Branches de chêne. C'est *jarions* qu'il faudrait, sans la nécessité de rimer avec *larrons*.
[5] Voici là survenus. — On lit *ez vous* dans le ms de Sens, et on trouve pour variante dans la copie de l'Arsenal : *Cy sont enqui venus*, etc.
[6] Lui. — [7] Même version dans le ms de Sens. La copie de l'Arsenal écrit : *laissent*.
[8] Mettre à la raison, soumettre à la règle. — [9] Le prouve.

Post la mort de son duchame qi ot esi fait ta m li apparut

On ai grant pitie de ba mor Il torna bns tunte gladeessa Ony antde hmile

Si que se Girars out malvais commencement
Oncques n'out chevaliers meilleur deffinement.
Girars a tout perdu, terre, armes et cheval;
Ne scet quel part aler ou le mont ou le val.
L'ermite le conforte et dist que ne s'esmoïe [1],
Quar Diex aura de li et pitié et menoïe [2].
Mesqu'on vuille prier de bon cuer repentent,
De tels cuers les prieres Diex voluntiers entent.
« Girars, ce dist l'ermite, d'Ardene passerés,
Ung hermite saint homme, viel, flori [3], troverés :
Cilz vous consoillera quantque [4] vous devés faire.
— Par Dieu, se dit la dame, sire, lay vuil je traire. »
L'ermite leur donna du pain et du pommey [5],
Puis s'en vont par ces bois, dolant y abomey [6];
Li bons hons les comforte, longuement les convoie,
A la celle à saint homme droitement les avoie [7].
Il trevent le proudomme vestu de piau [8] de chièvre,
Il n'y ot vars ne gris [9] ne drap fourré de bièvre [10],
A genoux est tousjours en larmes, en prieres
En jeunes, en vigiles, vers Dieu bones et chieres.
Quant li sains hons out faite s'orison [11] pure et fine,
Girart et dame Berthe salue et les encline [12] :

---

[1] Qu'il ne s'attriste.
[2] Ou *manoie*, miséricorde, protection. *Manoiet*, en langue d'Oïl, signifie aider; il vient du latin *manu adjutare*.
[3] Blanchi. — [4] En tout ce que. La copie de l'Arsenal porte *quanque*.
[5] Marmelade de pommes, ou cidre de pommes. La copie de l'Arsenal écrit *pomey*.
[6] *Dolore confecti*, abîmés dans leur douleur.
[7] Les accompagne et les met dans la direction de... Du latin corrompu *cum viare* et *ad viare*. Voici la variante de la copie de l'Arsenal :

    A la celle au saint homme les met en droite voye.

[8] *Peaul.* (Arsenal.) — [9] Il n'y avait ni fourrures vertes ni grises.
[10] Hermine. — [11] Son oraison. — [12] S'incline devant eux.

« Dont estes vous ne qui pour Dieu ne me celés [1]. »
— « Sire de Rossillon suis, Girars appelés.
Li rois Charles li Chauf m'a tout deserité,
Bien croi, pour mon orguel et pour m'iniquité.
N'avons ploin pié de terre : s'en souloie [2] jou avoir,
Plus qu'hons qui soit en vie, ce puet on bien savoir.
De moi ne me chaut gaires; mas j'ai deul et pesance [3]
De ceste qui est seurs à la royne de France;
L'on nous ha nos chevalx en ceste nuit amblés
Chiés ung vostre saint frère ou estions assamblés;
Nous en fuyons à pié com poure mendiant :
Bien sai li rois pertout nous ira espiant.
Je croi que nous porriens garanter nostre vie
Se nous poviens venir au roi Othon d'Hungrie.
Sains hons, nous te prions que bon consoil doner
Nous vuilles : quar au faire [4] me vuil abandoner. »
— L'ermites li respont : « Bon l'aurez par raison,
Mas qu'ennuit [5] demorés en ma poure maison,
Es lez vous demorés jusqu'au jour landemain. »
Li sains hons tart se couche tosiours et lieve main [6],
Pénitence leur donne puis leur confession [7]
Faite dévotement et absolution.
Tel consoil leur donna li sains proudons chenus
Qu'ancor auront honeur, mas qu'il soit bien tenus [8].

---

[1] Ne me cachez ni d'où vous êtes ni qui vous êtes.
[2] Et pourtant j'avais l'habitude d'en posséder, etc.
[3] Peine, chagrin, inquiétude.
[4] On disait faire confesse pour se confesser; mais ici *faire* venant du latin *fari*, qui signifie parler, dire, avouer, peut se passer du régime. Nous nous servons encore de la locution fait-il (du latin *fari*) pour dit-il.
[5] Pourvu qu'aujourd'hui.
[6] Et se lève matin.
[7] Après leur confession.
[8] Quoiqu'ils soient bien éprouvés. *Soit* est écrit de même dans la copie de Sens.

Girars jura qne raz ne tondus ne sera [1]
Jusques dus de Bourgoigne arriers se trovera.
Hélas! com longuement li dura icilz termes!
Sept ans suffra ainssois [2] doleur, labour [3] et lermes!
Li sains hons les appèle pour lire son registre
Ainssin com bons abbés les tient à droit chappistre
Et dist : « Girars, as tu en Dieu créance ferme? »
Et cilz dist : « Oïl, sire, non tosiours mas à terme [4].
— Fus tu oncques de Dieu servir point négligens?
— Certes je croi que oncques n'en fus bien diligens.
— Or aïe de bon cuer très vraïe repentence.
— Certes, sire, bien vuil soffrir tel pénitence
Que je n'aïe bon jour, ne bon soir, ne bon somme
Tant que le roi Charlon aïe mort [5] c'est la somme.
Se jamais pourter puis armes, lance n'escu,
Apres ce, se je puis, n'aura gaires vescu;
Ancor cuid je moult bien de li prendre venjance
Se Dieu plait, se je puis avoir sur li puissance [6].
— Bons hons, dist li hermites, comment peus-tu penser
En ta plus grant puissance? Ne t'es péu censer [7]
Que Charles ne t'ait tout tolu ton heritey
Et chatié et banni et tout desheritey?
— Sains pères, entendés, dist Girars li depoz [8]
Bien vuilz que mes coraiges [9] ne vous soit pas repoz [10].

---

[1] Qu'il ne coupera sa barbe ni ses cheveux tant qu'il sera dépouillé de son titre de duc de Bourgogne.
[2] *Souffrit ainçois.* (Ms de Sens.) — [3] Labeur. — [4] Selon des limites.
[5] Jusqu'à ce que j'aie tué, etc.
[6] Se Dieu plaist que je puisse avoir sur lui puissance.
    (Copie de l'Arsenal.)
[7] Le ms de Sens écrit : *Ne t'es pehu censer*... n'as-tu pu avoir le sens, l'idée, la conviction que...?
[8] Girart le proscrit, le déposé, du latin *depositus*.
[9] Pensées, résolutions. Du latin *co*, et *agere*.
[10] Cachées. Du latin *repositum*.

Se je puis en Hungrie venir au roi Outom
Dou roi ne de sa vie ne donrai ung boutom.
Anqui recovrerai armes et bon cheval
Et tant chevacherai et par mont et par val
Que le roi troverai : voluntiers chace et berse [1],
Et je sai bien les lieux ou bien sovant converse ;
Je sai bien, puisqu'il est en pais senz guerroyer,
Chacier ou gibacier ira, ou rivoyer [2].
Que l'ung ne face ou l'autre, ne puet estre à séjour [3] ;
Mas tant le gaiterai et de nuit et de jour
Que tout seulz l'occirrai, de li pranrai venjance,
Puis n'aura si hardi en réaume de France
Qui m'osoit contredire que ne r'aïe ma terre :
Ainssin la pense jou par moi tout seul conquerre.
Lors vendront [4] mi parent, mi hom et mi ami
Que li rois par sa fraude ha tous toulus [5] à mi.
Entre moi et le roi suns [6] de guerre mortel :
Se je l'occis ainssin ou tüe par mort tel
Repruiche [7] n'en aurai, trop m'a occis de gent
Mon neveu, pluseurs autres ; ne m'est ne bel ne gent. »

Quant li sains hons oïst, qu'estoit saiges de lettre [8],
Il se pene et efforce sur ce bon consoil mettre :
— « Girars, dist li sains peres, de scenz te taign pour nu [9] :
Tu sces que li déable, qui sont noir et cornu,

---

[1] Et tire de l'arc, du bas latin *bersare* ou *birsare*. — *Cy me plest mout à séjorner por aler chacier et* berser *en ces forez cidevant nos.* (Roman de Parceval.)
[2] On dit plutôt *rivéïer*, c'est-à-dire pêcher.
[3] Au logis.
[4] Viendront.
[5] Enlevés.
[6] Nous sommes, du latin *sumus*.
[7] Reproche.
[8] Qui était sage et instruit.
[9] Girart. *Girars, dit ly sains homs, de sens te crois pourvu.* (Copie de l'Arsenal.)

Pour orguel trabuchièrent dès le ciel en emfer :
Leur première blancheur est bien ognée [1] en fer ;
Et quant cilz qui estoient créé si noblement
Que la divinité esgardoient clerement,
Quant ilz, par leur orguel, perdirent tel clarté
Que de paradis sunt en emfer assarté [2],
Si que d'avoir merci [3] ne vuillent ne vourront [4] :
Quar volunté avoir ne peulent [5] ne pourront,
Comment cuides tu donc, qui es hons fais de boe,
Puisse par ton orguel à Dieu faire la moe [6] ?
Quant tu estoïe cuens et dus de grant puissance
Tu n'as peü [7] durer contre le roi de France ;
Mas t'a de son réaume exilé en füant
Et de toute ta terre, et fait poure trüant :
Ce t'a fait tes orguels et ta grant desmesure [8] ;
Il n'out oncques en toi ne raison ne mesure.
Et comment y fust elle? car encor n'y est mie,
Et n'as denier ne maille, ne pain, croste [9] ne mie !
Et si m'as encor dist tantost, bien m'en sovient,
Que ton ligè signeur pour toi [10] morir convient
Et que tu l'occirras par droite traïson,
Se de chevalx et d'armes peus havoir garnison !
Adonc t'aura li Diables du tout acréanté [11],
Qui tel consoil te donne et tele velanté !

---

[1] Du verbe *oindre*. — Leur blancheur est bien imprégnée de rouille. Voici la variante de la copie de l'Arsenal :

Leur première blancheur est bien muée en fer.

[2] Assaillir. (Roquefort.) — [3] Pardon.
[4] On lit *ne vorront* dans le m⁸ de Sens.
[5] *N'an puelent.* (M⁸ de Sens.) — [6] Moue.
[7] *Pehu.* (M⁸ de Sens.) — [8] Ton orgueil et ton outrecuidance.
[9] Croûte. — [10] Par toi.
[11] Le diable s'est entièrement assuré de toi.

Ja n'em auras povoir, fai pis que tu porras
Se n'es vrais repentens, deserités morras.
Tu ourras tost novelles du roi Othon d'Hungrie
Je te lou [1] que mesure [2] en ton cuer se congrie [3]. »
— « Par le cuil Dieu, sains hons, ne ferai mesprison [4]
Se je occis le roi ainssin com devison :
Ung chascung set, li rois m'a premiers assailli
Et que par son pourchas [5] m'ont mi ami [6] failli.
Senz moi point deffier, m'a surpris falsement
Et tout mon heritey me tout [7] mavaisement.
Toutes voies vouloi jou prendre droit en sa court
De ce qu'avons à faire selonc l'us qu'à la court
Sauf alant, sauf venant, moi premiers restaubli
De tout mon heritey dont il m'a destaubli.
Riens n'en a volu faire par Fourcon mon messaige
C'ungs chascungs tient pour preu pour vaillant et pour saige.
Ainssin li respondi pour son tres grant desroi [8] :
Que pendre me feroit : ha cy [9] biaul mot de roi?
Sur ce m'a corru sur, senz moi point deffier :
Quant foi faut [10] en tel roi, où se puet l'on fier?
Je vous jur pour certain, mes cuers n'aura mais aise [11]
Tant qu'occis soit par moi : désormais je me taise. »

Quant la dame out et voit ses sires plus ne parle [12]
Et veut comment qu'il soit occire le roi Charle,
En plorant regarda le saint homme chenu,
Devant li s'agenouille, le pié li baise nu :

---

[1] Je t'exhorte. — [2] Modération. — [3] S'amasse, du latin *congregare*.
[4] Injustice, du latin *malum pretium*. — [5] Poursuite, intrigue.
[6] On lit *my hommes* dans la copie de l'Arsenal.
[7] Du latin *tollit*, m'enleva. — [8] Malheur. — [9] Est-ce.
[10] Manque. — [11] Plus de satisfaction.
[12] Que son seigneur a cessé de parler.

— « Hé très sains hons, pour Dieu remet en droite voie
Mon chier signeur, qu'à tort, toi présent, se desvoie [1]. »
Li sains hons out grant deul, la dame drece amont [2],
De telle humilité, saichés, li pesa mout [3]
Puis a dit a Girart : « Bien te voi esperdu,
De cest siegle [4] et de l'autre as tout le bien perdu,
Girars, pourquoi n'as tu de tes pecchiés doleur?
Mal rendre contre mal c'est moult très grant foleur [5].
Girars, que veulz tu faire? — Je vuilz le roi occire.
— Girars, tu n'as povoir, hé las plus ne desire [6],
Girars, biaux filz, enten tout ce que te dirai
Et saiches bien de voir que point ne mentirai.
Se male voulenté fust contée pour fait
Ainssin comme la bonne, trop héusses fourfait;
Mas il n'est pas mestiers [7] à toi n'à autre gent
Tuit iriens en emfer [8] : ne seroit bel ne gent.

« Girars, ce dist l'ermites, comment ne te sovient
Des malx qu'a toi suffrir pour ton orguel convient.
Laisse ceste foleur, tu ne peus ne dois faire
A Charle ton signeur domaige ne contraire [9].
L'on ne puet de nulz faire la justice grigneur [10]
Que de celui qu'occit [11] ou trahit son signeur.
Se tu bien y pensoie, toi peus bien remembrer
Qu'on le doit ardoir [12], pendre, à chevalx demembrer [13] :
Et se telx grans tormens en ce monde on li offre
Cent mile temps [14] plus grans l'ame en emfer en soffre.

---

[1] Du latin *de via ire*, sortir de la voie. — [2] Relève de terre.
[3] Pour *moult*, beaucoup. — [4] De ce monde. — [5] Déraison.
[6] Ne forme plus le désir. — [7] Nécessaire.
[8] *Tuit seriens en enfer.* (Ms de Sens.) — [9] Ni chose nuisible.
[10] Plus grande, plus sévère. — [11] Qui tue. — [12] Brûler.
[13] Ecarteler. — [14] Fois.

Ne jamais ou la poudre de telx gens vouleroit [1]
A nulz jours fleurs ne fruis ne verdeur n'y seroit.
Or supposons li rois ait envers toi mespris,
A tort t'ait assailli com fel [2] et d'ire espris,
Tu ne me peus nier que Dieu corrocié n'aies
Et par ce te rent il de tes meffais tes paies :
Ainssin te velt pugnir, telle est sa volonté.
Encor auras t'oneur [3] se la prans par bonté,
Je le croi fermement. A Dieu crie merci.
Corrocié l'as : s'en doibs havoir le cuer nerci [4]. »
Quant la dame l'entent au cuer a grant doleur :
— « Girars, dit elle, frere, laissiés vostre foleur,
Pardonnés [5] vos grans ires à touz communément
Et au roi, qu'est nos sires, trestout premièrement.
— Douce seur, si fai je, tout pour la Dieu amour,
Jamais ne m'en verrés faire deul ne clamour :
Tout pour Dieu et pour vous et pour cest très saint homme,
Pardoins touz maltalans [6] à touz, vescy la somme. »
La dame et li hermites en ont au cuer tel joie
Que de faire liesse [7] chascungs d'eulz en larmoie.
Li hermites li dist : « Se tu te maintenras [8],
Et t'onour et ta terre tout en ta main tenras.
Girars, renunce és armes et à chevalerie
Jusques ta pénitence à sept ans soit fenie. »
Girars de très bon cuer, en plorant, y renonce :
Bien semble qu'il li plait, pour ce que point ne gronce.

---

[1] La poussière volerait.
[2] Comme félon et enflammé de colère. — [3] Tu auras ton honneur.
[4] *Si en doibs*, c'est-à-dire tu dois en avoir le cœur assombri.
[5] Epargnez. — [6] Je pardonne toutes méchancetés.
[7] Ou de *fere liesse*, à force de joie.
[8] Si tu te maintiens dans ces dispositions.

Girars se part d'enqui, n'y velt plus demorer :
Au departir se prinrent tres forment au plorer.
Li proudons les absout, de sa dextre les soigne [1]
Et comment il pourront Dieu servir leur ensoigne.
Assés tost encontrèrent merchéans [2] qui novelles
Lor dirent de Hungrie; mas ne leur sunt pas belles.
    Girars et dame Berte trovent la compaignie
Des merchéans qui vienent du réaume d'Hungrie;
Il demandent novelles de leur cosin roi Ote.
Li ungs d'euz respondit pour touz ceulz de la rote [3] :
« Certes, sire, il est mors, nous en venons tantost.
Jamais n'assamblera en bataille grant ost
En celles entresoignes [4] que nous avons véu,
En son maistre palais ou nous sumes héu [5],
Messaiges solempnels de nostre cognoissance
Qu'anvoyés y avoit nostre bons rois de France
Savoir se cuens Girars enqui se tourneroit,
S'il le povoit tenir, ars ou pendus seroit.
Partout le fait quérir, partout le fait cerchier,
Par toutes terres fait enquerre et rencerchier [6]. »
Quant la dame l'oïst, grant péour et honte ha,
Les merchéans salue moult bel et leur conta
Que cilz Girars est mors en ung lieu moult savaige
Et ont véu sa fosse en ung poure hermitaige.

---

[1] Les signe, c'est-à-dire les bénit. — [2] Marchands.
[3] Troupe, compagnie. — Si virent venir une *rote* de damoiselles. (Roman de Perceval.)
[4] Façon de parler comme celle-ci : à telles enseignes que. (Lacurne de Sainte-Palaye.)
[5] Où nous avons été. On lit comme il suit ces deux vers dans le m^s de Sens :
    En celles entresseignes que nous avons véhu
    En son maistre palais ou nous sumes héu....

[6] *Reverchier*, dit la copie de l'Arsenal.

« Ha Diex! ci dist l'ungs d'eulz, or nous va bien chéant,
Or¹ serons nous en païs entre nous merchéant !
Ses orguels et ses guerres nous ont grevez griefment :
Aler povons partout ségur², hardiement. »
Quant Girars l'entendit, forment fut corrociés,
Trestouz s'il feust armés les héust despiécés ;
Mas, la merci de Dieu et à bon saint hermite³
Qui li fit renuncier és armes, s'en vont quite.
Quant il vindrent en France, tout droit au roi alèrent,
La mort du duc Girart pour certain li nuncèrent.
Charles en fist tel joie ne fist mais la paroille ;
Mais encor en haura telle puce en l'oroille
Dont il aura péour de perdre corps et terre,
Si com après orrés : ainssin va de la guerre,
On voit sovant fortune tourner en petit d'ore ;
Telx rit devers le main qui devers le soir plore.

Se li rois en fust lies et touz sui anemi,
Sui ami, sui parent n'en furent joians mi⁴,
Ne sui noble varsaul li plus encienor⁵ ;
Mas plaignent⁶ sa noblesce, sa grant force et s'onor.
Bien dient que jamais n'iert hons de tel noblesce,
De si grant entreprise ne de si grant prouesce.
Sur touz en moine deul la très vaillant roïne,
De plaindre, de plorer, de sospirier ne fine⁷
Pour ce que sa seur n'out du duc effant ne hoir
Qui en leur heritaige puisse jamais menoir⁸.

---

¹ A présent. — ² En sûreté. On lit *seur et hardiement* dans la copie de l'Arsenal.
³ Grâce à Dieu et au bon saint ermite.
⁴ Ce vers est ainsi construit dans la copie de l'Arsenal :
    Ses amis, ses parents n'en firent joye *my*
        (pour *mie*, point du tout).
⁵ Ses plus anciens vassaux. — ⁶ Regrettent son honneur, etc.
⁷ Ne cesse. — ⁸ Demeurer.

Or laisserons du roi qui moine grant liesse,
Si dirons de Girart qui est en grant tristesse.
A pié s'en va Girars li très nobles guerriers
Qui n'est ne dus ne contes ne princes ne terriers,
Et se treve entre roiches en une grant valée
D'espines et de ronces et d'esglantiers puplée.
Il trova deux mostiers [1] de très poure matière [2]
Qui estoient assis sur une tres grant rivière;
Trevent ung saint hermite qui avoit nom *Gautier*,
Qui estoit à genoux et lisoit son sautier.
La nuit les aubergea [3] et leur donna pain d'orge
Presti de fort lessui [4] pour esdoucir la gorge.
N'urent autres doincies [5], burent de l'aigue froide
Si com il la pusirent en la rivière froide.
Landemain s'en revont par ces estroits sentiers
Plains de roiches, d'espines, de ronces, d'esglantiers.
Quant il orent assés alé par grant traval,
Une fontene trevent ou parfont de la val [6] :
Girars s'est lay couchiés pour dormir à ung ombre;
Mas quant il li sovint de son très grant encombre [7],
Pour tout l'or de cest monde ne se péust dormir :
Lors se prent au complaindre et de deul estormir [8].
Quant remembre ses perdes et d'amis et d'avoir,
Il ne puet en son cuer ne pais ne joie avoir,
Dist que miaux vault morir par armes en bataille
Qu'estre pris à la roix [9] en champ com une quaille,

---

[1] Monastères. — [2] De très-pauvre apparence.
[3] Il les logea pendant la nuit. On lit *hébergea* dans la copie de l'Arsenal.
[4] Pétri avec beaucoup d'eau. On lit *laissu* au m⁸ de Sens. Ce dernier mot est usité dans l'idiome bourguignon.
[5] Pour *doulcies*, douceurs. On lit *dovitiez* au m⁸ de Sens.
[6] Au fond de la vallée. — [7] Embarras. — [8] S'émouvoir.
[9] *Roie*. On lit à *la rets* dans la copie de l'Arsenal.

Et, s'il puet recouvrer ne cheval ne harnois,
Encor vouldra jouster au roi en estarnois [1].

Quant Girars out ce di, il se va repentir
Pour ce qu'il ne vout pas au saint homme mentir
Et dist que de bon cuer fera sa pénitance,
Puis qu'ainssin l'a promis, il n'en fera faillance.
Girars mist s'espérance, par consolacion,
De Dieu en la fiance et la proteccion
Et prist en patience son exil liement,
Si com out oncques fait son très grant tenement.
En ce cas porrent bien deservir tel mérite
Com de saint Pou [2] lisons le saint premier hermite :
Quar la fuite et l'exil et la deshéritance
Prinrent patiemment en vraïe pénitance
Par sept ans, qui est numbres dit de perfection,
Furent en grant martire, en grant affliction ;
Poure vie menoient très dure et très austère,
En grant dévocion suffroïent leur misère,
N'orent pas adès [3] froit, n'orent pas adès chaut ;
Par grant forez aloient mal vestu et deschaut,
Oncques n'orent de biens si très grant abundance
Com il en heurent lay suffert la défaillance !
Il s'arivèrent près d'ugn très vaillant hermite
Qui sovant les conforte et pour Dieu les visite.
A lui se confortoient par grant dévocion
Et volantiers oyoient sa prédicacion :
C'estoient touz leurs solas, c'estoient touz leurs délices,
C'estoient leurs doïncies, et c'estoient leurs espices ;

---

[1] Pour *estornois*, mot qui signifie joûter, tournois.
[2] Saint Paul, premier ermite.
[3] Dès ce moment, c'est-à-dire à leur gré.

Il se fasoient vertu de leur necessité,
Et tout prenoient en gré par vrai humilité.
    Girars, pour gaaignier leur tres povrète vie,
Se mist à ung mestier qu'il n'avoit apris mie,
Ce fut à charbon faire; dus devint charbonniers :
Plus vilz mestier faisoit que d'estre façonniers [1].
A ses propres espaules pourtoit le charbon vendre
Et si len convenoit son maistre raison rendre [2].
Ung chascungs puet savoir, qui scet que honours monte [3],
Que de vendre charbon devoit avoir grant honte.
Chascungs se mervoilloit du grant fais qu'il pourtoit;
Lon se mocquoit de li; mas bel s'en depourtoit [4].
Il pourtoit plus grant fais ne fissent dui cheval,
Sur ses grosses espaules, par le mont et le val.
L'on li disoit : « Vilains, et que fais tu cest fais [5]?
— Par le ciel Dieu, cinq sols et sept deniers le fais,
Pour mon maistre V sols et pour moi sept deniers :
Saichés que du charbon ne suis point parceniers [6].
— Vilains, comment endures pour si poul tel mahaign [7].
— Je reni Dieu, signeur, si fai autre gaaign [8]. »
Ungs ribaus de la ville le prist à ramponer [9]
Qui estoit costumiers de malvais nom doner :
« Vilains, tu semble miex pendeour de larrons
Que ne fais charbonnier, ne copeur de jarrons [10]. »

---

[1] Fauconnier. — [2] Et il lui en fallait rendre compte à son maître.
[3] Qui sait jusqu'où s'élève le sentiment de l'honneur.
[4] Mais bien le supportait. On lit dans le *Roman de la Rose* :

    Amors l'avoit fait à ses mains
    Par les fins amans conforter
    Et por les maulx miex *déporter*.

[5] Et combien vends-tu cette charge? — [6] Copartageant.
[7] Incommodité. — [8] *Gahain*. (Arsenal.) — [9] Railler.
[10] Branches de chêne. Le vrai mot est *jorions*.

Girars le regarda, le neis prist à froncier.
— « Regardés, dit li gars, je crois qu'il veut groncier [1]. »
Cilz qui furent présent li vont en l'ore dire :
« Tu porra tel mocquer qui te tenra de rire [2].
Tantost Girars li dist : « Ne vois en ceste place
Autre larron que toi, bien en pourtes la face,
Puisque penderres [3] suis, lores est senz doutance
Je te pendrai tantost, si auras ta sentance. »
Par le piz [4] le saisist et sur son col le giete,
Cilz ne se puet bougier fors que des piés regicte [5] :
Il samble ne li griet [6] ne que fait li sa cote [7].
Tres du lonc de la vile Girars s'en court et trote ;
S'il ne feust secorrus, tantost l'eust il pendu,
Du mocqueur li héust son reguierdon [8] rendu.
A touz ceulz de la vile, saiches, moult habe li [9],
Plus ne trova Girars qui se mocquast de li :
Ainssin en grant traval son vivre deservoit [10] ;
Dieu et sa douce mère de tres bon cuer servoit.
Sa femme se séoit toute jour en la poudre
Et gaaignoit son vivre au tailler et au coudre :
De ce faire en s'enfance avoit été aprise,
Bien sout tailler et coudre et braïes et chemise.
Maul vestue et chauchiée et toute entorchonnée [11],
Covroit sa grant biauté la gente fauconnée [12].

---

[1] Murmurer. — [2] T'empêchera. — [3] Pendeur.
[4] Le saisit par la gorge. Du latin *pectus*.
[5] Rue, regimbe. — [6] Pèse.
[7] Sa tunique. Au lieu de *li*, on trouve *lui* dans le m^s de Sens et dans la copie de l'Arsenal. — [8] Sa récompense.
[9] Parmi tous ceux de la ville, et sachez bien qu'il y en avait beaucoup.
[10] Gagnait.
[11] Vêtue de haillons. — On lit *entorchenée* dans le m^s de Sens.
[12] La gentille faussaire, en ce sens qu'elle cachait son rang sous les apparences de la pauvreté. *Foulsonnerie*, ou mieux *fauçonnerie*, signifie acte de faussaire. (Roquefort.)

S'elle sout tel mestier ce ne fut pas mervoille.
Quar Augustes Césars fist bien le cas paroille :
Il fut vaillans et saiges et regna moult grant pièce [1];
Mas il n'out oncques file ne cosine ne nièce
Qu'il ne féist aprendre à quelque mestier faire
Pour ce qu'oisiveté ne leur féust contraire.

   Ainssin fut ceste dame aprise dès s'enfance
De tailler ne de coudre, n'out [2] pas plus saige en France.
Sobz poure et simple abit estoit la gentis dame,
Dieu servoit nuit et jour de cuer, de corps et d'ame.
Sur ce mes cuers m'esmet dire [3]. le me convient,
D'une tres bonne dame qui fut, bien m'en sovient.
Elle ot mis à son cuer [4] sur ce ceste paroule,
C'est que la sapience est envers Dieu la foule [5].
Pour tant qu'elle entendit la lettre à scens contraire,
Li estre poure et foule foignit pour à Dieu plaire.
En convent de nonnains se mist religieuse,
De vrai humilité fut tousiours curieuse.
Elle servoit du tout en toutes officines ;
Elle nettéoit tout en cambres en cusines ;
Elle estoit si orrible et si abominable
Jamais ne la laissessent s'asséoir à leur table [6].
L'une la deboutoit, l'autre la menassoit,
L'autre la batoit bien, chascugne la chassoit.
La laveure des poz et li reliés des tables,
C'estoit trestouz ses vivres : moult li fu delitables ;

---

[1] Longtemps.
[2] Il n'y eut.
[3] Mon cœur m'engage à parler de...
[4] Elle s'est gravée dans le cœur.
[5] La folle.
[6] Elle était assez repoussante à la vue pour que jamais les autres religieuses ne la laissassent s'asseoir à leur table.

D'ung vielz torchon cuvroit son chief toute deschauce [1].
Diex abaisse les halz et les humbles essauce [2] :
Ainssin fist il cestei [3] qu'il vout que sa lumière
Feust sur le candelabre mis en bone manière.
Il envoya son ange visiter ung saint père
Qui estoit és déserz et li dist : « Biaux doulz frère,
Va à celle abbaïe de nonnains qui Dieu servent,
Et l'une plus que l'autre la gloire Dieu déservent :
Une en y troveras deschauce et malparée
Qui bien te samblera pour foule et esgarée :
Toutes la vitupèrent, et te di de rechief
Qu'elle a tousiours couvert de toüaillon [4] le chief.
Bien saiches celle dame est de plus grant mérite
Que tu [5] qui, solitaires, mene vie d'ermite.
Tousiours est assaillie de si grant multitude,
Ses cuers ne part [6] de Dieu : quar tout y met s'estude [7];
Mas tu combien que hermites solitaires,
Tes cuers girovagant [8] va par pluseurs repaires. »

 Les suers ala véoir et les appala toutes ;
Mas ne vint pas icelle si en fut en grans doutes.
A l'abaesse prie que tout face venir,
Toutes les velt véoir, ne s'en puet contenir.
L'une dist : « Nous n'avons plus nonnain ne béguine
C'ugne mechéant foule qu'est en nostre cusine.
— « Faites venir, dist-il, icelle vuilz véoir. »
Quant il vit les ensoignes [9], au piés li va chéoir [10],

---

[1] Dégarni de cheveux. — [2] Exalte, élève.
[3] Celle-là. — [4] De mauvaise toile. — [5] Toi. — [6] N'écarte.
[7] Son étude.
[8] Ton cœur ne pouvant se fixer, etc. Cette expression est singulièrement pittoresque par l'assemblage des mots latins *girare* et *vagari* qui entrent dans sa composition.
[9] Les marques. — [10] Va se prosterner à ses pieds.

Et sa benéisson ¹ humblement li déprie.
Celle, de l'autre part, s'est a terre couchie,
Et velt que li saint peres benéisson li doigne.
Quant les autres serors vidrent celle besoigne,
Si dirent au proudome : « Enten nostre paroule,
Ne te chaille de lei ², c'est une droite foule ³.
— De ce vous povés bien, di li sains hons, taisier :
Je ne vous ne sons ⁴ digne nes ⁵ de ses piés baisier ;
Elle est saige et vous foule, qui foule l'appelés :
Li hauz secrès de Dieu ne vous iert plus celés. »
— Lors leur a recontée la paroule de l'ange :
Toutes s'agenoillèrent pour Dieu doner louange
Et li crient merci des molestations
Et des grans batemens et des dérisions
Que celes avoient faites à la dame tressainte.
Par vraïe repentance ont ploré larme mainte ⁶ :
De cuer leur perdonna, fort reprist à plorer
Lay denqui en avant ⁷ ne vout plus demorer ;
Quar elle ne povoit la grant gloire suffrir
Que chascune des autres vouloit à lei offrir.
En requoi ⁸ s'en parti c'oncques puis ne revint,
N'elles ne li sains hons ne seurent que devint.

Ainssin Girars et Berte en tres grant vilité
Deservoient bien du ciel la grant sublimité :
De tant com il estoient de plus noble lignaige,
Tant estoient il plus humble, plus dévot et plus saige :

---

¹ Bénédiction.
² Ne te soucie, ne t'occupe point d'elle.
³ C'est une véritable folle.
⁴ Ne sommes, du latin *sumus*.
⁵ Pas même.
⁶ Pleurer des larmes serait une hardiesse en français.
⁷ Dorénavant. — ⁸ En cachette.

Si com li ours [1] s'effine et purge en la fournaise,
Ainssin les purga Diex en suffrir grant mésaise [2].
Durant les dis sept ans [3] suffrent grant pénitence ;
Mas oncques nulz ne prinrent en meillor patience :
Et nous créons [4] pour tant que li sains esperis
Leur voult doner sa grâce et gitier des péris [5],
Ce signeurs disposens [6] qui tousiours vit et règne,
En cui puissance sunt toute gent et tuit regne.
Li sept ans se passèrent : or orrés la tenor [7]
Comment Diex les remit en leur premiere honor.
David en dit ainssin : « Diex les malmis redresce
Et les emprisonés delivre de destresce.

Girart rentre en grâce près du roi. — Tableau des vertus de Girart et de Berthe.
Apologues variés et attachants.

Or avint qu'à Paris à une penthecoste
Tint Charles tres grant court, ne li chaut que li coste [8] ;
Manda ses hauz barons, partout le fist savoir,
Tres solempneument tint touz ceulz qu'il peust havoir ;
Quar il estoit moult riches, moult fors et moult puissanz,
D'onorer les barons sur touz rois cognoissanz [9].
Girars et dame Berte, la veille de la feste,
Entrèrent à Paris soubz abit non honeste,

---

[1] L'or. — [2] C'est comme s'il y avait littéralement : *dans le par eux souffrir grand malaise*.
[3] Lesdites sept années.
[4] Croyons.
[5] Voulut les protéger contre les dangers.
[6] Le seigneur en disposant ainsi.
[7] A présent vous entendrez le récit, etc.
[8] Peu lui importe la dépense.
[9] Sachant mieux que tous les autres rois honorer, etc.

...oyne en alant y a mort. Et mostra suant et bege en estat
...a pelerine estraniers en la cite pres et apres la dite
...nne enoint. prem elle lad a dite damoselle

Com poure mendiant vers le palais s'en vienent ;
En loign li ungs de l'autre pour péour ¹ se contienent.
Girars vit la roïne, vers lei se va trayant,
Si com pour truander ² la suit en retrayant ³.
De barbe avoit ung pié et longue cheveleure,
Bien sembloit que lonctemps out mené vïe deure.
Ung enel out ou doi qu'elle li out doné ⁴
Quant Girars et sa seur furent entredoné ⁵.
Quant elle vit l'enel en si poure persone,
Par devant li passa ne nul mot ne li sone ⁶ ;
Li sans li tressailli, et müa sa coleur ⁷.
Elle vat et revient esprise de doleur,
Regardans va l'enel ⁸, moult bien l'a cogneu :
De sa seur li sovint, s'en a le cuer mehu ⁹.
En sa cambre se trait, touz li cuers li chancelle,
La plus et tres secrete de ses femmes appelle :
« Alés tres coïement ¹⁰ à tel poure homme là,
Bien secret l'en menés en la cambre de là. »
— Elle le fist moult bien, Girart moinne en la cambre ;
La roine se trait là cui frémissent li mambre.

---

¹ Par timidité. — ² Mendier.
³ La suit en se retirant, c'est-à-dire la suit par derrière.
⁴ Girart avait au doigt un anneau que la reine lui avait donné.
⁵ Quand Girart et Berthe, sœur de la reine, *se furent donnés l'un à l'autre comme époux* (*entredoné*). L'anneau que Girart avait alors reçu d'Eloïs fut le signe d'une union spirituelle entre lui et la sœur de Berthe. Girart aimait Eloïs ; mais, par le plus magnanime des dévouements chevaleresques, il avait renoncé à sa main, dans le désir qu'elle pût devenir impératrice en épousant Charles-le-Chauve. Il y a tout au commencement du poème provençal sur Girart, poème nouvellement édité par M. F. Michel dans la collection elzévirienne Janet, un passage des plus intéressants sur cette situation romanesque hautement avouée par les contractants.
⁶ Ne lui fait entendre nulle parole.
⁷ Tout son sang fut ému et elle changea de couleur.
⁸ Va regardant l'anneau.
⁹ Remüé. On trouve *esmeü* dans la copie de l'Arsenal.
¹⁰ En secret.

Girars s'agenoilla, la roine bel salue :
Elle ne li dist mot ne c'une beste mue,
Assés tost aperceut et cognut sa persone ;
Ses bras li lance au col, au baisier s'abandone.
Il preignent au plorer [1] de pitié et de joie ;
Demande de sa seur [2], tart li est que la voie [3].
Girars li fit venir tres bien secrètement
Et elle les receut [4] tres bien et saigement ;
De baisiers, d'embraciers, de larmes à foison,
Par tres grant fine joie y out grant achoison [5].
A part les fist mener la tres vaillant roïne,
Tel maignie [6] leur doune qui d'eulz servir ne fine [7].
De boire et de maingier ne doit l'on faire conte,
Ne de biaux vestement : vous savez que ce monte.
La roine, celui soir de celle sainte feste,
Au roi y a touz autres fist grant joie et honeste ;
Oncques mais meilleure chière n'out fait en son aaige [8] :
Li rois l'en tint plus chière, plus courtoise et plus saige.
A trestouz les barons fist si tres grant semblant [9]
Qu'au roi et au bernaige va touz les cuers emblant [10] ;
Donna de biaux joyaux ès poures et ès riches :
Li rois en fut moult liez, qui n'iert avers ne chiches [11].
Tuit alèrent dormir après le grant voillier [12] ;
Tres grant feste orent faite après le resvoillier [13].
Au roi dist la roïne par paroule tres douce :
« Tres doulz sire et amis, moult me mervoille doù ce [14]

---

[1] Ils se prennent à pleurer, etc. — [2] S'informe de sa sœur.
[3] Il lui tarde de la voir. — [4] On lit *retint* dans la copie de l'Arsenal.
[5] Sujet, occasion. — [6] Compagnie. — [7] Ne cesse.
[8] En son temps. — [9] Accueil.
[10] Qu'elle conquiert tous les cœurs, tant du roi que de la cour.
[11] Qui n'était avare ni chiche. — [12] La grande veillée.
[13] *Quant vint à révoiller.* (Ms de Sens et copies de l'Arsenal et de Troyes.)
[14] D'où ce que.

Vient que, en mon dormant, véoïe maintenant
Uug bel colom [1] tout blanc devers le ciel venant;
En vostre corps entroit par si tres grant mervoille,
Et vostre face estoit si belle et si vermoille
Qu'il sembloit proprement que ce fust ung drois anges [2].
Ambedui [3] rendions à Dieu tres grant louanges,
Et de vostre franc [4] cuer si grans odeurs venoit
Que d'autre paradis lors ne me sovenoit;
Partout la sentait l'on tres plaisant et tres bonne
Tant com li cielz cuëvre [5] et li mons environne.
D'autre part me sembloit qu'au cuer navrée estoie
Si tres parfondement que morir en cuidoie;
Mas celle douce odeur, sitost com la senti,
Me rendi toute saine, je n'en ai pas menti.
Ungs cerfs et une biche venoïent à ma main,
Qui ploroïent trop fort et au soir et au main;
Devant vous me sembloit que ilz s'ageloignoient [6]
Et par droite semblance merci vous demandoient :
Vous, tres piteusement, les leviés de terre
Et faciez aler pour eulz à maingier querre.
A vostre main venoient maingier privéement
Et puis si s'en aloient moult tres joieusement :
Chascungs qui les véoit en façoit trop grant feste.
Pour Dieu, sire, entendés que j'en ai en ma teste [7] :
Nous devons à demain le corps Dieu recevoir,
C'est li sains colom blanc, se croi-je tout de voir,
Par vostre gente face qui tel clarté rendit :
Praign [8] le Saint Esprit qu'aujourdhui descendit

---

[1] On lit dans la copie de l'Arsenal : *un bel colomb.*
[2] Un véritable ange. — [3] Tous deux.
[4] On lit *fin* dans la copie de l'Arsenal. — [5] Couvre.
[6] S'agenouillaient. — [7] Ce que j'ai en projet. — [8] Prenez le pour.

En semblance de feu sur ses benois apostres :
Ainssin vuille il descendre si li plait és cuers nostres.
Vostre odeur¹ qui garit de mon cuer la grant plaie,
Se sera² vostre grace que je vous pri que j'aie.
Du cerf et de la biche croi je bien vraïement
C'est ma chars et mes sancs³ qui viennent povrement,
C'est ma seurs et mes freres qui de fain et de soi⁴
Se morent en exil. Ne je n'oi ne ne soi⁵,
Il a sept ans passós, d'eulz novelle certene :
C'est la plaïe qu'au cuer m'est tousiours si grevene⁶.
Comme ainsnée de moi déust estre roïne,
Je servir la deüsse comme simple meschine⁷ :
Or vous pri, tres doulz sire, que d'eulz aiés merci ;
Quar puis n'ou⁸ le cuer lie mas de grant deul nerci !
Le remenant du songe est en vostre pitié ;
Pour Dieu, sire, aujourdui me monstrés amitié. »

— Quant li rois la roïne vist si forment plorer
Et il out entendu tout senz riens ignorer,
Tres grant compunctions de cuer s'est en lui mise
Et grans compassions ; lors parla en tel guise⁹ :
— « Ma douce seur, dist-il, n'avez pas grant liesse ;
Ne je n'en ai pas plus, mas suis en grant tristesse,
Quant j'ai perdu tel homme qui tant estoit¹⁰ loyaulx
Et tres bien nécessaires et mes consoilz féaux¹¹ ;
C'estoit mes drois escus, c'estoit ma droite targe¹² :
Jamais n'aurai si fort ne si preu ne si large.

---

¹ L'odeur de sainteté. — ² Ce sera. — ³ C'est ma chair et mon sang.
⁴ Soif. — ⁵ Je n'apprends ni ne sais. — ⁶ Griève, pénible à supporter.
⁷ Servante.
⁸ Car je n'eus depuis. — On lit *n'ois* dans le mˢ de Sens.
⁹ En telle manière. — ¹⁰ *M'estoit loyaulx*. (Arsenal.)
¹¹ Et mon fidèle conseil. — ¹² *Scutum* et *tergum*, même sens pour bouclier.

J'ai créu les félons, les malvais, les traïtes [1] :
Pour son léaul servir ha tres malvais merites [2].
De vostre douce seur belle et bonne et courtoise,
Quant ainssin l'ai perdue, trop malement [3] m'en poise :
Pléust Dieu et ses sains qu'il, a ceste journée [4],
Venissient [5] à ma court par bonne destinée !
Nostre grace rauroient, saichés, certenement
Et trestoute leur terre senz nul deffaillement [6].

Quant la roïne oï si tres bones novelles,
Moult li furent au cuer plaisans, douces et belles,
Le roi en mercia moult et débonnairement
Et cil li affia [7] tres afferméement
Que quelle hore qu'il viennent devant li en présence
Il leur tenra convent senz nulle demorance [8].
Oncques mais la roïne ne songa si bel songe.
Qu'il n'y out [9] oncques riens de faux ne de mensonge.
Le matin se leva par bone destinée ;
Elle ne dormi pas toute la matinée ;
Girart de Rossillon et sa femme Bertain
Vestit moult richement et para pour certain.
Elle leur pourta bien cel jour bone novelle ;
Venir les fist attendre [10] à l'uis de la chapelle.
Quant il fut temps de dire la messe et le servise,
Li rois dévotement s'an vint a sainte église [11]
Et trestuit li baron, li prince et duc et conte,
Tant y out bone gent qu'il n'y a qui [12] les conte.

---

[1] Les traîtres. — [2] Récompenses.
[3] On lit *fièrement* dans la copie de l'Arsenal.
[4] Qu'eux dans ce jour. — [5] *Venissent*. (Arsenal.) — [6] Manquement.
[7] Affirma, du latin *ad fidem*. — [8] Il leur donnera audience sans nul retard.
[9] Puisqu'il n'y eut. — [10] Les fit venir attendre.
[11] Mêmes vers au ms de Sens. — *A cette église*. (Arsenal.)
[12] *Que n'est nul qui*. (Id.)

La roïne fut là tres belle, bonne et gente,
Son serourge [1] et sa seur au vaillant roi présente.
Au pié le roy se giettent embdui tres humblement
Et li crient merci moult tres piteusement,
Et la roïne auxi se vout agenoillier :
Mas li rois ne li suffre, prist soi à mervoillier,
De grant compassion prist forment à plorer,
De la terre les lieve ambdux [2] senz demorer.
Il leur fait tres grant feste, il les baise et embrasse,
De tres douces paroules les conforte et solace [3].
Li baron et li per [4] et tuit se mervoilloient
De la tres fine joie que faire li voïoient.
Tout ce vient de la grace du tres saint Esperit.
De tres fin cuer entier les honore et chérit,
Malgré les traïteurs et leur puant murmure,
Leur pardonne trestout et meffait et injure,
Et devant touz les bons qui en orent grant joie
Sa grace, de bon cuer, et s'amour leur outroie [5],
Et les mist en saisine par son gain [6] hautement
De trestoutes leurs terres et leurs grans chasement [7].

 Girars et dame Berte forment l'en mercièrent
Et la roïne auxi, forment Dieu en louèrent,
Et s'en y out aucungs qui en heurent [8] envie :
Toutes voies [9], le di je, pour la plus grant partie.

---

[1] Son beau-frère.
[2] Du latin *ambi duo*, tous deux. — On lit *andués* dans la copie de l'Arsenal.
[3] Console. *Soulace*. (M⁵ de Sens.) — [4] Les pairs.
[5] Accorde.
[6] Même version dans la copie de Sens. — On lit *gand* dans la copie de l'Arsenal. C'est le vrai sens, car on voit par une note de Lacurne-Ste-Palaye que, dans le droit féodal, il y avait une investiture donnée par le *gant*. Le *gant* était aussi un droit dû au seigneur à chaque mutation.
[7] Fiefs. — [8] *Orent*. (Arsenal.)
[9] Toutefois, cependant.

A la messe vont tuit pour faire lor devoir ;
Grant joie et feste y out, ce saichés, vous, de voir :
Des vins ne des vïandes, de ce riens ne vous numbre,
Vous povez bien savoir qu'il en y out senz numbre,
Huit jours touz ploins li rois fist durier celle feste
Et touz les jours tint court tres grant et tres honeste.
N'y convint nul portier, n'y out us clous [1] ne porte ;
Qui velt si prant des biens [2] et qui velt si emporte ;
Grant feste et joïe mènent, et si out menestriers :
D'ainssin faire n'estoit pas li rois senestriers [3].
Es dances és quarelles [4] se vont un [5] accorder,
Es tables es eschars [6], li autre au baorder [7] ;
Dames et damoiselles et tuit font si grant joie
La centeime partie dire ne vous sauroie.
A Girart furent fait tant de si grant présent
Que n'en sauroïe dire la valeur à présent.
De la court se partirent les dis huit jours passés,
Li rois et la roïne les convoyant assés [8].
De Paris se partirent ensemble [9] tres grant glore.
Grant compaigne enmoinant bien digne de mémore,
Fourcon leur bon ami [10] avecques eulz en moinent :
C'est la fleur de prouesce, toz ainssin le tesmoinent.

Or s'en vont en leur terre li dus et la duchesse :
Au venir encontr'eux y out mainte grant presse.
Par trestout où il viennent n'y a ne mont ne val
Que ne soit ploin de gent au pié et à cheval :

---

[1] Huis clos.
[2] *Des vins*, dit la copie de l'Arsenal. Cette version s'accorde mieux avec l'idée de réjouissances publiques.
[3] Maladroit. — [4] Divertissements, sortes de danses.
[5] Les uns. — [6] Aux petits jeux. La copie de l'Arsenal dit *eschacs*.
[7] Aux plaisanteries, jeux de mots.
[8] Les reconduisant assez loin. — [9] Avec.
[10] *Leur bon nepveur*. (Copie de l'Arsenal.)

Partout fut si grant joie de leur venüe faite
Que par langue mortel ne puet estre retraite [1] :
Or [2] ont il leur patron, or ont il leur seigneur !
Oncques mais en leur vie n'orent joïe grigneur.
Cilz qui devant estoient en désolacion
Furent tuit repleni de consolacion.
A cors et à busines [3], a grans processions
Sont partout recéu senz simulacions [4] ;
De dons et de présens orent si grant copie [5]
Que ne vous en puis dire la centeime partie.
En quelque lieu qu'il soient en leur terre habergié [6],
Menent solas et feste li lai et li clergié [7] :
Or ont il leur vouloir, or ont il leur desir,
Or leur sambl'il que puelent ségurément gesir [8].
Il se mettent partout en leur possession :
Ly réaul [9] les reçoivent senz contradiccion ;
Il trevent partout plains et celiers et greniers ;
Tantost furent tout plain d'our, d'argent, de deniers :
Or n'est il pas mestiers qu'il aillent charbon faire
Ne coudre ne taillier ne drappel [10] ne suaire.

Girars li dus et contes et princes excellans
En pais sa terre tint, n'y out nuz rebellans.
S'oncques jour de sa vie out esté pervertis,
En toutes bones œuvres faire s'est convertis ;

---

[1] Retracée.
[2] A présent. — [3] Au son des cors et des trompettes.
[4] Joie simulée. — *Symulations.* (Mˢ de Sens.)
[5] Du latin *copia*, abondance.
[6] Retirés. — [7] Les laïques et le clergé.
[8] Dormir. Même version dans le mˢ de Sens. Celle de l'Arsenal met *leur sembly* pour *leur semble-t-il.*
[9] Les partisans du roi.
[10] Hardes. Allusion aux métiers de charbonnier et de couturière que leur mauvaise fortune avait imposés à Girart et à Berthe.

Servir Dieu et sa mère et touz les sains s'estude [1] :
Il y met tout son cuer son penser et s'estude [2].
Les biens qu'il out apris entour le saint hermite
Ne mist pas en obli, en son cuer les récite ;
De cuer, de fait, de bouiche les met tres bien à euvre ;
Ne guerre ne descort [3] ne veult vers aucun meuvre [4] ;
De jeusnes et d'aumosnes, de saintes orisons
Fait contre l'anemin [5] armes et garnisons ;
Il est plains de droicture et de toute équité,
Ne puet ne velt soffrir meffait n'iniquité.
En funder abaïes, priortez, monastères
Estoit toute sa cure [6] et ses grans desidères [7].
S'oncques [8] à ses subjés fut aspres ne grevables,
A touz leur est courtois et doulz et favorables.
Il aime Dieu et ceulz qui font le sien servise
Et tres dévotement fréquente sainte église ;
En trestoutes vertus met son cuer et sa cure ;
Il est plains de pitié, de pais et de droicture,
Et la tres honorable dame Berte sa femme
Reluit entre les autres com précieuse gemme.
Trestoutes les vertus que j'ai dessur nommées
Sont en faiz et en diz dedans son cuer plantées.
En surque tout [9], elle est plaine de charité :
C'est celle qui efface trestoute iniquité [10].

---

[1] S'étudie. — [2] Son étude.
[3] *Destort.* (Sens.) *Destour.* (Arsenal.) Ces mots signifient obstacle, opposition.
[4] Du latin *movere*, exciter.
[5] Le diable.
[6] Soin, du latin *cura*. — [7] Désirs, du latin *desiderium*.
[8] Si autrefois.
[9] Par-dessus tout.
[10] Il semble que le poète ait voulu ou changer ce vers ou en ajouter deux autres, car on lit au bas du dernier hémistiche de ce même vers cet autre hémistiche : *en temporalitey*.

Elle sert de bon cuer Dieu en la vie active
Et tres devotement en la contemplative,
N'a talant [1] que de Dieu servir point se departe [2] :
De ce n'est point oiseuse, c'est une droite Marthe.
Elle sert et repaist de sa main les malades,
Plus voluntiers les poures : cis servir li est sades [3];
Elle les administre, elle les sert et quiève [4] :
Com plus en ha grant peine et cure, moins li griève.
Les poures orphenins norrit, soustient et garde ;
Li povre vesve femme sont en sa bonne garde ;
Elle sert, aime et prise touz ceulz qui à Dieu servent :
Telx euvres et telx faiz la gloire Dieu déservent [5].
En contemplacion elle est droite Marie [6] :
Quant la paroule Dieu trestout son cuer marie
Et en tres sainctes larmes [7] en prières dévotes,
Ce sont sui grant desir et sui chant et sui notes.
Les piés nostre signeur, sovant les liève et baise
Par euvres de pitié [8] : ce sont sui tres grant aise;
Des cheveux les essuie de grant compunccion,
De vrai humilité, de grant contriccion.
De telx euvres sont ploins li dus et li duchesse,
Ne li ungs ne li autre de bien faire ne cesse.

---

[1] Désir.
[2] Que de ne point cesser de servir Dieu.
[3] Il lui est doux de servir ceux-ci.
[4] Elle les fait reposer ou les couche elle-même. *Quevès*, en longue d'Oïl, signifie chevet du lit. — Voici comment le président Bouhier a changé ce vers :
    Elle leur administre, elle les couche et liève.
          (Copies de Troyes et de l'Arsenal.)
[5] Méritent la gloire de Dieu.
[6] Elle est l'image de Marie.
[7] *Et emmy sainctes larmes*, dit la copie de l'Arsenal.
[8] *Par oures (ovres) de pitié*. — On lit *piété* dans le m⁵ de Sens.

L'odours tres redolens de leur tres sainte vie
Fut partout espandue, recontée et nuncie [1] :
Li bon en sout moult lie et li malvais s'en grièvent,
Par pou de fin envi que li cuer ne lor crièvent [2] :
La grant bonté des bons ne peut malvais soffrir,
Et c'est ce qui le fait à l'anemin offrir [3].

   Girars n'oblia pas la tres bone doctrine
Qu'il avoit de l'hermite aprise en la gaudine [4] :
Si com rois, dus ou contes, ou grans prélas ou princes,
Soit grans, moyens ou moindres en trestoutes provinces,
Ne se doit orguillier [5] pour sa sublimité,
Ainssin ne se doit il, pour sa crudelité,
Faire haïr de ceulz qu'il a en subjeccion ;
Quar trop en puet encoure [6] grant diffamacion.
Or ouez d'ung grant prince qui out a nom Denise [7]
Qu'estoit vers ses subgés tirans en toute guise :
D'eulz dommaigier et nuire point ne se consiroit [8],
Chascungs sa destruance et sa mort desiroit,
Mas c'une poure femme [9] de viellesse tres grande
Qui touz les mains [10] prioit et faceoit s'offerande [11].
Cilz princes l'aperceut, moult bien s'en dona garde.
Dist lei : « Que fais tu cy, truande papelarde [12] ? »
Celle respont com celle qui n'ousa fait nïer :
— « Sire doulz [13], quant j'estoie junette à marïer,

---

[1] Du latin *nuntius*, celui qui annonce.
[2] Peu s'en faut qu'à force de belle envie, etc. — Voici la variante des copies de Troyes et de l'Arsenal :

    Par pou de fin ennuy que ly cuer ne ly crièvent.

Il y a quelque chose de ce passage dans l'édition de Lyon, L. Perrin, 1856, donnée par M. de Terrebasse : « *Les mauvais en crevoyent de despit à la semblance du crapault qui creue quant il sent la bonne odeur de la vigne.*
[3] Se livrer au démon. — [4] Forêt. — [5] S'enorgueillir. — [6] Encourir.
[7] Denis. — [8] Ne s'abstenait. — [9] Excepté une pauvre femme.
[10] Abréviation de matin.— [11] Son offrande.— [12] Hypocrite.— [13] Doux seigneur.

Nous avoïens ung prince mal tirant non pas sire [1],
Moult desirint sa mort : après héumes pire [2]
Qui nous fist encore pis et nous plus le haïmes.
Après sa mort héusmes plus malvais, toi méismes,
Et pour tant que de pire havons trop grant paour,
Que Diex tres longue vie te doint [3], je l'en aour [4]. »
— Cilz s'en partit confus et amanda sa vie.
Si fist [5] li dus Girars qui ce n'oblia mie :
S'il out esté cruex, or fait tout le contraire ;
Chascungs piteux [6] le treve, courtois et débonaire.

 Moult le fit bien Girars qui se rendit amable
A trestouz ses subgez et à touz favorable.
Oï avoit parler de l'empereur Tite
Qui fut de si grant fame [7] et de si bon mérite :
Il tenoit grans convines [8] joyeux et senz outraige,
Oncques à nulz subgez ne fit à tort domaige
Ne les collacions [9] teix com on li devoit
Qui trop grans li sembloient, totes ne recevoit.
Nulz n'aloit de sa court muz [10] ne desaperés [11]
Que selonc son estat ne fust remunerés,
Et disoit que touz hons se devoit en liesse
Partir de son signeur et non pas en tristesse.
Ung soir dist à sa gent ou estoit à sejour :
« Las ! hui [12] ne donnai riens, bien ai perdu cest jour. »
Si privés [13], si connus [14] estoit qu'en fut repris
Et respondit com sires de valeur et de pris :

---

[1] Mauvais tyran et non roi légitime.
[2] *Après luy eusmes pire.* (Arsenal.) — [3] Que Dieu te donne.
[4] Prie, du latin *orare.* — [5] Ainsi fit. — [6] Plein de compassion.
[7] Renommée, du latin *fama.* — [8] Assemblées. — [9] Tailles.
[10] Muet, triste, du latin *mutus.*
[11] Ni désappointé. — On lit *désespéré* dans la copie de l'Arsenal.
[12] Hélas ! aujourd'hui. — [13] D'un si facile abord.
[14] *Si communs* (populaire), lit-on dans la copie de l'Arsenal.

« Telz vuilz estre à toz celz qui me rendent servise
Com vuilz c'on me féist se j'estoie en leur guise [1].
Telz faiz et tels exemples sugoit [2] Girars li contes;
Voluntiers recevoit et biaux diz et biaux contes,
Es grans pourter henor estoit droiz usaigiers [3];
Si honoroit il moult de Dieu les messaigiers [4].

Il avoit bien apris et mis en sa memore
D'ung roi qui fut jadis plains de moult tres grant glore.
Ung jour qu'il se faceoit en son chair charoïer [5]
Et en grant compaignie bannière desploier,
Deux hommes encontra d'ordre [6] maigres et pales,
Mal vestus, mal chaciés et ors, ydus et sales [7];
Il saillit de son chair et moult les honora,
A genouz les encline et Dieu en adoura.
Ung siens frères germains l'en reprit durement
De ce qu'il avoit faite si grant avilement.
Li rois se recommande ès frères par savoir [8]
Et leur fist largement donner de son havoir.
Vers Dieu et vers les hommes fist ainssin son devoir;
Mas à son frère fist son senz apercevoir [9].
Il avoit en sa terre faite une acostumance
Que quant ungs hons devoit pranre mort par sentance,
Dois le soir envoyoit [10] à sa porte tromper
D'une trompe ad ce propre : lors oïssiés comper [11] :

---

[1] Façon. — [2] *Seguoit.* (Copie de l'Arsenal.) — [3] Avait la juste coutume de...
[4] Les prêtres. — [5] Conduire dans son char. — [6] De condition monastique.
[7] Mal chaussés et d'un aspect repoussant, *horridus*, dont le mot *ors* est la forme abrégée. Au lieu du mot *ydus*, on lit *hideux* dans la copie de l'Arsenal.
[8] *Pour savoir.* (Copie de l'Arsenal.) Sans doute pour qu'ils l'aient en mémoire dans leurs prières.
[9] Montra son bon sens à son frère de la manière qu'on va lire. — On a pu remarquer ici une suite de huit vers en rimes masculines seulement.
[10] *Dès le soir on veoit.* (Arsenal.)
[11] Du latin *comperire*, découvrir, apprendre, annoncer. Le président Bouhier a changé cette version en celle-ci : *Lors oyssiés compter.* (Copie de Troyes.)

Cilz sera demain ars ou noyés ou pendus
Ou mort d'autre mort dure, ja n'en iert deffendus [1].
Li rois cel soir envoie senz proroguer termine [2]
A la porte son frère tromper celle busine.
Cilz fut désespérés toute nuit de salut
Et mena trop grant deul, mas riens ne li valut :
Morir cuide et n'entent [3], n'a testament ne lais.
Femme et effenz enmoine au matin au palais,
De pleurs ne de deul faire ne se peulent tenir.
Lors les fist touz li rois pardevant li venir,
Il leur dist telx paroules : « Or me di, biaux doulz frère,
Se tu as grant paour [4] par l'ame de ton père? »
— Li freres respondit : « Certes! mon chier signeur,
Je croi que je, ne autres, n'eusmes oncques grigneur [5]. »
— Li rois dist : « O tres foulz, se tu has si grant doubte
De la trompe ton frere [6], liquelz ne te het goute [7],
Et vers cui tu scez bien que tu n'as riens meffait,
Comment déis tu [8] donc moi estre si meffait
Quant en humilité saluai les messaiges
De Dieu qui de la mort nuncent les trehusaiges [9]?
Plus certain que par trompe sovenir m'en convient [10],
Par raison telx messaiges honorer me convient ;
Quar bien sai que mespris ai trop contre mon juge
Qui les faiz et les diz et les pensées juge.

---

[1] Désormais il n'y pourra échapper.
[2] Sans différer le terme. — On lit *proroger* dans la copie de l'Arsenal.
[3] Et ne comprend pas pourquoi.
[4] As-tu si grande frayeur? Le deuxième hémistiche est ainsi conçu dans la copie de l'Arsenal : *Par l'asme ton bon père.*
[5] N'en eûmes une plus grande.
[6] Si tu redoutes tant la trompe de ton frère.
[7] Qui ne te hait nullement. — [8] *Dis-tu.* (Arsenal.)
[9] Annoncent les tributs.
[10] Il me convient de me souvenir de la mort d'une façon plus sûre que par l'avertissement de la trompe.

Biau frere, alés en paix et plus ne me blamés ;
Les povres membres Dieu [1] tenés chier et amés. »
— A l'exemple du roi fasoit Girars grans festes
A touz religieux et à clers y a prestres,
Es povres membres Dieu fasoit [2] si grant honeur
Que tuit s'en mervoilloient li grant et li meneur [3],
Et si bien emploier savoit ses bénéfices [4]
Com s'il héust tousiours maintenus telx offices [5].
Et la vaillant duchesse mie ne se foignoit [6],
D'onurer en telle guise point ne se resoignoit [7].

Cuens Girars n'ama oncques flateur ne losangier [8]
Mas les faceoit de lui partir et estrangier [9].
Oncques our ne argent, terre, chevalx ne robes
Ne vout doner à nulz pour servir de telx lobes [10].
Le maistre roi des singes ne vout pas ressambler
Qui une fois fist tout son bernaige assambler.
Deus hommes fist venir qui estoient de grant monstre [11],
Sa paroule leur dist et sa raison leur monstre :
Li ungs estoit flaterres et touz plains de losanges,
Li autres veritables et de mentir estranges.
Au premier demanda : « Qui suis je, biaux amis ?
Tu vois bien en quel trone toute ma gent ma mis. »
— Cil dist : « Sires, vous estes grans et biaux emperères ;
Bien semblés vaillant prince en trestoutes menières. »

---

[1] Membres de Dieu. — [2] *Portoit*, dit la copie de l'Arsenal.
[3] Pour mineur, petit. — [4] Libéralités, bienfaits (*bene facere*).
[5] Rempli de tels devoirs.
[6] Ne se tenait pas à l'écart, ne s'épargnait pas.
[7] N'appréhendait pas, n'hésitait point. — *Onurance*, au glossaire de la langue d'Oïl, signifie honneur, respect. Au lieu de *onurer*, on lit *aorer* dans les copies de Troyes et de l'Arsenal.
[8] Ni trompeur.
[9] Et exiler. — [10] Tromperies, faussetés.
[11] La copie de l'Arsenal dit au contraire : *Qui n'estoient de grand monstre* (de grande apparence).

— Qui sunt cilz entour moi? — Sire, ce sont vos conte,
Vos duc, vos chevalier; mas rien vers vous ne monte [1]. »
— Li rois li fist donner robes, our et argent,
Puis demanda à l'autre, senz plus aler targent [2] :
« Que te semble de moi? » — Cil pense en son coraige [3] :
Se tes compains [4] empourte pour mentir si bon gaige,
Tu devras bien avoir deux tens [5] pour dire voir [6].
Lors dit : « Chascungs puet bien tout cler apercevoir
Que tu es ungs drois singes et cil sunt tui autel [7].
N'y a plus put de toi [8] par le benoit autel. »
Tantost fut assaillis et d'ungles et de dens
Et draps et corps rumpus et dehors et dedans.
Li vaillans dus Girars n'ovra pas en tel guise;
Onc losangier n'ama ne tint en son servise :
Il ensuguist très bien le bon Cesaire Auguste,
Le vaillant impérère, saige prodomme et juste,
Qui une fois oïst, quant il vint à théatre
Véoir les lieux de Romme (ce fasoit pour abatre) [9] :
« Ha! com tres bon signeur Diex li doint [10] bonne vie!
Ainssin soit il! par foi un chascungs Dieu en prie
De cuer, de main, de bouiche. » Les commenda touz taire
Et tantost fit crier et commandement faire
Que nulz ne le clamast signeur d'or en avant,
Sur perdre [11] son avoir et son corps mettre avant [12].
Des lors que Diex fust nez pour en la crouix offrir [13],
C'on l'apalast signeur oncques non vout soffrir.

---

[1] N'a de valeur en comparaison de vous. — [2] Tardant. — [3] Esprit.
[4] Si ton compagnon. — [5] Deux fois autant. — [6] Pour dire la vérité.
[7] Tes semblables. — On disait mieux *auteil*, *autex* et même *autieux*, du latin *alius talis* ou *alter talis*.
[8] Il n'y a pas de plus laid que toi.
[9] Pour s'ébattre, pour prendre du bon temps. — [10] Donne.
[11] Sous peine de perdre. — [12] Et perdre d'abord sa liberté. — [13] S'offrir.

Li dus Girars avoit une telle menière :
Oncques hom ne prisa plus pour sa robe chière [1],
Pour poure vestement nelui [2] ne desprisoit;
De poures et de riches et scens et meurs prisoit.
D'ung roi li sovenoit qui tenoit si grans marches [3]
Qui fist par bel scens faire quatre petites arches [4].
D'armes d'our et d'azur fist bien les deux couvrir
Et les fist bien fermer, c'on nes péust ouvrir [5],
De sarres et de clers [6] de fin our bien ouvrées;
Mas ainssois [7] furent plaines de malvaises denrées,
D'os et de charenates [8] corrumpus et puans
Nulz n'y doignast touchier tant feust poures truans [9].
Li autres furent rudes [10], mal faites et ydeuses,
Ploines furent d'espices, de pierres précieuses.
Ses barons appala et les fist avisier
Lesquelx deus de ces coffres l'on devoit mieux prisier?
Il prisèrent trestuit trop mieux les mieux [11] dorées
Et tindrent en vilté les autres mal parées.
Dist li rois : « Bien savoie en mon cuer senz absconse [12]
Que tuit vo me feriés une telle response. »
Lors fist ouvrir les belles [13]; telx puouis en voula [14]
Par pou [15] que les présens n'occit et affoula [16].
Lors dist li rois à touz : « Or avez la figure
Des faulx cuers desloyaulx soubz belle vestéure. »

---

[1] Pour sa robe de prix. — [2] *Nullum*, personne.

[3] Si grandes frontières, c'est-à-dire si grand royaume. — [4] Coffres.

[5] De manière qu'on ne les pût ouvrir.

[6] De serrures et de clés. — [7] Auparavant. — [8] Fragments de chair.

[9] Tellement que nul n'y aurait daigné toucher, quelque pauvre truant qu'il fût.

[10] Grossières. — [11] Les plus. — [12] Détour. — [13] Les beaux coffres.

[14] Telle puanteur s'en exhala; c'est de ce mot *puouis* qu'est venue notre exclamation vulgaire *poui!*

[15] Qu'il s'en fallut peu. — [16] Et ne suffoquât.

Les autres fist ouvrir ; si grans odours en ist [1],
De douce souaitume [2] trestouz les replexit [3].
« C'est, dist li rois, semblance des signeurs et des dames
Qui soubz ung poure abit ont grant biauté des ames,
Quant vers Dieu di-je telx et dames et signeurs
Il n'est nulz signoraiges qui de telx soit grigneurs [4]. »

Girars li preux, li saiges fut de si bon convine [5]
C'oncques ne vout ouvrer de tort ne de rapine.
Quant aucung li disoient que il partout créûst [6]
Ses treüs [7] et ses tailles pour tant que plus héust,
Il disoit : « Ce n'est pas li us de bon pastour,
Encontre ses berbis querre ne doit pas tour [8]
Par quoy il les cenviegne escourchier ne confondre,
Mas par bonne raison en saison les puet tondre.
Ce n'est pas ce que dire, soi, en arriers souloit [9] :
Ainssin le convertit Diex et par ce vouloit
Ses gens en leur debites [10] tenir senz remüer
Ne ses officiaux ne vout sovant müer [11].
Quant on li demandoit pour quoi ainssin ouvroit [12],
Il disoit que ses pueples [13] grant preu [14] y recouvroit ;
Quar quant telx gens se doubtent d'estre sovant müé [15]
Happent, praignent et toillent, c'est pillié, c'est tüé [16].

---

[1] En sortit.
[2] On trouve *souatume* dans le glossaire, comme dérivant du latin *suavitas* et signifiant odeur suave.
[3] C'est presque la forme latine *replevit*.
[4] Voici le sens des deux vers : Parce que, à l'égard de Dieu et de tels seigneurs et dames, il n'y a nulle seigneurie qui soit plus grande que celle-là, c'est-à-dire la beauté des ames.
[5] Conduite, manière d'agir. — [6] Augmentât.
[7] Tributs. *Treü* est une abbrévation de *tributum*.
[8] Ne doit pas chercher de biais.
[9] Ce n'est pas ce qu'il avait coutume de dire autrefois, je le sais.
[10] Redevances. — [11] Changer. — [12] Agissait.
[13] Son peuple, *suus populus*. — [14] Profit. — [15] Déplacés.
[16] Pour *toué*, du roman *touta*, enlever. (Glossaire occitanien.)

Cilz qui viennent novel font pis que li premier :
Chascungs scet de ce faire sont trestuit costumier.
« Entendés, dit li dus, comment vous le saurés :
Devant l'uis d'une église gisoit ung hons navrés [1],
Pour demander monstroit son mal tout à ouvert :
Li mosche lui maingeoient trestout au descouvert.
Là vient ung poures hons : n'a de quoi bien li face
Mas que tant que [2] les mouiches dessur ses plaïes chace.
Li malades li dist : « Tu m'as mis à la mort :
Les mouches qui s'en voulent [3] eles m'avoient ja mort ;
Nul mal ne m'en façoient tant estoient jà replènes
Du sanc de mes grans plaies et de chars et de vènes :
Or viendront les noveles, moy poindront plus forment.
Dieux te pardoint : tu m'as engrignié [4] mon torment !
— Or povés vous bien tuit et savoir et entendre,
Dist li dus, à quel fin cis exemples puet tendre. »
Li dus entendit plus à pugnir ung faulx juge
Que celui proprement que [5] ses faiz par droit juge :
Il en prenoit exemple à ung grant roi de Perse
Soubz cui ungs juges out fait sentence perverse.
Il le fist escourchier pour sa fauce desserte [6] ;
De son cuir sa chaière [7] feut trestoute couverte.
Son filz fist après juge et le fist sur séoir [8],
Pour tant qu'après péût remembrer et véoir
Le torment de son père et ouvrast saigement
Et se gardast de faire tout malvais jugement.

---

[1] Blessé. — [2] Excepté pourtant que. — [3] Volent.
[4] Accru. On dit plutôt *engrigé*, qui semble venir du latin *increscere*.
[5] *Qui*, dans la copie de l'Arsenal.
[6] Conduite déloyale.
[7] Fauteuil.
[8] Asseoir sur cette chaire, ce fauteuil.

Ou duc Girart avoit très vrai justicier [1]
Ne dons ne parentés non péussient brisier [2].
Une fois si faisoit requeste ung siens parens
Et vouloit contre ung autre li feust encor garans :
Il ne le vout [3] pas faire.—Lors dist cilz : « Quel prouaige [4]
Ai jou en vostre amour ne en vostre lignaige? »
— Dist li dus : « Preu neveu, n'otreions [5] ta requeste,
Qu'elle [6] n'est droiturière suffisant ne honeste. »

Combien que feust bons juge et plains de grant honour
Par sa misericorde attrempoit [7] bien rigour :
Entre misericorde et droit aucune fois
Fist sovent droit moien et fasoit [8] bone fois.
Il avoit trop bien mis en sa bone memore
De Zeluche [9] ung bon juge dont out véu l'histore.
Telx us ière en sa terre [10] : qui femme forstrayoit [11];
Les deux yels s'és avoit [12], par droit l'on li trayoit.
Ses filz [13] qu'il amoit moult fut pris en adortire [14],
Son pere voult droit faire, combien qu'en héust ire [15];
Trestuit petiz et granz li crièrent merci.
Il ne savoit que faire ne comment ouvrer ci [16] :
Pour faveur de nature et pour justice faire,
Ung yeul fist à son filz et lui ung autre traire :

---

[1] Il y avait chez le duc Girart un très-véritable fond de justice.
[2] *Ne le puissent cabusier* (surprendre, tromper), lit-on dans la copie de l'Arsenal.
[3] Voulut. — [4] Profit, avantage.
[5] Nous ne faisons point de concession à ta requête.
[6] Parce qu'elle. — [7] Adoucissait, du latin *temperare*.
[8] Le poète écrit tantôt *façoit* et tantôt *fasoit*. Cette dernière manière est une sorte d'oscillation entre *façoit* et *faisoit*, formule qui a enfin triomphé.
[9] *Reluche*. (Arsenal.)
[10] Telles coutumes furent en sa terre..
[11] Enlevait. — [12] S'il les avait.
[13] *Suus filius*. — [14] Adultère.
[15] Tant il en avait conçu de colère.
[16] Se tirer de là.

Quant son yeul se fist traire, son filz assés puni,
Quar du filz et du père li corps si sont uni
Par force de nature par généracion
Qu'en ces doux¹ n'out, pour voir, c'ugne punicion :
Ainssin fut droituriers doulx et misericors ;
Bien se déut chastier par ce l'arme et le corps.

 Plains fut li dus Girars de très grant diligence,
A riches et à poures fist droit senz négligence ;
Oncques ne tarda faire droit en nulle menière,
Trop bien li sovenoit de Trajain l'emperière :
Une fois fut montés pour aler en bataille ;
Quar grans besoings² estoit, bien le savoit senz faille³,
Vist une poure femme vesve vers li venant,
Merci criant⁴, le prist par le pié maintenant,
Et dist : « Drois emperières, vainge moi de la mort
D'ung mien chevalier filz c'ungs tiens mortriers m'a mort⁵.
Tu m'es sires, mes juges⁶, fai moi tantost droiture :
Li cuers me partira se ne vainges m'injure. »
Li rois dist : « Très bon droit te ferai au retour.
— Et se tu ne reviens, qui me fera cel tour ?
— Mes successors, dist-il, t'an fera droit avoir. »
Lasse moi tres dolante⁷ ce ne puis je savoir !
Et s'il le faceoit⁸ bien, que te profiteroit
La venjance et le bien c'ungs autres me feroit ?
Tu es mes débitors, tu me dois avoier⁹
Si que¹⁰ de bon merite recouvres bon loier.
Tes successors sera pour li propre tenus :
S'il fait bien envers Dieu, sera tres bien venus,

―――――――――――――――――

¹ Deux. — ² Grande affaire. — ³ Indubitablement.
⁴ Réclamant pitié. — ⁵ M'a tué. — ⁶ *Tu m'es sires et juges*. (Arsenal.)
⁷ Hélas ! affligée que je suis. — ⁸ C'est le latin *faciebat*.
⁹ Venir en aide; *ad viam ire*, faire droit. — ¹⁰ Afin que.

Ja¹ droiture d'autrui ne te delivrera :
Qui bien fera ou monde cilz touz biens trovera. »
— Quant li rois out oï, du cheval declina²,
La cause de la vesve tres bien examina,
Selonc droit com bons juges sentence rapourta,
La poure bien dolente tres bien reconforta.
Ainssin faceoit Girars : és bons prenoit exemple
A Dieu s'estudioit de son cuer faire temple.

Li dus fut si très plains de grant sobriété
Qu'il n'est riens qu'il héist tant com ébriété³ :
Il savoit qu'en homme ivre n'a⁴ scenz ne raison nule.
En example en avoit l'empéreor Romule
Qui disoit qu'à touz juges estoit bien nécessaire
Estre sobre meïsme quant il doivent droit faire.
Ung jour fut qu'il suppa chiés ung sien vaillant prince
Tandés qu'il visitoit une soïe⁵ province.
De boire vin à table faceoit grant abstinence
Pour tant⁶ qu'à landemain devoit faire⁷ sentence.
Li princes dist : « Biaus sire, se tuit ainssin buvoient,
Très grant merchié⁸ de vin tuit et toutes auroient. »
Romulus respondit (c'est cilz qui fonda Romme) :
« Oncques si grant cherté de vin ne virent homme
Se chascungs, si com je, buvoit a velanté :
On n'auroit pas du vin longuement grant planté⁹. »
Il dist voir li bons sires qui¹⁰ bien y velt entendre :
A telx moz velt Girars scens et example prendre.

Après il fust garnis de bonne pourveance¹¹;
C'est ce qui multiplie les biens et la chavance¹².

---

¹ Jamais. — ² Descendit de cheval.
³ Ivresse. — ⁴ Il n'y a. — ⁵ De *sua*, sienne.
⁶ Pour cela que. — ⁷ *Rendre*. (Arsenal.) — ⁸ Bon marché.
⁹ Abondance. — ¹⁰ Pour qui. — ¹¹ Prévoyance. — ¹² Chevance, richesse.

Qui ses biens présens garde senz superfluité
De légier¹ ne puet pas havoir calamité.
Bien li sovint de ce c'une grans cités ière
Dont tuit li citïen havoient tele menière :
Chasc'an² faccoient un roy novel d'un estrange homme³,
Pour ce qu'il ne scéust leurs lois, c'estoit la somme⁴ ;
Mas pour toute l'année havoit tel majesté
Qu'ils et touz lors avoirs havoit en potesté⁵.
Et lorsqu'il cuidoit estre segurs en grans divices⁶
En pais de cuer, de corps et de toutes délices
Lors estoit en dessote⁷, pris de ses citïens
Qui tout nu le menoient par la ville en lïens.
Lors si le transmetoient en une savaige ile
Où ne trovoit parent, n'amiz, ne filz, ne file,
Senz robe et senz vïande en grant fain en doleur
Estoit en cel exil senz d'eschapper coleur⁸.
Or avint c'une fois lay ung novel roi firent,
Mas leur us ne leur loi telle, pas ne li dirent.
Assés tost le cognut par ung sien consoillier,
Prist s'en à esbaïr et à merevoillier⁹ ;
Mas il ovra si bien quant il le sout dez oir¹⁰
Que toutes ses richesses et trestouz sui tresoir
Envoya en celle ile par moult de bons féaux
Cui il trova vers lui prodommes et loyaulx.
Après l'an fut menés là pour l'acostumance ;
Mas tout aise y vesquit et en grant habundance.

---

¹ Facilement. — ² Chaque année.
³ D'un étranger. — Voici la variante des copies de Troyes et de l'Arsenal :
   Chacun an faisoient roy nouvel d'un estrange homme.
⁴ La chose principale. — ⁵ Qu'il possédait eux et tous leurs biens.
⁶ Richesses, c'est le latin *divitiæ*. — ⁷ En dessous, par surprise.
⁸ Sans apparence d'échapper.
⁹ *Prist soy à esbayr*. (Copie de l'Arsenal.) — ¹⁰ Dorénavant.

La cités c'est cis mondes, ce me semble de mi [1];
Li citïen en sunt li déable enemi;
Cilz qui pourtent les biens en exil sont li pouvre
Cui [2] on donne pour Dieu; n'y a autre recouvre [3].
Li dus et la duchesse tindrent ceste leccon [4],
Tant com furent en pais de cuer senz suspeccon.

   La bone Berte fust plene de tel pitié,
De si grant charité, de si douce amitié,
Elle vout maintenir des bones la nature
Qui de touz biens garder et norrir ont la cure.
Moult bien li sovenoit de la file à la dame
Qui fut à mort jugié par [5] ung très grant diffame.
Pour amour du lignaige [6] voult li juges tant faire
Qu'elle morut en chartre [7] senz lei en commun traire [8];
Mas sur la hart deffent [9] que nulz ne truïss'on [10]
Qui li port ne li doint dont vivre puiss'on [11].
Au chartrier [12] vint sa file, au pié li vat chéoir
Que [13] chascun jour sa mere peust une fois véoir :
Doucement li outrie [14] cilz par misericorde;
Mas ne li lait [15] pourter vïande fer ne corde.
Quant li juges revint de loing ou fut alés,
Il cuida que li corps fut jà touz tresalés [16] :
Par son commandement fut traitte hors la lasse [17]
Et se soigne à mervoille [18] quant la vit bele et crasse [19].

---

[1] Cela me semble à moi-même. — [2] Auxquels. — [3] Refuge.
[4] Retinrent cette leçon. — [5] Pour.
[6] Par considération pour la famille. — [7] Prison.
[8] Sans la faire sortir devant le public.
[9] Défend sous peine d'être pendue. — [10] Que l'on ne trouvât.
[11] Puisse-t-on. — [12] Au geôlier. — [13] Afin que. — [14] Accorde.
[15] Laisse. — [16] Trépassé.
[17] Fut tirée hors la malheureuse.
[18] Se signe d'étonnement.
[19] *Il la vit belle et grasse.* (Arsenal.)

(V. 3067)

Li chartriers fut présens, li juges li demande
Que la verité die, sur son chief¹ li commande.
Cilz dist : « Nulz ne la vit puis derriers ne devant²,
Mas c'ugne soïe file³. — Fai la venir avant.
— Or me di, belle amie, qu'as tu donné ta mère,
Se tost ne le me dis, morras de mort amère. »
— Celle dist verité, quar de la mort se doubte :
« Certes, sire, oncques puis ne maingia, ne but goute
Forsque l'ai alactié⁴ de mes poures memelles. »
Anqui out des plorans⁵ dames et damoiselles,
Et des hommes auxi : tuit prièrent au juge
Pour amour de la file la mère à mort ne juge.
Par force de nature cilz se prist au plorer,
Embdeux⁶ les en envoie quites senz demorer⁷.
Ainssin confort, consoil en dame Berte treuvent
Touz ceulz et toutes celles qui vers lei merci reuvent⁸.
Ainssin furent en paix lonc temps en tel menière.
Or devons revenir du livre à la matière.

Girart à la cour de France. — Le démon, avide de discorde, suggère au comte de demander de nouveau le partage du pays de Sens, et la guerre est tout à coup rallumée. — Première défaite de Charles en Flandres, deuxième défaite près de Soissons et troisième défaite à Pierre-Pertuis, sous Vézelay. — Girart et Berthe reviennent au château de Roussillon, et là ils profitent du repos conquis par les armes, et reprennent leur vie sainte et exemplaire.

Li rois manda Girart ; ⁹ ou lui bien se maintint ¹⁰,
Son povoir, son consoil du tout en sa main tint ;

---

¹ Sur sa tête. — ² Après ni auparavant.
³ Excepté une sienne fille. *Mas c'une soue fille.* (Mˢ de Sens.)
⁴ *Alaitié.* (Mˢ de Sens.) — ⁵ Il y eut des personnes qui pleurèrent.
⁶ *Andeux*, dit le mˢ de Sens, toutes deux, la fille et la mère.—⁷ Sans délai.
⁸ Ce mot est pour la rime et c'est *rouvent* qu'il faut, venant du latin *rogant*, demandent. — Le président Bouhier a francisé ce passage.
⁹ Le roi fit venir Girart près de lui.
¹⁰ Se maintint en bonne intelligence avec lui.

Par lui sont fait li droit et li tort amandé :
Li rois le vout[1] de cuer et si la commandé.
Par lui sont li proudome amé et chier tenu ;
Li malvais desloyaul n'y sont pas bien venu.
Bien y fut redoubtés, honorés et amés,
De toutes bones gens loués et réclamés,
Et la bonne duchesse refut droite advocate
Pour touz les besoignoux ; mas ne lobe ne flate[2].
Tant fait de biens à touz, tuit li pourtent honor
Tuit l'onorent et prisent li grant et li menor[3].

Quant ses biens vit et sout[4] li déables d'enfer
Qui sa biauté d'argent a bien muée en fer[5],
Par droite acostumance en ot deul et despit.
Et quist[6] art et engin, senz faire nul respit,
D'ouvrer[7] contre les bons par sa malignité ;
Armés s'est encontr'eulz de sa perversité :
De leurs bienfaiz a deul[8], touz en fronce[9] et escume.
Autrui biens est ses malx c'est sa droite costume,
Et quant il ne puet faire touz seulz ses grans malices,
Si fait du pis qu'il puet par ses malvais complices :
Ainssin pourchassa il[10] par ovre félonesse
Encontre le bon duc et la bonne duchesse.
Des malvais traïtors qu'antour le roi estoient
Envelima les cuers pour les biens qu'il véoient :
Malvais véoir ne puelent les bons, c'est tout de voir[11].
Au roi vont en repont[12] trestout remantevoir[13]

---

[1] Du latin *hoc voluit*, voulut cela. — [2] Mais ne trompe ni ne flatte.
[3] Les grands et les petits. — [4] *Sout*, il sut, il connut, du latin *sapuit*.
[5] Qui a changé en couleur noire sa blancheur d'argent.
[6] Chercha. — [7] Travailler. — [8] Eprouve du chagrin.
[9] S'en indigne tout à fait. — [10] Se mit-il en chasse.
[11] Les bons ne peuvent pas voir le mal ; ce n'est que trop vrai.
[12] Cachette. — [13] Rappeler.

Les grans inimitiés, les torz et les injures,
Les paroules hautènes et les tres grans murmures
Du roi et de Girart et de dit et de fait,
Et plus cent mile tens [1] qu'il n'y out dit ne fait.
Ce qu'estoit pardonné, oblié, rapelé [2],
Par leurs malvaises langues ont tout renouvelé
Et amurent le roi à si tres grant haïne [3],
Que nes [4] pour despit d'eulz hayoit il [5] la roïne.
Las! coulpe n'y avoient li bons dus ne sa femme
Les cuers au roi avoient fins et clers comme gemme.

 Li rois havoit grant tort par l'amonestement
Du déable et des siens senz autre enforcement [6].
Li diables [7] ne puet nuire fors par amonester
Senz contraindre, dont bien li puet on contrester [8] :
Joïe ne puet avoir plus grant quant puet atraire
Les malfaicteurs à dire : « Diaubles le me fit faire. »
Ainssin firent le roy li felon losangier [9],
Son cuer, s'amour, sa paix envers le duc changier.
Si com la grans vertus des bons et la mesure [10]
En eulz et en touz autres het le vice et l'ordure,
Ainssin trestouz malvais par leurs grant malvaitié
Héent [11] touz ceulz qui sont en touz biens affaitié [12]
Cilz malvais us [13] commence du temps du premier père
Quant Abel pour ses biens tüa Caïn son frère [14] ;

---

[1] Fois. — [2] Révoqué.
[3] Et émurent le roi d'une si grande haine. — [4] Que même. — [5] Haïssait-il.
[6] Motif de se fortifier dans un entraînement quelconque. — On trouve *sans uul enforcement* dans la copie de l'Arsenal.
[7] *Li dyaubes.* (Ms de Sens.)
[8] Résister. — [9] Les félons trompeurs firent ainsi changer, etc.
[10] La modération. — [11] Haïssent.
[12] Du latin *affectus.* Disposés, préparés, adonnés à. — [13] Usages.
[14] C'est une inversion malheureuse; aussi lit-on dans la copie de l'Arsenal cette variante :
 Quand Abel pour ses biens fut occis de son frère.

Tousiours sont li malvais contre les bons cruel,
Ce n'est pas à ung terme mas à perpetuel.
David en complaignant recorde [1] leur misère
Et dist quant li peccherres le juste considère
Il le quiert [2] et pourchasse tousjours mortifier [3] :
Ne li suffiroit pas de li crucifier.
Des malvais fut li rois subornés et surpris,
Girart prist à héir, qu'avoit en amour pris ;
Du déable et des siens par l'amonestement
Ne le pout regarder ne bien ne lïement [4].

   Ung jour avint Girars au roi se prist à dire :
— « Mon tres doulz chier signeur, n'ayés corroux ne ire
De ce que vous dirai ; quar grant besoign me presse :
Vous savez, mes chiers sires, de Berte la contesse,
Vous tenés l'eritaige. Ne le peut amander [5],
Et, pour ce, convient il moi pour lei demander.
Il n'est drois ne raisons qu'en soit deseritée :
De la conté de Senz ou doit estre eritée [6],
S'il vous plaist, biaux doulz sires, si l'en bailliés partie?
A vostre volenté vuilz qu'en soit départie [7].
— Et qu'est ce, dit li rois, Girars, pour quoi me ruses [8]?
Veulz tu recommancer encor nos vielles gruses [9] ?
Tu as entr'oblié la tres grant courtoisie
De ce que t'ai rendu toute ta manandie [10].
Foi que doi Saint Denis, je vuilz rencommancier ;
Mas ce sera par guerre et non pas par tancier [11]. »

---

[1] Rappelle. — [2] Il le cherche. — [3] Et s'efforce de le mortifier.
[4] Ni avec plaisir, joyeusement, du latin *læte*. — [5] Améliorer.
[6] Dont elle doit être mise en possession. — [7] Mise en possession pour sa part.
[8] Pourquoi t'éloignes-tu de moi, ou pourquoi me trompes-tu? Du vieux latin *rusare*.
[9] Démêlés, querelles. — En roman, *grouser* signifie murmurer, se plaindre.
[10] Toutes tes possessions. — [11] Par dispute de paroles.

Girars respont : « Chiers sires, or soit senz corrocier,
De riens que vuilliés faire ne me verrés grocier [1];
Mas de fin cuer, vous pri, consoilliés vous ès saiges
Du droit de dame Berte qui scèvent les usaiges :
Il vous diront trestuit, ce croi je pour certain,
Par my [2] devés partir Elüyz et Bertain [3] :
Car ma dame Elüyz est seur a dame Berte,
Partir convient lor bien, c'est chouse toute aperte,
Et s'il estoit trové Berte riens n'y héust [4],
Jamais pour moi n'orriés riens qui vous despléust.
Puis qu'ainssin vous en parle, ainssin m'en vuilz taisier;
Par raison vous devés envers moi apaisier [5]. »

Li rois touz effarés respont et touz plains d'ire :
« Girars, saiches de voir je te tenrai de rire [6].
Bien me tiens pour quoquart [7] quant à moi veulz partir.
Es tu donc mes paroilz, par saint Poul le martir?
Mieux veudroie outre mer trestout nus piés aler
Que n'en face vint mile armés deschevaler [8]. »

Girars se prant bien garde, qu'estoit de grant savoir,
Qu'envers le roi Challon paix ne poura havoir,
Du roi s'est départis, senz amour, senz fiance [9] :
Quar bien vit que rompue estoit leur aliance.
Girars se part de court pour gouverner sa terre [10];
Ne croit pas que li rois li doïe movoir guerre,

---

[1] Me plaindre. — On lit *groncier* dans la copie de l'Arsenal. — [2] Par moitié.
[3] Elvis ou Eloïs et Berthe. — Antérieurement nous avons lu Esluis.
[4] Et s'il était trouvé que Berthe n'ait rien à y prétendre.
[5] Vous apaiser.
[6] Je t'empêcherai de rire.
[7] On lit *coquart* dans la copie de l'Arsenal. — Tu me prends pour un sot quand tu me proposes de partager avec toi.
[8] Expression qui répond à celle-ci : *en sauter le pas*.
[9] Espérance.
[10] A partir de là il y a une lacune de soixante-seize vers dans le ms de Sens.

Pour ce qu'il n'a riens fait ne riens dit qui desplaise.
En son païs pour ce s'en va le cuer plus aise :
Il cuide que du roi soit auteil ¹ com de lui,
Il ne vouloit tort faire ne grever à nelui.

Li rois fut de mal cuer et de felon coraige ²
Et fut plains de rancune, de corroux et de raige :
Li félon traïteur l'orent si eschauffé
Que voir ne pout véoir ³. Ce firent li mauffé ⁴.
Grans oz ⁵ a assamblés pour le duc Girart suigre :
Quar il le veult destraindre ⁶ et confundre et poursuigre,
Tant en moine avec lui qu'il n'y a mont ne val
Qui ne soient ploin d'armés à piet y à cheval ;
Oncques rois, dus, ne contes, ne princes palazins
Plus felenessement ⁷ n'ala sur Sarrazins.
Ly dus out des amis à court qui se pourvirent ⁸
Et le fait et le nombre au bon duc savoir firent.
Il envoïa quérir ses amis, ses féaux,
Premiers les rois d'Espaigne ses cousins tres loyaux,
Et trestoute la court de son tres grant lignaige,
Ses cités, ses chastiaux garnit à loi de saige ⁹.
Il attendit le roi bien et ségurement
Com cilz qui s'atendoit en Dieu tres fermement.
Bon espérance avoit qu'il li seroit garans
Sur ce qu'il n'a meffait au roi n'a ses parans ;
Mas il le savoit bien estre de telle teste
Qu'il croyoit le consoil malvais plus que l'oneste,

---

¹ Semblablement. — ² Mauvaise pensée.
³ Qu'il ne put voir la vérité. — ⁴ Telle fut l'œuvre des démons.
⁵ Armées. — ⁶ Réprimer, du latin *destringere*.
⁷ Avec plus de félonie. — Il ne se faisait point de guerre entre suzerains et vassaux sans ajournements.
⁸ Se renseignèrent (*providere*).
⁹ En homme expérimenté.

Et si savoit moult bien que cilz qui est garnis ¹
N'est pas légièrement honis ne escharnis ².

Li rois out en son cuer corroux, deul et envie,
Jure qu'il ne laira ³ le duc Girart en vie,
Mande par toutes terres ses barons et sa force,
De destrure le duc et sa terre s'efforce,
De touz sens li destruit villes chastiaux cités :
Oncques mais ne fut faite si grans mortalités.
Saichés que n'ouvra mie de droite royaulté ⁴,
Mas com beste savaige de tres grant cruaulté,
Il abat, il occit, par trestout le feu boute ⁵.
Par tout lay ou il vat tramble la terre toute;
N'esparme effanz ne femmes ne mostiers ne églises;
Tel reguierdon ⁶ au duc rent pour ses biaux servises :
Ne puelent estre dit li cent ne li milier
Qu'il fait par droite raige morir et assilier⁷.
Au derrier chastéaul de sa possession ⁸
Est assigié Girars par grant invasion.
De toutes parz y mist⁹ grans oz et chevachies,
Par angin par asalt leur fait grans envaïes ¹⁰,
Jura que s'il puet pranre le duc ne atrapper
Male mort li fera suffrir senz eschapper,
Com malvais traïtour le fera si pugnir
Qu'il ne poura jamais ne groncier ne grugnir ¹¹,

---

¹ Prévenu, sur ses gardes.
² Insulté ni outragé. — En allemand, *skërn*, en anglais, *scorn*, signifient dédain.
³ Laissera. — ⁴ Qu'il n'agit pas royalement. — ⁵ Met le feu.
⁶ Récompense.
⁷ Exiler.
⁸ On lit dans la copie de Troyes :
        Ou dernier chastéau de sa possession.
⁹ Charles y mit, etc. — ¹⁰ Attaques.
¹¹ Ni murmurer ni se plaindre.

Ne velt pas seulement lui bannir de sa terre,
Mas pendre ou affouler [1] par grant force de guerre.
Li dus ne vouloit point oudit roi assambler [2],
Non pour quant que couart ne vouloit ressambler;
Mas il estoit si plains de bien et de savoir
Qu'il cuidoit par douceur sa paiz au roi avoir.
A son signeur pourtoit honour et reverance,
Et cil le destruoit de toute sa puissance.
S'il voulsit bien acertes bataillier contre lui
De trestout son grant ost n'en ramenast nelui [3] :
Quar bien avoit la force et d'avoir et d'amis;
Mas trop grant patience Diex en son cuer a mis;
Mas com plus s'umilie plus le treve mortel
Enemi contre lui [4], bien le cognut pour tel.
Li rois et nuit et jour du destrure s'efforce;
Il y met tout son scens son povoir et sa force.

    Girars fist touz venir ses amis au consoil :
« Signeurs, dist li proudons, a vous touz me consoil,
Ly rois si me poursuit senz cause et senz raison :
N'ai chastel ne cité, recept [5] ne fort maison
Mas que cy ou nous sumes de touz sens assigié.
Vers lui ne povons estre acordé ne plegié [6]
Mas qu'en mon fort chastel que l'on dit Rossillon [7].
Saichés de lui n'ai garde ne que [8] d'ung papillon :

---

[1] Ou lui faire perdre l'esprit. — Ce mot signifie aussi ruiner quelqu'un, le perdre.
[2] En venir aux mains.
[3] Si Girart eût voulu livrer bataille contre le roi, ce dernier n'aurait ramené personne de toute sa grande armée.
[4] Plus il trouve le roi acharné contre lui.
[5] Lieu de refuge.
[6] Faire ni convention ni traité.
[7] A moins que nous ne soyons au château de Roussillon.
[8] Pas plus que.

Or dites que ferons? Ou faire ¹ à lui bataille
Ou cy morrons de fain; quar pou avons vitaille.
Je cuidoie tousiours qu'il se déust refraindre
Se que de nous péust la bataille remaindre ² ;
Je l'ai tousiours fûi par le Dieu que j'aour ³
Par droite bonne foi non mïe par paour;
Mas nous véons tout cler qu'en assés brief termine ⁴
Nous convient ⁵ à morir par feu ou par famine
Ou par destruction de nostre fermetey ⁶ :
S'ainssin sons pris au broi ⁷ siert ⁸ de grant lachetey,
Nous sumes assés hommes hardi et combatant,
Bien povons le roi voincre, nostre droit débatant ;
Toute ha prise ma terre et mon païs destruit :
S'ainsinc nous laissons pranre, nous serons malestruit ⁹.
Pour Dieu, mi doulz amis, or gardons ¹⁰ tuit ensamble
En cest trés grant péril que bon faire vous samble ;
Mas je vuilz bien que saichent li grant et li menour ¹¹
Que miax que vivre à honte vuil garder mon honour ¹². »
Lors se leva en piés ¹³ Fourques li preux li saiges
Qui estoit ses drois nieps ¹⁴ ploins de trestouz bernaiges,
Hardis comme lions pour fendre escuz et targes,
Chevaliers, champions ¹⁵ fers coraigeux et larges ¹⁶ :
Et ha dit : « Biaux doulz oncles, ne vous esmaiés ¹⁷ mie;
Quar vous avez assés bone chevalerie.

---

¹ Ou il faut faire.
² Qu'il se serait efforcé de faire cesser la guerre entre nous.
³ J'adore. — ⁴ Délai. — ⁵ Il nous faut. — ⁶ Forteresse.
⁷ *Broi, breu, bruil, broil,* buisson. Etre pris au buisson, c'est-à-dire être pris au lieu où l'on se retire. *S'ainssin sons pris,* si nous sommes pris de la sorte, etc.
⁸ Ce mot répond au latin *si esset* ou *si erit*, ce serait ou ce sera.
⁹ Malavisés. — ¹⁰ Examinons. — ¹¹ Petits.
¹² Variante de la copie de l'Arsenal : *Veuil mourir à honneur.*
¹³ *Emprès.* (Arsenal.) — ¹⁴ Son neveu direct. — ¹⁵ Défenseur.
¹⁶ Libéral. — ¹⁷ Effrayez.

Se li rois avoit gens telx trois temps ou telx quatre [1],
Si povons nous moult bien encontre lui combatre;
Quar tuit sumes certain, fermement le savons,
Qu'il ha grant tort à nous et nous grant droit avons.
En pou de gent n'en trop, si com sains Escrips juge,
Ne gist pas la victoire mas en Dieu le vrai juge.
Alons contre cel roi ; chascungs bien le fera :
Touz sera confundus, quar Diex nous aidera.
Je vou Dieu [2] si le truis [3] en champ ne en bataille,
Je li ferai savoir comment m'espée taille.
A celui qui ne garde ne foi ne lealté
Foi ne doit on garder, mais faire crualté.
Qu'en dites vous, signeur qu'estes cy assamblé?
Serons nous ainsinc pris et murtri et amblé [4] ? »
Lors respondirent tuit : « Nous voulons la mellée [5].
Alons contre ce roi chascung teste levée ;
Quar nous sumes certain, si nous puet céans prendre,
Qu'il nous fera ardoir [6], escorchïer ou pendre.
Bien monstre que vers nous ha tres felon coraige
Et qu'il a le cuer plain de corroux et de raige.
Alons li corre sur et le soir et le main,
Et pour Dieu nous hastons ains henuit que demain [7] ;
Quar bien véons comment à grant tort nous cort seure
Et très grant perilz est d'en plus faire demeure [8]. »

Ung chevalier se lieve qu'estoit de grant aaige,
A Girart a parlé à loi d'homme tres saige [9] :

---

[1] *Teux trois tens ou teux quatre.* (Ms de Sens.) Quand le roi aurait trois ou quatre fois autant de gens armés.

[2] J'en fais vœu à Dieu. — [3] Si je le trouve. — [4] Surpris, enlevé.

[5] La mêlée, la bataille. — [6] Brûler. — [7] Plutôt aujourd'hui que demain.

[8] Voici la variante de ce vers dans la copie de l'Arsenal :
    Et très grand péril gist d'y plus faire demeure.
L'expression *courir sur* a été un peu défigurée pour la rime.

[9] Par son autorité d'homme très-sage.

Bien croi sains Esperis li ot mis en la bouiche
Ce qu'il dist tout en haut et qui droiture touiche :
« Bons dus, dist il, ce n'est convenable n'oneste
Que subjés son signeur face grief ne moleste,
Ne contre lui combate, mais doit ainssois fuïr [1]
Se n'est en cas de mort, qu'il n'en puisse eschuïr [2]
Ou sovant n'est éu de li très bien sommé [3],
Si que foul ne trahitre n'en puisse estre nommé.
Dont je lou [4] que tu faces aler ung tien féaul
Qui saiche bien parler à ton signeur réaul [5] :
Quar moult est fors et riches et de très grant puissance;
Si felon si cruel [6] n'out oncques mais en France.
Anvoi [7] hi tel qui parle par très humbles paroules
Non mïe venimeuses, hauténes ne frivoules,
Et li offre en sa court faire bone droiture :
Se tu li as fait tort, vilenie, n'injure,
Et par loi et par droit estre prest toi meïsmes
Purgier soffisaument se nulz hons t'en mot [8] crimes,
Save premièrement et t'oneur et ta vie,
Et qu'il te délaissoit [9] de sa grant envaïe
Et te vuille mener par le droit de la court
Par les barons qui sevent le bon us qui là court [10].
Se li rois qu'est tes sires te velt en paiz soffrir
Par les belles requestes com li voudras [11] offrir,

---

[1] Mais doit d'abord éviter. — [2] *Escheoir*, arriver.
[3] Pour n'avoir pas fait de justes sommations. On lit dans la copie de l'Arsenal :
   Ou se sevaut n'est eu de lui tres bien sommé.
[4] En conséquence de quoi j'approuve que...
[5] *Réaul* ou *réal*, pour royal.
[6] Le poète, comme on le sait, était bourguignon, et par conséquent ennemi de l'autorité du roi de France.
[7] Députe... Leçon conforme au mˢ de Sens.
[8] Meut. Il est nécessaire de prononcer *me-imes* pour l'assonance avec *crimes*.
[9] Et qu'il te délivre. — L'imparfait pour le présent, à cause de la césure.
[10] Qui a cours en ce lieu. — [11] *Qu'on lui vouldra.* (Copie de l'Arsenal.)

D'amissions[1] quelconques, bon droit bastis[2] prendras,
Et s'elles sont à tort moult bien t'en deffendras,
Et se li rois ne velt soi suffrir[3] ne droit faire,
Tu auras bon consoil de cest très grant affaire. »
— Girars et ses barnez[4], roi, prince, dus et conte
S'acordent tuit ad ce que ce saige leur conte.

Li dus y envoïa messaige sollempnel
Qui ama et doubta[5] Dieu le roi perempnel[6].
Au consoil de sa gent y envoie homme saige,
Courtois, preux et hardi et de très grant lignaige.
De quant qu'il li convint moult bien s'aparoilla[7],
Il vint devant le roi tantost s'agenoilla :
« Sires rois, cilz haulz Diex qui descendit en terre
Pour paiz faire et doner et finer nostre guerre
Vous doint[8] paiz scenz et grace honour et bone vie
Et à touz ceulz qui sont en la vostre baillie[9].
Sire, à vous suis messaige, pour Dieu or m'escoutés :
Ne vous dirai que voir, vous n'autres[10] n'em doutés.
Li dus Girars vostre hons, chiers sire, à vous m'envoie
Et il trop se mervoille que[11] vous a mis en voie
D'encontre li movoir si doloreuse guerre,
Com de gaster sa gent son païs et sa terre,
Et lui senz nulle cause poursuigre, et menacier
De trahiner[12] et pendre, ou du regne chassier[13].

---

[1] Confiscations.
[2] Sans tarder. — [3] *L'y suffrir*. (Copie de l'Arsenal.)
[4] Et ses nobles. — On lit *ses barnes* dans le mˢ de Sens, et *ses barons* dans la copie de l'Arsenal.
[5] Redouta.
[6] La nécessité de la rime fait que le poète torture quelquefois les mots. Ainsi, *perempnel* est là pour sempiternel.
[7] Il se pourvut de tout ce qui lui était nécessaire.
[8] Qu'il vous accorde. — [9] Puissance. — [10] Ni autres.
[11] *Qui*. (Copie de l'Arsenal.) — [12] Traîner, faire languir.
[13] Chasser du royaume.

Vous savés qui il est et qu'il puet [1] c'est la fins [2],
Moult a esté et doit estre vos bons affins [3].
Envers vous ne les vostres n'a il de riens mespris [4]
Pour quoi doie amoindrir ne s'onour ne ses pris [5];
Et, s'il vous a meffait en vostre court, demande
Que li faciés bon droit et en jugiés l'amende;
Et s'il est hons ou monde qui li vuille opposer
Meffait ne traïson vers vous, ne proposer,
Il est prest de venir devant vous soi deffendre
Sauf son cors et sa vie, s'on nous puet à tort prendre [6].
— Lieve sur [7], dist li rois, trop as ici esté,
A ton messaige faire trop pou as conquesté [8].
Se je n'amasse tant aucungs de tes amis,
Girars li faulx traîtes qu'à moi t'a cy tramis [9],
Ne te véist jamais sain ne sauf repairier [10];
Mas s'ainssin le tenoie, ains demain l'esclairier [11]
Seroit en hault pendus et au vent encroïés [12].
Ne le lairoie pour riens pour touz ses advoïés [13];
Tuit cilz qui sont ou monde n'attramperoient mon ire [14]
Que non face morir [15] à deul et à martire;
Ne jamais en ma vie paiz ne repoux n'aurai
Tant que lui et les siens touz a mort mis n'aurai.

---

[1] Et ce qu'il peut.
[2] C'est la principale chose. — [3] Allié, du latin *affinis*.
[4] Mal entrepris.
[5] Sa considération. Voici la variante de ce vers dans la copie de l'Arsenal :
  Porquoy doibve amoindrir son honneur ne son prix.
— *Porquoy doie amanrir*, dit le m^s de Sens.
[6] Si l'on peut nous prendre en défaut. — *S'on le puet à tort prendre.* (Ars.)
[7] Lièves sur, c'est-à-dire va-t'en. — [8] Tu as trop peu gagné.
[9] Qui à moi t'a ici envoyé. — [10] Te retirer.
[11] Avant demain le jour.
[12] Mis au croc. C'est *encroé* qui est le vrai mot, comme *advoés*. L'*i* est intercalé pour la mesure du vers.
[13] Pour tous ceux qui le patronnent. — [14] Ne calmeraient ma colère.
[15] Au point que je ne les fasse pas mourir.

Gitiés moi de céans tantost [1] cest [2] messaigier :
Se le malvais ne praing, bien vuilz vif enraigier [3].
Vatain [4] et si li diz que sa mort est jurée,
Sa fauce traïson n'aura plus de durée. »

Le messaiges retourne, à touz a renuncié
Comment li rois avoit contre Girart gruncié.
Bien leur sout reconter touz les diz [5] mot à mot,
Toute la verité; mas riens ne li amot [6].
« Oncle Girart, dit Fourques, et li autre barnés [7],
Pour Dieu, or ne soit plus si fel rois esparnés [8] :
Fasons autel de lui com il velt de nous faire;
Quar assés sumes gent pour eschuïr l'affaire [9].
— Biaux nieps, ce dist Girars, si soit com dit avés,
Les griefs et les menaces qu'il m'a faiz tuit savés :
Or n'y ait plus, seignour, mas que de s'atourner [10]
Comment contre cel roi moviens à l'ajourner [11].
Il ne me pourte foi, plus ne li vuilz porter. »
Lors véissiés sa gent [12] de joïe comforter;
Touz malx ont obliés, n'est riens de quoi leur chaille
Mas [13] qu'il puissint issir et faire à roi bataille.
Trop ont esté, se dient, en prison et en mue [14] !
Ny a nuls cui de joie touz li cuers ne remue [15] :
Lors véissiés chevalx, armes aparoillier.
De la joïe qu'il font se peut on mervoillier?
Je ne vous sai riens dire de leur grant aparoil,
Mas tuit cilz qui le sevent ne virent le paroil :

---

[1] Bientôt, de suite.
[2] Ce. — [3] J'en enragerai vivement. — [4] Pars.
[5] Toutes les expressions du roi. — [6] Emeut, étonne, effraie.
[7] Vassaux. — [8] Roi si félon épargné. — [9] Venir à bout de l'affaire.
[10] Se préparer. — [11] Le défier au combat. — [12] Les gens de Girart.
[13] Si ce n'est que. — [14] Retraite. Au lieu de *se dient*, il y a *tenus* dans la copie de l'Arsenal.
[15] Il n'y a personne à qui le cœur ne batte de joie.

Tant il estoient poenés de faire long séjour,
Quant ne puelent dormir tant desirent le jour!
« Signeurs, dist li vielz saiges qui consoilla devant,
En tel cas ne doit on ainssin aler avant.
Girars, croi mon consoil, quar il t'iert salvables [1]
Et ou temps à venir tres bons et profitables.
Bien est voirs que li membres doit honorer le chief :
Je lou que tu au roi envoïes de rechief
Et en humilité et en subjection
Li fais encore faire ta supplication
Que, senz toi plus grever, te vuille bon droit faire;
Sauf ton droit et ta vie, te veulz à sa court traire [2].
Et s'il, contre raison, te velt ce refuser,
Lors porras par raison, par fait, de guerre user [3],
En l'aïde de Dieu auras bone fiance,
Qui confont orguilleux et les humbles advance.
Lors trestuit tui ami pour riens ne te faurront [4],
Lors te monstreront il s'il porront ne vaurront [5].
Sur ton corps deffendent [6] met li jour de bataille
Par droite deffiance, et puis vaille que vaille.
Et je croi fermement que Diex li touz puissans
Qui de faiz et de diz est verais [7] cognoissans,
Pour ta bone droiture vers lui se combatra
Et son tres grant orguel et sa force abatra,
Et tu auras victore et magnifiement,
Et de son grant orguel aura son paiement. »

---

[1] Salutaire. — [2] *Trahere*. Transporter, traduire.
[3] Variante de ce vers dans la copie de l'Arsenal :
    Lors pourras contre luy par fait de guerre user.
[4] Failliront. — [5] Ce qu'ils pourront et ce qu'ils vaudront.
[6] Forme du latin *defendens*.
[7] Forme du latin *verus*. — Même version dans le m⁵ de Sens. La copie de l'Arsenal porte *vray recognoissant*.

Girars li dus se tint au consoil du prodomme
Quar il le savoit saige courtois et vaillant homme :
Au roi Challon le chauf Fourquon son nieps envoie.
Plus dur plus fel qu'avant est, point ne s'amouloie [1] :
Pour grant humilité, pour grace, ne pour scen [2]
Non pout on adoucir, tant fust plains de foursen [3].
S'il avoit devant [4] di grans grief et grans menaces,
Il en dit quatre temps [5] senz mercis et senz graces ;
Et quant plus li monstroit tres grant humilité
Tant le treu'il plus fel [6] et plain d'iniquité,
Et si c'est la menière de felon orguoilleux
Que com plus le prion plus se fait vertoilleux [7].
Fourques aperçoit bien et voit en son coraige
Qu'au roi ne trovera fors [8] cruauté et raige.
Lors parla haltement, voyant tout le barné [9] :
« Sires rois, li miens oncles vous ha trop esparné ;
Il ne vous requeroit fors raison et droicture
Et il n'y puet trover fors tort et desmesure.
Par monseigneur Saint George et le bel saint Nichole,
Vous ne nous tenrés plus en müe [10] n'en géole.
De par lui vous deffi demain senz plus attendre :
Vous gardés de nous touz ; quar chiers nous voulons vendre ;
Nous volons miex morir en tres aspre bataille
Que jamais jour de vie guerre mortel nous [11] faille,

---

[1] Du latin *mulcere*. Ne s'adoucit.
[2] Sens. — [3] De *forcenerie*, de colère sans mesure.
[4] Auparavant. — [5] Quatre fois plus.
[6] Le trouve-t-il plus perfide ?
[7] Raide, intraitable. — La copie de l'Arsenal dit *artilleux*, c'est-à-dire rusé, artificieux.
[8] Que. — [9] En présence de toute la noblesse.
[10] En séquestre.
[11] Même leçon dans la copie du président Bouhier. — On lit *vous* dans celle de l'Arsenal.

Puisque nous ne povons havoir ne paix n'acorde [1]
Ne par humilité ne par miséricorde.
Qui vous parlera plus devers nous acorder [2],
Par foi, de male corde le puiss'on encorder [3].
Es lances, es espées, es espiés [4], es jusarmes [5]
Vous venrons visiter en chevalx et en armes. »

   Atant [6] s'en revint Fourques, li rois remest iriés [7]
Touz ses barons commande estre bien attiriés [8].
Chascungs ha son hernois tres bien aparoillié
De celle deffiance [9] sont tuit amervoillié ;
Bien pensent que Girars n'est ne foux n'escharnis [10] :
Quant au roi guerre mande tres bien se sent garnis [11].
Li preu sont en effroi, li couart si fort tramblent
Que par pouc [12] de paour ne s'en partent et amblent [13].
Fourques revient nuncier à sa gent le messaige ;
Tuit sunt baut [14] et joïant et lie en leur coraige [15] :
Oncques cerf eschaufés ne desira fontène
Tant fort com il désirent assambler en la plène.
Bien sont aparoilliés d'armes et de chevalx,
Oncques miex ne le fut Gauvains ne Percevalx [16].
Il aiment plus la guerre ne [17] la pais ne l'amour
Quiques [18] en doïe faire ne plainte ne clamour.

---

[1] Ni accord.
[2] Variante de la copie de l'Arsenal :
      Qui nous parlera plus d'envers vous accorder.
[3] Le puisse-t-on attacher à une fatale corde.
[4] Avec des hallebardes.
[5] Javelots. — [6] Alors.
[7] Le roi demeure en courroux. — [8] Préparés.
[9] De ce défi. — [10] Ni railleur. — [11] Muni, préparé.
[12] Qu'il s'en faut peu que.
[13] Du latin *ambulare*. Ne s'en aillent.
[14] Gais. — [15] En leur cœur.
[16] Fameux héros de chevalerie chantés par les poètes et dont les noms reviennent çà et là dans ce poème.
[17] Que. — [18] Qui que ce soit qui. *Quisquis*.

Il moinent si grant joie tel cri et tel baudour [1]
Com se chascungs éust tout ploin ung grant vaul d'our [2]
Tuit menacent le roi et sa tres grant fierté,
Tant aiment le bon duc et tenent en chierté [3] !
Li cuers d'eulz sont si joint au duc et enlaciés
Que pour mort ne pour vie ne seront deslaciés,
 Or est li jours venus que tant ont desiré.
L'ung ne dit pas à l'autre : Gar toi je te fierré ;
Mas s'arment et s'atournent et d'une part et d'autre
Et chevauchant rangié chascungs lance sur fautre [4],
Sonent cors et busines et trompes et tabours ;
Cil menestriers se peinent de faire leurs labours :
Du son des instrumens n'y a terres ne vaulx
Que touz ne restentisse et des cris des chevaulx.
Lay péust on véoir tant yaumes [5] flamboïer,
Tant de riches ensoignes vers le ciel desploïer,
Tant escus, tantes broignes [6], tant aubers, tante targes,
Du dire et de l'oïr seroit une grant charge.
Entreux n'ont point d'amour, si fort se vont férir
Qu'il en convint le jour de toutes parts périr,
Tant en y out d'occis, de bleciés, de navrés,
Que ja ne vous ne autre le conte n'en saurés ;
Tant y a tranchans armes [7] parmi les corps glacens
Qu'il morent des II pars à miliers y à cens [8].
Ne se menacent point, chaplent, fièrent et maillent [9]
Senz dépourter auscung des espées qui taillent.

---

[1] Allégresse. — [2] Une grande vallée d'or. — [3] De *caritas*, amour.

[4] Le fautre est ce qui, dans une selle, sert d'appui à la lance. — On trouve dans le *Roman de Parceval* : *Escu au col, lance sor fautre...*

[5] Casques. — [6] Cuirasses. — [7] De tranchantes armes.

[8] *Et à cents*. (Arsenal.)

[9] Ces trois expressions signifient dans leur ordre frapper de taille, de pointe et de maillet.

Hé las tant pié, tant poign, tant chief gisent par terre!
D'ambes parz¹ s'entroccient, ainssin va de la guerre!
La terre est si moillié de sanc à tel bandon²
De toutes pars en corrent li ruissel de randon³,
De mors et de navrés est jonchié et couverte
Si c'on n'a⁴ puet véoir en nul lieu descouverte!
Ainssin s'entre combatent senz cesser toute jour
C'oncques n'y ont respit ne repoux⁵ ne séjour.

 Girars et ses barnaiges le font⁶ si fièrement
Que ses très grans domaiges vent⁷ au roi chièrement.
Ne les noms ne les armes ne di, ne la menière,
Mas qu'ainssin grossement⁸ com je truis⁹ ma matière :
A ce que li latins¹⁰ dit me vuilz consentir.
Jà pour roi ne pour conte n'en quier¹¹, ne vuil mentir,
Et se je le vouloie non sauroi je point faire
Pour ma très grant rudesse : pour ce m'en convient taire.
Or rent Girars au roi l'eschec de Poloigni¹²
Dont li rois fut dolans et trop fort s'en ploigni.
Que vous diroi je plus? Les batailles réaux¹³
Sunt ainssin défolés¹⁴ com fromans soubz fléaux :
N'osent mais à Girart trestourner ne gainchir¹⁵ ;
Mas pou à pou contr'eulz commencent à flainchir.
Li Girars¹⁶ tout ainssin com pour divine force
Les abatent et tuent; tout leur povoir rainforce,

---

¹ Des deux côtés. — ² A telle enseigne que...
³ Avec impétuosité. — ⁴ Ne la.
⁵ Repos. — ⁶ Se comportent. — ⁷ Vend. — ⁸ Excepté en gros.
⁹ Je trouve.
¹⁰ Nous avons déjà vu au commencement que le poète a adopté les faits racontés par la chronique latine. (Voir vers 81 de ce poème.)
¹¹ *Ne quiers.* (Copie de l'Arsenal.) — ¹² L'échec de Poligny.
¹³ Les armées royales. — ¹⁴ Foulées.
¹⁵ N'osent plus éviter Girart ni aller de biais.
¹⁶ Les bataillons de Girart, les troupes de Girart, par opposition à *batailles réaux*.

Tout a feur ¹ des lïons fors, fiers et enraigiés
Corrent sus és royaulx trop les ont domaigiés.
Cilz praignent au recroire ² du tout à resortir,
Lor force et lor vigor voient toute s'amortir.
Toute les gent le roi commancent à fuïr,
Quant autrement la mort ne pevent eschuïr ³.
Li roi mès ⁴ et confus n'y velt plus nulz atendre;
Pour sa vïe saver s'en vat senz congié prendre :
Pour eschapper de mort vault trop mieux bone fue,
Ce dïent li coüart que malvaise attendue.

Li cuens Girars li preux fait soner la retraite,
Ne velt qu'après le roi ait nulle chace faite :
Quar trop doutoit forment, se li sien le seguissent,
Que il ne le navrassent ou que il ne l'occissent.
Bien l'éust prist Girars, occis et detenu
Se sa très bone foi ne l'en héust tenu ⁵;
Mas il ne voult pas faire tel honte à son signeur
Com li rois héust fait se force héust grigneur;
Mas il fist commander par tout l'ost et savoir
Qu'il prissïent l'eschac et partissent l'avoir ⁶.
Il n'en voult riens avoir, quar l'honeur li soffit :
Plus aime la victoire qu'il ne fait le proffit.
Tant en trevent et praignent, li plus povre sont riche;
Il orent bon signeur, saige, courtois non chiche,
Tuit chargié s'en repartent d'avoir et de richesse;
A leur hostel s'en tournent ensemble grant liesse ⁷ :

---

¹ A la façon.
² Songer à. Ce vers est reproduit ainsi qu'il suit dans la copie de l'Arsenal:
    Ceux preignent à retraire du tout et ressortir.
³ Eviter.
⁴ Consterné, aux abois. Le patois bourguignon a conservé le mot *meusse*, qui a le même sens.
⁵ Retenu, empêché.
⁶ Le butin et partageassent la prise. — ⁷ Avec grande joie.

Ne leur chaut de leur perte, ce povés vous bien croire,
Tant sont lie et joïant de leur très grant victoire.
Trop bien avint au roi ce que nous dit David [1]
Qui fut de touz prophètes et la fleur et la vis [2] :
« Li rois n'est pas savez [3] pour la grant multitude;
De sa puissant vertu, trop est foulz qui se cude [4] :
A Girart le bon conte est trop bien avenu
Ce qui est au psautier après ce contenu :
Li yeul Nostre Signeur gardent ceulz qui le doubtent [5],
Qu'en [6] sa misericorde leur esperance boutent,
Ja pour lor grans vertus [7] n'y sont salvez li gent;
Mas qui bien doubte Dieu et est en lui créent. »
 Lon dit ceste bataille que cy vous ai retraite
Pour le roi pour Girart en Flandres fut lors faite.
Saichés Charles li rois out grant honte et grant ire
Quant li et son barnaige vint ainssin desconfire.
Ne le prist pas en gré n'en bone patiance :
Il aime mieux morir qu'il n'en praigne venjance.
Il assembla grant gent et très grant baronie
Plus assés que devant et mieux aparoillie,
Et jure que Girart occira ou prendra,
Et se vif le puet prendre és forches le pendra.
Il a amis à court qui mandent au bon conte
Comment li rois se pene de vaingier son grant honte.
Quant il ha ces novelles cognéu [8] et oï,
N'il ne s'en corrocea, n'il ne s'en esjoï :

---

[1] Ce nom doit se prononcer comme si le *d* final manquait. Même observation pour l's final de la rime suivante.
[2] On trouve dans Lacombe et dans Burguy que ce mot signifie *avis, conseil*. Il a sans doute ici par extension le sens de *modèle*.
[3] Sauvé. — [4] Pour *se cuide*, c'est-à-dire qui se confie trop en sa force.
[5] Craignent. — [6] Qui en. — [7] Force.
[8] *Cognehu*, écrit le m^s de Sens.

Il n'estoit eslevés par grant prospérité
Ne n'estoit esbaïs en nulle adversité;
C'est estat de saige homme, ce nous dist l'Escripture.
Ainssain estoit li dus ploins de bone mesure :
Il amast mieux tout perdre, son païs et sa terre,
Que vers son droit signeur maintenist [1] à tort guerre;
Mas quant il ne trevoit droit, raison ne merci,
Pour sa vie deffendre, force estuit [2] monstrer ci.
Au roi messaige envoie pour pranre sa justice,
S'envers lui a meffait vers lui en nulle guise
Par le droit de sa court et de sa béronie
Velt du tout obeir, sauf son droit et sa vie,
Et s'est aparoilliés d'aler tout maintenant
Au roi pour bon droit pranre, sauf alant et venant.

   Quant li rois out oï tel supplicacion
Il fut plus c'oncques mais [3] plains d'indignacion
Et jure qu'à Girart fera si mortel guerre
Que non garantira ne murs ne clés ne serre [4],
Ne par Dieu ne par homme n'iert ja si deffendus
Qu'occis ne soit ou ars ou noyés ou pendus.
Quant li bons dus oï ceste pesme [5] novelle
Qu'il ne puet avoir pais, ne li fut mïe belle
Non pour quant [6], il semont [7] foison de bon lignaige
Et trestouz ses subjés ensamble [8] son barnaige.
Il jurent et affirent [9] que si fort se tendront
Qu'au roi et à ses gens chièrement se vendront.

---

[1] Version du m⁸ de Sens.
[2] Du latin *stetit*, il convint, il fut nécessaire de montrer la force ici, dans cette circonstance.
[3] Plus que jamais.
[4] Ni clef ni serrure. — [5] Fâcheuse.
[6] Ni pour quoi que ce soit.
[7] Avertit. — [8] Avec. — [9] Affirment.

Tuit sont aparoillié d'aidier au vaillant conte;
Mieux aiment à honor morir que vivre à honte.
　Or est li jours venus de la cruel bataille :
Bien monstrent lor granz ires à ¹ l'espée qui taille,
Et d'une part et d'autre en y out tant de mors,
D'occire et de trainchier ² ne tient vie ne mors :
Tout ung grant jour d'esté dura li chapléis ³,
Des mors et des navrés fut grant l'abatéis.
La fin de la bataille vous dirai briefvement :
Les gens du duc pourmoinent ⁴ ceulz du roi si griefvment
Qu'il ne pevent suffrir leur cops. Ne leur en chaut,
Mas s'en tornent briefvment, cui quan poit qui quan chaut ⁵.
Pour la vertu de Dieu et pour sa grant bonté
Sunt trestuit li royaul des duchas surmonté ⁶.
Je croi bien que ce fist orguels et desmesure
Qui touz les demenoit, ce est verité pure.
Li rois a tout perdu sa gent, et son avoir;
Le remanent s'en fuit pour garantie ⁷ avoir.
Qui vous reconteroit ceste destruction
Et le nom des occis? c'est droite abusion.
Se li rois out grant deul, ne fait à demander;
Mas soffrir li convint qui non pout amender ⁸ :
Ainssin abaisse Diex les pouissans despiteux
Et essauce les humbles d'eulz courtois et piteux.
Ceste bataille fut en ung jour de moissons ⁹,
Si com l'on dist pour voir ¹⁰ assés près de Soissons.

---

¹ Par.
² *D'occis et d'estranchiés*, écrit la copie de l'Arsenal. — ³ Le carnage.
⁴ Mènent. On lit *parmoinent* dans le mˢ de Sens.
⁵ Peu leur importe, pourvu qu'ils échappent, qui s'en fâche et s'en soucie.
⁶ Les troupes du roi vaincues par les troupes du duc.
⁷ Vie sauve. — ⁸ Qu'il ne put en devenir meilleur.
⁹ D'été. — ¹⁰ Pour vrai.

Li rois fut ploins de deül de maltalant [1] et d'ire,
De courroux et de honte, plus c'on ne porroit dire,
D'orguel de grant doleur et d'indignacion.
Il prise plus la honte que la perdicion ;
Com enraigiés ne velt nulz de son consoil croire ;
Ne li chaut fors de ce que Girars a victoire :
Il jure saint Denis qu'ou milieu de Bourgoigne
Ira véoir Girart qui qu'an gront qui qu'an groigne [2].
Il mande au duc bataille ens ou val de Beton [3],
Tant y seront François, Picart, Normant, Breton,
Champonois et Briois, Mansois et Angevin,
Loorains et Tïois, Hanuïer, Poitevin.
En toutes nations ou il ha signoraige
Fait venir par ses bries [4] trestout son grant barnaige,
Et tant de soudaiers de say et de lay mer [5]
Ha fait venir ensamble, nulz nes puet eamer [6].
La deffiance faite [7], le jour pris senz delai
C'est vers Pierre Pertus [8] assis soubz Vezelai [9].
Li dus Girars receoit tantost la deffiance
Et le jour et le lieu sans nulle redoubtance :
Oncques sanglers de bois ne loups ne austre beste
De lui vaingier [10] ou pranre sa proie n'out telle feste ;
Au roi mande, puisqu'il ne puet sa pais avoir,
Sa force et son povoir li fera tost savoir.

Girars mande son père le bon cuens palazins
Droon, qui en Espaigne contre les Sarrazins

---

[1] Fureur. — [2] Peu lui importe qui en grogne ou en murmure.
[3] Au milieu de la vallée de Béton. — [4] Lettres, brevets, du latin *brevis*.
[5] Soldats d'en deçà et d'au-delà de la mer.
[6] Apprécier. Le vrai mot roman est *easmer*, du latin *æstimare*.
[7] Le défi porté.
[8] Ce serait plutôt *Pierre-Pointe*, qui est dans le voisinage dont on parle, que Pierre-Pertuis, qui se trouve en Languedoc.
[9] *Verzelay*. (Ms de Sens.) — [10] Se venger.

Havoit tres grant barnaige et tres grant assemblée,
Si qu'à sa velanté mettoit tout à l'espée.
Tantost s'en vint à lui à tout son aparoil,
Si grant ost amena, nulz ne vit le paroil :
Tuit vienent à grant joie de fiers cuers et de haux [1].
Le pere à cel Droon si out nom Guodebaux [2]
Qui fut rois de Bourgoigne tres nobles tres puissans :
Par les certains escrips, de ce suis cognoissans.
Doiz le fluve de Rone enjusques à Beone [3],
La grant cité d'Espaigne, ne demora persone
Qui péust pourter armes qui ou lui [4] ne venist
Et tres hardïement bien ne se contenist [5].
Encores vint à lui, saichés, bien grant compaigne
Que l'on doit bien prisier : ce sont li roi d'Espaigne,
De sanc et de linaige il li estoient affin.
Tuit menacent le roi qu'il le mettront à fin ;
Li peres et li filz chascungs tel host assamble :
Mil miliers [6] sont par nombre quant il sont tuit ensamble.

Girars a son barnaige parla moult saigement :
Mi signeur, mi ami, je vous pri chièrement
Nulz ne se correceoie [7] de ce que vous dirai :
Je suis certains qu'ou champ [8] l'on se departirai
Li ung say l'autre lay [9], ainssin iert la besoigne.
Mestiers est [10] nous haïens ung cri [11] ou une ensoigne

---

[1] Du latin *baldus*, superbe.
[2] Gondebaud, fils de Gondicaire ou Gondioc. Gondebaud fut roi de Bourgogne de 473 à 506. En le faisant père de Droon, qui ne put donner le jour à Girart qu'au commencement du neuvième siècle, le poète n'y regardait pas de bien près.
[3] Du Rhône jusqu'à Bayonne.
[4] Avec lui. — [5] Ne se comportât.
[6] *Cent milliers*, dit la copie de l'Arsenal.
[7] Que nul ne se pique, ne se fâche. — [8] Au champ de bataille.
[9] On se séparera les uns ci, les autres là.
[10] Il est nécessaire que. — [11] Un cri de ralliement.

Pour nous entr'alïer et havoir cognoissance
De la nostre partie encontre ceulz de France :
Ou nous pourions l'ung l'autre tout aussi bien tüer
Comme nos anemis, ne le pourions müer [1].
Nous havons trop grant gent, pou d'enseignes havons ;
Si vaudra mieux li cris, se nous tuit le savons :
Selon le mien cuidier [2] j'en dis ce que moi samble.
— Ainssin fasons nous tuit, ce respondent ensamble.
— Or regardons quel cri nous porriens tuit crier,
Ny ait point de descort, je le vous vuilz prier.
Yci sunt mi signeur li vaillant roi d'Espaigne
Qui ont avecques eulz moult tres noble compaigne,
Prenons ung de leur cris, de cuer vous en prions. »
— Ly rois dirent : « *Bourgoigne* ou *Rossillon* crions.
Nous sumes venus cy, ce n'est pas pour plaidier,
Mas toi contre le roi en trestouz cas aidier.
Tes peres qui est cy, Droons le vielz chenus
Nous ha cy amenés, avec nous est venus :
S'ainssin bien scet férir de son branc [3] qui bien taille,
Com fait en nos paiis, bien saichés tuit senz faille [4],
Au jour d'ui leur fera, pour voir, tel envaïe
Dont quatre mil ou plus iront à mort de vie.
Nous havons bien véus ailleurs ses rutes coups
Onc estrains [5] de frument quant est tres bien escous [6]
Ne fut si desfroissiés com tout ront et desfroisse [7] :
Ne va pas esplaignant si com le mur la broisse [8],
A dextre y à senestre tout fiert tout ront tout taille :
Li hons cui il ataint n'a povoir qu'il s'en aille.

---

[1] Changer. — [2] Selon mon sens. — [3] Epée. — [4] Sans conté.
[5] Pailles. — [6] Secoué. — [7] Comme Droon met tout en pièces.
[8] Allusion au battage d'épis de froment contre une muraille.

— « Mi signeur, dist Droon, sauve la vostre grace,
Autrement est; mais Diex ce qui n'est y parface :
Lon ne doit au jour d'ui nul blâmer ne loer;
Quar du bien et du mal hauront tuit leur loer [1].
Je suis li plus veillars qui soit cy en presant,
Or oés mon avis qui ne vous soit pesant :
Le cris de ces François est de lonc temps Mont Joye;
Bien saichés que cis cris, pour voir [2], si leur'rent joye,
Nulz ne se doit en armes jusqu'à fin esjouir [3] :
Qui le fait autrement tres mal en peut jouïr;
Ne nulz descomforter ne se doit pour péour
Ne pour malvais convine [4] havoir nulle fréour;
Quar tele cent mervoille en armes sont vehues
Que l'on ne scet pour quoi ne comment sont venues.
Nous aurons à jour d'ui si tres pesant estour
Qu'en nulz plus grant ne furent Achilles ne Ectour,
Et se Diex ne le fait, si grant mortalité
Ne fut puis que Diex fut de mort ressuscité.
Or n'ait nesung [5] paour ne joie à desmesure;
Mas mettons tuit en Dieu no penser et no cure.
Je vous di pour certain, qui se confessera,
Ses povoirs et sa force pour voir [6] li doublera :
Li hons qu'est bien confès [7] la mort trop pou redoubte,
S'en fiert plus roidement et plus fors coups senz doubte.
Je fus hier confès je ne vous quier nïer [8],
Et devant vous trestouz me vuilz commenier.
Se je suis desliés des liens au Déable,
S'ainssin meur, je sai bien, Dieu aurai améable. »

---

[1] Récompense.
[2] Véritablement. — [3] *Jusques à fin esjouir*, dit la copie de l'Arsenal.
[4] Aventure, fortune. — [5] Que personne n'ait. — [6] En vérité.
[7] Confessé. — [8] Je ne cherche pas à vous le nier.

Ainssin le font trestuit : chascungs va à son temple,
Et au vaillant prodome trestuit prennent exemple ;
Tuit reviennent arriers en leur grant consistoire
Ploins de dévotion, nous le devons tuit croire.

Droons prent li premiers devant touz la paroule :
« Chiers signeur, chier ami, oïez, convient, paroule :
Nous sumes en bon point, véés lay nostre forge [1] ;
S'il vous plaist au jour d'ui rescrïerons Saint George :
Mestier havons d'aïde, il la nous peut bien faire ;
Au jour d'ui en haurons besoign en cest affaire.
Sa chapelle est cy près ou lieu qu'on dit *Quarrées* [2] :
La seront tuit pourté à chars et charretées
Li mort qui au jour d'ui cy perdront mortel vie
Et gaigneront celui que [3] nulz ne pourte envie.
Li cris est biauls et bons et s'afiert [4] à gens d'armes :
Qui mettent en péril leur biens, leur corps, leur armes [5]. »

— Tuit ensemble respondent criant à haute gorge :
« Nous voulons au jour d'ui tuit escrier Saint George. »

Li rois contre Girart ploins de forcenerie [6]
De toutes parz du monde assembla baronie
Banc et arère banc par force et par prières,
Et pour grans dons assamble ensoignes et bannières,
Et jure que miex aime morir de male mort
Que ne voïe le duc pendu ou estre mort.
Li jours vint qui fut pris pour entrer en bataille,
Li enemi s'assamblent par fiere commançaille [7] :

---

[1] Notre invention, notre idée. *Vecy la*, dit la copie de l'Arsenal.
[2] C'est Quarré-les-Tombes, près Vézelay, dit une note de Barbazan en marge de la copie de l'Arsenal.
[3] *Ou*, selon la copie de l'Arsenal. — [4] Convient, du latin *afferre*.
[5] Ames. — [6] *Forsennerie*, écrit la copie de l'Arsenal.
[7] Initiative.

Tant y out des armés à pié y à cheval
Qu'il n'y out nuls lieus vuit[1] ne de mont ne de val.
Li ars[2] resplendit touz des splendissours des armes.
Des armez[3], des aubers, des lances, des jusarmes,
Des escus et des targes, des espées d'acier
Trainchans et effiliés pour eulz ès corps glacier[4].
Tuit chevachent raingié chascungs lance sur fautre,
Et sont bien par droit asme[5] tant d'une part com d'autre.
La terre tramble toute des grans inissements[6]
Des fors destriers courrans et des frémissements.
Li cielz s'esboït[7] touz du grant vantelement[8]
D'ensoignes, de bannieres et du fier brüement;
Il n'est nulz cuers humains qui ne déust trambler,
Qui les péut véoir férir et assambler.
Li rois fut ploins d'orguel et de fier maltalant[9];
Mas Girart le bon duc mïe ne trova lent :
Quar auxi asprement com senz raison l'assaut,
Si vigueureusement li rent li cuens l'assaut.

Moult fut li estours grans, senz mesure et senz compes[10] :
Grant noise et grant bru font cor, busines et trompes;
Oncques si fort bataille ne si espovantable
Ne pout estre contée en chançon ne en fable.
Si desmesurément le font de chasque part,
Que nulz de la bataille pour meschief[11] ne se part,
Il samble à ung chascung doit vaincre la bataille,
Si que ne font semblant que de la mort leur chaille
Hé las! com bien le fait li tres bons Ardenois[12] !
En sa bataille[13] sont Briois et Champenois.

---

[1] Vide. — [2] L'air, le ciel. — [3] Casques. — [4] Glisser, enfoncer.
[5] Evaluation. — [6] Hennissements. — [7] Se trouble.
[8] Vacillation. — [9] Et d'une farouche fureur. — [10] Sans limites.
[11] Accident. — [12] Le comte d'Ardennes. — [13] Armée.

Ainssin le fait tres bien li dus de Normandie,
Richars li rois Ynglois et li rois de Hungrie,
Pierre de Mont Raboi et pluseurs vaillant homme :
Pour cest livre abrigier point les noms ne vous nomme.
Or saichés, li rois Challes out trois rois Sarrazins
Et l'empereur de Grèce qu'estoit dit Salazins [1].
Il out quatre amiraux si com je truis ou conte [2]
Et tant de soudoyers que n'en sauroie [3] le conte.
D'autre part le font bien li sept bon roi d'Espaigne :
Il n'encontrent nelui que d'eulz fort ne se plaigne,
Il en ont tant tués, il en ont tant navrés
Que jà le verai conte par moi vous n'en saurés.
Hermaux [4] li dus de Frise se fiert en celle presse.
Et saichés qu'il n'y a celui qui point le presse ;
Il est plus grans plus gros que n'est ungs champions.
Ainssin occit François com bestes un lions
Li mareschaux Girars ; ses nicps li bons Fouchiers
Le fait comme ungs liépars ; quar il les ha pou [5] chiers.
Li dus Droons li vielz tant en fiert tant en tue,
Et de trestoutes parts si tres fort s'esvertue,
Qu'il resamble le loup qui tout mort [6], tout dévore.
Saichés qu'anviron lui nulz haitiés ne demore [7] :
En tant lieus se bouta tousiours en cest affaire
Que XX^mile en sont mort pour [8] le duc senz retraire [9].
Il encontra le roi ; mas tel cop li dona
Que du quart d'une lieue un seul mot ne sona.
Au retourner qu'il fit l'Ardenois [10] encontra
Et se gaires l'amoit a ung cop li montra.

---

[1] C'est à cause de la rime : le poète a écrit plus bas *saladin*.
[2] Je trouve au compte. — [3] *Ja n'en saurés.* (Arsenal.)
[4] *Hermans.* (Ms de Sens.) — [5] Peu. — [6] Mord. — [7] Ne demeure sain et sauf.
[8] Par. — [9] Discontinuer. — [10] Le comte d'Ardennes Thierry.

Ou chief[1] ferir le cuide, mas de son fort escu
Thirris son chief cuvra [2] ou n'out gaires vescu.
Il en coppe ung quartier, li brans chiet [3] sur le col
Du cheval de Thirri, jus chiet mort [4] de cel col [5].
A terre sont cheüs Thirris et ses chevalx,
Meilleur ne chevacha Tristans ne Percevalx.
Thirris tot se relieve moult tres pou s'esmaïa [6]
Et quant fut relevés assés tost repaïa
Droon le vaillant duc, de tel merchié tel vente.
Il monte en ung cheval c'ungs siens filz li présente
Et saisit ung espié dont l'ente [7] fut moult fort.
Droon vat encontrer le conte de Monfort,
A mort le vat ferir, en l'eure à terre verse,
Et Thirris vint poignant sur li à la traverse
Droit a defors des plates [8] le fiert par desoubz l'ainche,
L'espié li met ou corps, ainssin de lui se vainche.
Droons chéist touz mort ses sancs la terre moille :
Il fut la fleur des preux, li verais Dieu l'absoille!
La paroule est bien voire qu'est sovant respourtée :
« Qu'adès [9] ha vielle haine novelle mort pourtée. »

  Hé las! com il out cy tres estrange adventure!
Hé las com est amère et tres pesme [10] et tres dure!
Hé las com doloreuse et pesme destinée
Ha Dicx aus Bourgoignons au jour d'ui destinée!
Certes, se ne feust morz Franceois l'eussent perdu :
Quar jà pour ses grans cops estoient presque esperdu.

---

[1] A la tête. — [2] Couvrit. — [3] Frappe. — [4] Renversé mort.
[5] De ce coup. — On lit dans le *Roman de la Rose* : cols de lances et cols d'espées — Nota. Entre ce vers et le suivant se trouve dans le m^s ces mots : *Li quelx chevalx Thirri*. Cette remarque nous paraît avoir pour but de signaler que ce n'est pas Thierry, mais bien son cheval qui est renversé mort.
[6] S'étonna, fut effrayé. — [7] La hampe.
[8] Au défaut de la cuirasse; littéralement: en dehors des bandes de l'armure.
[9] Que toujours. — [10] Du latin *pessimus*, très-mauvaise.

Or sont li Sarrazin à segur [1] en Espaigne !
Oncques par ung seul homme n'orent mais tel maaigne [2].

D'autre part li bons Eudes qui est cuens de Provance
Ou [3] tout son branc pesant en tantes lieux s'avance
Que par lui sont tué en cel jour mil persones,
Et non pas gens de pié mas de cheval très bones.
De tort et de travers si fiert et frappe et maille [4],
Touz tüe ceulz qu'il fiert [5] de son branc qui bien taille.
Se longue héust duré, François compéré [6] l'eussent ;
Quar ses cops endurer, pour voir, point ne péussent ;
Mas li bons Ardenois le fiert, ne s'en prant garde,
L'espié li boute ou corps, nulz aubers ne l'en garde.
Il prant au chanceler, chéus fut en pou d'ore,
N'a nulz de ses effanz anqui qui le secore,
Quant ung siens chevaliers le trait hors de la presse
Et le moine en son tref [7]. Anqui nulz ne le presse.

Sui troi effant ailleurs ne font pas li béguin [8],
Fourques li bons et Booz avec le bon Seguin :
De ces trois effanz ici ne vous ferai lonc conte ;
Mas tenés tout pour voir ce que vous en reconte.
Saichés puis que li mondes fut par Dieu estaublis
Et puisque Paradis si nous fut restaublis,
Pour [9] trois hommes ne fut si grans occisions
N'en champ ni en bataille si grans destructions.
Ne vous puis reconter les noms ne les persones,
Mas bien povés savoir qu'il en y out de bones ;

---

[1] En sûreté.
[2] Pour *méhaigne*, tort, ruine, défaite.
[3] Avec.
[4] Tuer à coups de maillet.
[5] *Qu'attaint.* (Arsenal.)
[6] Payé. — [7] En son pavillon, dans sa tente. — [8] Timides.
[9] Par.

Tousiours alient [1] cerchiant ceulz de plus grant renom :
De tous temps ainssin faire avoient il bien le nom.

D'autre part est Girars qui ne fut pas couars :
Saichós ne fit tant d'armes en ung jour Renoars,
Hector ne Achillés au grant siège de Troie,
Comme fist dans [2] Girars touz seulz ; touz les mestroie [3].
Tout ainssin le redoubtent com beste le lion,
Et com font li oisel le fort alérion [4].
Laissons en le parler : nulz devant li ne dure
S'il l'ataint a plain cop que tost la mort n'endure.
Se Diex consoil n'y met, tuit s'entretueront
Ou, si peulent, ès dens tuit vif se maingeront.
D'ambesdeux parts le font, saichés, si versaument [5],
L'an ne scet liquelx mieux, tant le font igaument [6].
Ainssin comme li loups qui pour sa grant famine
Quant s'embat ès berbis [7], de tout tüer ne fine [8] ;
Cuide pour son tüer [9], soi de fain saouler :
Ainssin souler [10] se cuident pour l'ung l'autre affouler [11].

Li geux [12] estoit paroilz jusque vint la novelle
De Droon, du conte Eude, lesquelx la mort chadelle [13].
Qui véist lors Girart ses neveux assambler
Il n'est nulz de paour ne dehust lors trambler !
Ou touz les rois d'Espaigne ensamble les ralient,
Et en eulz raliant, Saint George tuit rescrient.
Si fort le vont criant, qui l'oïst il semblast [14]
Que li cielz et la terre ensamble s'assamblast.

---

[1] Allaient. — [2] Le comte. — [3] Les maîtrise. — [4] L'aigle.
[5] Pêle-mêle. — On trouve dans Lacombe *versoyer*, se mêler.
[6] Egalement.
[7] Quand il s'abat au milieu des brebis.
[8] Ne cesse. — [9] Parce qu'il tue. — [10] Se rassasier.
[11] Se faire des blessures. — [12] Les jeux, les chances.
[13] Ou *chasdèle*, emmène. — [14] Que pour celui qui l'entendit il semblait...

Quant furent ralié, ou [1] grant tas tuit se fièrent [2]
Ou milieu des François et si rudement fièrent [3]
Qu'il les vont devant eulz comme berbis menant,
En tuant, en navrant, mal les vont demenant.
En ce point vit l'on bien d'une part pent l'eschine [4] ;
Quar touz li oz le roi [5] durement se declinc [6]
Ainqui furent tué li bons rois de Cezile
Et li Arragonois et li rois de Sebile [7].
Avec eulz ont tué tante bone persone
C'on ne les nomeroit du matin jusqu'à none.

Devers le roi de France fut mors cil d'Angleterre
Et li bons rois d'Escoce qui orent sovant guerre,
Li Constantinoblois qui out nom Saladins
Et trois des amiraux et deux rois Sarradins :
Avec ceulz furent mort V duc et sèze conte,
Dé bers [8], dé bannerés [9] et d'autre gent senz conte.

Li ungs envers les autres se sont ainssin mené
Com s'il fussient par raige droitement forcené.
Li corps sont dissipé par les armes trainchans ;
Oncques mais dus ne cuens ne fut si bien vainchans [10].
Tant fut grant la bataille, fiere forte et aperte
Que du sanc des occis fut la terre cuverte.
Tant fièrent des espées es pomiaux d'our marsis [11]
C'une très grant rivière qui avoit nom *Arsis* [12]
Parmi celle valée corant a grant bandon [13],
Fut toute de sanc roige [14] qui là court de randon [15] ;

---

[1] Avec. — [2] Se jetèrent, de *ferre se*, se porter. — [3] Frappèrent, de *ferre*.
[4] Où penche la balance. — [5] Toute l'armée du roi.
[6] Est cruellement décimée. — [7] Séville. — [8] Des barons.
[9] Des guerriers portant bannières, bannerets. — [10] Vainquant.
[11] D'or massif. Le mot a été ainsi torturé pour la rime.
[12] L'Arce, depuis nommée la *Cure*. — [13] Avec grande abondance.
[14] Rouge. — [15] Avec impétuosité.

Et crut si la riviere, par droite force vive
Qu'elle issit du chenel n'y out si haute rive [1].
Pour la doleur des cuers de ceulz qui là perdirent
Leur amis, à celle aigue *Cuère* [2] cest nom li mirent :
Cuère vault autant dire comme gent acorée [3]
De doleur de tourment, et d'engouisse enplorée [4].
Dessur celle rivière ha ung chastiau massi,
Entour croit de bons vins et l'appell'on Assi [5].
Quant Assis fut fondés, Arsiz estoit clamée
La rivière qui court, qui *Cuere* est appalée.

   Là com doloreux jour tres pesme et tres mortel
Jamais ungs si cruel n'ajournera [6] pour tel ;
Oncques ne fut véus si aspres si pénibles
Si tres espouantables, si fel ne si horribles.
Trop fut fors la bataille de lances et d'espées
Tant piés tant poign trainchié, tante testes copées.
Ja prés [7] n'en eschappat se durat longuement ;
Mas Dieux en prist pitié, si mist atrampement [8],
Ne vout pas que trestuit fussient mort ne perdu,
Tel miracle y a fait qu'il sont tuit esperdu,
Il veult qu'il se delaissent [9] de leur contencion,
De leur crudelité de leur destruction,
La terre desoubz eulz trembla et résona,
Tres orrible et crueux son et noise dona.
Il n'y out si hardi qui trestouz ne tremblast :
Bien cuidèrent que ciel et terre s'assamblast [10],

---

[1] Quelle que fût la hauteur des rives.
[2] *Chore* ou *Choré* et *Cure*. Cette rivière va se perdre dans l'Yonne.
[3] A qui le cœur saigne.
[4] Eplorée. — [5] Arcy.
[6] Ne recommencera. — [7] Preux.
[8] Modération, tempérament.
[9] Se lassent. — [10] Se confondissent.

Bannières et ensoignes amprist et feux et foudre [1]
Si qu'elles furent mises du tout en tout en poudre.
Si furent paoreux de ce tres grant miracle
Que chascungs s'en tourna devers son habitacle.
Bien virent que Diex velt qu'en cel jour guerre faille [2];
Pour ce, se velt partir chascungs de la bataille.
Girars com saiges hons commancea à crier
Saint George, ce qu'il pout [3], pour sa gent ralier.
Pour [4] ce cri saigement ses gens touz ralia,
En leurs tantes les moine [5], nesung n'en oblia.
Il fut touz li darrers [6] : ainssin les vout [7] conduire,
Pour ce que li Françeois ne les péussient nuire.
Charles touz ababis [8] ses gens a [9] moult grant poine
Enmoine avecques soi : quar n'avoit point d'ensoigne [10].
Challes tres bien cuida Girars s'en fust fuï;
Mas quant il sout [11] le voir au main, fut anuï [12].
A ce qu'il out de gens le main [13] se consoilla.
Girars com pour combatre tres bien s'aparoilla;
Avant soleil levant devant le roi se rainge;
Quar il ha grant desir la mort son pere vainge.
Tantost [14] li rois le sout, s'en fut si esbahis [15]
Qu'il dist à ses barons : « Signeur, je suis trahis :
Ains que soiens armés, Girars sur nous corra,
Trestout serons occis, nul vif n'y demorra. »
Tirris parla premiers : « Quar soit brief nostre avis
Ou bien saichés, de voir, nulz n'achappera vis [16].

---

[1] Que les feux et la foudre enveloppassent bannières et enseignes.
[2] Cesse. — [3] Autant qu'il put. — [4] Par. — [5] Mène.
[6] Il resta le dernier. — [7] *Voluit*, voulut. — [8] Ebahi, étonné.
[9] Avec. — [10] Enseignes. Leçon conforme à la copie de l'Arsenal.
[11] Du latin *sapuit*, quand il sut la vérité. — [12] Stupéfait.
[13] Le matin. — [14] Aussitôt que. — [15] Effrayé.
[16] N'échappera vivant.

Je di pour bon consoil : tantost¹ tramest² messaige
A Girart le vaillent, le courtois et le saige,
De par toi li soit dit li ne veulz courre sur³
Tout soit ce que tu haies par tout lieu au dessur
Toute voie. Est-ce faux? Yer havoit la victore
Se ne fust li miracles que Diex fit par sa glore;
Mas j'ai dit ces paroules pour ton honeur garder.
Fai monter le messaige, nous n'avons que tarder. »
Li messaiger tantost inel⁴ le pas montèrent,
Girart vont saluer, de par le roi pallèrent :
« Girart, tu scés moult bien que tu ne peus durer
Envers le tien signeur ne ses oz endurier⁵;
Il est li plus fors rois qui soit manans en terre,
Il n'est nulz hons vivans qui puisse à lui par guerre.
Tu dois bien Dieu louer, bien t'est deux fois chéu
Ce ne fust li miracles, hier te feust meschéu.
Li rois ha trop de gent qui l'aiment par chierté⁶,
Ploin sunt de hardement⁷ et de tres grant fierté.
Hier te meschut trop fort⁸, tu perdis ton lignaige;
Avec ce perdis tu la fleur de ton barnaige.
Li rois le scet moult bien, bien velt que tu t'en ailles
Fai enterrer tes corps ou mettre en repontailles⁹.
Se tu te velz combatre au roi qu'est ton signeur
Oncques mais ne féis folie plus greigneur.
Nous nous trairons arriers si pallerès ensamble,
Et puis nous respondrés tantost¹⁰ ce qu'il te samble. »

---

¹ Aussitôt. — ² Du latin *transmittere*, envoie.
³ Que tu ne veux le poursuivre, quoique tu aies toute voie ouverte, etc.
⁴ Vivement, sur-le-champ. Du latin *ignito pede, ignito passu.*
⁵ Ni te soutenir contre ses armées. *Oz* pour *ost.*
⁶ De *caritas*, amour. — ⁷ Courage.
⁸ Il t'arriva de trop grands malheurs. — ⁹ En lieux cachés.
¹⁰ Aussitôt.

Girars par grant corroux respont com forsenés :
« Hé, signeur messaigier, pour couart me tenés !
Cuide donc vostre rois qui pour paroules fine [1]
Ce n'est pas mes drois noms [2] si de toicher en fine [3],
Est-il temps maintenant de cest fait bargignier [4] ?
Nous sumes tuit armé, me cuide il engignier [5] ?
Cuide il la mort mon pere tantost vaingier ne vuille ?
Par touz les sains du monde, n'aura os ne li duille [6] ;
Ains que nous départiens sera sa mort vangié :
Point ne doubt son povoir qu'an face revangié. »
Forques, tout en plorant, à Girart prist à dire :
« J'ai le cuer et le corps plain de grant deul et d'ire,
Mes peres si vaut morz, j'ai dou vangier talant [7].
Ne m'an tenroit pour voir [8] tous li ours de talant [9],
Se je treve en bataille le felon duc d'Ardène,
Que ne l'abate mort envers [10] emmi la plène.
Saichiés, j'ai si grant fain de moi à li combatre,
Quar son tres grant orguel vuilz par mon branc abatre.
Par le filz de la Virge que je croi et aour [11],
Ne cuide nulz de vous qu'aïe de riens paour ;
Mas je lou [12] biaux doulz oncles, se li rois ne velt faire
A vous n'a vostre gent nul mal ne nul contraire,
Suppose vostres peres soit par li acorés [13],
Se vous premiers n'assaut, sur lui ne li corés [14].

---

[1] Dissimule par ses paroles.
[2] Ma juste cause. Ce n'est pas à moi qu'il importe de...
[3] *De toucher en foi*, c'est-à-dire de parler de réconciliation. Les paysans bourguignons disent encore : *I te juron mu fine*, je te jure ma foi.
[4] Marchander. — [5] Subtiliser.
[6] N'aura mes os sans qu'il lui en coûte.
[7] Désir de la vengeance. — [8] En vérité.
[9] Tout l'or d'un talent. — [10] Renversé. — [11] Que je crois et honore.
[12] Je loue.
[13] Encore que votre père ait été tué par lui. — [14] Ne couriez.

S'il ont tüé nos peres pour avoir garison [1],
Cy n'a point de meffait ne point de traïson ;
Nos pères les cuidèrent tout auxi bien tüer,
Ainssin vat de fait d'armes nulz ne le peut müer :
Or est li jours venus leur armes [2] doivent rendre.
Au roi de Paradis, li corps deviendront cendre.
Se je truis [3] en bataille l'Ardenois [4], je me vante
Que je le paierai de tel merchié tel vente ;
Saichés s'est mes solas [5] mes desduz [6] et ma joie,
Je prie Nostre Signeur qu'à brief temps je le voie.
Girars, li saiges hons, te dit en la deffence :
Nulz ne doit son signeur grever mas qu'an deffence.
Li rois t'a assailli, tu as héu victore [7],
C'est en toi deffendant, tousiours en iert memore.
Se tu crois mon consoil tu point ne l'assauras [8] ;
De cy ne te mouvras [9] ains sauvras [10] et vauras [11]
Tout ce qu'il voudra faire, et, s'il velt la bataille,
Par larme [12] de tous morz je lou que point n'y faille.
Je suis trestouz certains que desconfis sera :
Face [13] du piz qu'il puet, ja nulz n'en gardera [14].
Il a tort et nous droit, Diex est en nostre aïde ;
Il li sera nuisans et nous fera subside [15].
Signeur, qu'en dites vous? « Li saige respondirent :
« Fourques ne dist que bien. » A une vouix le dirent.

---

[1] Salut. — [2] Ames. — [3] Trouve.
[4] Le comte d'Ardennes.
[5] Mon plaisir. — [6] Pour *desduitz*, consolations.
[7] On prononçait *victore* même lorsque l'*i* se trouvait dans le mot.
[8] Ne le poursuivra. En latin *assilire*, en bas latin *assailiare*.
[9] De cet endroit ne bougeras.
[10] Mais te tiendras sur tes gardes, te mettras en sûreté.
[11] Et verras. — [12] L'ame. — [13] Qu'il fasse, etc.
[14] Ne l'en préservera. — Voici la variante de la copie de l'Arsenal :
Face du pis qu'il puet, nulz ne l'en gardera.
[15] Protection.

Booz commencea crier : « Quar nous alons combatre,
L'orguel de ces Franceois alons tantost abatre ;
Par nous seront destrut et vaincu et quassés [1] :
Nous avons meilleurs gens et trop plus qu'eulz assés. »

Li messaigiers le roi [2] palla courtoisement
Et dist : « Li vaillans Fourques ha pallé saigement :
Li bons subgés se doit ce qu'il puet retarder [3]
De nuire à son signeur, sa foi li doit garder :
Ainssin doit li bons sires son bons vessaul [4] secourre,
Ne li doit senz raison ne grever ne sur courre ;
Et s'autrement le fait, soi ne doit revoingier
Li bons vassaulx si tost, ne son corroux voingier :
Ainssois [5] doit son signeur suffisemment sommer
Avant que sur li courre, foi que doi Saint Omer. »

Girars lors se trestourne [6] quant ses morz aperceoit,
(Saichés que li dolours des morz son cuer perceoit)
Et dist aus messaigiers : « Regardés ces pays,
Li rois et je [7] serons à tousiours mais [8] haïs.
Vous ne véés que mors et piés et bras et testes,
Vous ne véés que sanc que maingeront les bestes,
Vous ne povez véoir ne herbe ne verdure !
Il est trop grans pecchiés quant nulz de nous II dure [9].
Las ! qui poura jamais reconter ceste perte ?
Quar regardés la terre qui est de mors cuverte !
Je suis trestouz certains, les gens nous maudiront,
Et contre nous à Dieu les bestes muiront [10].

---

[1] Mis en déroute. Du latin *quatere*, et *quassare* en bas latin.
[2] Le messager du roi. — [3] Empêcher.
[4] Vassal. — [5] Auparavant.
[6] Détourne. — [7] Et moi.
[8] Du latin *magis*, plus.
[9] Subsiste encore. — *Quand l'un de nous deux dure.* (Arsenal.)
[10] Mugiront, du latin *mugire*.

Pour nous sont mort li homme, pour nous mourront les bestes
N'auront ou paistre puissent à plain jour ne à festes ;
Et comment pourrons nous en cest siegle [1] durier
Ne ses grans mauldissons [2] envers Dieu endurier?
Il n'a paiis ou monde ou n'ait cy des gens mortes!
Hé! rois de Paradis, veuillies ouvrir tes portes,
Les ames des Cristins reçoi en ta grant sale,
Dont li corps sont cy mort, tuit froit, tuit roi [3], tuit pale. »

A cel mot s'enclina, par pou de deul n'acore [4],
Ne se peut sostenir que de doleur ne plore.
Qui véist touz les autres plorer et sospirier,
Leurs poins ensemble hurter et leur cheveux tirier,
Il n'est nulz cuers si durs ne si ploins de foleur [5]
Qui se péust tenir d'avoir très grant doleur.
Li messaigiers méismes du deul que Girars moine,
Et pour ce qu'a perdu des siens deul en demoine.
Quant se sont revenu [6] tuit commencent à dire :
« Alons tuit maintenant cel malvais roi occire.
— Signeur, ce dist Girars, ainssin ne ferons mie;
Je m'an vois à mon oncle qui est encor en vie,
Ce que cil messaigier m'ont dit li conterai,
Et maintenant [7] arriers à vous retournerai.
Il est moult saiges hons, certes bien le savés. »
Li saiges respondirent : « Girart, bon droit havés. »
Girars va à son oncle dedans son tref [8] li conte
Des messaigiers le roi [9] qui li requèrent honte.

---

[1] En ce siècle. — [2] Malédictions.
[3] Tout enraidis.
[4] Il s'en fallut peu que le deuil ne lui déchirât le cœur.
[5] Légèreté.
[6] Quand ils sont remis.
[7] Bientôt. — [8] Sa tente.
[9] Du roi.

« Girars, mes biaux doulz nieps, vous en aurés l'oneur
Se li rois se départ, et il [1] le deshoneur ;
Se premiers se départ, et li champs vous demore,
Je vous di devant touz, honeur gaignés en l'ore. »
Girars tout en plorant li commancea à dire :
« Mes pères est cy mors, et vous navrés [2], biaux sire,
Et vous voulés le roi laisse ainssin eschaper ?
Avant me laisseroie desoubz plonc enchapper [3]
Que pour rien le laissoie ainssin de moi partir,
Que ne le face avant en emfer bon martir,
Hé las com seroit or [4] gais et jolis et cointes
Se senz combatre à moi il s'en part couroies ointes.
— Girars, pour celui Dieu à cui vuil l'ame rendre,
Je te lou pour ton bien à mon consoil entendre.
Tu as héu l'oneur, tu auvras [5] la victoire,
S'ainssin le roi s'en va, c'est chouse toute voire [6].
Se tu li cours point sur, toi pour voir mescherra [7]
Si tres apartement que chascungs le verra. »
Oudons se va soignier [8], ses mains au ciel tendit,
Ensamble les joignit, ainssin l'ame rendit.
Quant Girars vit ceci, trois fois sur li se pasme ;
Fourques le redressa et moult tres fort le blasme :
Se mes peres est mors, Girars, qu'an velz tu faire [9] ?
Veulz tu don en plorant laissier [10] le nostre afaire ?

---

[1] Et lui le déshonneur. — [2] Blessé mortellement.
[3] Mettre sous une chappe de plomb. — [4] A présent.
[5] En langue d'Oïl on disait *auver*, *aver* pour *avoir*. — [6] Vraie.
[7] Lacurne-Ste-Palaye dit qu'il ne faut pas ici considérer le mot *point* comme donnant un sens négatif. Le vers est ainsi construit dans la copie de l'Arsenal :
    Si tu luy cours point sus, pour vray t'en mescherra.
c'est-à-dire : si tu le poursuis, il t'en arrivera malheur.
[8] Faire le signe de croix. — On lit *odons* dans le m⁸ de Sens et *adonc* dans la copie de l'Arsenal.
[9] Que veux-tu faire à cela ? — [10] Abandonner notre affaire.

Plorer doivent li femme, li homme avoir doleur.
Ne doivent qu'en leurs cuers, s'ils n'ont en eulz foleur [1]. »

Hé las on ne voit pas quel pleur en son cuer porte
Fourques li très vaillans qui son oncle comforte!
Autre deul demenast ce ne feust pour son oncle [2].
Pour ce n'a il pas moins au cuer doleur n'a oncle [3]
Se Booz [4] feust à la mort, autrement se pourtast,
Il convenist Girars, pour voir le comfortast.
Seguins est en présent si plains de deul et d'ire,
Pour son oncle Girart, saichés, n'ouse rien dire.
Girars s'en tourne arriers à la loi [5] d'omme saige,
Devant toute sa gent respondit au messaige :
« Vous respondrés au roi : Ne suis point esbaïs,
Mas bien, saichés, de voir se suis point esmaïs [6],
Prêt suis de moi deffendre senz nulle couardie;
Quar j'ai gent avec moi très bone et très hardie.
S'il n'a plus velanté de soi à moi combatre,
Aler sen puet, s'il velt, en France pour esbatre [7].
Je suis en mon païs, en mon lieu en ma terre :
Se terre velt gaignier, autre part l'aile querre.
Li eschac [8] si est miens de trestoutes ses armes :
A ma gent le doin tout et coutiaux et jusarmes [9].
Avant se partira que je me desarmoie,
Ou nous nous combatrons ou l'onours en soit moie [10].
Il ha perdu le fiez que seuil [11] de lui tenir [12] :
Ne le verra des mois [13] en sa main revenir.

---

[1] De la faiblesse. — [2] N'était par considération pour son oncle.
[3] Une moindre douleur que n'a son oncle.
[4] Booz était le frère et le compagnon d'armes chéri de Fourques, ainsi que Seguins. — [5] A la façon. — [6] Troublé. — [7] Se récréer. — [8] Le butin.
[9] Epées et lances. — [10] Mien. — [11] De *soleo*, j'ai coutume.
[12] Le seigneur suzerain perdait tout droit sur son vassal quand ce dernier l'avait vaincu en guerre légitime. (Note de Lacurne-Ste-Palaye.)
[13] Désormais.

Ungs chascungs scet qu'à tort m'a trois fois assailli,
Et occise ma gent, mon paiis mal bailli [1];
Mas, la merci de Dieu qui lait [2] sur maint en glore,
J'ai contre lui héu a grant honour victore. »

    Limessaigier s'en vont au roi tout reconter.
A brief moz vous vuilz dire senz longuement conter :
Puis toutes questions [3], li rois se desloigea ;
Ne de say ne de lay la paix nulz ne ploigea [4],
Ne li rois ne Girars point ne s'entrevéirent,
Mas li ami commun la paix senz paix féirent.

    Li rois s'en est partis, Girars est demoré ;
Quant il vit tant de morz, a pou n'est acoré.
A plus tost qu'il péut envoïe querir Berte :
Celle tantost s'en vint qu'estoit saige et aperte.
Quant elle scet [5] et voit la grant mortalité,
Haro prist à crier de la crudelité,
Des poigns se va batant et ses cheveux détire,
En plorant, en criant, telx moz commance à dire :
« La lasse [6] ! la mal née, que fera la dolante,
La mainchant malestruite [7] ! A pou ne s'acravante [8] !
Or suis je bien sur toutes femmes la plus chaitive !
Il n'est droict ne raison qu'après ces morz je vive !
Il sont tuit mort pour moi très lasse, que ferai ?
Je suis toute certene que dampnée [9] serai :
Ceste mortalité est pour moi héritaige !
Quant je voi tant de morz, lasse, pour quoi n'anraige ? »

---

[1] Gouverné. En bas latin, *baliare* signifie administrer, d'où est venu le mot *bailli*, ou administrateur d'un bailliage.

[2] Qui s'étend. — [3] Façon de parler qui signifie en fin de compte.

[4] Ne cautionna. — *Ploige* signifie caution, répondant.

[5] *Seit*. (Ms de Sens.) — [6] La malheureuse.

[7] La méchante mal avisée.

[8] Elle est près de succomber sous le poids de sa douleur. — [9] Damnée.

Entre les morz se boute, touz les cuide baisier,
Ne scet sa grant doleur autrement apaisier.
Elle se boute en sanc jusques en mige jambe [1] :
Telx deuls ne fut menés oncques par nulle dame.
Qui véist Ecuba la mère à bon Hector
Qu'Achilles versa mort ou milieu de l'estor [2]
Et dame Berte ensemble, l'on ne scéut à dire
Laquelle out plus grant deul de ses morz et plus d'ire [3].
Fourques, Booz et Seguins en repourtent leur tante [4] ;
Si honie com estoit [5] la mirent en leur tente.
Quant Girars out oï qu'estoit si adolée [6],
Ne vout aler vers lei jusques fut comfortée.
Li quatre roi d'Espaigne et li bons dus de Frise
La viennent conforter chascungs à sa devise [7] ;
Après les rois d'Espaigne Girars la vint véoir,
Comfortée la vit, lez li [8] se vat séoir,
Puis li dit : « Douce seur, ne vous descomfortez,
Et plus en vostre cuer si grant deul ne portés ;
Mas fasons touz les mors senz delai mettre en terre,
Pour eulz fasons prier Dieu, sa mère et saint Pierre,
Et mettons nostre estude en faire monasteres,
Et non mie en plorer soit nostres desidères [9].
Li mort pas ne demandent plours ne gémissement,
Mas dévotes prières ; c'est lor norrissement ;

---

[1] Il est surprenant que le poète n'ait pas écrit ici, comme plus haut, *jame* pour l'assonance avec *dame*. La leçon est la même dans le m⁵ de Sens. — Voici celle de la copie de l'Arsenal :

        Elle se boute au sanc jusques emmy les jambes.

[2] Pour *estour*, combat. — [3] Et plus de chagrin violent.
[4] Ramènent du champ de bataille leur tante Berthe
[5] En si piteux état qu'elle était par le désespoir.
[6] Affligée. Du latin *dolenda*.
[7] A sa manière. — [8] Près d'elle.
[9] L'expression de nos regrets, du latin *desiderium*.

Et pour les morz prier huit causes nous ameuvent [1]
Qui toutes en suiguent [2], par raison le nous preuvent :
Lois naturiels [3] premiers qui est de tel affaire
Qui fait autrui tout ce que l'on velt à lui faire;
L'autre est certenement honte qui nous venra
Quant dou siegle la mort [4] avec eulz nous menra [5].
Il pourront moult bien dire : « Or esgarde celui
Qui tant com fut ou monde bien ne fist a nelui [6].
Autre raison après est la très grant ardure [7]
Que tuit li chaitif soffrent senz fin et senz mesure :
Almosnes et prières leurs malx leur assouaige [8],
S'en suffrent plus soüef [9] de leur pène la raige.
La quarte raison est l'orreur que là hauriens,
S'en coste mortel vie aucung bien leur faciens :
Quar cilz qui pour les morz done du sien et prie
Chascungs mort, quand il muert, l'onore et humilie [10].
Et la quinte raisons est li très grans merites,
Que de mal perdurable si nous puet faire quites.
Li proverbes tesmoigne que qui de bon cuer ore
Pour autrui Jhesu Christ, pour li mesme labore,
David li vrais prophètes dit ainssin : « Ma prière
En mon sein senz doubtance retournera arrière.
La sexainne si est que nous de leur substance
Avons et possédons aucune soutenance,
Ou doctrine en avons ou bon norrissement [11],
Ou bienfait en havons ou bon engendrement.
La septime [12] cause est li fru que nous havoir
En povons pour certain, ce doit chascungs savoir ;

---

[1] Incitent. — [2] *Sequendo.* — [3] *Naturex.* (Ms de Sens.) — [4] La fin du monde.
[5] Près d'eux nous conduira. — [6] Ne fit de bien à personne.
[7] Brûlure. — [8] Adoucit. — [9] Doucement. — [10] S'incline pour le saluer.
[11] *Accroissement*, dit la copie de l'Arsenal. — [12] *La septainne*, dit le ms de Sens.

Quar se nous en cest mont prions très bien pour eulx,
Leur amours nous en iert [1] assez trop plus coureux [2]
Et par eulz touz ensamble pour nous iert Diex prié.
Quant il, eulz en sa glore, aura glorifié
Et lors iert senz mentir plus vers Jhesu Christ chière
Desdis glorifiés que de nous la prière.
L'uitisme [3] raison est la grant neccessité
Qu'il ont en Purgatoire et la calamité;
Quar li ungs ne puet l'autre en nesung cas aidier
Par penser ne par fait ne par nul souaidier [4] :
Or véés vous dont bien les ames pas ne veulent
Plorer mas [5] garison de ce dont trop se deulent [6];
Leur garison si est si com oï avés
Almosnes et prières et bienfait, ce savés.

Quant dame Berte fut ainssin recomfortée
Et fut par ses neveus ou tref Girart [7] pourtée,
Li lointain du païs [8] font trosser [9], ammaler [10];
Chascungs en son païs a grant talent [11] d'aler.
Les riches hommes morz lor parent empourtèrent,
Li autre mort en champ à Girart demorèrent.
Les trois rois mors empourtent li quatre roi d'Espaigne [12]
Et Droon le bon duc ensamble en leur compaigne.
Il fist en son vivant, saichés, par moult grant cure
En la citz de Baonne [13] moult noble sépulture.

---

[1] Sera.
[2] Cordial. — On lit *couraux* dans le m⁵ de Sens, et la rime précédente est *aus*, qui, en langue d'Oïl, remplace le pronom pluriel *eux*.
[3] *L'uitainne*. (M⁵ de Sens.)
[4] Soulagement. — Le m⁵ de Sens écrit *souhaidier*.
[5] *Magis*, davantage. — [6] De *dolere*, se lamentent.
[7] A la tente de Girart. — [8] Ceux qui étaient loin de leur pays.
[9] Mettre en paquets. — [10] Mettre en malles. — [11] Désir.
[12] Inversion qui ne pourrait paraître singulière qu'à ceux qui ne sauraient pas distinguer le régime *les* du sujet *li*.
[13] Bayonne, où Droon avait, à ce qu'il semble, préparé d'avance sa sépulture.

Fourques, Booz et Seguins enmoinnent en Provance,
Le conte Odon leur père qui fut de grant puissance.
Li grant les lors empourtent ung chascungs en lor terre ;
Es autres qui demorent convient sépulcre querre.
Girars et dame Berte Dieu de bon cuer prièrent,
De deux nuiz et deux jours ne burent ne maingièrent
Et jurent que jamais n'useroient que pain d'orge
Jusqu'à tens qu'a Quarrées où l'on oure Saint George
Soient mis chrestiennement en noble sépulture,
D'eulz mettre noblement mettent toute leur cure.
Oës comment Diex fist pour eulz très grant miracle :
Il trovèrent le main [1] pour chascung habitacle
Les très plus biaux charqueux [2], ja plus belx n'en verrés
Il furent en sept jours tuit dedans enserrés :
Pluseurs sarcuis y a, li ungns sont mis sur l'autre.
Les grans gens sont dedans senz argent et senz peautre [3],
Ly menus dedans terre en tres biaux sarcuis furent ;
Li Sarrazins en croz [4] tuit ensamble mis furent,
Non pas ou [5] les Cristiens ne près du cemestère :
Diables en leur emfer en font soubz eulz letière [6].
Trestuit prennent congié de Girart et de Berte
Chaschungs en son païs s'en va ou [7] sa grant perte.
Girars leur prie à touz que le vaignent secourre
Se Charles senz raison vouloit plus sur li courre.
Il li promettent tuit qu'il lui venront aidier
Se d'eulz ha grant besoign tout à son souhaidier
Girars et dame Berte s'en vont pour Dieu servir
Tout droit à Rossillon pour s'amour déservir [8].

---

[1] Le matin. — [2] Cercueils. — On lit *sarciez* dans le ms de Sens.
[3] Espèce de métal, dit Roquefort dans son glossaire roman.
[4] Dans un creux. — [5] Avec. — [6] Litière. — [7] Avec.
[8] Mériter son amour.

Girars se pourpensa que nulz effanz n'avoit
Et sout tout de certain Diex aidié li avoit :
Pour ce fist Dieu son hoir, si funda abaïes
Collèges, priortés qui or li font aïes [1].
Pape Jehan supplie qu'il venist dédïer [2]
Les mostiers qu'il du sien out fais édifïer.
Papes Jehans encline de cuer à la requeste
Que Girars li out faite; quar elle fut honeste [3] :
Ou nom de nostre Dame, de saint Pou [4], de saint Pierre
Sacra tous les mostiers que Girars out fais faire,
Et dona à Girart li papes très bénignes
Deux glorieux martirs de mérites très dignes,
Ci estoient sains Eusèbes ou tout [5] saint Poncïen :
Martir furent à Romme pour ce qu'estoient cristien.
Le corps de saint Eusèbe mist Girars à Poutières;
Encloux est dans l'autel ou [6] reliques très chières;
Le corps saint Poncien mit il à Verzelay :
Ainssin mist à Poutieres l'ung, et l'autre de lay [7].
Et de la Madelène ne me vuilz plus tenir
Ne vous dïe comment Girars la fist venir
A Verzelay où gist son corps et y repouse.
A Hais [8] qu'est en Provance premiers [9] jut [10] c'est vrai chouse
Bien savés que lonc temps fut li rois Challemaigne
Contre les Sarrazins es parties d'Espaigne,
Et quant Charles fut mors Droons maintint la guerre
Contre les Sarrazins et par mer et par terre.

---

[1] Protection.
[2] Consacrer. — Lacurne-Ste-Palaye dit que c'est par respect que l'article es supprimé devant le mot pape.
[3]   Que Girart l'y ot faite et la tint à honeste
                          (Copie de l'Arsenal.)
[4] Paul. — [5] Et aussi.
[6] Avec. — [7] Au-delà. — [8] Aix. — [9] D'abord.
[10] Du latin *jacuit*, fut déposée.

Tant furent guerroié que d'Espaigne fuïrent,
Aquitaine et Provance puis après destruïrent [1].
Il firent telx meschief que les gens escorchoient,
Cités, chastiaux, mostiers de feu cruel ardoient.
La cit métropoline [2], qui est Ais appelée,
Fust arse de leur feu et s'estoit grant et lée [3].
De très lonc temps corroit commune opinion
Que la Madelegne ère [4] en celle région :
Saint Maximins l'avoit ou païs par grant cure,
Ce disoit li communs [5], posée en sepulture :
Or avint que Girars si fut en s'abbaïe
Ou mont de Verzelay, qui ne craint assaillie [6],
Avec l'abbé Oddon abbé de celle eglise.
Cil [7] prirent à parler du doloreux juise
Qu'estoit fais en Provance et en toute Aquitegne
Et comment on disoit la douce Madelegne
Gisoit, pour voir, à Ais ou en la suburbie [8].
Enpranre [9] vont entre aus très dévote envaïe,
Qu'ou païs envoiroient especial messaige.
Ung bon religieux simple, dévost et saige,
Ung moine de léans de touz biens renommé
Devant culz font venir : Badilo fut nommé.
Ambdui li vont chargier celle légacion :
Badilo leur outroie par grant dévocion
Et leur promet et jure arriers ne tournera
Devant que le corps saint ou li [10] apourtera,
S'ou païs puet trover nelui [11] qui li ensoigne,
Ou s'autrement en puet havoir veraie ensoigne.

---

[1] *Destraxirent*, écrit le ms de Sens. — [2] La cité métropolitaine.
[3] *De lata*, étendue. — [4] Etait. — [5] Le public.
[6] Qui ne craint pas l'assaut. — [7] Ceux-ci. — [8] Le faubourg.
[9] Entreprendre. — [10] Avec lui. — [11] Quelqu'un.

Or s'en va Badilo ou ¹ compaignie honeste;
Devant qu'il soit à Ais en nul lieu ne s'areste.
A Hais ne trova riens fors que destruction
Des gens murtris à glaive ² et grant combustion :
De la doleur qu'il out bien poul qu'il n'acora ³ ;
En priant pour les mors amèrement plora.
Après à soi revint et va partout cerchant,
Et va de lieu en lieu la cité reverchant ⁴.
Quant out partout alé, il s'embast d'aventure
Devant ung biau sarqueul qui fut fait par grant cure.
Bien sembloit au tombeau qui estoit moult honestes
Qu'enclouse avoit dedans, pour voir, chouse celestes ⁵.
Li tombiaux fut chargiés de charbon et d'arsure ⁶,
Pour le feu qu'out esté fut touz chargiés d'ordure.
Badilo li prodons ne se vout delaïer ⁷ :
Il fait ung gros balai si va tout balaïer.
Quant bien fut balaïé li tombeaux à senestre
Après le balaïa de la partie dextre,
Et voit sur le tombiau ⁸ imaiges enlevées
De partie senestre, moult très bien facenées :
Comment la Madelegne de ses très saintes lairmes
Les piés Nostre Signeur lava tant furent fermes ⁹.
Quant les out essués par grant dévocion
De ses cheveux, lors out de Dieu rémiscion.
Après estoit comment le chief de Dieu oigni
De préciex oignment, oncques ne si foigni.

---

¹ Avec. — ² Percés de glaives.
³ Il s'en fallut bien peu qu'il ne mourût de douleur.
⁴ Scrutant.
⁵ Qu'il y avait véritablement là quelque chose de céleste renfermé.
⁶ De traces d'incendie. — ⁷ Retarder.
⁸ *Tombeaul.* (Copie de l'Arsenal.)
⁹ Abondantes.

Après estoit pourtrait quant demanda novelles
A Dieu de li meïsme (nes tenoit pas abelles [1]) :
« Curtiliers [2], se tu as le crucifix amblé [3]
Di le moi je t'en pri, ce que t'en ha samblé. »
Anqui s'aparut Diex à li [4] premièrement
Et tantost és apostres en fit démonstrement.
A dextre estoit comment la Madelegne vint
Au sépulcre de Dieu pour savoir qu'il devint
Et pourtoit oignemens très sains, tres précieux
Desquelx oindre vouloit le roi tres glorieux.
Sur le tombeaul [5] trova l'ange à ele disant :
« Cy ne troveras point le crucifi gisant,
Il est resuscité, il est en Galilée
La présence de li sera illec trovée. »
Quant out bien regardé Badilos ces imaiges
Il fut en grant porpens [6] ou com fouls ou com saiges,
N'ose illec demorer, n'ouse arriers retourner,
Son avis say et lay prist lors à trestourner.
Bien scet se Sarrazin ou se cil du paiis
Le puent illec savoir, de mort sera trahis ;
Bien scet s'il s'en retourne parjur [7] sera clamés,
De Girart, de l'abbé, n'iert il jamais amés.
A donc ne sout que faire, met soi à orison,
La douce Madelegne pria si com lison
Que par la soïe [8] grâce l'en donast aucung signe
De véoir ou sarqueul s'an estoit [9] son corps digne.

---

[1] Elle ne se tenait pas pour clairvoyante. — [2] Jardinier.
[3] Si tu as dérobé le crucifix. Traduction naïve du quinzième verset de l'Evangile selon saint Jean, chap. XX.
[4] A elle. — [5] *Tombleaul.* (Mˢ de Sens.)
[6] Méditation. *Propensare, propensio.* — [7] Parjure.
[8] *La soue*, la sienne. (Mˢ de Sens.) — [9] *S'anz estoit.* (Sens.)

Après ce qu'out oré par grant dévocion
Li vint divinement une inspiracion :
De nuit s'en vat li moignes a cel tombel gentis,
Devers les piés le brise, denz véoir talentis [1],
Et voit le corps tres sain et le cuir tres entier,
Les mains croisiés au piz [2]. Nulle odour d'esglantier
De rouses de piments n'odeurs c'on puet retraire [3]
Ne peust si doulz flairier [4] com fait cilz sanctuaire.
Quant out véu dedans, la pierre de darrier
Mit au plus biau qu'il pout [5], et s'en tourna arrier.
En la nuit ensuigant vit cilz en son dorment
Une dame très blanche qui l'onora forment [6]
Et li dist telx paroules : « Moines, n'aiés paour,
J'en irai avec toi senz toi faire fraour
Jusqu'à lieu qui de Dieu est piessa [7] ordenés,
Ou li corps du sarqueul sera par toi menés. »

Badilo fut moult lies de ceste vision
Es gens qu'out avec li dist par dévocion :
« Seigneur, soiés tuit prest en ceste nuit venant
Le corps la Madelegne n'iert ici plus menant. [8] »
Cil en furent plus lie que nulz ne porroit dire
Et font bel aparoil senz cierges et senz cire ;
Au sépulcre s'en vont, le corps entier en traient,
Et de la grant mervoille à Dieu louange paient.
Oncques si grant odour ne fut de gent sentue
Com il sentirent tuit, quant le corps on remue.

---

[1] Plein du désir de voir à l'intérieur. — [2] *Ad pectus*, sur la poitrine.

[3] Retracer, décrire. — Le mˢ de Beaune dit : « Ce corps répandait une telle odeur que le moine se crut en paradis. »

[4] Exhaler. — [5] Arrangea du mieux qu'il put. — [6] Grandement.

[7] Depuis longtemps. — La copie de l'Arsenal écrit *piéça*.

[8] Ne sera pas ici demeurant. — On lit dans le mˢ de Sens : *N'est plus icy menant*.

Li corps enveloupés fut moult honestement
En ses aournemens ¹ moult très dévotement.
Au retour Badilo et tous ses gens se mirent
Et saichés bien de voir que grant journée firent
Jusques bien près de Nimes enqui péour héurent.
Badilo et li sien à ung consoil se murent ² :
« Cis corps si est trop lons pour ce qu'il est entiers,
Ne povons pas tousiours aler par les sentiers.
L'on puet trop bien véoir que corps entier portons,
Sur cest sommier ou nous ³ dë ce nous dépourtons ⁴,
Ou l'on voudra savoir du tout le nostre affaire.
— Pour ce, dit Badilo, le lou ⁵ autrement faire :
Les grans membres brisons, c'est a savoir les james ⁶
Je croi de nulles gens n'en aurons nous diffames ⁷ :
Ainssin porrons porter le corps à sauvement
A nos deus bons signeurs très bien secrétement. »
Quant il furent à Nimes, saichés, par bone guise ⁸,
Emprunta Badilo pour orer ⁹ une iglise :
Quant furent en l'iglise les membres départirent
Et moult dévotement ensamble touz les mirent.
Quant ce vint à matin trestuit s'encheminèrent,
Jusques vers Verzelay leur chemin ne finèrent ¹⁰.
Quant fut vers Verzelay, li corps à demi lie ¹¹,
Si fort prist à peser, nulz bougier non pout mie
Badilo s'esbaït, plus de cent fois se seigne ¹²
A Verzelay transmet ¹³ l'ung qu'est de sa compeigne ¹⁴

---

¹ Ornements. — ² Du latin *ad consilium se moverunt*.
³ Sur cette bête de somme qui est avec nous.
⁴ Déchargeons-nous-en.
⁵ Je conseille. — ⁶ Jambes. — ⁷ De blâmes.
⁸ Du provençal *guza*, obscurité.
⁹ Pour prier. — ¹⁰ N'achevèrent.
¹¹ Demi-lieu. — ¹² Se signe. — ¹³ Envoie. — ¹⁴ Compagnie.

Pour dire et renuncier qui leur est avenus [1]
Tuit dirent au messaige que bien soit il venus.
Li messaiges leur conte trestoute l'aventure
Et de celle véoir [2], out chascung moult grant cure.
L'abbés se revestit [3] et trestouz li convens [4];
De venir avec li est li peuples movens [5].
Girars li dus gentis tantost se confessa
Et vint avecques eulz [6]; de plorer ne cessa
Jusques virent le corps de celle Madelaine
Qui fut de toutes graces et planteureuse [7] et plaine.
Trestuit s'agenoillèrent en grant dévocion,
Dévotement chantèrent chans d'exultacion.
A genoux va Girars le très saint corps baisier,
Ne pout ses très grans larmes autrement apaisier.
Quant li corps saint si fut par l'abbé encensiés
Et de trestout le peuple d'oroisons recensiés
Girars prist le corps saint : senz point de contredit,
Ne li pesa néant si com l'escript le dit.
L'abbé s'en vat arriers [8] et trestuit si segant [9].
Girars, pourtant [10] le corps, le vat après segant [11].
A Verzelay entrèrent tout droit en l'abbaïe,
Layant [12] pourta Girars la très douce Marie
Qui les piés Dieu baisa et le chief li oigni :
Bien le crut fermement c'oncques ne si foigni [13].

---

[1] Annoncer ce qui leur est advenu. — [2] Et d'en être témoin.
[3] Mit ses habits sacerdotaux.
[4] Ainsi que tous les moines.
[5] Le peuple se met en mouvement pour l'accompagner.
[6] *Avecques aux*, dit le ms de Sens. — [7] Abondante.
[8] Retourne à Vézelay.
[9] Avec tous ses suivants.
[10] Portant. — [11] De *sequens* en latin.
[12] Là-dedans. — Le ms de Sens écrit *laianz*.
[13] *Se foignist*. (Arsenal.)

Iqui gist[1] et repouse, ce devons nous tuit croire,
Grans miracles y fait c'est chouse toute voire[2].
Or li prions qui prist[3] le filz sainte Marie
Que nous gart de la mort qui fait l'ame marrie.

Je truis[4] en la cronicque qui les grans faiz reconte
De touz les rois François, saichés pour voir, cest conte[5]
Qu'au temps de Challemaigne le tres bon roi de France,
Apourta Badilo cel saint corps de Provance.
Je ne suis pas du temps si n'en sai le voir dire[6] :
De deux opinions povés vous une eslire.
Li Provanciau, saichés, dient tout le contraire
Et jurent et afferment qu'il ont le sanctuaire;
Je leur laisse leur dire, je leur lais[7] leur créance,
Je me tien au commun que tiennent cilz de France :
Quar à Verzelay fut li corps sains relevés
Et si solempneument de terre fut levés
Par le saint roi Loys et par ung cardinal,
Presens plus de vint mile, c'est chouse communal[8],
Ensemble la clergie et les religieux
Qui du service faire furent moult curieux,
Que ne puis, ne pouroie, pour nulle chouse croire
Qu'à Verzelay ne soit li corps et l'ame en gloire.
Tant y fait de miracles li filz Dieu par la sainte
Que mainte fois en ont li mauffé[9] faicte plainte.
Ungs homs mit en escript ses pecchiés, ce lisons,
Puis les mist sur l'autel en fervens orisons[10],

---

[1] *Il qui gist.* (Arsenal.)
[2] *C'est demonstrance voire.* (Arsenal.)
[3] Qu'elle prie. — *Or ly prions que prie.* (Copie de l'Arsenal.)
[4] Je *treuve*. (Ms de Sens.) *Ce treuvés en cronicque.* (Copie de l'Arsenal.)
[5] Je trouve ce conte.
[6] Le vrai dire. — [7] Laisse.
[8] Chose connue de tout le monde. — [9] Les démons. — [10] Oraisons.

Puis reprist sa sedule [1], riens escrips n'y trova.
La douce Madelegne ainssin bien esprouva [2]
Que cilz qui la requierent ou [3] lieu de Verzelai
Ont ce qu'à droit requièrent [4] briefment [5] et sens délai.

Le démon réchauffe de nouveau la haine de Charles, lequel s'empare par surprise du château de Roussillon. — Bataille dans la plaine placée au pied du mont Roussillon (aujourd'hui montagne de Vix). — Le roi est défait et s'enfuit à la faveur de l'incendie de la forteresse. — Girard bâtit le chateau-fort de Châtillon. — Bataille de Sens. — Charles, une cinquième fois vaincu, se retire vers Paris, où le comte bourguignon vient l'assiéger.

Girars et dame Berte furent à grant séjour
A Rossillon ; Dieu servent et de nuit et de jour [6],
En paix de cuer se tiennent et menent sainte vie.
Li anemis d'emfer [7] en out trop grant envie
Es félons mesdisans mist en cuer et en bouiche
Tant qu'il dirent au roi du bon duc maint reprouiche.
Li rois jura Girart plus ne laissera vivre,
Oncques ne fut plus fiers lïons, serpens ne vivre [8].
A Rossillon s'en vient tout tuer et destruire ;
Mas cui Diex velt aidier malx hons ne li puet nuire :
Charles li Chauf voit bien par engin [9] ne par force
Ne puet le lieu confondre [10], combien qu'il s'en efforce [11],
Ne li chaut s'on li torne à honor ou a vice
Mas que [12] son vouloir face ; lors pensa grant malice :
Le chambellant au duc ha si bien converti
Par dons et par promesses, que tout l'a perverti :

---

[1] Son billet. — [2] Donna la preuve. — [3] A l'abbaye de Vezelay.
[4] Ce qu'ils demandent justement.
[5] *Briement*, écrit le m^s de Sens.
[6] *Servent que de nuit que de jour*. (M^s de Sens.) — [7] Le diable.
[8] Vipère. — [9] Ruse (*ingenio*). — [10] Réduire.
[11] *Aforce*. (M^s de Sens.)
[12] Pourvu que.

Les clers [1] de Rossillon en une nuit li baille,
Si fut li chastiaux pris et trahis senz bataille :
Si parut bien qu'an guerre n'em plait [2] n'a point d'amour [3].
Li rois li sien, y entrent armé à grant clamour :
Girars se repousoit en sa plus maistre tour,
Ne se prenoit pas garde c'on li féist tel tour.
Il entendit la noise de tant de gent venant,
Il s'arme et s'aparoille et monte maintenant
Tout parmi les armés, l'en estut [4] départir.
En cele nuit fit maintes ames de corps partir,
A son glaive [5] fait voie et si fort s'esvertue
Quant qu'ataint [6] à plain coup tot mort à terre rue;
De touz ceulz qu'il encontre s'est de cuer si vainchiés
Morz les ha ou navrés [7], occis ou détrainchiés.
Moult en y ont de ceulz qui forment le seguirent
Qui oncques puis le roi ne Rossillon ne virent.
Li autre retournèrent confus et esmaïé [8];
Mas toutes voies ont il le duc forment plaïé [9].
Dui des parens Girart si enmenèrent Berte
Parmi une poterne qu'il trovèrent ouverte,
A Dijon l'en menèrent tout pour saver sa vie :
De faire joie ou feste saichés n'ot point d'envie,
J'ai léu en mains livres en romant, en latin,
Mains jours y a musé le soir et le matin,

---

[1] Les clefs.
[2] Ni en querelles, procès.
[3] Variante de ce vers dans la copie de l'Arsenal :
    Cy parust bien qu'en guerre n'eu plaist n'a foy n'amour.
[4] Du latin *stetit*, il fut force de, il fut nécessaire de...
[5] Par son glaive. — [6] Autant il en atteint. — Variante de la copie de l'Arsenal :
    Quan qu'attaint à plein cop tout mort à terre rüe.
[7] Blessés à mort. — [8] Ebahis. — [9] Meurtri, du latin *plaga*.

J'ai léu les croniques de Challe, de Rolant
De Ferragu le Dur, d'Iamont [1], d'Agolant
Et de Sanxe le fort [2] et du bon Lancelot,
De Tristan, de Gavain et des le temps de Lot;
Mas je n'ai point trové une tele hardiesse
Ne les quatre meilleurs avoir fait tel proesce [3],
Com parmi l'ost d'ung roi passer en combatant,
En tuant, en navrant, en trestout abatant
Ceulz cui il ataingnoit en mettant à l'espée
Senz estre retenus. Qui vist tel achappée?
Et s'èrent [4] avisié de lui mort ou vif prandre,
Mort s'il ne se rendoit, vif s'il se vouloit rendre!
L'on palle de Rolant, d'Achilles et d'Ectour :
Oncques ne furent seul en ung si grant estour;
Mas Girars s'en ala parmi la plus grant presse,
De navrer de tuer touz ceulz qu'ataint, ne cesse.
Touz ceulz qu'il ha atains, a [5] touz de mort païés,
Ne s'en vont pas moquant, tuit sont à mort plaïés.
Ce fut li plus segurs [6] et li plus vigoreux
Et qui seulz fist plus d'armes et fut moins paoreux
Que je lise en escript : S'il n'en ha le renom
La guerre qu'out au roi l'en ha tolu le nom [7].

Va sen [8] li dus Girars tout droit en Olivant,
Semur fut puis nommés non pas à son vivant.
Enqui fist bien garir sa périlleuse plaie
Dont François orent puis très doloreuse paie.

---

[1] Chroniques d'Aimont, dit, aux remarques, le copiste de l'Arsenal.
[2] Samson le fort, le Samson des livres sacrés. Un trouvère le nomme *Sansons fortins*.
[3] Adresse. (Arsenal.)
[4] Du latin *et se erant*, etc., et ils s'étaient avisés.
[5] Il a. — [6] Calme, ferme, assuré. — [7] Apporté, mérité le nom.
[8] *Va s'am*. (Arsenal.) S'en va.

Au plus tost qu'après post, en Avignon se trait,
Sa tres noble cité : anqui fait son retrait.
Très grant gent amassa ; là plus ne vout ongier [1],
Arriers revient bientost Rossillon chalongier [2].
Avec lui amena son cosin de Chalon
Et jura ce qu'il pout ses honeurs [3] d'Avalon
Que cel tres malvais roi saoulera de guerre [4],
Quelque part qu'il voudra soit en mer ou en terre.
Trois mile combatans devant la porte [5] envoie
Pour mettre ceulz dedans d'issir contr'eulz en voie [6] ;
Les autres embouiche [7] és bois assés près de la ville,
Et furent bien par nombre se croï XVII mile.
Avec ceulz demoura Girars li preus li saiges ;
Les royaulx fist anqui payer leurs trehusaiges [8].

Li rois ist [9] du chasteaul quant il vit les armés,
Fièrement les enchace [10] nes ha pas aparmés [11].
Jusqu'au lieu de l'esgart [12] s'en vont cilz retraïant [13]
Et li royaul après n'y vont pas deslaïant [14].
Li trois mile et li autre se sont ensamble mis,
A grant joïe reçoivent leurs mortelx enemis.
Enqui fust mors Fouchiers li très bon mareschaux :
Pierre de Mont Raboi de troix mile seneschaux [15]
Le fiert d'un roit espié ; ou vuit flan de traverse [16]
Ens ou corps [17] li bouta, mort à terre le verse.

---

[1] Engraisser dans l'oisiveté, du latin *ungere*, oindre.
[2] Disputer à l'ennemi. — [3] Jura par ses fiefs.
[4] Qu'il rassasiera de guerre ce mauvais roi.
[5] La porte du château de Roussillon.
[6] Pour les exciter à faire une sortie. — [7] Place en embuscade.
[8] Là, il fit payer aux troupes royales leur tribut. — [9] Sortit.
[10] Les poursuit. — [11] Et ne les a pas égargnés.
[12] De l'embuscade, de l'endroit gardé par Girart. — [13] Se retirant.
[14] En différant. — [15] De trois mille guerriers.
[16] Où il vit le flanc à découvert.
[17] Au milieu du corps.

Il fist le jour tant d'armes que trop chier se vendit,
En soi fort combatant à Dieu l'ame rendit.
Quant Girars vit le cop par pou qu'il n'anraigea ¹,
De moult très fiere guise à Pierre vendra jà ².
Ampris d'ire et de deul jusqu'és danz le detrainche ³ :
Ainssin par sa vertu ⁴ le bon mareschaut vainche.
Doiz anqui en avant li sires de Granci
Fut mareschaux Girart, en mains lieux s'avanci,
Par scenz et par viguour fist il maintes proesces ;
En armes bien garda de Girart les noblesces.
Il en occit, le jour, de sa main plus de trante,
Et de viguour qu'il face en nul lieu ne se vante.
Ha las combien le firent Hartaux de Brancion,
Li sires d'Antigni et Beoz d'Escorpion ⁵
Tirris cuens de Duisme ⁶ et Lambers de Salive !
Nul devant eulz ne trevent qui après lor cops vive.
Tuit ensamble se tiennent comme poix à ciment
Et és Franceois se joignent ⁷ comme fers et aiment ⁸.
Tant piés tant poins tant testes ont celui jour copées
C'on en péut ⁹ chargier quarante charretées.
Girars, Fourques, Seguins et Booz font mervoilles
En fables n'em ¹⁰ chanchons n'oïstes les paroilles.
Les morz de lor deux pères ¹¹ si tres asprement vainchent,
Trestoutz ceulz qu'il ataignent décopent et détrainchent.

---

¹ Peu s'en fallut qu'il ne devînt fou de rage.
² Il va le faire payer à Pierre de Raboy d'une très-rude façon.
³ Lui fend la tête jusqu'aux dents. — ⁴ Sa force.
⁵ L'annotateur de la copie de l'Arsenal dit que c'est Vezelay qui est désigné ici par *Escorpion*. Il y a un village du nom d'Escorpian dans le Maine.
⁶ *Duysme*, écrit le mˢ de Sens.
⁷ S'attachent pour les combattre. — ⁸ Aimant.
⁹ *C'om en peust*. (Copie de l'Arsenal.) — ¹⁰ Ni en.
¹¹ De Droon, père de Girart, et d'Eudes, père des trois autres qu'on vient de nommer.

Li réaul maintenant ont moult fort reculés
De trop malvais mantiau fut chascungs afulés [1],
Ne fust li dus d'Ardene li preux et li gentis [2]
Qui en toutes proesces fut tousjours ententis [3].
Ung olifant [4] sona, ses gens vers li ralie
Et leur dist : « Segués moi, je vous ferai aïe [5]. »
Es duchas [6] s'est férus, saichés, si roidement,
Plus de dix en ha mors par son corps seulement.
Sui effant de lez lui [7] tousiours moult près se tiennent,
Ensemble eulz [8] en l'estour maint bon chevalier viennent.
En l'estour fort tentissent [9] cors trompes et tabor [10];
Chevalier s'entretuent, ne font autre labor.
Tirris li Hardenois tient en son poign s'espée,
Cui il en fiert a cop, sa vie est deffinée [11].
Fort assaillent li Franc qui sunt grant cuidéour [12],
Et du Chauf [13] se deffendent qui sunt grant feréour [14].
N'y avoit rois ne princes ne dus ne bers ne conte
Qui n'ait tant à suffrir qu'il ne scet de lui conte [15].
Tuit sont ambesoignié, nulz n'y est à séjour [16],
Mainte dolante mère sont faites en cel jour :
Ce ne sont mïe gent [17] mas dreu [18] ou grant signeur;
Autre ne suffreroient tel faix ne si grigneur [19].

---

[1] Affublé, façon de parler figurée pour annoncer l'extrémité où étaient réduits les soldats de Charles.
[2] Noble. — C'était Thierry attaché au parti du roi.
[3] Appliqué, du latin *intentus*. — [4] Cor. — [5] Aide.
[6] Aux combattants du duc Girart, par opposition à réaulx ou troupes royales.
[7] Près de lui. — [8] Avec eux.
[9] Retentissent. — [10] Tambour.
[11] Finie. — [12] Présomptueux.
[13] Et contre Charles-le-Chauve.
[14] Grands donneurs de coups d'épée.
[15] Qu'il ne sait où il en est. — [16] Au repos.
[17] Minces gens. — [18] Pour *dru* ou *druhe*, puissants.
[19] Tel ni si grand fardeau, c'est-à-dire danger.

Girars ou ses nevoux [1] il est de l'autre part,
Son branc ès François preste [2] si que d'eulz fait départ [3].
Fourques en autre lieu y fiert et tuit sui frère :
Il n'ataignent nul homme qui moult chier non compère [4].
A cel poindre [5] saichés que li François rusèrent [6]
En rusant en navrant des plus grans en tuèrent.

Fourques choisist Thirry, tantost li prist tel raige
Qu'a bien près que touz vif de grant doleur n'enraige.
Sur lui court goule bée [7] com ungs lous émaigiés [8]
Semblant fait [9] qu'il ne soit jamais assouaigiés [10] :
De riens ne li sovient fors de la mort son père ;
De costé lui [11] dolant sont, pour voir, sui dui frère.
Il point des esperons [12], Tirri vat embracier [13],
N'a povoir qu'il le fière [14] de son bon branc d'acier,
Des dens mordre le cuide et des mains estrangler,
De la manière semble ung félon porc sangler [15].
Tirris li Herdenois par mi le col le lace :
Li ung cuide ainssin l'autre abatre [16] emmi la place ;
Trop sunt ambeduï soi tenant braz et bras,
Plus fort ne fut de voir de ces deux fierabras :
Tant sont entrehurté, l'ung convenoit cheïr [17],
Quant Booz s'en vient poignent [18] qui fiert de tel heïr
Que le bras à Thirri sur le col Fourcon trainche ;
Moult fort blessa Fourcon, ainssin son pere [19] vainche.

---

[1] Avec ses neveux ; *nevoux*, du latin *nepos*. On lit *nevus* dans le m⁸ de Sens.
[2] Fait voir. — [3] Bien loin de les fuir. — [4] Qui ne le paie bien cher.
[5] A ce combat, du latin *pungere*. — [6] Se retirèrent, reculèrent.
[7] Gueule béante.
[8] En fureur; *émoi*, en roman, signifie trouble, emportement.
[9] A l'air. — [10] Apaisé. — [11] Tout près de lui. — [12] Il pique des deux.
[13] Etreindre. — [14] Frappe. — [15] Un sanglier furieux.
[16] Verser. (Copie de l'Arsenal.) — [17] Qu'il fallait que l'un tombât.
[18] S'en aller poignant, du latin *pungens*, signifie aller grand train en piquant de l'éperon. — [19] C'était Eudes, comte de Provence, qui avait été tué par Thierry des Ardennes.

Fourques fut estourdis, à terre fust venus
Se ne feust par Segnin son frère sostenus.
Tirris se voit navrés, poignens du champ se part,
Mal li est avenuz d'avoir itel départ[1],
Hélas com s'est grant deulz com grant mésaventure
Du très bon chevalier qui ha plaïe si dure!
Il saigna tant de sanc, bouchier ne pout sa plaie,
En pou de temps fut morz, vez cy dolante paie[2] :
Diex li soit débonaires li rois de paradis!
Il fut li ungs des miaudres[3] qui fust ou temps jadis.

    Franceois si se combatent comme gens forsenées,
Les gens du duc Girart n'ont de riens esparnées,
Tant se porrent heïr que senz foindre se tuent
N'esparment point l'ung l'autre ainssois s'en avertuent.
Lon ne vit oncques loup si de faim enraigier
N'entre bestes embatre pour elles domaigier,
Comme la gent Girart assaillent les réaulx ;
Quar envers lor seignour avoient il cuers léaulx.
Tant fut fors la bataille[4] et d'une part et d'autre
Des armés qui chevauchent chascungs lance sur fautre[5],
Et tant y out d'occis, des morz et des navrés
Que par moi ne par autre jà conte n'em saurés.
Près du chastiaul avoit ung grang vaul resident[6],
On le puet bien véoir par devers occident :
Du sanc des détrainchiés uns russiaus y corroit
C'ungs molins au choision[7] pour voir bien en morroit[8].
Il n'est nulz hons ne femme qui en cel païs hante
Qui n'appeloit cel val le vaul sanguinolante ;

---

[1] Un semblable dommage. *Départ* pour *dépert*. (Voir Lacombe.)
[2] Sort. — [3] Meilleurs. — [4] Il en fut mis tant hors de combat.
[5] Lance sur selle. — [6] Une grande vallée au pied de la montagne.
[7] Au besoin. — On lit *à choisiaul* du mˢ de Sens. — [8] Pourrait moudre.

Ungs rus court tout par mi, dicts li *ruz sangolant*.
De ceux qui furent morz furent maint cuer dolant.
 Quant li rois vit sa gent verser et trabuchier
Et la gent au bon duc Rossillon haut huchier [1]
Et de cuer fort crier par très grant hardement,
Franceois vit amaier [2] trestouz couardement,
Bien voit ne puet suffrir si très grant multitude,
D'armes il fait mervoille, trestoute y met s'estude;
Ma sa gent le retraient [3] et l'en mènent en voie [4].
Franceois se vont fuant senz rescrier Mont-Joie;
Li duchaul les enchassent si vigoreusement
Que li rois n'en out pas de cent ung seulement :
Ainssin se vainche Diex de sa très grant fierté,
A Girart et es siens monstre très grant chierté [5] :
Baut et lie s'en repairent [6], tant ont conquis d'avoir
Qu'il suffit à chascung ce qu'il en puet avoir.
 Quant cilz qui ou chastel de par le roi estoient
Perceoivent que li rois et li siens s'en fuoient
Il doubtèrent [7] Girart : s'ont le pont abaissié,
Fuant s'en echappèrent de bien courre alaissié [8];
Mas tout avant boutèrent le feu en Rossillon :
Tout fut ars, n'y remest [9] chambre ne chambrillon.
Li malvais li traïtes qui Rossillon traï
S'en cuida frans aler ; mas Fourques l'envaï,

---

[1] Se tenir ferme.
[2] Quand il vit les Français se troubler.
[3] L'arrachent du champ de bataille.
[4] On a déjà pu remarquer que certains mots d'un sens indéfini sont suivis d'un verbe pluriel quoique étant eux-mêmes au singulier ; c'est une imitation du latin, comme dans *turba ruunt*.
[5] Amour. — [6] Joyeux et gais se retirent.
[7] Ils redoutèrent.
[8] Alléchés, excités.
[9] Du latin *non remansit*, n'y resta.

A ses mains le pendit tout droit à ung seür [1] :
Compains fut à Judas et de semblable heür [2].
Ainssin fut Rossillons seconde fois destrus
Si c'oncques puis ne fut ne refais ne restrus [3].
Quant Girars vit le feu, si fust tout forsenés :
« A for, ce dist Girars, en quel point fu je nés,
Quant je voi le plus biau le plus fort lieu de France
Par si grant traïson venir à deschéance !
Ancor ne me chassist [4] s'en péusse refaire ;
Mas je n'ai le lesir d'entendre à chastel faire.
Par tous les sainz de Dieu Franceois l'achéteront
Par tel guise [5] qu'à tart à repentir seront !
A Chasteillon tantost [6] fist une noble tour
Pour garantir son corps [7] quant il y fait retour.

Va s'an [8] li rois dolans plains de corroux et d'ire,
A trop plus grant meschief que nulz ne porroit dire,
Va san à pou [9] de gent à Chalon sa cité.
Ceulz qui sont avec lui ha moult bien visité ;
N'y a cel qui ne soit de son loer paiés,
Ce n'est pas en deniers mas est chascungs plaiés [10].
« Par ma foi, dist li rois, vous y avés esté,
Bien pert [11] que l'on vous ha roidement contresté [12]. »
Après ces moz li rois plus de vint fois se soigne [13]
Et dist en sopirant : « Cy ha male [14] besoigne :
Je croi cis Bourgoignon sont de fer ou d'acier,
L'on ne les puet par force de nulz estors chacier :

---

[1] Poutre, solive. Le même mot signifie aussi sureau. — [2] Fortune.
[3] Pour *restruis*, reconstruit.
[4] Peu m'importerait.
[5] De telle façon. — [6] Bientôt. — [7] Pour se mettre en sûreté.
[8] S'en va. — *Va s'am.* (Mᵉ de Sens.) — [9] Avec peu.
[10] De *plaga*, blessure. — [11] Il est bien évident.
[12] Visité. — [13] Se signe. — [14] Mauvaise.

Il ont les cuers plus durs que n'est li aïmant [1],
Et plus sarré se tiennent que li poix au cimant;
Ne lion ne liépar ne sont de tel firté
Com sont cilz Bourgoignon : ne m'ont point en chirté [2];
Mas par la foi que doi à mon créatour rendre,
Je leur cuit [3] en brief temps moult tres chierement vendre.
Or tost mandés quérir le conte de Bretaigne
Et Thirris l'Ardenois, mes barons d'Alemaigne,
Banc et ariere banc tout mon povoir de France :
Je vuilz que tuit y viennent ceulz qui sont fors d'effance [4].

— « Ha sire, dist li ungs, Thirris n'y puet plus estre,
Booz li traincha ou champ [5] de son branc le bras destre :
Il gitta tant de sanc il en perdit la vie,
Diex ait merci de li et ou les siens l'avie [6] !
Quant li rois out [7] la mort, tantost pasmé chaï [8] :
Ses gens l'en ont levé qu'an sunt moult esbaï,
En son lit le pourtèrent pour li miex revenir,
Tuit de pitié plorèrent ne s'en peurent tenir.
Li rois à lui revient, n'out en li qu'à irier [9];
Ains que nulz moz déist se prit à sopirier :
Ha Tirry, bons amis, hons de très grant noblesce
Li preus des autres preus, li amis d'ardïéce [10],
Doulz, courtois et piteus, humbles, larges [11] et frans,
L'espée de justice et li hardis des Frans
Tres larges, tres proudons, tres loyal consoillier,
Haro, haro, haro, trop me pous [12] mervoillier

---

[1] Du latin *adamas*, diamant. (Voir Lacombe.)
[2] En affection. — [3] Pour *cuide*, crois.
[4] D'enfance. — *Cils qui sont forts de France.* (Copie de l'Arsenal.)
[5] A la bataille. — [6] Et qu'il l'envoie avec ses élus.
[7] Apprit. — [8] Tomba pâmé. — [9] Se chagriner.
[10] De courage. — [11] Généreux. — [12] Du latin *possum*, je peux.

Comment l'a lon ousé occire ne tüer! »
Du tres grant deul qu'il ha coleur prant à müer [1],
Et jure Saint Denis qu'il ne faurra [2] de guerre
A cel malvais Bourguoign ne par mer ne par terre,
Tant que pendu l'aura; n'en quiert autre venjance,
Tantost ha fait mander toute sa grant puissance.

Li vif cuens [3] de Chalons humblement li vat dire :
« Mon chier signeur, pour Dieu n'aiés corroux ne ire :
La mort n'aparme nul ne josne ne chenu,
Et Challes et Rollans sont tuit par lai venu :
Nous irons après eulz ainssin comment qu'il aille [4];
Tous nous convient morir en liz ou en bataille.
Mon signeur, s'il vous plaist, tout avant vous saurés
Li quelz de vos barons sont occis ou nauvrés :
Et convient li navré soient avant tout senés [5]
Et cilz qui en l'estour sont esté mal menés,
Atouz convient repoux et refaire leur armes
Espées et coutiaux, escus, lances, jusarmes.
Après il conviendra que ungs chascungs se monte,
Ou [6] vous pourrés avoir encoures plus grant honte.
— Certes, ce dist li rois, vous parlés saigement,
Je vuilz qu'ainssin soit fait, je l'outroi bonement ;
Mas je vuilz tres bien tost la vérité savoir
Que j'ai perdus de gens : ne me chaut de l'avoir [7].
— Par Dieu, dist li vif cuens [8], j'ou [9] vous dire senz guile [10],
De vos gens à cheval havés perdu vint mile.

---

[1] Du latin *mutare*, changer. — [2] N'épargnera.
[3] *Ly vicuens.* (Arsenal.) — [4] Quoi qu'il arrive.
[5] Du latin *sanati*, guéris.
[6] Autrement. — [7] C'est-à-dire : je ne cherche pas à ne point la connaître.
[8] *Vicuens.* (Arsenal.)
[9] J'ose. — [10] Déguisement.

— Haro! ce dist li rois, riens ne m'est demoré! »
De cuer fut abomés, s'a tendrement ploré :
« Hélas, ce dist li rois, j'ai presque tout perdu! »
Tuit cilz qui l'ont oï furent moult esperdu.
« Et comment, dist li rois, est perdus Rossillons!
— Oïl [1] sire, par Dieu, de ce nous mervoillons :
Quar senz nul coup férir tuit se mirent en fuite
Quant Girars après vous faisoit sa grant poursuite,
Et, quant s'en departirent, le feu partout boutèrent :
Or est ars Rossillons et ainssin achappèrent.
— Par Dieu, se dist li rois, se j'en puis d'eulz nul prendre
Escorchier les ferai et com traïteurs pendre.
Se Girars leur héust ne sa gent sur couru,
Par moi fussient héu en brief temps secouru.
Du chastiaul trop me poise et de la grant noblesce
En mon réaume n'a point de tel fourteresce.
Or est Girars perdus quant est ars Rossillon,
Doiz or mais ne le pris [2] l'aile d'ung papillon.
Halas! quant je partis de Paris ma grant ville,
J'en trais [3] gens de cheval, pour voir, vint et sept mile :
Or n'en ai que sept mille qui me sont demoré :
Par l'ame de mon pere s'est moult mal laboré!
Et combien a Girars perdu de son bernaige?
— Onze mile pour voir j'en ai héu messaige.
— Que diables dites vous, dist li rois [4] au vif conte [5]?
— Par ma foi je di voir, je vous di le droit conte.

---

[1] Même version au mˢ de Sens. — Le président Bouhier, qui cherchait à franciser le texte, a écrit *oui* dans sa copie.
[2] Prise.
[3] Du latin *traxi*, j'en amenai.
[4] Le mˢ porte Girars; mais c'est évidemment une faute du copiste.
[5] *Vicomte*. Arsenal.)

— Par Dieu, se dist li rois, j'en suis li pis partis. »
Quant out ce dict li rois, s'en est d'enqui partis.

 Après ung pou de temps li rois si com moi samble
Assambla ce que pout de gent et mist ensamble ;
Vint mile sont ne plus je vous en di le conte :
En Bourgoigne s'en vat vaingier, cuida, sa honte.
Girars le sout devant [1], sa gent manda en l'ore,
Par lettres les pria qu'il le vuilent secore.
Tuit cil qui mandé furent ne vourrent [2] plus songier [3] ;
Ung chascungs vint tantost de cuer et senz groncier [4].
Girars plus tost qu'il pout vint au roi à l'encontre
Et par ung chevalier moult humblement li montre,
Qu'il envoïa au roi, que mal fait de sa terre,
Que toute li degaste par force de grant guerre.
Girars voult prandre droit, voïant tout son bernaige [5]
Se du paiis se part senz plus faire domaige,

 Li rois respondit lors : « Ou est il li couars?
Plus fiers se souloit faire que s'il féust Renouars !
Par Dieu je le ferai bien tost poure truant,
A courre [6] le pranrai, mas ce iert en fuant.
S'en est il ja fuï, di le moi ne t'en chaille [7]? »

 — Li messaigiers respont : « Je vous dirai senz faille,
Vous le verrés bientost, or pensés du fuïr [8] ;
Quar je suis bien certains que de vous bien suïr [9]
Mettra sa diligence et trestoute sa cure.
Nous savons tuit de voir que de fuïr n'a cure
Par l'ame de mon pere bien vous sera mestier [10]
Avant qu'il soit hui vespres [11] d'aprandre ce métier :

---

[1] D'avance. — [2] *Non voluerunt*. — [3] Différer, délibérer. — [4] Murmurer.
[5] En présence de tous ses barons. — [6] *A course*. (Arsenal.)
[7] Ne t'en fais pas faute. — [8] Pensez au moyen de fuir.
[9] Poursuivre. — [10] Nécessaire. — [11] Le soir.

Des jà le savés bien, il le vous ha apris.
Girars li nobles dus li preus li bien apris
Tantost d'enqui se part férant des esperons [1] :
Atandés, vous verrés bientost que [2] nous ferons. »
—L'on n'eust pas frist cinq eufs que l'on vit tel poudrière [3]
Vouler [4] contre le ciel et saillir tel fumière
Qu'on ne pout percevoir ne ciel ne air ne terre ;
Girars vient chevachant, corrociés de la guerre,
Le messaigier encontre, de mot en mot li conte.
Girars se prist a rire et dist : « Fait li has honte [5] »

Li dui ost s'entr'assamblent [6] si tres crueusement
Ensamble en pluseurs tas si doloreusement
Qu'il semblat tout pour voir que la terre tramblast
Et par le grant accois [7] cielz et terre assamblast.
Hé las combien le font et d'une part et d'autre !
Pou y a mais de gent qu'aïe lance sur fautre.
Hé las com grant meschief com grant mortalité !
Oncques mais hons ne vit si grant iniquité :
Il tuent li uns l'autre si com li lous les chièvres :
Il ont bon avantaige jamais n'auront les fièvres [8] !
Il copent piés et poings, il copent bras et testes
Et n'ont en eulz pitié ne qu'ont les mües bestes [9].
Je croi tout pour certain se lesir héussient,
Le sanc li ung à l'autre com enraigié beussient.
Quant Girars voit sa gent tresbuchier et verser,
Les ungs ferir d'espées et les autres berser [10],
S'il out doleur au cuer ne le convient point dire :
Ainssin com il estoit en ceste tres grant ire,

---

[1] Piquant des éperons.
[2] Ce que. — [3] Poussière. — [4] Voler. — [5] Tu lui as fait honte.
[6] S'entrechoquent. — [7] *Accessus*, choc. — [8] Langage ironique.
[9] Les bêtes sauvages. — [10] Frapper de flèches. (Glossaire de Roquefort.)

Du roi Challe le Chauf vat choisir la bataille,
Celle part s'est tournés, talant [1] ha qu'il y aille.
Il saisit ung espié, le saillist de randon [2],
Guis de Montmorancy li vint à son bandon [3],
De la lance le fiert, mas tout fiert et pressoie [4],
Girars li met l'espié tout par mi ens le foie.
Quatre bon chevalier qu'èrent au front [5] du roi
Tuit joint et tuit sarré se mettent en conroi [6],
Cil vont ferir Girart ungs chascungs de sa lance
Et chascungs li brisa : Girars point ne balance
Mas poignist [7] son cheval. Ses chevalx porprist [8] terre,
Et Challes son destrier des esperons si serre
Qu'il va férir Girart si très fort de la lance
Que lui et le cheval tous jus [9] a terre lance.
Li cheval fut surpris, en terre porprenant [10],
Li dui pié li faillirent, si chéist maintenant.
Girars tost se redresce touz drois saus [11] en la place,
Puis prant à son costel [12] une très pesant mace,
Le roi saisist ou froin, tel coup li donne en teste
Qu'il li sembla qu'il fust ferus d'une tempeste :
L'iaume s'a quartellé [13], le baccinot [14] fendist,
A bien près que le roi tout mort ne confundist [15].

---

[1] Désir.
[2] Brandit l'arme avec force.
[3] A sa discrétion, à sa disposition, selon son désir.
[4] Mais au moment où il le frappait et le pressait.
[5] Qui étaient en avant du roi. — Dans la copie de l'Arsenal on lit *au froin*, ce qui signifierait : près de son cheval.
[6] En ordre, en rang.
[7] Piqua. — [8] Embrassa la terre.
[9] Bas. — [10] En prenant terre.
[11] Tout à fait sain et sauf. — [12] Côté.
[13] Littéralement : le casque lui a ouvert. — Le vrai mot est *quarelle*. (Voir Roquefort.)
[14] Bacinet, dessus du casque en fer. — *Bacinoz*. (Ms de Sens.)
[15] Ne renversât.

Qui nes héust ¹ bien tost d'emsamble dessevrés ²,
Li rois fust enz en l'ore ³ de cest monde sevrés.
Girars prant son cheval et par l'estrier y monte :
De ce qu'estoit chéus out deul, corroux et honte.
L'on en menne le roi qui n'out ⁴, ne voit, ne palle.
De ce tel cop ne prist Girars le regne d'Alle ⁵.

A chief d'une grant piesse ⁶ li rois à lui revint :
Il fut moult très honteux, moult rouiges en devint
Et dist : « Par sainte crouix ⁷, Girars m'a bien paié,
S'il paie ainssin les autres, tuit sumes esmaïé.
Or tost ralions nous, n'y a que du bien faire ⁸. »
Mont Joïe rescria, or arriers ⁹ en l'affaire.
Encontre les duchaux ¹⁰ s'en viennent roidement.
Tantost les vont férir moult félonessement ;
Mas Girars et li siens de riens ne s'esmaièrent :
Quar contre les réaulx de férir s'approchèrent.
Si durement se fièrent n'est de mervoille non ¹¹ :
Dirai ¹² que tuit fussient mort ou navrés, je, non ?
Mas qui qui face feste ¹³ joïe ne chant ne ris,
Je sai bien ne ¹⁴ font point li effanz de Thirris :
La mort de leur chier pere leur fait sovant plorer.
Les nevus Girart quèrent ¹⁵ qu'eux vuillent acorer ;

---

¹ Si on ne les eût. — ² Séparés.
³ Du latin *intus in horam*, en un moment.
⁴ Du latin *non audit*, qui n'entend.
⁵ Phrase elliptique : peu s'en fallut que de ce coup Girart ne prît le royaume d'Arles.
⁶ Au bout d'un grand espace de temps. — ⁷ Par la sainte croix.
⁸ Il n'y a qu'à bien faire. — ⁹ De rechef. — ¹⁰ Les gens du duc.
¹¹ Ce n'est pas étonnant si...
¹² Par la plus singulière des inversions, le pronom *je* est rejeté jusqu'à la fin du vers.
¹³ Mais qu'il y ait quelqu'un qui fasse fête.
¹⁴ *N'am font point.* (Mˢ de Sens.)
¹⁵ Ils cherchent les neveux de Girart.

Tuit ensamble se tiennent quar trop fort les redoubtent :
Enz anz les plus grans presses[1], en eulz quérant se boutent.
Avint par aventure que Booz d'Escorpion
Faceoit plus grans mervoilles que liépars ne lion :
Des gens du roi essart[2] faceoit de toutes pars
Et plus bruioit s'espée que foudre ne espars[3].
Li dui effant Tirri maintenant l'aperceurent,
L'ire leur monte ès cuers, sur tantost li corrurent,
Si asprement le fièrent n'est ce mervoille non[4];
Mas en son corps ne mettent ne scelte[5] ne penon[6],
Des espées le fièrent de si très grant menière
Que jus de son cheval cheist en la poudrière[7].
En piés est resaillis, tantost leur corrut sure;
Bien les cuide tüer, en li pas ne demure
Domaichés les héust[8] ; mas li ungs l'ambrassa[9]
Et parmi anz le col[10] de ses bras le lassa[11].
Booz le vat embrassier, tel coup du poign li donne
Au voiant[12] de son frère, par bien pou ne l'estonne[13].
Par ce[14] point non laischa, li autres Booz féri
Si que mort l'abatit, bien tost li fust méri[15].
Quant Fourques et Seguins sorent ceste aventure,
Es effanz Thirri querre mettent toute leur cure :

---

[1] Au milieu de la plus grande presse.
[2] Abattis. — [3] Eclairs.
[4] *Nom.* (M^s de Sens.) — [5] Flèche.
[6] Ni lance. — Ici une partie de l'arme est prise pour le tout.
[7] Poussière.
[8] Il ne s'arrête pas qu'il ne les ait entamés. — On lit *domachier* dans le m^s de Sens.
[9] Le saisit à bras le corps.
[10] *Et per medium in collum*, et par le milieu du col.
[11] L'enlaça. — [12] A la vue de son frère.
[13] Même version au m^s de Sens. — *Ne l'assomme.* (Arsenal.)
[14] Pour cela.
[15] Récompensé, c'est-à-dire qu'il fut bientôt tué à son tour.

A destre et à senestre Fourque et Seguins tout tuent;
Celui qui tua Booz trevent, tout mort le ruent [1].

Li mareschaux Girart li sires de Granci
Va encontrer Boson signeur de Bajenci [2],
L'un des meilleurs qui fust de l'ost le roi Challon :
En mains loingtains païis de sa vigor pall'on [3].
De sa mace pesant l'out si fort martelé
Que teste et baccinot a trestout quartelé [4].
Qui s'appruiche de li de sa mace le paie :
S'il n'est mors en l'estour s'en porte il mortel plaie.
Li sires de Vergi fait auxi merevoilles [5],
Et li sires de Tyl : n'oïstes [6] les paroilles.

— Tristans de Mont-Agu fait les rans si frémir
Que touz ceulz qu'il ataint fait de la mort gémir.
Girars joinz en ses armes [7] com uns amerillon [8],
Pour sa gent ralier rescria *Rossillon*.
Quant tuit sunt ralié, d'armes font merevoilles,
Si que les terres sont de sanc toutes vermoilles.
Girars court sur Franceois a loi [9] d'omme savaige,
Et tant en ha tüés que c'est une grant raige.
Qui bien le regardast en sa chière [10] emflamée,
N'est persone vivans qui n'en fust effrayée.
Le roi par sa vigour fait déguerpir [11] la place.
Li rois s'en vat fuant et Girars fort le chace;

---

[1] Du latin *ruere*, le renversent mort.
[2] De Beaugency. — [3] Parle-t-on.
[4] *Tout esquartaley.* (Ms de Sens.)
[5] Même leçon au ms de Sens.
[6] *Non audivistis*, vous n'avez pas entendu parler d'hommes qui leur soient égaux.
[7] Ferme sous les armes.
[8] Emerillon, oiseau de proie vif et éveillé.
[9] A la façon. — [10] Mine, visage.
[11] Il fait déguerpir le roi du champ de bataille.

Va san ¹ li rois Franceois par le vaul de Bargis ²
En son noble chastiau que l'on dit Montargis.

   Girars est restournés, tout l'eschac ³ ha donné
A ceulz de son bernaige ha tout abandonné :
Quant l'onors en est soie ⁴, aus siens donne l'avoir;
Li profis en soit leur, l'onor en velt havoir.
Les grans hommes ha faiz ensevelir en bières
Et les menus ha mis en diverses charnières ⁵.
Quant voit Booz son neveu gisant mort en la presse,
Une grant pesse ⁶ a pris, de fort plorer ne cesse,
Et dist : « Li jones preux! li ploins de courtoisie!
Li biaux! li fors! li fiers! ha cy perdu la vie? »
Seguins en bat ses poigns et Fourques forment plore.
En Provance le font charroier senz demore ⁷ :
Enseveliz sera avec Odom leur père,
Avec eulz y gierront Fourques et Seguins frère.
Diex absoille les mors et touz les vifs comforte :
Trop out ⁸ enqui de gent doloreusement morte.

   Girars fit assambler devant li son bernaige :
« Mi signour mi ami n'a pou que vif n'enraige ⁹,
Pour moi sont morz de gent tant que n'en sai le nombre,
Je croi que mi pecchié m'ont fait cest grant emcombre;
Mas ce me recomforte que j'ai consoil créhu :
Vous savez nul de vous je n'ai point descréu ¹⁰.

---

  ¹ S'en va.
  ² Val de Vergy ou Bargis, par où le roi Charles-le-Chauve alla de Bourgogne à Montargis, son noble château. (Remarque de l'annotateur de la copie de l'Arsenal.)
    ³ Le profit de la guerre, le butin. — ⁴ Sien propre.
    ⁵ Charniers.
    ⁶ Chagrin; *peser* signifie chagriner. (Voir Roquefort.)
    ⁷ Retard. — ⁸ Il y eut trop.
    ⁹ Il s'en faut peu que je n'enrage d'être en vie.
    ¹⁰ Refusé de croire.

Li rois a moult grant tort, m'a confundu ma terre
Et chascung jour me muet ¹ à tort novele guerre.
Je vous pri jointes mains que vous me vouliés seugre
Jusqu'à Senz la cité : lai vuilz du tout pourseugre ².
Il vient en cest paiis moi tousiours assaillir,
Alons vers son paiis : plus ne li vuilz faillir.
Il samble qu'il nous tienne en Bourgoigne en prison ;
On nous en doubte ³ moins et moins nous en pris'on ⁴.
Il samble qu'il nous vuille touz prendre en nostre lit :
Pour Dieu ne li laissons plus avoir tel délit ⁵ ;
Et je vous jur, se plus m'assaut en nulle place,
Se mors ne suis ou pris s'à Paris ne l'enchasse.
Miex nous vault à morir qu'à tel langour plus vivre,
Nous serons à cest coup tuit mort ou tuit délivre ⁶.

A Girart tuit respondent : « Vat devant, te suigrons,
De bonne velanté tuit le roi poursuigrons ⁷ :
Il ha tüés nos pères, nos amis, nos parans,
Nostre terre destrute ce sont chouses parans ⁸.
Il fait très bien semblant ⁹ toi, ne nous, riens ne prise :
Tant vat li poz à l'iau qu'aucune fois il brise.
Nous te prions trestuit ce que pourras de gent
Assambler, tu assambles : ne nous est bel ne gent
De vivre en tel dolor, de vivre en tel martire.
Ou nous mort ou li mort, ou pais, senz contredire ¹⁰,
Et nous te jurons tuit, se vers Sens nous assaut
Li plus chaitif de nous vaudra ung bon vassaut ;

---

¹ Du latin *movet*, m'excite.
² Dans le mˢ de Sens on lit *segre* et *pourseugre*. — ³ Redoute.
⁴ Prise-t-on. — ⁵ En provençal, *deleit*, du latin *delectatio*, joie.
⁶ Délivrés.
⁷ Il y a dans le mˢ de Sens *porsegrons* et dans le vers précédent *toy segrons*.
⁸ Apparentes. — ⁹ Il fait très-bien voir que.
¹⁰ *Senz contredire*. — Cette locution répond à celle-ci : il n'y a pas de milieu.

Nous rendrons tel estour senz faire reculée
Se Franceois ne s'en vont füant en recelée [1].
Puis le feivre de gordres [2], ne fut si fiers véus
De tant de gens en lieu ou Diex soit point créhus [3] :
Mettons nous en la voie en nom de Dieu le père
Qui nous vuille garder nos corps de mort amère;
Sains Georges nous conduie et nous praigne en sa garde
Et la virge Marie en pitié nous regarde !
Nous sumes exilié par ces malvais Franceois :
S'en pais [4] plus ne vivons, morir volons ainceois.

Il trossent leur hernois, tuit se mettent en voie.
Girars parmi la terre ses messaiges envoie :
« Ban et arriere ban mande trestout venir.
A Sens viennent tout droit senz riens contretenir [5],
Et trestouz les chevalx que l'on pourra finer [6]
Avecques eulz amoignent : la guerre veult finer;
Ou d'une part ou d'autre iert la guerre finée,
Ou pour paix ou pour mort sera la deffinée [7]. »
Quant tuit orent oï de Girart la novelle,
De joie et de solas [8] li cuers leur renovelle;

---

[1] En cachette.

[2] L'artisan de méchanceté, c'est-à-dire Charles-le-Chauve. *Febvre* vient du latin *faber*, ouvrier, et *gordres* vient du mot de la langue d'Oïl *gordoïer*, qui signifie maltraiter.
> Or ne l'alez plus gordoiant.
> (*Roman de la Rose*.)

Le président Bouhier, dans sa première copie, D 13, a mis : *Le feivre de gandres*, ce qui signifierait l'artisan de ruses, car *ganda* signifie feinte au glossaire occitanien. Le ms de Sens porte : *Le feivre de guèdres* ; ce dernier mot ne se trouve pas dans les vocabulaires. Dans sa deuxième copie, D 14, le président Bouhier a mis : *Le faire des Gaules*, et la copie de l'Arsenal a adopté cette version; mais on ne voit pas ce qu'elle signifie.

[3] Depuis que Charles, l'artisan des méchancetés, n'a jamais été vu si fier à cause de son alliance avec tant de mécréans. — Nous avons vu qu'en effet il avait trois rois sarrazins parmi ses auxiliaires.

[4] S'*am paix*. (Ms de Sens.). — [5] Qu'ils viennent sans rien opposer.

[6] Trouver. — [7] La fin, la solution. — [8] Du latin *solatium*.

Tuit aiment miex morir qu'estre en si male serre [1]
Com d'avoir tous les jours et plaiz [2] et noise et guerre,
Que chevalx que coursiers amenèrent sex [3] mile
Trestouz pris en Hungrie en Puïlle en Cécile [4];
D'Espaigne, de Navarre et de la Lombardie
Amoinent ces chevalx la tres plus grant partie.
A Sens sont tuit venu, dix mile sont gens d'armes
Tres bien apparoilié : Diex leur gart corps et armes [5] !
Huit mile en out Girars, ce saichés, en la ville [6],
Or en ha maintenant partout dix et huit mile.
Quant vit si pou de gent si commence à plorer :
« Hé las ! ce dist Girars, bien me dois acorer,
Cent mil souloie avoir d'ung simple mandement,
Or n'ai que XVIII mil en nom efforcement [7]. »
— « Biaux oncles, ce dist Fourques, la sexte pars du monde
Pour vous et pour le roi est de cest siégle monde [8] !
Or ne faites plus deul, mas bel vous depourtés [9],
Li rois en aura plus [10] sur ce vous comfortés.

Or laissons de Girart, parlons du roi de France,
Qui est à Montargis où attaut sa puissance [11]
Et jure Saint Denis et le vrai Dieu de glore
Que s'il n'a à cel cop contre Girart victore,
Jamais ne sera rois ne dus ne palazins,
Ains devenra avant de fin cuer Sarrazins
Qu'il n'amoint avec li le povoir de Surie [12]
Et trestouz ceulz qui croient en la mahonnerie [13],

---

[1] Prison. — [2] Querelles. — [3] Six. — [4] Sicile. — [5] Ames.
[6] A Sens, où était alors Girart.
[7] La copie de l'Arsenal porte *afforcement*. Je pense qu'il faudrait *afforement*, estimation, dénombrement.
[8] Du latin *mundus*, privé de ce monde.
[9] Mais bien vous réjouissez. — [10] Plus de deuil.
[11] Son armée. — [12] Syrie. — [13] Mahométisme.

Qu'il ne face Girart pendre à l hault gibelt :
Bien saiche qu'il n'aura autre mort, point n'y velt.
— Ses gens sont tuit venu qui sont trante trois mile.
« Or alons, dist li rois, tuit chalongier¹ ma vile :
Girars est dedans Sens ma tres noble cité,
Diables l'out ores bien de son paiis gité ²,
Jamais n'y rentrera se malfés ³ ne li porte,
Ne jamais ne verra de Rossillon la porte.
Ne vuilz pas qu'on l'occie, je le vuilz ainssois pendre,
Sa tres grant anroidie ⁴ li vuilz chièrement vendre.
Li rois va chevachant et trespassa Yone ⁵ :
C'est une grant rivière qui est et belle et bone,
Girars auxi chevache à l'encontre du roi ;
Le pas estroit il sarre ⁶ en tres noble conroi⁷.
Cinq messaiges envoie au roi, moult vaillans hommes.
De par Girart li dirent : « Rois, moult esbaïs sommes
Que tu veulz ⁸ à Girart ; il ne quiert que ta grâce,
Et bon droit en ta court vuilles que l'on li face.
Ne cuidier ⁹ pas qu'il soit toi venus assaillir,
Ton paiis ne ta terre ne tes gens mal baillir ¹⁰.
Se premiers ne l'assaulx, toi point il n'assaudra ;
Mas se tu encommances, saiches ne te faudra.
Or nous di s'il te plait sur ce ta velanté.
— Et par Dieu, dist li rois, vous avez mal chanté :
J'ai tout ce refusé où Girart fut naïs ¹¹,
Or voulés que l'outroie quant suis en mon paiis,

---

¹ Reprendre. — ² L'a bien éloigné à présent de son pays.
³ Le diable. — On lit *maufés* dans le mˢ de Sens.
⁴ Fureur ; en latin *rabies*, en roman *envesdie*. — ⁵ L'Yonne.
⁶ Il vient à petits pas. — ⁷ Suite. — ⁸ Que tu en veuilles.
⁹ Le sens veut *ne cuide pas*. C'est à l'infinitif pour l'impératif.
¹⁰ Tenir à tort en sa puissance. — Le mˢ de Sens est conforme à cette leçon.
On lit *envahir* dans celle de l'Arsenal. — ¹¹ Dans le pays où est né Girart.

Vous estes bien coquart [1] de moi ceci requerre :
Ains iert pendus Girars ; hui finera la guerre.
Parlés à vostre gent et bel les comfortés ;
La novelle de mort de par moi leur pourtés.
Li messaigier s'en vont plain de deul et senz honte
A Girart et és autres li ungs d'eulz tout reconte.

 A trois léues [2] de Sens vont li ost assambler
A foler des chevalx font la terre trambler [3] ;
Li froïsseis [4] des lances si tres fort retantissent
Qu'il sembloit pour certain que cent maisons chéissent.
Ci dui host assemblirent envirun tirce et siste
En ung lieu près de Pons que l'on appelle *Sixte*.
Grief fust cest bataille et si tres pesme et dure
Qu'il est grans merevoilles comment corps d'ons [5] l'endure.
Tuit cilz de l'ost Girart senz nulle cognoissance
Furent armé à cru [6] pour avoir différance
Entr'eux et les Franceois, quant seront tuit en torbe [7],
Et pour ce que il aient des Frans moins de destorbe [8].
Tuit le font moult tres bien et d'une part et d'autre ;
Je croi se Diex non fait [9] li ung maingera l'autre :
Chascungs veult [10] miex morir que de l'estour s'en aille ;
Pour ce ne vit l'on mais si crueuse bataille.
Quant Girars voit les siens occire et destrainchier,
Les gens le roi auxi de deux pars revainchier [11]

---

[1] Sots. — [2] Lieues.
[3] Voici la variante de la copie de l'Arsenal :
  A trois lieues de Sens vont ly ost assemblant
  Au fouler des chevalx font la terre tremblant.
[4] Le cliquetis. — [5] Corps d'hommes.
[6] Lacurne-Ste-Palaye traduit par armés à blanc ; mais *cru* ne serait-il pas pour croix, c'est-à-dire ils furent distingués par une croix ?
[7] Foule. — [8] Trouble. — [9] Ne l'empêche.
[10] *Wiant*. (Ms de Sens.) — Orthographe du XIIIe siècle.
[11] Prendre leur revanche de deux côtés.

Son branc laisse chéoir pendant à sa chaïne,
Une jusarme prant et par tres grant haïne
En fiert en ces Franceois parmi la plus grant presse.
Cui il ataint à coup n'a mestier de confesse :
En cel poindre qu'il fit en tüa plus de trante.
Il n'ataint nul à coup [1] que tout mort n'acravante ;
Il ne scet reculer, mas vat tousjours avant.
Nulz des siens ne le seut [2] fors Bruns de Passavant
Escuiers trop gentis et de grant hardiesse :
Plus de dix en ha mors, par sa tres grant prouesse.
Franceois ainssin les fuient com passer [3] esperviers [4]
Et redoubtent leurs coups com de ferrés leviers ;
De loing leur gètent dars, escus, trossons de lance ;
Nesungs d'eulz nes aprouiche nesungs ne s'en avance [5],
Quant li conte d'Avrens, cils d'Eu, cils d'Elançon [6]
Corrent sur à Girart par si tres grant tançon [7]
Que Brun son escuier ont devant lui tüé,
Et tres soudainement se sont à lui rüé,
Et l'ont si fort saisi et si fort embracié
Et devant et darriers l'ont si tres fort lacié
Ensemble [8] touz leur gens, ne se peut remüer :
Pris fut li dus Girars qu'il ne le pout müer [9].

— « Par Dieu, sire Bourgoign, dist li dus d'Elançon,
Vous serés au gibet pendus senz réançon,

---

[1] *A cop.* (Copie de Sens.) — [2] Suit, du verbe *seugre*. — [3] Moineaux.
[4] On lit *esprivies* dans le m^s de Sens.
[5] Version de Sens :
    Nes un d'eux nes s'aproche nes un ne s'en advance.
Version de l'Arsenal :
    Nez ung d'eux mais s'aproche, ne ung ne s'en advance.
[6] *De Lançon.* (M^s de Sens.) *D'Alençon.* (Copie de l'Arsenal.)
[7] Du latin *tensio*, ardeur, émulation. — [8] Avec.
[9] Empêcher, changer, du latin *mutare*.

De France ne serés bannis ne forjurés [1] ;
Mas serés au gibet pendus qu'il est jurés.
Quant Girars l'out parler, tel coup de poing li donne
A tout [2] le gantelet, qu'à bien pou ne l'estonne [3],
Dix des dens de la gorge li vat tout jus abatre ;
Il est moult bien paiés or sout s'il viaut esbatre.

    Fourques, Seguins, Bouchars qu'est vicuens d'Avalon,
Landris de Nivernois et li cuens de Chalon
D'autre part se combatent si que tout font trambler,
Tout malgré les François vont au roi assambler.
He las tant piés tant poigns tantes testes trainchies,
Tant assaut y sont fait et tantes revainchies [4],
Tant y a des occis des chéus des bleciés,
Qui oncques puis par hommes ne furent redreciés,
Que li vif ne se peulent se n'est sur morz combatre !
Li cinq que j'ai nommés se vont au tas embatre
Com sanglers en fortroisse [5] quant est des chiens pressés :
Outre le gré des Frans est li rois appressés [6],
Si que Seguins le fiert de son branc sur le yaume [7],
Que du sarcle [8] rumpit du large d'une paume.
Li rois touz estourdis sur son arçom s'abouiche [9],
Fourques le va saisir et Seguins si l'apruiche
Que le pan du haubert [10] par force li leva,
Quant li dus d'Aquitaine cui ces fais moult greva [11]
Le fiert par dessur l'yaume d'une mace plummée [12] :
Seguins chéist touz mors la teste esquartelée.

---

[1] Exclu. — [2] Avec tout.
[3] Qu'il s'en faut bien peu qu'il ne l'endorme du coup.
[4] On lit *treinchies* et *reveinchies* dans le ms de Sens.
[5] Dans son fort. — [6] Approché, serré de près. — [7] Le casque.
[8] *Du cercle*, c'est-à-dire de la couronne du roi. (Ms de Sens.)
[9] Va lui baiser l'arçon de sa selle.
[10] Le pan de la cotte de mailles. — [11] Courrouça. — [12] Plombée.

Quant li cuens de Chalon vit Seguin mort chéir,
De son branc fiert le duc de si tres grant haïr [1]
Que d'ung pié em perfont [2] li pourfendit l'espaule;
Li dus touz mors chéit. Vez cy dolante baule [3] !
C'est presté c'est rendu, n'out gaires d'estendue [4].
Vez cy d'ambedeux pars trop bele secourue [5] :
Le roi enmoinent pris, qui qu'an poit qui qu'an groce [6],
Fourques, Bouchars, Landris, quant li vicuens de Broce
Li cuens de Blois li preux, et li sires d'Ienville
Li dus de Normandie (bien furent quatre mille),
Vont encontrer le roi que l'on ha pris par force,
Mont Joïe vont criant, le povoir leur emforce [7].
La force paist le pré [8], le roi ont délivré
Et ont aus Bourgoignons moult fort estour livré.
Li Bourgoignon moult fort et moult bien se deffendent :
Tuit cilz que l'on occit moult chièrement se vendent.
Landris cuens de Nevers le duc de Normandie
Ha fendu jusqu'à denz : il a perdu [9] la vie ;
Et Guion de Saint Poul [10] qu'il trove emmi la place
Refiert de tel haïr [11], mort l'abat senz menace,
Et bien dix sept autre a tant navrés que tüés
Ains qu'il soit de la place partis ne remüés [12].
Quant li sires d'Ienville vist tel destruccion,
Ung espie a toulu [13] senz grant dévocion
Et vat férir Landry par dessoubz la memelle
C'ugn grant pié li bouta enz ou corps la lemelle [14].

---

[1] Haine. — [2] En profondeur. — [3] Plainte.
[4] En un instant. — On lit *d'attendue* dans la copie de l'Arsenal.
[5] Aide. — [6] Peu importe qui s'en chagrine ou qui en murmure.
[7] La force leur croît.
[8] Paie la rançon. — Il y a là une singulière contorsion du proverve *la faulx paist le pré*. — [9] *Si qu'a perdu*. (Arsenal.) — [10] Saint-Paul.
[11] Avec telle animosité. — [12] Avant qu'il n'ait quitté la place.
[13] *Tolu*. (Arsenal.) — [14] La lame de l'épée.

Landris chaï touz mors et Fourques le repaie,
Tout le chief li pourfant : cilz chiet mors de la plaie.
Si tres cruensement ainssin tuit se combatent;
Li uns n'esparme l'autre, semblant font que s'ébatent :
C'est doleur c'est meschief de [1] tel mortalité !
Li vif pour les occis mains sospirs ont gité.
Gardoit soi cilz qui chiet [2], nulz non puet garantir ;
Quar li pié des chevalx' li font la mort sentir.
Li mors le vif occient c'on ne puet chevaucher,
Qui ne chiet ou trabuche [3] et puis l'estuet chaucher [4].
O [5] touz les autres morz si croissent li monciaux
De mors [6], d'escus, de lances, d'armes, de pennonciaux.
Fourques est assaillis, il est en malvais estre,
Com sanglers se deffent à dextre et à senestre,
Il est bien grant mervoille ou tel vigor est prise ;
Quant plus voit de Franceois sachés que moins les prise.
Es plus grans tas se fiert [7] comme loups en berbis
Quant senz pastour les treve paissant par les herbis [8] :
C'est li loups familleux [9] qui tout tue et dévore ;
Quanque tient devant lui tout mort, riens n'assavore [10].
En cest assalt [11] qu'il fait, vient li cuens de Grignon,
Boutons de Mont Saint Jean [12] et Liemfrois [13] de Brignon,

---

[1] De pour que.

[2] Qu'il prenne garde — ou malheur à celui qui tombe. — *Oit* est une finale du subjonctif en langue d'Oïl : ainsi, *gardoit soi* est pour *garde soi*.

[3] Qu'on ne tombe ou ne trébuche.

[4] Il faut fouler, passer par-dessus ; ce mot vient de *calcare*. — On dit dans le Morvan *chouacer* du foin, c'est-à-dire l'entasser en meules.

[5] Avec.

[6] De mors de cheval. — [7] Se jette.

[8] Herbages. — [9] Affamé. — On lit *famillous* dans le m^s de Sens.

[10] Rien ne le rassasie, quoiqu'il tue tout ce qui se présente.

[11] Attaque.

[12] Ou Bontemps de Mont-Saint-Jean.

[13] *Lieufrois*. (Arsenal.)

Guiz de Chastel-Villain et Poinçons de Vergi
Bellandins [1] de Frelois et Guigons de Chergi,
Gauthiers [2] de Roichefort et Roubelins d'Arné [3],
Li sires de Noiers ou tout son grant barné [4],
Joffrois de Sonbernon, Ancris de Monréaul,
Hartaux de Saint Burri [5] chevaliers moult féaul,
Et tant des autres nobles, chevalier [6], ber et conte,
En ce venir qu'il font, cinq mile sont par conte [7].
Fourque fut de Franceois occis [8] et retenus
Se cilz nobles bernaiges ne feust si tost venus;
Mas aux Franceois se fièrent le trop estroit sarré [9],
Et avant qu'il ne soient tuit ensemble barré [10],
Si rudement les fièrent qu'il les font esbaïr;
Chascungs en li [11] deffendre met trestout son aïr [12] :
Ne leur vault leur deffence ne crier ne huller,
Bien leur point mal leur sée [13], leur esteut [14] reculer.
Quelx essaux, quelx deffens, quelle destruccion,
Quelle mortalité et quelle occision
Font Bourgoin aux Franceois! ce n'est que droite raige,
Nulle mortalité lor cuers si n'assouaige [15].
En deffendent recuillent tousiours vers l'oliflamble [16];
Si sarré com il puelent, recuillent [17] tuit ensamble.

---

[1] *Rolandin.* (Arsenal.)
[2] Ou Gauchiers. — [3] D'Arnay.
[4] Avec toute sa baronie, c'est-à-dire tous ses barons.
[5] *De Saint-Brion.* (Arsenal.) — [6] *Chastelains.* (Arsenal.)
[7] Pour démembrement.
[8] Fourques aurait été tué et retenu par les Français si cette noble cohorte de guerriers ne fût intervenue.
[9] S'ouvre le trop étroit passage.
[10] Avant qu'ils ne soient réunis, rangés en bataille.
[11] *En soy.* (Arsenal.) — [12] Zèle, colère.
[13] Bien que cela leur pèse et ne leur convienne pas.
[14] Il leur fallut. — [15] Aucun carnage n'assouvit leurs cœurs.
[16] L'oriflamme. — [17] Ils reculent.

D'autre part sont li dan [1] de Baugi, de Charroles
Et li bers de Donzi, li sires de Marroles,
Li dans de Bourbonnois, d'Ostung li cuens Guillaumes,
Li contes de Mascon qui ha froissiés mains hiaumes,
Li sires de Basois, tuit li grant [2] de Gascoigne,
Lombart et Auvernat, tuit sont en la besoigne ;
Viennois et Savoyens és grans estours se tindrent :
Maint y entrèrent sain qui navré en revindrent,
Sept mile furent bien tuit noble gent de pris.
Il encontrent Girart que l'on enmoine [3] pris :
De très grant maltalent [4] ont tuit si grant frisson
Que, au cuer leur point plus que la piau d'érisson [5];
Es François corrent sur par si très grand randon [6].
Que Girart ont laissié aler à son bandon [7].
Quant li contes Girars si fut desprisonnés
Il ha saisi son branc, telx cops leur a donnés
Que douze des meilleurs en ont perdu la vie ;
Rossillon va criant : « Or say [8] ma gent herdie ;
Quar tuons ces Franceois, quar en jonchons la place,
Férons trestuit sur eulz ou d'espée ou de mace. »
Girars y fiert premiers, il chaple, il tue, il maille [9],
Ne treve devant li si espesse bataille [10],
Ne desrompe à son branc [11] ; il rompt tout et effroisse,
Tout ceulz qu'ataint à cop fait morir à angoisse.
Il est si enraigiés, il est si forcenés
De ce que cilz estours n'estoit à fin menés

---

[1] Abréviation de *dominus*, les sires de, etc.
[2] *Li gens*. (Copie de Troyes.) — [3] *Emmène*. (Arsenal.) — [4] Fureur.
[5] *D'ariçon*. (Mˢ de Sens.) — *La pel d'hérisson*. (Arsenal.)
[6] Ils courent sur les Français avec tant d'impétuosité, que ceux-ci, etc.
[7] Librement. — [8] *Or ça*. (Arsenal.) — [9] Frappe avec le maillet.
[10] Bataillon si épais. — L'orthographe *espesse* tient son origine de *spissa*.
[11] Qu'il ne l'enfonce avec son épée.

Qu'il li tarde si fort qu'il en soit à dessore [1]
Pour trop malvès se tient quant vif ne les dévore.
Encor n'avoit monstré à sa gent sa prouesse :
Ses escus [2] est chastiaux [3] et ses brans forteresse
S'il trova contre cui'l bien monstrast sa vigour,
Mas chascungs le redoubte par sa très grant rigour ;
Nulz n'ouse contrester à sa puissant persone,
N'ont cure d'essaier les rudes cops qu'il done.
Cheval et chevalier ha par mi tronchonné [4],
A son branc à deux mains tel cop lui a donné :
Cilz coups ha les Franceois mis en tel effraour
Qu'il n'y ha celui d'eulz qui n'ait de lui paour.
Son comfenon [5] pourtoit ung hons très renommés
Regnaus li preux, li fors, de Chaacis [6] fut nés,
La vigueur de son corps ha cel jour bien monstrée
Que plus de vint et sept en ha mis à l'espée.
Tuit cilz que j'ai nommés qui ont Girart rescous [7]
Ont le plus de Franceois, si durement escous [8]
Que plus sont défroissié n'est de frument la paille
Quant à quatre fléaux de fort bras l'on la maille [9].
Li sires de Couci [10] y vient de l'autre part
Ensamble sa grant gent bien y fait son depart [11].
N'y a tant fort Franceois qu'il vuille refuser ;
Mas les fait par ses cops arriers sovant ruser [12].

---

[1] Du latin *deseruere*, à en finir. — *Dessoivre*, en langue d'Oïl, signifie terme, limite.
[2] Son bouclier. — [3] *Chastials*. (Ms de Sens.)
[4] Coupé par le milieu.
[5] Etendard, gonfanon.
[6] De Chaucy. — [7] Délivrés.
[8] Menés, secoués.
[9] On la bat. — [10] *De Foucy*. (Arsenal.)
[11] Ce qui lui en départit, c'est-à-dire son devoir.
[12] S'éloigner.

Que voulés plus aour ¹ que vois plus prolongant ² ?
Saichés certenement nulz ne si vat foingnant :
L'on ne vit oncques mais si férir si deffendre
Et d'une part et d'autre soi si chièrement vendre.

    Girars ses gens rallie ou toutes ses bannieres
Celles que il trova ou saines ou entières
Et crïe Rossillon en hault à pleine gorge :
« A eulz, a eulz, signeurs, férons de par saint George. »
En cel poindre ³ qu'ont fait, Franceois ont mis en voie ⁴,
Et Girart les enchasse ⁵ en tüant les convoie ⁶.
Cilz qui sont mal montés crient : « Las que ferons ! »
Li bien monté s'en vont fuant aus esperons ⁷.
Li rois s'an vat fuant à Paris sa cité
Criant com forsenés ⁸ : « Je vif à grant vilté ⁹ !
Hé Diex ! que penses tu, qui tel duel m'az or fait ?
Je croi tout de certain qu'anvers toi ai meffait ¹⁰ :
Toutes voies me meschiet ¹¹ et Girars ha victoire !
Tu m'as bien oblié et li as en mémoire !
A poul n'enraige vif de ma descomfiture :
Mes povoirs contre lui en nesung lieu ne dure.
Sires Diex vuilles toi anvers moi apaisier,
Ou mest paix entre nous pour nos cuers aaisier ¹².
Girars est retournés quant la nuit vit obscure ¹³ ;
De séjourner à Sixte, saichés, n'a pas grant cure :

---

¹ A présent.
² Que j'aille (que vais) plus prolongeant mon discours. Variante de la copie de l'Arsenal :
    Que voulés vous plus ouir que vois-je prolongant.
³ Charge. — ⁴ En fuite. — ⁵ Poursuit. — ⁶ Accompagne.
⁷ Fèrant des esperons. (Copie de l'Arsenal.)
⁸ Du latin foras sensu. — ⁹ Moi vivant avec ce déshonneur !
¹⁰ Ai forfait. (Arsenal.) — ¹¹ Il m'arrive malheur. — ¹² Soulager.
¹³ Même version à la copie de l'Arsenal. Le mˢ de Sens met occure, du latin occurrere, arriver.

Il appela sa gent et leur dit : « Biau signeur,
Diex nous ha fait à touz bonté la plus grigneur
Qui soit faite jamais à nulle créature :
Je lou [1] li mort soient tuit mis en la sépulture,
Et je ferai fonder en cel lieu une iglise
Où l'on fera pour eulx et pour nous le servise ;
Et, s'il vous plait, demain deux messes chanterons,
Premiers du Saint Esprit et li gracïerons [2]
Les biens qu'a fait pour nous ; pour les morz sera l'autre ;
Puis si chevaucherons tantost [3] lance sur fautre.
Alons devant Paris, enqui [4] mettons le siège :
Or li rois se rendra ou pris sera au piège,
Ou bone paix aurons, nous n'y povons faillir,
Ou à l'ung ou à l'autre ou Paris assaillir.
« Alons y de par Dieu, ce respont li bernaiges,
Tu as moult bien parlé, bien pert [5] que tu es saiges. »

Si , com je truis escript par certene cronique
Et par la renommée populaire et publique,
Pluseurs fois orent guerre en leux et temps divers,
Ne les pout restenir chaux estés, frois yvers,
Par douze fois ou troze si cruelment se cindrent [6],
Plus que nulz cristiens envers païens ne vindrent,
Bien semblant dui lïon grant felon [7] et cruelx
Entre lesquelx bataille seroit continuelx
Et de cui li royaume voisin sont comméu [8],
Qui leur grans cris et noises ont oï et véu.
Ne truis [9] pas en latin Girars fust point voincus
Par le roi ne par autre ne de plait [10] convoincus,

---

[1] J'approuve que. — [2] Remercierons des biens qu'il, etc. — [3] Bientôt. — [4] Là.
[5] Il est bien évident que. — [6] S'armèrent. — On lit *se tindrent* au mˢ de Sens.
[7] Manquant de foi. — [8] Mis en émoi, bouleversés, du latin *commotus*.
[9] Je ne trouve pas. — [10] De querelle.

Et pour ce nous convient selonc le latin croire
Girars out douze fois contre le roi victoire.
Ne fut pas marevoille ; car toz jors vout [1] droit faire
En la court son signeur mas ou roi ne pout plaire.
Il mist Dieu devers lui et droit de sa partie [2],
Et li rois de ces deux fist de lui départie [3].
Qui refuse raison, raison n'a de lui cure :
Raison submet celui qui de raison n'a cure.
Li rois senz juste cause tout adès [4] assailloit
Girart pour lui confondre ; cilz point ne li failloit [5] ;
Mas Diex estoit à l'ung courtois et débonaires
Et à l'autre par droit, selonc son tort, contraires :
Or avint, ceste fois, que jusques en Paris
Le roi chassa li cuens [6] semblans au bon Pâris
De force et de vertuz de biauté et de grâce :
Ce fut senz couardie senz fraude et senz menace.
Oncques ad ce li rois ne voult exemple prendre
Que tousiours le bon conte ne menassat de pendre.

Un ange apparaît au roi pendant son sommeil pour lui enjoindre de faire la paix avec Girart. — Partage du comté de Sens. — Girart et Berthe, pour répondre au nombre des victoires remportées sur Charles-le-Chauve, érigent douze monastères, et entre autres ceux de Pothières et de Vézelay. — Circonstances et épisodes de ces pieuses fondations. — Mort de ces illustres époux. — Translation des restes de Girart d'Avignon à Pothières. — Prodiges sur leurs tombeaux et événements postérieurs à leur mort.

Or est venus au siège Girars devant Paris :
Comme [7] li rois le sout [8] saichés que point n'a ris.
Tousiours fut pertinax [9] en sa crudelité
Et fut si obstinés en grant iniquité,

---

[1] Du latin *voluit*, voulut. — [2] De son côté.
[3] Se sépara de Dieu et du droit. — [4] Journellement, du latin *tota dies*.
[5] Ne lui manquait. — [6] Le comte chassa le roi.
[7] Lorsque. — [8] Du latin *sapuit*, le sut. — [9] Opiniâtre.

Que de Girart destrure ne se vout point refraindre ;
Sa grant forsenerie [1] le fait doloir et plaindre.
Par trestout son royaume envoïe ses corriers
Et fait grans garnisons prandre par ses forriers [2],
Prie, mande et commande en toutes pars du munde
Tout son tresour donra mas que Girars confunde [3].
Il promet grans souldées [4], il promet grans honeurs,
Ainssin retient et lie les grans et les meneurs :
Il aime mieux véoir touz ses membres trainchier
Que du bon duc Girart ne se face vainchier.
Il li semble moult bien qu'il n'y ait riens à faire
Mas il orra [5] parler par temps [6] d'ung autre afaire.
On dit li hons propose mas Jhesu Christ dispense
Et si remet assés [7] de ce que li foulz pense.
En grant deul en grant ire se gist touz estormis [8],
De l'estour fut lassés plus tost s'est endormis.
Diex envoia ung ange ou roi en son dorment,
Ensemble [9] grant clarté, à lui parla forment
Quant il l'out esvoillié ; si li dist : « Rois, entens [10],
Tu fais pis que tu peus et oïs et entens [11],
De par Dieu te deffen que ne faises domaige
Des ores en avant au duc n'a son bernaige,
Ne le pourseugre plus [12] ; quar toute ta puissance
Ne le porroit confundre qu'an Dieu ha sa fiance [13].
Il ha droit, tu as tort, il s'est mis en sa garde :
Bien vois que contre toi Diex le deffent et garde.

---

[1] Du latin *ferus sensus*, sa grande violence.
[2] Messagers de provisions.
[3] Afin qu'il opprime Girart. — [4] Soldes. — [5] Tant qu'il entendra.
[6] Maintenant. — [7] Et se tranquillise assez.
[8] Le roi se couche tout abattu. — [9] Avec. — [10] Ecoute.
[11] Et que tu ouïs et entends. — [12] *Ne le porsegre plus*. (Sens.)
[13] Parce qu'il a mis sa confiance en Dieu.

Tantost pense de faire à lui paix et acort :
Diex le velt et commande pour ton preu [1] mi acort [2] ;
Quar ses ovre sont pleine de foi de chérité
Et si sont bien plaisant à la Dieu maïté [3] :
Et s'ainssin ne le fais soies certain et séure
Que demain te viendra tres doloreux éure [4] ;
Quar Diex le vaingera de toi si cruelment
Que tu seras destruis touz perpetuelment.
L'anges à tant [5] s'en part, li rois remest [6] pensis
Si com il de cest siegle fust en l'autre transis [7].
Bien scet et aperceoit que ce n'est mïe songes
Mas pure verité senz fable et senz mensonges.

 Challes li Chauf appelle son consoil saigement
Sa vision leur conte tres bien secrétement
Et dist qu'il velt paix faire au duc senz arrester,
Si ses consoilz n'y velt par raison contrester.
— Li consoilz respondist : « Faites apertement
Plustost que vous porrés le Dieu commandement :
Il vous monstre grant grâce, qu'ainssin vous velt condure;
S'il voussit [8], li bons dus vous péust tout destrure. »
Li rois mande Girart [9] paix, amour, acordance
Et qu'il vaigne vers li par droite asségurance.
Il y vint humblement avec son grant bernaige
Dux, princes dans et contes trestouz de son lignaige.
Quant vint devant le roi tantost s'agenoilla,
Li rois prist au plorer si que ses yels moilla.

---

[1] Pour ton bien.
[2] Mon intervention. — [3] A la majesté de Dieu.
[4] Pour *evre* ou *ovre*, travail, peine. — [5] Alors.
[6] Du latin *remanet*, demeure.
[7] Passé, du latin *transire*.
[8] *Si voluisset*. — [9] Demande à Girart.

Il le leva en ault puis le baise en la bouiche
Et li dist doucement senz ire et senz repruiche [1] :
« Doulz amis, je vous pri que vous me pardonnés
Les torz que vous ai faiz. Touz suis abandonnés [2]
A vous amer et croire du tout d'or en avant ;
Et se plus vous meffais, li corps Dieu me crevant [3]. »
Ainssin trestoutes ires et trestoutes querelles
Lay furent apaisiés, les vielz et les novelles ;
Bon amour out entr'eux : chascungs en moine joie [4]
Fors que li traïtour a cui tout bien henoye [5].
Li grans contés de Sens fut entr'aux deux partie [6] :
Ainssinc est de lor deux faite la départie [7].

Moult furent lie li dus et la bone duchesse
Quant Dieu peurent servir en paix et oïr messe.
La guerre est deffinée : li bernaiges départ [8] ;
Li ungs s'en tournent d'une, li autre d'autre part.
Girars et dame Berthe pensent de mettre à eure [9]
Ce qu'il avoient és cuers : nulz nes en puet desmeure [10].
Il eurent I biau filz qui Thirris [11] fut nommés.
Li pères en fut moult dolans y abomés [12] :
Dedans son an fut mors et mis en paradis
Ou [13] les sains ignoscens qu'on descola jadis ;
Puis orent une file tres belle, bone et gente,
Eve fut appalée et fut morte en joventte [14].
Quant virent que nulz hoirs il ne porrent avoir
De leur corps, si s'avisent de faire grant savoir,

---

[1] *Reproiche*, et *boiche* à la rime précédente. (Ms de Sens.)
[2] Porté à. — [3] Me crevante. — On lit *me cravant* au ms de Sens.
[4] Chacun en fait éclater sa joie. — [5] Cause de l'ennui. — [6] Partagé.
[7] L'accord. — [8] L'assemblée des barons se sépare.
[9] A exécution. —*Eure* pour *evre*, œuvre. — [10] Du latin *dimovere*, détourner.
[11] Thierry on Théodoric. — [12] Abîmé de douleur.
[13] O, c'est-à-dire avec. (Ms de Sens.) — [14] *In juventute*, dans sa jeunesse.

De fonder abaïes et tres nobles iglises
Ou pour eulz sera fais de Dieu li sains servises.
Ou nom des douze apostres en firent XII faire
De leur propres richesces senz faire nuz contraire [1],
Et en l'onour de Dieu qui XII fois victoire
Contre leur anemis leur donna et grant gloire.
Diex leur en donna grâce et povoir et aïde [2],
Qui les siens reconforte et soustient et aïde [3].
Cilz douze monasteres furent li ungs de moines,
Li autre de nonnains, li autre de chanoines,
Et en chascung convent assit douze persones
Pour Dieu de cuer servir tres suffisans et bones;
Patrimoines et rentes leur dona pour bien vivre
N'y faillit vestement ne calice ne livre;
De l'espiritüel [4] n'y out il nul deffaut
Et quant au temporel nes une riens ne faut [5].

Entre ces douze églises II tres nobles fondèrent,
Lesquelz sur toutes autres prisèrent et amèrent :
L'une fut Verzelay et l'autre fut Poutières [6].
Moult les garnirent bien de reliques tres chières,
De rentes, de joyaulx, de tres biaux privilèges,
Ce scèvent cil qui sont encor en ces collèges [7];
Moult furent bien fondé et ploin de grant noblesce :
Or leur doint Diex [8] faire ovres plaisans à sa hautesce,
Et és morz abrigier vuille leur pénitence,
Aus présens doint honour, paix, amour et chavance [9] !

---

[1] Sans faire contribuer personne.
[2] Vers sans rime dans le m^s.
[3] Vers suppléé par la copie de Troyes et celle de l'Arsenal.
[4] Du spirituel. — [5] C'est presque le latin *nec una res defuit.*
[6] *Poutières.* (Sens.)
[7] Abbayes. — [8] Que Dieu leur accorde. [9] Abondance.

A Aucerre tout droit dedans la suburbie
Fundèrent il auxi une riche abaïe.
Puis ne y ot que monnes si com lor chartres dient :
Or n'y ha que chanonnes qui Dieu servent et prient.
Il sont bien aubergié et clou [1] de bone pierre,
L'on appele le lieu à monseigneur *Saint Pierre*.
A Soissons ourent l'autre chanonne réguler :
Or n'y sont mais que clers et prestre séculer.
Li lieux est appalés à *Sainte Madelegne
Du Mont*, c'est belle iglise dévote et de biens plegne.

L'autre est assise en Flandres, de moines bien puplée,
Saint Bertin l'appel'on qu'est de grant renommée :
Il est chouse certène que Girars la funda
Si bien que leur iglise de touz bien habunda.
De deux anges ymaiges tres belles et tres chières
En furent apourtée au convent de Poutières.
Encor les y gard'on en très grant révérance :
Ce n'est pas eure [2] d'omme, mas de la Dieu puissance.
Sur l'autel Saint Michiel sont mises ces ymaiges :
Esgarder les y puelent tuit li foux et li saiges.

Ungn noble priorté que l'on appele Siste
Qu'est au desoubz de Senz ou Girars prist son giste,
Quant la sexaime [3] fois fut Charles [4] descomfis,
Funda li cuens Girars pour lui et pour son filz.
Il funda Avalon et *Saint Jean d'Olivant*
Qui Semur fut nommés non pas à son vivant.
Des autres monastères ne sai pas les noms dire :
Il en ha ou royaume et s'en ha en l'empire ;

---

[1] Clos. — [2] *Eure d'homme*, prononcez *evre* (œuvre).
[3] *Sixième*. (Copie de l'Arsenal.)
[4] Dans le ms il y a Girart, mais c'est évidemment une inadvertance, car on a vu que Charles avait été vaincu à la bataille de Sixte, etc.

Il en ha en Bourgoigne toute la plus perfonde :
Se plus m'an demandés, querés [1] qui vous responde :
Li autre sont destrut par grant antiquité,
Li autre transposé, autre desherité.
En l'eveschié de Laingres, dist hon, pluseurs en ha;
Mas cilz qui fist mon livre plus ne m'en assona [2].
Et pour ce qu'est des ovres dan Girart et Bertain
Des noms des monastères, ne truis plus de certain :
Auxi com li latins s'en doit li romans taire
Pour ce que l'on n'y puisse riens trover de contraire.
Je me mesprandroie trop si je disoie paroules
Que l'on déust tenir pour fauces ou pour foules ;
Mas tant puis bien je dire que ces douzes iglises
Furent très bien fondées et richement assises
Et par dévotion très veraie et très fine
Il n'y failloit [3] ne terre ne rente n'officine [4].
Se li dus à son temps nul deffaut y scéust [5],
Jamais néust [6] bon somme jusque amandé l'éust,
Et si, com nous, trovons, Diex fit de biaux miracles
En ces lieux, demantiers c'on fist les habitacles [7],
Bien en porrez oïr une bone partie
Ainssois que [8] ma matière soit toute départie [9].

Tres biau et gent miracle fist Diex à Verzelai
Que je vous vuilz retraire [10] s'il vous plait senz délai.

---

[1] Du latin *quærere*, chercher.
[2] Ne m'en indiqua pas un plus grand nombre. — On lit *asséna* (désigna) dans la copie de l'Arsenal.
[3] Il n'y manquait.
[4] Ateliers. — [5] *Sehust.* (Ms de Sens.)
[6] *N'ahust.* (Ms de Sens.) :
   Jamais n'ot bon sommeil tant qu'amandé l'éust.
   (Arsenal.)
[7] Pendant qu'on construisit les édifices. — [8] Avant que.
[9] Terminée. — [10] Raconter.

Diex voult [1] bien démonstrer en facent [2] ses offices
De l'iglise de lai et les grans édifices,
Que lor evre plaisoient à la divinité.
Que il faceoient à faire [3] en foi en chérité
Ce seroit grant simplesse du passer soubz silance.
A la gloire de lui fist Diex tel démonstrance :
Demantiers com faceoit celle sainte abbaïe
Qui au sout [4] la monteigne est autement drecie [5]
De tres grant apparat [6] par mervoilleuse estude,
Et y ouvrast forment d'ouvriers grans multitude,
L'onorable contesse, par grant dévocion
Et par bone ferveur de grant dileccion
Ne se tint pas à ce que l'on leur faceoit faire ;
Mas y vout [7] de son corps aidier et pene traire :
Entour la mie nuit [8], le bon conte dorment,
Se levoit coïement [9] en redoubtant forment
Que de lui ne des autres ne féust aperceue.
Ensamble ses béasses [10] fasoit sa descendue
Jusques ou fons du vaul, et là chargeoient l'arène [11]
Pour faire le mortier ou chief de la montène [12]
Pour plustost essuïr [13] les ovres de l'église.
Pucelles, damiselles menoit à cel servise

---

[1] *Vost.* (Copie de l'Arsenal.)
[2] C'est presque la forme, comme c'est le sens du latin *faciens*.
[3] Ce qu'ils s'efforçaient de faire.
[4] Au-dessus ; *en sus la montagne.* (Arsenal.)
[5] *Dressée.* (Arsenal.)
[6] Même version dans le m⁵ de Sens. — On lit *apparoil* dans la copie de l'Arsenal.
[7] Du latin *voluit*, voulut.
[8] Même version au m⁵ de Sens. — On lit *minuit* dans celle de l'Arsenal.
[9] Doucement.
[10] *Baiasse, bajasse* et *bagasse*, du latin *vaga*, servante.
[11] Du latin *arena*, le sable. — [12] Au-dessus de la montagne.
[13] *Issir*, terminer.

Et leur deffendoit bien qu'autres ne le scéust :
Quar de sa pène perdre trop grant paour éust ;
Trop redoubtoit oiir du monde la louange
La favour et la grâce et la fauce losange ¹,
Bien savoit Diex plus aime les biens qui sont couvert
Aucune fois que ceulz qui sont tout à overt ².

 Berte la sainte dame fist sovant cest office,
Orguil ne vaine gloire n'y out ne avarice.
Pluseurs fois aperceut li dus sa relevée ;
Mas ne povoit savoir où elle estoit alée.
Selonc ce que soult ³ faire humaine infirmités,
Le va au cuer saisir très grans perplexités :
Plus fors que malx de dens est grief sa maladie.
C'est rains ⁴ de passion que l'on dit jalousie,
C'est une suspeceon qui n'a scens ne mesure ;
Li plus saige en sont plain sovant à desmesure :
Cilz malx ⁵ ne considère ne bonté ne vaillance,
S'on ne voit le contraire par droite démonstrance.
Diex, qui scet les pensées des hommes qui sont vaines,
Ne vout ⁶ pas que la dame perdist ainssin ses peines,
Ne que pour son bienfait héust tel reguierdon ⁷
Com d'estre diffamée, et quant sera ce don ⁸ ?
Une nuit se leva si com elle soloit ;
Quar pourter au mostier de l'arène voloit.
Elle cuidoit li dus dormist : non façoit mie ;
Quar dormir non laissoit sa tres grans jalousie :

---

¹ Flatterie.
² En évidence. — *Qui sout à touts ouverts.* (Arsenal.)
³ Du latin *solet*, a coutume. — On lit *süet* dans la copie de l'Arsenal.
⁴ C'est un brin.
⁵ Ce mal. — ⁶ Ne voulut pas.
⁷ Récompense. — ⁸ Et que va-t-il en arriver? le voici...

Miaux vaudroit estre coux [1] et l'on riens n'en scéust
Qu'estre tousiours jaloux et coulpe n'y héust.

Quant ele en fut alée, li dus se liève après
Et pense en son coraige qu'il la tenra jà près [2]
Et si approvera [3] s'a tort ou a raison.
Contre la bonne dame pense tel desraison
C'oncques ne vit, n'oïst ne par dit ne par fait
Que vers Dieu ne vers lui ne hust le cuer parfait ;
Mas cilz malx doloreux qui n'esparme [4] nelui,
Combien qu'il l'en pesat [5] ne pout partir de lui.
Lui ainssin très pensis et très mal atourné [6]
Il touz seulz, se quaicha en ung lieu destourné,
Et voit venir de loign la dame et ses ancelles [7]
Et de ses plus privées pucelles damoiselles
Qui venoient tout chargiés de sablon et d'arène
Si qu'elles ne povoient monter fort qu'à grant pène ;
Puis vit entour la dame une très grand candour [8]
Non mïe terrïenne mas céleste splendour,
Et si vit à son dos ung ange en forme d'omme,
Oncques plus bel ne vit nul autre, c'est la somme [9].
Les bras de la contesse li anges sostenoit
Et son fais, si que point la dame ne penoit [10],
Et, tout ainssin com elle, montoit hault pas pour pas [11] ;
Mas ele ne véoit tel coadjuteur pas.
Li dus, qui moult l'amoit, quant il vit cest mystère,
Il fut tantost garis de sa très grant misère :

---

[1] Mari trompé. — [2] Surprendra.
[3] S'assurera (*ad probare* en latin) s'il a tort ou s'il a raison.
[4] N'aperne. (Mˢ de Sens.)
[5] Pesast. (Sens.) — *Combien qui l'en pensast.* (Arsenal.)
[6] Vêtu. — [7] Du latin *ancilla*, servante.
[8] Clarté. — [9] Cette expression c'est la somme répond à *enfin*.
[10] N'avait de fatigue. — [11] *Aut pas por pas.* (Sens.)

Bien vit et aperceut clèrement face et face
Que la dame estoit ploine de la divine grace.
Touz esbaiis retourne, de rechief se recouche
Si com s'il ne se fust oncques remués de couche.
Si tost com elle vint, cilz au piés li chéï
Sa colpe et le miracle qu'il vit li régehï [1].
Lors rendirent à Dieu grans graces et louanges
Qui li siens aide et garde par li et par ses anges.

Girars et dame Berte ces deux nobles persones
Devant Dieu et ses sains dignes belles et bones
De cüer, de corps et d'ame Dieu bonement servant
Et en son saint service moult dévot et fervant,
Au Dieu commandement prest tousiours d'obéir
Et touz pecchiés et vices refuser et heïr
Pour leur meffais, s'aucungs s'estoient à effacier
Pour amour du réaume soverain pourchacier [2],
Toutes heures, mettoient peine en toutes menières,
En ovres en pensées en bienfais en prières,
Ainssin com en richesces estoient si hault monté,
Havoient les cuers si ploins de bonne velanté !
Si com sainte Escripture tres clèrement nous ovre [3]
Veraie dilection se demonstre par ovre [4].
Diex dist : « Ce qu'avez fait à l'ung de mes petis
Vous avez fait à moi, telx est mes appétis [5]. »
Dont peut légièrement [6] de touz estre créu,
Les iglises qu'il firent, avoir à Dieu pléu ;
Quar cestoit pour ses poures haubergier et norrir,
Pour faire son servise : telx fruis ne puet porrir,

---

[1] Avoua.
[2] Chercher à atteindre. — [3] Découvre. — [4] Par l'œuvre.
[5] Désir, volonté, du latin *appetire*. — [6] Facilement.

Et il leur monstra bien au miracle conté
Et en cestui présent par sa très grant bonté.
 Demantiers com faceoit de Poutières l'iglise
Et plus belle et plus noble des autres par devise [1],
Comme celle du monde laquelle plus amoient
Et où il estre mis après leur mort vouloient,
Com jà li edifice aut de terre [2] apparussent
Et à Dieu et à ceulz qués [3] véoïent pléussent,
La grant devocion de Girart et de Berte
Voult bien Diex demonstrer par demonstrance aperte
Cil dui que j'ai nommés très noble très vaillant,
La cui dévocion n'aloit point deffaillant,
A leur propres espaules pourtoient l'aigues en l'ovre
Pour Dieu et pour les autres à l'amour Dieu amovre [4],
De quoi l'on destrampoit le mortier, le ciment,
Par vrai humilité, si faceoient auximent [5].
Li déables d'emfer anemis [6] ancïens
Qui poursuit et enchasce [7] tous les bons cristïens,
Met trestoute sa cure son malice [8] et sa force
Et de ceulz destourber de bien faire s'aforce :
Quar il n'est nulz ou monde cui il ne pourte envie
S'il li voit grant bien faire tant com il est en vie.
 Pour Dieu or entendés comment mes livres palle :
Ung jour cil dui pourtoient plène d'aigue une jalle,
La contesse devant, et li bons cuens derrière,
Li Satanas se mist entr'eulz en tel menière

---

[1] Par comparaison. — [2] Au-dessus du sol. — [3] Qui les.
[4] *Admovere*, exciter. — [5] Faisaient provision. — *Auxir* signifie augmenter.
[6] *Ynimis*. (Sens.)
[7] Donne la chasse. — *Enchauce*. (Sens.)
[8] *Son malice* est aussi dans le m⁵ de Sens. — Au lieu de cela on lit *son talent* dans la copie de l'Arsenal.

Qu'il fist la bone dame par terre trabuchier.
La divine puissance ne se fist pas huchier ¹ :
Tantost ² senz demorer ³ vint ung anges lecours ⁴
Qui à la sainte dame fit aïde et secours.
Li tinnelx et la soille ⁵ tuit droit en l'air se tindrent
Ainssin com il sembloit à tous ceulz qui là vindrent,
Ne oncques du vaissel goute ne respendit
Et la divine grace sur le duc descendit,
Si qu'il vit tout cler l'ange qui le fai soustenoit
Et la bone duchesce de terre ramenoit.
Le fai li mist au col et puis en l'abitacle
Du ciel s'en avoula : cy out moult biau miracle.
Il qui furent certain de cele vision
Louant Nostre Signeur par grant dévocion,
De la divine grace sont bien apercevant
Et s'efforcent de faire de biens plus que devant,
Et je croi qu'il n'est nulz qui ne puisse véoir
Que Diex ne soffrit point à telx gent meschéoir ⁶,
Se ne feust pour leur preu ⁷ ou pour eulz esprover,
Si que meillor loïer en péussent trover.
A l'aïde de Dieu fut parfaite l'iglise
Vous avez bien oï en quel lieu est assise.

   Si com bone chouse ⁸ est, digne, juste et léaulx
Remembrer les vertus et les biens des féaulx,
Comment Diex en cest monde les voult magnifier
Et par leurs grans mérites ou ciel glorifier,

---

¹ Appeler. — ² Aussitôt. — ³ Du latin *morari*, sans délai.

⁴ Empêcher. — Ce mot *lecour*, *lecéour* se prend plus ordinairement en mauvaise part, mais ici il marque l'ardeur et l'empressement de l'ange à détruire les effets de la malice de Satan.

⁵ Les bâtons à porter la seille (le seau), et la seille même, etc.

⁶ Arriver mal. — ⁷ A moins que ce ne fût pour leur bien.

⁸ Chose.

Auxi est il profis pluseurs fois et salus
Paller de ceulz qui cheurent de pecchiés en palus [1]
Et puis se relievèrent comme bon champion :
Grant joïe font li ange de tel conversion.
En ce lisant, louon de Dieu la sainte grace
Qui les colpes pardonne et les pecchiés efface
Par les douces prières de sa très douce mère,
Et des autres bons sainz qu'an loënt [2] le doulz Pere
Et son benoit chier Filz et le saint Esperit.
Nulz qui bien se repente nulle fois ne périt.
Li cuers de touz féaux qui toute grace attendent
En aiment Dieu plus fort, loux et graces lui rendent;
Et ceulz que li déables à pecchié pervertit
L'espérance d'a [3] grace de Dieu les convertit.
Pluseurs qui ont esté malvais et outraigeux
De venir à merci en sont plus coraigeux.
Li pecchiés de despoir [4] n'a point de medicine
N'en c'est siégle [5] n'en l'autre, c'est regle vraie et fine [6];
Mas ne peut empeschier de fait l'énormité
Ne la briefté de vie ne de malx quantité
Que li pecchères n'ait envers Dieu acordance
S'il velt crier merci par vraïe repentance.

   Donc si com nous savons par vrais recenséours [7]
Voir disans et certains [8], non mïe flatéours,
Cilz patrons de Poutières qui la fist et funda
Girars de Rossillon ou touz biens habunda,

---

[1] Dans le bourbier, dans la honte.
[2] Qui en louent.
[3] De la. — [4] De désespoir.
[5] Monde. — [6] Dernière, absolue.
[7] Raconteurs. — Du latin *recensere*, dénombrer.
[8] Disant choses vraies et certaines.

Par l'amonestement du déable enemi
Qui de tempter ne cesse movement ne demi [1],
Chaïst [2] en moult grant culpe quant de charnalité [3];
Mas la grace divine l'out tantost [4] visité,
Ne voult point que perdist toutes ses bonnes ovres ;
Tout ainssin très doulz Diex ceulz qui te plait recovres.
Si com sainte Escripture pour certain le nous done,
Que plus est li temps sains et la personne bone,
Tant plus li Satanas s'efforce à droite raige
De faire trabuchier ceulz qui ont bon coraige.

 Avant que cilz bons cuens féist sa pénitence
Par sept ans en exil [5] qu'il prist en patïence,
Qu'il fist si grant labour et out tel poureté,
Après ses grans richesces et sa grant nobleté,
Ung saint soir de Noël, celle tres sainte feste
Si digne, si dévote, si grant et si honeste,
Si tres sollempnisée des hommes et des anges
Qu'il doient faire trestuit joïe, feste et louanges,
Li dus fut en son lit, la dame d'autre part,
Que [6] par droite abstinence si avoient fait départ [7];
Li dus fut si temptés du pecchié de luxure
Par l'anemin d'emfer, qu'il mist toute sa cure
Comment en tel pecchié la féist enchéoir
Senz le bien de lignie garder ne pourvéoir [8];

---

[1] *Ne moment ne demy.* (Arsenal.)
[2] Tomba. — [3] En ce qui concerne la chair.
[4] Bientôt.
[5] L'épisode que raconte le poète remonte, comme on voit, au temps de la première prospérité de Girart et avant qu'il n'eût subi l'épreuve de ses sept années d'exil.
[6] *Car*, dit la copie de l'Arsenal. — [7] Séparation.
[8] Le *Roman de Beaune* rend ainsi la même idée, traduite ou imitée du ms latin de Pothières : « Sans regarder aux termes de raison ne à la chose qui est deue en l'ordre de mariaige, c'est de procréation de lignée. »

Mas la bone duchesse mïe ne s'acorda
A faire son plaisir, mas du tout descorda
Pour l'oneur du bon soir [1] par grant devocion.
Mas cils ne pout suffrir sa grant temptacion,
Quar il estoit si chaus par l'art du vil mauffé [2],
Qui de malvais délit l'avoit si eschauffé,
Qu'il jura, se la dame ne fait tost son plaisir [3],
Qu'avec une béasse [4] s'ira tantost gésir;
Mas qu'il en ait de li [5] et l'outroi et l'acort.
Elle ne le pout voincre, si dist : « Je m'i acort [6]. »
Ainssin fist son pecchié par l'angin [7] du déable :
Li uns plus, l'autres moins furent en ce coulpable.
Quant ele l'outroia, bien cuida senz doutance
Que li dus se gardast de telle outrecuidance.
Abraham et Jacob semblables ovres firent
Quant avec leur ancelles se jurent [8] et dormirent;
Mas li necessité ne furent pas paroilles.
Or oéz comment Diex en fist grans merevoilles [9] :
Il ne demora gaires c'on sonnat [10] les matines
Pour faire le servise es louanges divines,
Hastivement se liève l'onorable contesse,
D'aler en sainte iglise ne s'areste, ne cesse;
Bien fut avironée de dames et de virges
De belle compaignie à torches y à cierges [11].

---

[1] C'est-à-dire de la bonne nuit de Noël. — [2] Démon.
[3] *Son désir*. (Arsenal.)
[4] Servante, chambrière. On dit aussi *bajasse, bagasse*.
[5] D'elle.— [6] J'y consens. — [7] Du latin *ingenium*, la subtilité.
[8] Du latin *jacuerunt*, se couchèrent.
[9] Même leçon au m⁸ de Sens. — On lit *grandes mervoilles* dans la copie de l'Arsenal.
[10] Il ne se passa pas beaucoup de temps avant que l'on sonnât.
[11] La rime précédente doit faire supposer que l'on prononçait *cirges* au lieu de cierges. Le m⁸ de Sens est conforme à cette leçon.

Si, com il apparut à son demenement [1],
Entra en sainte iglise moult très dévotement;
Ele s'agenoilla dedans son oratoire
Et oïst le servise par tres bone mémoire.

Li gentilz cuens se liève ung petitet après
Et pense en son coraige qu'il la suigra ja près :
Par la grace de Dieu est à lui revertis [2],
De son tres grant meffait s'est à Dieu convertis :
Quar cilz le regarda qui regarda Saint Pierre;
N'ot pas vers lui le cuer ne de fer ne de pierre,
Mas de miséricorde, de douceur et de grâce.
Girars prist à trambler com s'il feust mis en glace
Et se prist au plorer si tres amèrement
Que nuz ne porroit dire voir l'abondenement [3].
Il avoit si grant deul, si grant comfusion
Que Diex voult en gré prandre sa grant contriccion :
Quar bien vit sa blaincheur estre muée en fer [4],
Quant il fut décéus par l'anemin d'emfer.
D'aler en sainte iglise trestouz s'escouardit [5],
Mas par bone espérance d'y aler s'enardit.
Honteux de son pecchié n'ousa dedans entrer,
En ung anglet [6] de fors [7] seulz se va en entrer [8].
Anqui fut enguoisseux tant com l'on mit à dire
Les matines du soir, au chanter et au lire.

Hélas ! qui suffiroit à dire ses grans lairmes,
Ses sopirs, ses sangloz tant com dura cilz termes [9],

---

[1] Maintien. — [2] Il est revenu à lui.
[3] Véritablement l'abondance de ses larmes.
[4] Figure pour exprimer l'innocence changée en crime.
[5] Eut tout à fait honte. — [6] Un petit coin. — [7] Dehors.
[8] *Sus se va enantrer.* (Ms de Sens.) *Il s'alla mettre en ung anglet des pilliers por dehors.* (Ms de Beaune.)
[9] Ce temps.

Les tormens de son cuer, de piz [1] ses batemens,
Les grans plains de son cuer, ses ingemissemens [2] !
Je croi n'est cuers si durs qui si bien le véist,
Que par humilité pitié ne l'en préist.
La contesse en prières et en larmes labore;
Pour li, pour son baron de cuer et de corps plore
Ne fine [3] de prier la Dieu misericorde
Qui leur vuille outrier [4] vers lui paix et concorde.
Demantiers qu'il estoient en ces grans oroisons,
En ces doleurs de cuers, en ces grans ploroisons [5]
Et l'ore estoit prouchaine de la première messe,
La dame s'endormist mas de plorer ne cesse :
Quar elle estoit lassée d'orer et de plorer,
Et d'estre a nud genoux et de li acourer [6].
Demantiers qu'elle estoit en cel très grant torment,
Ungs anges s'apparut à li en son dorment,
En la forme d'ung homme de très noble jovente [7]
Et de très grant blaincheur moult gracieuse et gente.

« Or, enten ma paroule, dist l'ange, bone Berte,
Diex ha véu tes plours, tes plains et ta desserte [8] :
Va dire [9] ton signeur qu'est là hors de la porte
Qu'il soit lies et joyans, point ne se descomforte,
Ensemble grant fiance vaigne dedans l'église
Pour oïr les trois messes et tout le Dieu servise;
Quar Diex ha pris en gré son vrai repentement,
Ses plains et ses sopirs et son grant plorement.

---

[1] *De pectus*, poitrine.
[2] Le m^s de Sens, la copie de l'Arsenal, portent : *agenoillemens*.
[3] Ne cesse. — [4] Octroyer.
[5] Le m^s de Sens porte *orisons* et *plorisons*.
[6] Et de se pâmer d'affliction. — [7] Il y a *jovance* au m^s.
[8] Et ton mérite. — [9] Va dire à.

8

A l'ermite fera vraïe comfession
De trestouz ses meffais par grant contriccion :
Lors sera il absoubz, pénitence fera.
Par satisfaccion trestouz s'espurgera,
Et la grace divine a oï tes prières,
Et si ha perdoné en trestoutes menières,
Quant il aura parfaite, de cuer parfait senz fointe
La sainte pénitence qui li sera enjointe. »
Quant ot ce dit, li anges és cielz s'en remonta
Et la dame s'esvoille qui de joïe moult ha.

L'onorable duchesse doucement s'esvoilla,
De si grant vision forment se mervoilla :
Elle plore de joie de celle très grant grace,
Si fort que de ses larmes est moillïé sa face ;
Et de cuer et de bouiche rent à Dieu grans louanges
Quant il li fait tel grace com de véoir les anges [1].
Trop est lies en son cuer de celle vision
Et quant de son espous scet la salvacion [2],
Elle ot dist de bon cuer très bone patenostre [3] :
Quar bien sout accomplir ce qu'est dist par l'apostre
Qui dist que li espous qui a cuer desloyaul
Puet bien estre savé par s'espouse féaul.
Tantost s'en est alée à Girart où il ière
Et li conte sa joie, le fait et la menière.
Quant ce oïst li dus, humblement s'agenoille,
De la grant joïe qu'a, sa face de plours moille :
Qui li donnast le monde et tout quanqu'il [4] contient,
Il ne feust pas si lies quant sa garison tient.

---

[1] *Com d'envoyer ses anges.* (Arsenal.)
[2] L'état de salut. — On lit *seit* dans le ms de Sens.
[3] *Patrenostre.* (Sens.)
[4] Du latin *quodcunque*.

Dévotement s'en entrent[1] humblement en l'iglise
Pour rendre à Dieu grans graces et oïr son servise.
Bien voïent accomplir ce que nous dit David
Qui de touz les prophetes est la flour et la vid[2],
Qui dist que la pitié de Dieu point ne tarist,
Les contris de cuer sene[3] et lor langours garist,
Et les giete du laz[4] de boue et de misère.
Trop est foulz malestrus qui ce ne considère.
Si com sainte Escripture nous aprant et adresce[5]
Le verai repentant[6], de temps la grant longuesce[7]
N'acorde pas à Dieu[8] mas la contriccion,
Quant elle est bien parfaite par satisfaccion,
Dont li dus et s'espouse très humble et dévost furent,
Qui la misericorde de Dieu si grant cognurent,
Qui tantost leur aida com il se repentèrent.
La paroule David pour certain il sentèrent
Qui dist : « La velanté des soi doubtans fera[9] ;
Leur déprécation de cuer entendera[10]
Et si les fera saufs de lor iniquités,
Et si les garira de lor perversités.
Dès lors plus que devant moinent cil sainte vie,
La velanté de Dieu fut par eulz acomplie :
De lui servir s'efforcent et de nuit et de jour
En toutes bones ovres faire senz nulz sejour[11]

---

[1] Ils entrent.
[2] Pour *vis*, force. Même version au mˢ de Sens.
[3] Du latin *sanat*, guérit. — Il y a *sane* dans la copie de l'Arsenal.
[4] Des entraves.
[5] Et nous montre. — [6] Repentir.
[7] La grande longueur de temps.
[8] Ne met pas d'accord avec Dieu, mais bien, etc.
[9] Dieu fera la volonté de ceux qui douteront d'eux-mêmes.
[10] Plusieurs verbes dans la langue d'Oïl appartiennent à deux conjugaisons, comme *entendre* et *entender*. — [11] Repos, délai.

Et especialement en doner grans amônes [1],
(Quar ce prisoïent plus que ceptres ne que trônes),
Et par dessur touz autres à ceulz qui Dieu servoient,
Ainssin l'amour de Dieu et des sains desservoient [2] :
Si ne pouroïe croire, quant telz furent jadis,
Qu'il ne soïent en glore manant [3] en paradis.

   S'aucungs des envïeux me vouloit opposer
Contre le duc Girart, dire ne proposer
Qu'il feust fel et estous [4] fiers et fors et infames,
Qu'il héust fait partir de tant de corps les ames,
Tant proié [5] tant brui [6] gastée tante terre,
Tant orphenins tant vesves havoir faiz par sa guerre,
Se ne di pas qu'en ce ne puisse colpe avoir
En tout ou en partie, ce peut on bien savoir ;
Mas sur soi deffendent li convint maint mal faire :
Ainssin va il de guerre et de semblable affaire ;
Mas à considérer la divine Escripture,
Nous trovons pluseurs fois qu'il mirent très grant cure
En mal faire, en mal dire et en grant mal penser ;
Mas la grace divine les voult si appenser [7]
Que par contriccion et par sainte espérance
Par grant dileccion et par ferme créance
Furent puis ami Dieu et tant de grans biens firent
Que leur très grans mérites saint et sainte les firent.
A l'aïde de Dieu qui ne velt nulz périr
Ne les grans péchéours au premier coup férir.

   Pour la cause d'exemple et pour probacion [8]
Es simples et és rudes [9] en fais collacion [10].

---

[1] On lit ailleurs *almonnes*. — [2] Méritaient. — [3] Du latin *manentes*.
[4] Perfide et fou. — *Estous* vient de *stultus*. — [5] Pillé.
[6] Brûlé. — [7] Voulut qu'ils méditassent tellement.
[8] Preuve. — [9] Ignorants. — [10] Rapport, enseignement.

En la sainte Escripture, puis que ¹ Noë fit l'arche,
Lisons nous de David le très saint patriarche
Qui en tant de malx faire mist son temps et s'estude
Qui tant en fist occire et si grant multitude
Qu'il fut évidemment hons de sanc appelés,
Et li murtres d'Urie ne fut mïe celés
De sa femme : peut l'on trop bien en Bible lire
Comment David la tint en tres grant avotire ²,
Puis fuit il appalés pères nostre Signeur ³.
L'on ne li povoit pas honor doner grigneur,
Nez ⁴ Diex le tesmoigna si bon si apprové
Qu'il dist : « Selonc mon cuer ai David saint trové. »
Il dona tant biaux dons en l'ovre du saint temple
Que de touz biens puet l'on véoir en lui l'exemple;
Il offra ⁵ tant de biens et fit tel apparoil
Pour le temple de Dieu nulz ne vit tel paroil!
Rois Salomons ses ⁶ filz les mist bien puis à euvre :
Ainssin li doulz Savères ⁷ les pechéours receuvre.

Or véons de saint Pierre, comment Dieu renia
Jura et parjura et puis s'excomenia ⁸ :
C'oncques jour de sa vie ne l'avoit cogneü;
Par trois fois fist ce noix ⁹ chascungs l'a bien sceü.
Bien savés tuit si tost com Diex l'out regardé,
Des yels de sa pitié comment il l'a gardé ;
Comment de ses grans larmes prist en gré le servise
Si qu'il l'establist prince sur toute sainte iglise;

---

¹ Depuis que. — ² Adultère, du latin *adulterium*; en bas breton *avoultz*.
³ Père de Notre-Seigneur. — ⁴ De *nisi*, sinon que.
⁵ Autre exemple d'un verbe qui appartient à deux conjugaisons, *offrir* et *offrer*.
⁶ Son. — ⁷ Le doux Sauveur. — ⁸ Dit en se parjurant.
⁹ Débat, contestation. — Du latin *noxia*.

Du réaume du ciel le fist son clavelier [1]
Et son propre vicaire pastour et chancelier.

Chascungs scct que saint Poul [2] fut telx persequteur
Que de trestouz mal faire fut drois [3] coadjuteur,
De menaces estoit plains et d'occision,
Es disciples de Dieu fist mainte passion :
Ne li suffisoit mie des malx qu'il souloit faire
Mas touz les malfaiteurs faisoit à lui atraire [4].
A tüer saint Estienne [5] gardoit les vestemens ;
Lors avoit à nom Saules li malvais garnemens,
Par la grace de Dieu fut puis saint Paulz nommés,
Docteurs de toutes gens, puissanz et renommés,
Et de toutes vertuz ot tel prérogative
N'em puis dire le nombre, qu'il n'y a fons ne rive.
Diex le fist son ami si chier et si affin [6] :
Quar si comme li ange Cherubim, Séraphin
Le véoient clérement en la divinité,
Auxi li donna il semblable auctorité :
Quar jusques au tiers ciel fut ravis et pourtez,
Les grans secrez de Dieu vit, que nulz hons mortelz,
Si com dist l'Escripture, ne puet savoir ne dire,
Ne cuers nes [7] peut penser devisier ne descrire.

Et de saincte Marie la douce Madeléne,
Chascuns scet comment fut de sept déables pléne,
C'est qu'an li furent tuit li sept pecchié mortel :
Chascuns la cognoissoit et la tenoit pour tel ;

---

[1] Du latin *clavicularius*, gardeur de clés. — Même version au m⁵ de Sens ; on lit *charcelier* dans la copie de l'Arsenal.
[2] Paul.
[3] *Droiz*. (M⁵ de Sens.)
[4] Du latin *ad trahere*, attirer.
[5] Pendant le meurtre de saint Etienne.
[6] Du latin *affinis*, étroitement uni. — [7] Ne les.

Diex prist en gré ses larmes et sa dévocion
Sa grant ardeur de cuer sa grant dileccion,
Comment il la fist saine très fine [1], pure et munde [2],
Très digne et honorée et ou ciel et ou munde !
N'est nulz si grans peccherres s'il prenoist telx exemples
Qui ne se travaillast ses cuers [3] fust de Dieu temples.

 Es livres de la loi tant vielz comme novelle
Trovons nous de telz faiz maint dit, mainte novelle,
Que pluseur furent plain aucune fois de vices
Et de malvaises ovres et de très grans malices,
Que par grace de Dieu à lui se retournèrent
Et par très bones ovres noms de saincts recouvrèrent.
Ainssin pout très bien dire cilz glorieux patrons
A sa très douce espouse : « Nous nous combaterons
Contre nos anemis, c'est diables, chars et mondes ;
Par la grace de Dieu ferons nos cuers touz mondes.
Se nous avons mespris [4] par délectacion
Des deleiz de cest monde ou par occasion
D'amasser grans richesses ou à tort ou à droit,
Si soiens dois or mais avoillié et adroit
D'amander en cest monde qui resemble la mer
Où il n'a nulz repous [5] ne douceur mas [6] qu'amer.
Ainssin pout li bons dus Girars estre avoilliés
Et d'amander ses vices de cuer aparoilliés,
Et par la grace Dieu parvenir à bon port :
Quar du Saint Esperit ot de grace comport [7].

 Combien que je me taise des ovres de pitié
D'onor, de courtoisie, de douceur, d'amitié

---

[1] Très-sage, très-parfaite. — [2] De *munda*, épurée.
[3] Afin que son cœur, etc.
[4] Péché. — [5] Repos. — [6] Sinon.
[7] Relation, rapport. — Du latin *componere*.

Que il fit en sa vie très efficacement
Pour comparer à Dieu [1] des malx l'afaitement [2].
Je ne croi qu'il soit nulz qui bien poüet souffire
A dire n'a penser, n'a conter ne descrire,
Les biens qui furent fait, sont encor et seront
En ces biaux monastères, tant com il dureront,
Tant par les saintes messes ès dis lieux célébrées,
Tant par autres prières et dites et chantées,
Tant par les grans almones es pouvres départies,
Qui touz les jours y viennent de diverses parties :
Par quoi nous devons croire qu'il [3] et la bonne dame
Ont conquis le salut vers Dieu chascuns de s'ame [4],
Ne nulz ne doit doubter qu'il ne soïent en glore
Quant nous trovons escripte d'eulz si digne mémore
Et de très biaux miracles faiz à vie et à mort
Qui sur vielz et sur jones quant à Dieu plait s'amort [5].
Si s'en doïent dont taire li félon ploins d'envie :
Je vien à ma matiere que j'ai piessa [6] laissie.

Oï avés partie comment cilz dui vesquirent,
Les grans biens, les amosnes, les iglises qu'il firent,
Et la grant povreté et la grant abstinence
Qu'il firent en exil en sainte pénitence,
Les perséqucions que li rois leur faisoit
Et lor très grans victoires si com à Dieu plaisoit,
Et les très grans proüesces et les très grands barnaiges,
Et les très grans largesces et les grans vasselaiges.

---

[1] Obtenir de Dieu.
[2] La réparation.
[3] Que lui et, etc.
[4] De son ame.
[5] Du latin *mordere*, s'attacher, s'appliquer à. — On disait, dans la langue d'Oïl, *il s'amort à moi*, c'est-à-dire il s'attache à moi.
[6] Il y a quelque temps.

Pour ce que riens ne vault li bons commencemens
Ne li moïens, se bons n'est li deffinemens.
Pour ce vous vuilz je dire comment il deffinèrent,
Et comment en bienfaiz tousiours persévérèrent.
Anuis [1] peut mal morir cilz qui vit bonement,
Anuis peut bien morir qui vit mavaisement ;
On dit la bone vie atrait [2] la bone fin :
Pour tant vuilz réciter ung poul de leur defin [3].
Cil dus Girars et Berte qui par très certain signe
Furent tres reverend à Dieu, à monde [4] digne,
Par l'aïde de Dieu et par son doulz secours
De ceste mortel vie corrurent si le cours
Que il en deservirent [5] le soverain loyer
Comme bon champiom comme bon soudoïer,
En la vigne de Dieu furent [6] très biaux provains ;
Ne leur fist pas ce faire malvais propos ou vains,
Mas bonne entencion : ce furent li iglise
Qu'il firent et fondèrent pour rendre à Dieu servise.
Bien y doit on pour eulz prier lire et chanter
Quant si bien les voussirent [7] de leur propre ranter [8].

Or avint qu'il convint eulz paier le trehu [9]
Que li autre ont paié qui devant sont héu [10] :
C'est li treud de la mort que nulz ne puet fuïr
Nulz ne s'en puet estordre [11] nulz ne puet eschuïr [12].

---

[1] Du latin *in hodie* ou *ad noctem*, aujourd'hui, ce soir. — On lit *Envis* dans la copie de l'Arsenal (du latin *invicem*).

[2] *Adtrahit*, entraîne. — [3] De leur fin, de leur mort.

[4] Au monde. (Ms de Sens.)

[5] Obtinrent. — [6] *Firent*. (Arsenal.)

[7] On lit *vossirent* au ms de Sens, ils voulurent.

[8] *Renter*, doter de leur propre fortune.

[9] *Trehu, treud, trus*, etc., tribut.

[10] Qui ont été avant eux.

[11] Du latin *extorquere*, dégager, délivrer. — [12] Eviter.

Berte morut avant, Girars morut après :
Les lieux et la meniere vous dirai je jà près.
Berte la sainte dame, de bones ovres pleine,
D'aumosnes, de bienfaiz et de pitié humeine,
A Poutieres morut en son propre couvent,
De cest monde laissa la tempeste et le vent,
Huit ans devant l'obit [1] de son espous loyaul.
Bien monstra qu'elle avoit vers Dieu le cuer féaul
Car de li recéu furent tui sacrement [2]
En vraïe repentence, et tres dévotement.
Qui li véist la croix baisier et aorer [3]
Et pranre en gré la mort, il l'estéut plorer [4],
Et commander [5] à Dieu son Signeur et les frères [6]
Qu'elle tint et tenoit pour amis et pour frères.
Moult requist lor prieres en sopirs et en lairmes.
L'ame se part du corps; quar ce fut ses drois termes,
Li ange l'amportèrent si com nous le créons
Par les signes qu'on vit lors et que nous véons,
Quar mainte bial miracle [7] y sont fait et y furent
Et pluseur y reçoivent santé et y reçurent.
Tuit menoïent grans plours cil qui présent estoient
Quant tel dame et tel mère d'eulz départir véoient,
Li poure ne povoient nul comfort [8] recouvrer
Vers cui elle souloit si doucement ouvrer [9];

---

[1] La mort, du latin *obitus*.
[2] Leçon conforme au ms de Sens. — On trouve cette variante dans la copie de l'Arsenal :
    Car de li receu fuerent tuit ses sacrement.
[3] Adorer. — [4] Il lui fallut pleurer. — [5] Recommander.
[6] Les moines. — Ce poème se sert du même mot pour rime quand il a un sens différent. Toutefois on lit *peres* à la seconde rime dans la copie de l'Arsenal.
[7] Même leçon dans la copie de Sens. — [8] Consolation.
[9] Agir avec tant de douceur.

Li riche la ploroient, qu'elle les recevoit
Si bien si liement plus qu'elle ne devoit;
Li moyen la plaignoient¹ : quar s'il avoient a faire,
Leur aduocate estoit senz avoir nul contraire ;
Religieux et clerc entour li demorant
Chantoïent autement, mas c'estoit en plorant.
En ung tumbel² de malbre ouvré très richement
Mist on le corps de li ³ très curieusement.
Li cuens en fist bien faire, et en fit son devoir
Li abbés et li frere ce saichés vous, de voir.
Moult y out grans exeques ⁴ de pailles ⁵ et de cire
Et de belles almosnes plus que ne vous sai dire.
A si tres grans honours fut en terre posée;
Mas plus cent mile fois fut ou ciel henorée.

 Après la mort de Berte bien se prova ⁶ Girars
De Dieu servir, si que n'an pout départir ⁷ ars
Ne malice du diable qu'il ne se tenist chaste ;
En toutes bones ovres bien vit la mort le haste ⁸.
Comme bons chevaliers touz prest et touz puissans,
En Dieu servir de cuer et de corps cognoissans,
Par le froit de gehunes ⁹ par faire grans vigiles
Prist sa char à donter li gentilz cuens nobiles,
Et par bones prières et par doner assés
Pour Dieu pour effacier les pecchiés trespassés.
Ad ce point attendoit de la mort la venue
Qui n'esparme nelui, mas senz ordre tout tue.

---

¹ Les personnes de moyen rang la regrettaient.
² On lit *tomblal* au mˢ de Sens. — ³ D'elle.
⁴ Du latin *exequiæ*, funérailles.
⁵ Du latin *pallium*, tentures mortuaires.
⁶ Du latin *provedire*, se mit en devoir. — ⁷ Obtenir.
⁸ Le harcelle. — On lit *se haste* dans la copie de l'Arsenal.
⁹ Par le calmant des jeûnes. — Cette leçon est conforme au mˢ de Sens.

Il fut de grant aaige li biaux chenus [1] très dignes,
En pou d'ore devint auxi blans comme cignes.
Il estoit touz lassés [2] en sa plène viellesce
Des pènes qu'il avoit soffert en sa jonesce :
Il estoit ploins de jours si com sains Habraan
Tuit li viennent avant sui pène sui aan [3].
A Avignon estoit en sa noble cité
Quant se sentit pourpris de grant imfirmité :
Bien vit certènement ne povoit plus durier
Ne les grans malx qu'il sent longuement endurier.
A touz ses grans barons manda en commandant,
A touz nobles et riches commanda en mandant,
Que venissent à lui à certène journée
Tout senz dilacion de faire séjournée [4].
Il les avoit norris et tenus chièrement ;
Bien devoïent venir à son commandement.
Tuit y furent mandé et collège et chapitre
Et tuit cil du paiis qui orent croce et mitre.
Quant tuit furent venu, moult bien les comforta
Et par doulces paroules moult bien leur enhorta,
Et bien leur fit savoir par exemple et par bouiche
Que li jour de sa fin très courtement aprouiche,
Et leur dit telx paroules com hons de grant science :
« Mi très doulz chier ami, bien sai vostre prudence
Comment vous ai amés, comment vous ai norri,
N'avoïe pas vers vous le cuer fel ne porri [5],
Mas preu, large et courtois pour vous touz sostenir,
En paix, en habundance et en amour tenir,

---

[1] *Beaul chenu.* (Arsenal.) — [2] Brisé.
[3] *Aam, ahan, hahan,* fatigues, angoisses, chagrins. — On lit *aam* au mˢ de Sens pour rimer avec *Abraham.*
[4] Grande périphrase pour exprimer *sans délai.* — [5] Perfide ni corrompu.

En biaux dons en suffraiges en aïde en consoil,
A vous touz me complain et requier et consoil,
Et vous pour touz mérites me vuilliés outroier
La supplicacion que je vous vuilz proier [1].
Pour Dieu vous pri que j'aie ma dernière requeste :
Quar elle ne vous iert grevant ne deshoneste.
En lieu de toutes graces et de grant reguierdon [2]
Vuilz que vous m'ottroiés tout ensamble cest don :
C'est que quant serai mors, que parmi mes prières [3]
Me ferés enterrer en m'église à Poutières,
Delès [4] la bonne Berte ma très bonne compaigne.
Pour Dieu respondés cy que de vous ne me plaigne ;
Quar pour ce fis je faire proprement l'abaïe
Qu'ambdui [5] y fussiens mis après iceste vie. »

 Quant cil ont escoutées ces très dures novelles
Qui ne leur furent mie plaisans bones ne belles
Autant de sa mort com de son corps ainssin perdre,
Tuit se praignent ensamble à grans plours faire aerdre [6] :
Quar trop grant deul avoient par ceste cause double ;
Mas combien que fussient si fort irié [7] et trouble [8],
Com contraint li promirent trestuit à obéir :
Il ne se vouloient pas de li faire heïr.

 — « Signeur, ce dit li dus, je vous rens grans mercis ;
Quar bien voi pour ma mort avez les cuers nercis [9]
Et de ce que m'avés trestuit promis ensamble
Que lai [10] ferés pourter mon corps si com moi samble,

---

[1] Faire avec instance, *precari*.
[2] Récompense. — [3] Entre autres prières que je vous fais.
[4] Près de. — [5] Afin que tous deux.
[6] S'appliquer à, du latin *adhærere*. — [7] Fâchés.
[8] Au lieu de *troublé*, à cause de la rime avec *double*.
[9] Assombris. — Cette leçon est conforme à celle du mˢ de Sens.
[10] Là, c'est-à-dire à Pothières.

Pour ce que m'an faciés plus certain bonement
Vuilz que le comformiés [1] trestuit par sairement,
Et se vous y faillés vous vous en percevrés :
Or en faites bien tuit ce que faire en devrés. »
Cil qui ne vouldrent mie [2], deulz si se puet doloir [3],
Ont fait le sairement trestout à son voloir.
Congié praignent de lui, à leur hostelx repairent [4]
Trestuit triste et dolant si com lor vis declairent [5].
Li dus les mercïa si tres piteusement [6]
Qu'il premiers et tuit autre plorent communément [7].

Ne demora c'ugn pouc [8] que maladie assaut
Le bon conte vaillant qui a fait maint assaut,
Par tout le corps le prant touz les membres li frouisse
Ne puet plus sostenir la doleur ne l'angouisse.
On le couche tantost en son très riche lit,
He las il n'y out point ne joïe ne délit [9],
Moult très dévotement receut ses sacremens
Et tres bien saigement fist ses ordonemens,
De vraïe pénitence signe en lui apparurent
Tuit bien edifié en sont cil qui là furent.
Il fist mettre son corps en hoires [10] et en cendre,
Moult prist en gré la mort quant il dut l'ame rendre ;
Et graces et mercis Dieu rendant et louanges
Rendit son esperit qu'an fut pourtés des anges [11]
Ou royaume du ciel, où il est mis en gloire
Qui ja ne li faudra [12], ce devons nous tuit croire ;

---

[1] Que vous le confirmiez.
[2] Qui ne voulurent pas exécuter cette volonté.
[3] On peut se plaindre d'eux. — [4] Se retirèrent.
[5] Leur visage le montre. — [6] Tristement.
[7] *Continuement.* (Arsenal.) — [8] Il ne se passa pas beaucoup de temps.
[9] Du latin *delectamentum*, aise. — [10] Cilice.
[11] Qui fut emporté par les anges. — [12] Manquera.

Quar li signe ensuigant¹ pour certain le tesmoignent :
Tuit cilz sont mescréant qui du croire s'esloignent.
A faire le servise vint moult grant multitude
Qui de lire et chanter dévotement s'estude
D'avesques et d'abbés, de doyens, de chanoines
De prieux, de curiés, de nonnains et de moines
Dont il y out de noirs, des blans, de réguliers
Et de clers et de prestres et d'ordre et séculiers,
Et de tout le paiis y sont trestuit venus
Li grant et li petit, li josne et li chenus².
Tuit crient à ault cris si très amèrement
Qu'on les péhust oiir de loign tres clerement;
Tuit plaignent³ leur patron et leur très chier signeur
Oncques mais nulz n'oiist demener deul grigneur.

Quant fut fais li servises très bien et hautement
De messes, de vigiles et de commandement
Et de cloiches sonner par toute la contrée
Une autercacions⁴ est entr'eulz encontrée ;
Mas elle fut si grans et si merevoilleuse
A bien pouc⁵ que ne fut dolante et périlleuse :
Quar li noble et li clerc le corps porter vouloient,
Estre mis à Poutieres si com jurié l'avoient.
Li puples lors vequant⁶ à droite fine force,
Cil n'ont de force entre aux⁷ ne c'une vielz escorce.
Nulz ne pout cels dou puple müer ne comforter
A ce que il laissessent leur saint patron pourter

---

¹ *Ensigant*, c'est-à-dire suivans. (Mˢ de Sens.)
² Les vieux. — ³ Regrettent. — ⁴ Altercation.
⁵ Il s'en fallut bien peu.
⁶ Recourant à; du latin *vacare*, donner ses soins à. — On lit *vesquent* au mˢ de Sens.
⁷ Eux, c'est-à-dire les nobles et les clercs.

Et jurent et afferment que mieux aiment morir
Qu'il laissient leur paiis de tel flour déflorir.
A la perfin avint li noble et li clergié,
Qui du mettre à Poutières s'y estoient tuit chargié,
Tant pour itel désir du corps saint retenir
Com pour le grant péril qu'en pouvoit avenir :
Quar li peuples fasoit si grans deulz et clamours
Que riens n'éust [1] lors ne paix ne amours.
Il n'y héust [2] noble homme ne chevalier tant gobes [3]
Cui li puples n'éust [4] sarré à dos les robes [5].
Au puple s'acorderent assiés legièrement ;
Mas puis le comparèrent [6] trestuit trop chièrement.
Le corps ont bien garni d'oignemens précieux
De mirrhe et d'aloës, d'aromaz [7] glorieux ;
En un biau monument doré très bel et riche [8]
Li clergiés et li puples en terre le corps fiche :
Ainssin trestuit ensamble le convent trespassèrent [9],
Auxi bien com li autre tuit cilz qui en jurèrent.
Or ourrés qu'an avint [10] assés prouchénement :
Male chouse est d'aler contre son sairement.

Ne fut pas ceste gent pour néant [11] de ce quite ;
Bien voult Diex demonstrer de son saint le mérite.
Pour ce que passés [12] heurent ses dis et ses status
Qu'il avoit à sa vie ordonés et status [13],
Et pour ce qu'il s'estoient envers lui perjurié,
Diex leur dona torment qui moult leur a durié.

---

[1] Prévalu. — [2] *Haust.* (Sens.) — [3] Enflés de gloire. (*Roman de la Rose.*)
[4] *Cui li peuple n'éhust* (Ms de Sens.)
[5] N'eût fait un mauvais parti (plus littéralement: *n'eût pris au corps.*)
[6] L'achetèrent. — [7] Aromates. — [8] *D'œuvre très-belle et riche.* (Arsenal.)
[9] Transgressèrent la convention.
[10] Vous apprendrez ce qui en advint. — [11] Rien.
[12] Violés, outrepassés. — [13] Etablis, du latin *statuere*.

En toute la contrée par sept ans touz entiers
De bien qui y créust n'ont onc denier rentiers [1] :
Quar oncques il n'y chut ne pluïe ne rousée,
Ne aubres [2] n'y porta, ne terre fruit, ne blée ;
Li ars [3] fust corrumpus et la terre braaigne [4],
Oncques n'y out ne blef ne vin n'autre gaaigne [5] ;
Tel pestilance y out et si très grant famine
Qu'a cens et à milliers morent par cel termine [6],
A grans monceaux moroient senz remède trover :
Ainssin voult Diex son saint et son povoir prover.
A la fin s'avisèrent cil qui font le servise
Et qui le doïent faire de Dieu en sainte iglise
Et avesque et abbé et toute la clergie
Quere [7] entour Avignon et dedans abergie [8]
Que par trois jours suigans de bon cuer juneroient
Et les autres trestouz juner commanderoient,
Ensemble lethanies et supplicacions
Et des poures de Dieu grans récréacions,
Et de corps sains pourtés très bien et dignement
Touz nud piés et en langes [9] alans communément,
Pour ce que Diex voussit son puple regarder
En pitié et en grace et bonement garder,
Et vussit [10] sa grant ire apaisier et refraindre
Pour quoi la pestilance si grant féist remaindre [11].
Cil estant en tel point en tel dévocion,
Li anges Dieu lor fit dénunciacion,
Ce fut la tierce nuit qu'il héurent juné ;
Mas ne vint pas à ceulz qui estoient aduné [12],

---

[1] Un denier de revenu. — [2] Arbres. — [3] L'air. — [4] Stérile.
[5] Gain, produit. — [6] Par ce terme, à cette époque.
[7] Informer. — [8] Et dans les maisons. — [9] Chemises.
[10] Et voulût. — [11] Cesser. — [12] Du latin *adunati*, assemblés.

Mas à ung qui estoit reclus en la cité,
Très vrais religieux senz nulle falcité [1].
Ensemble grant clarté li apparut li anges,
Lai ou rendoit à Dieu prières et louanges :
« Va, dit il, dire au puple et à tout le clergié
Que il furent malvais et trestout envergié [2],
Quant le commandement de leur signeur passèrent
Et en sa propre iglise pourter ne le laissèrent ;
Et si l'ont comparé [3] trop plus le comparront :
Quar en boix ne en champ n'en ville ne gierront [4]
S'a grant honeur ne pourtent le saint corps à Poutières :
Quar Dieux velt qu'il soit fait en trestoutes menières ;
Et s'il non [5] font ainssin, saichent que tuit morront
De male mort subite, qu'achapper n'en porront ;
Et en celles ensoignes [6] és prelas le diras
Et és nobles auxi et ja n'en mentiras,
Qu'an droit d'eulz en ont il ovré, trop foulement [7],
Qu'à vïe li promirent trestuit par sairement
Qu'an s'aglise [8] à Poutieres apourter le feroient
Après son passement [9], ne plus n'y attendroient [10] ;
Si sont héu trop foul de faire le contraire ;
Si pensient du convent bien briefment à chief traire [11] :
Quar Diex velt que li corps du saint duc et très digne
Soit mis delès s'espouse [12] honorable et bénigne ;
Diex velt qu'ajoutés soit li sains avec la sainte.
Or va tantost vers eulz sens délai et senz fainte

---

[1] Du latin *falsitas*, fausseté. — [2] L'esprit à l'envers, du latin *inversi*.
[3] Payé. — [4] Ne demeureront. — [5] Ne.
[6] Et comme enseignements. — [7] Agi trop follement.
[8] Son église. — [9] Décès. — [10] Différeraient.
[11] Qu'ils aient à penser à tirer le corps de Girart du couvent d'Avignon.
[12] Près de son épouse.

Et leur di mot à mot trestoutes ces paroles ;
Quar bien sauront li grant que ne sont pas frivoles.
Garde que tantost soit acomplis cis messaiges
De par Dieu le te diz : or le fai comme saiges.

  Li anges s'en parti ; cil tant se destrappa [1]
Que de son reclusaige [2] tantost s'en achappa.
Touz les trova ensamble et lor dit autement :
« Oez et entendez le Dieu commandement. »
Lors leur conta de l'ange toute la vision
Et le menacement et l'admonition.
Cil le creurent forment, quar trop bon le créoient,
A Dieu en rendent graces si com faire devoient
Corrant de toute pars joiant [3] a celle tombe
Qui estoit à l'iglise assise en une combe [4].
Li plus grant, li plus digne le trayant du sarcueul
Qu'avoit esté fait ou chastéaul de Marcueul,
Chascuns y mist la main de bon cuer velantiers.
En bon cuir de cerf fut mis li corps touz entiers,
Bons oignemens y mettent et très bones espices
Et bien et hautement y fut fais li offices.
En une belle châsse bien faite à sa stature
L'envoïent à Poutières à grant chevachéure [5].
Tantost [6] qu'il fut chargiés il chéist grant rousée
Et pluige dont la terre fuit tantost arousée.
Toutes ovres laissies, viennent [7] de toute part
Pour rendre à Dieu louange, qui ses biens leur repart [8].
Oncques mais [9] n'orent tant de biens comme cel an,
Ne n'out [10] si biau finaige d'anqui jusqu'à mil an [11].

---

[1] Se dégagea. — [2] Couvent. — [3] Joyeux. — [4] Grotte.
[5] A grande hâte de chevaux. — [6] Aussitôt que.
[7] Ils viennent *ou* on vient. — [8] Leur départit de nouveau.
[9] Jamais davantage. — [10] Et il n'y eut. — [11] La copie de l'Arsenal écrit *Milan*.

Cilz d'Avignon apourtent le corps du vaillant conte,
Si comme la cronique le me récite et conte
Sur deux biaux palefrois en très bele laitière [1]
Très bien aperoillié de bone ovre et tres chière,
A crouix y eau benoite et à torches ardans,
Et a bones gens d'armes ledit corps bien gardans;
Chacune nuit le mettent gesir en une iglise
Et y lit on sautiers [2] et fait on biau servise,
Et au matin la messe à très grant luminaire.
Chascuns lieux a son paille [3], quar ainssin doit on faire.
Puis départent [4] és poures et és clers et és prestres;
Uns vaillans homme y ha qui de ce faire est mestres:
Ainssin viennent et font partout en tel menière.
Messaiges solennés envoïent à Poutières
Qui leur content le fait. Si tost com l'ont oï,
Trestuit cil du paiis s'en sont très resjoï.
Renummée voulant [5], sont les gens assemblées,
Trop leur tarde qu'il voient les joïes desirées;
De toutes pars s'asamblent et font si très grant joie
Que la centeme part dire ne vous saroie [6].
Tuit y vont à l'encontre de bruit [7] et senz demeure [8],
Et clerc et lai [9] s'assamblent trestuit en petit d'ore [10].
Sui moigne et sui clergié vont a processions,
Chantent chans de liesses et d'exultacions;
Moult demènent grant joie trestuit li réguler
De trestout leur povoir si font li séculer,

---

[1] Litière. — [2] Psautier; *psalterium* en latin.
[3] *De pallium*. — Le mot drap est en note dans le ms comme la vraie traduction.
[4] Font des distributions. — [5] La renommée volant.
[6] Saurais.
[7] De ce qu'on publiait. — On lit *de brut* dans la copie du président Bouhier.
[8] Délai. — [9] Laïcs. — [10] En peu d'instants.

Et cloiches et busines et trompes font soner
Si fort c'on n'y péust pas oïr Dieu toner.
Ne le recoivent pas si com mort garmentant [1],
Mas ensamble grant joie, baut et lie [2] et chantant,
Leur bon patron reçoivent ploin de fervant amour,
En feste et en grant joie senz cri et senz clamour,
Comme vif le reçoivent non mie comme mort :
Quar mainte fois les out garis de dure mort.

Tuit cilz de Verzelay quant sorent ces novelles,
Moult leur furent plaisans et joieuses et belles,
Tuit viennent à Poutières tantost [3] senz retarder
Pour leur saint norricier véoir et esgarder ;
Et moigne clerc et prestre li grant et li petit
De véoir leur patron avoient grant appétit.
Avec ceulz de Poutières reçoivent leur tresour,
En l'iglise le pourtent et commencent des our [4]
Au servise de Dieu très devotement faire,
A pailes [5] de draps d'our à très grant luminaire.
Moult demoinent grant joie trestuit généralment,
Mas li Pulteriens très espécialment.
Cilz moinent sur touz joie, quar bien y ont raison,
Quant leur patron recovrent [6] en leur propre maison.
De cuer font feste et joie par mervoilleuse estude,
N'encorrent pas le vice de false ingratitude ;
Tuit louent et essaucent [7] la puissance divine
Et sa miséricorde qui tant leur est encline
Que leur saint père r'ont [8] dedans sa propre iglise.
Si en rendent à Dieu louanges et servise,

---

[1] Comme on se lamente d'un mort, du latin *gemere*.
[2] Alègres et joyeux. — [3] Bientôt.
[4] Des prières. — [5] Avec poêle. — [6] Recouvrent, récupèrent.
[7] Exaltent. — [8] *Re-ont*, c'est-à-dire ont de nouveau.

Et il n'est pas mervoille, quar il temporelment
Sont norri de ses biens et espérituelment
Il en ont les richesses et les biens temporelx :
Senz ce ne puet durer la vïe corporelx.
Il ont par les suffraiges [1] les remèdes des ames
Et la rémission des pecchiés et des blasmes ;
Il voïent les miracles que Diex y fait souvant ;
C'est bien cause de joie à l'abbé, au convant,
Et trestouz li paiis tousiours miaux en vaudra :
Ja [2] la sainte mémore du saint duc n'y faudra [3].

Or venons au propos comment de cest saint abre
Fut mis li troncs en terre en grans tables de mabre
Si beles et si plènes si gentement polies
Si claires si luisans si cointes [4] si jolies.
Tombe de tel matière devoit-il bien avoir !
Grant foison en y out mises de son avoir
En tres belles columpnes [5] en très bel pavement,
Encor en puet on bien véoir démonstrement [6].
Moult furent les exeques [7] faites solempneument
La mémore en sera à perpétuelment.
Moult y out de miracles de données santés [8],
Et lors et puis après, Diex en fit grans plantés [9]
Par les saintes mérites de ces deux [10] vraïement,
Si com nous le devons croire piteusement [11],
Ce fut du duc Girart et de Berte sa femme.
L'uns fut drois escarboucles, l'autre fut fine gemme.

---

[1] Prières pour les morts. — [2] Jamais. — [3] Ne faillira.
[4] Agréables à la vue. — [5] Colonnes.
[6] Encore le peut-on voir aujourd'hui d'une manière évidente ?
[7] Les obsèques, *exequiæ*.
[8] Santés recouvrées. — [9] Du latin *plenitas*, abondance.
[10] De Girart et de Berthe. — [11] Pieusement.

Sui miracle et sui fait furent mis en escript ;
Mas si comme mes livres en latin me descrit,
L'abaïe si fut arse presque toute à delivre [1],
Ainssin furent perdu de ses vertus li livre
Et maintes autre chouse et cronique et istoire :
Ce fut moult grant domaiges de perdre telx mémoire.
 Or ne doit nulz doubter que moult n'en y héust
Dont l'en féist grant joie qui trover les péust :
Quar nous qui sumes vif en ce temps dorendroit [2],
Ce dist cil qui cest livre fist de très bon endroit,
Havons véus [3] pluseurs de fièvres tormantés
Et d'autre maladies, venir à grans plantés [4]
Au sépulcre du duc : il estoient en dormant
Gari sain et aligre sané de leur tormant.
Ce que nous avons donc tout clérement véu
Et par le tesmoignaige du bien verai [5] scéu
Briefment vous en voulons destuïer [6] partie,
Pour tant que la grant somme s'est de nous départie [7];
Mas pas certènes ovres et par notoires signes
Povons et devons croire que cilz sains de Dieu dignes
Fut plains de grant mérite quant taute biaul miracle
Furent fait de par Dieu en son saint habitacle,
Mesmement à sa tombe tout manifestement,
Bien le déhust on plus tenir honestement [8].
On en ha relevés telx mil [9] par avanture
Dont miracles ne fut fais à leur sépulture :

---

[1] En un instant, promptement. (Glossaire occitanien.)
[2] Qui vivons à cette époque. — [3] *Vehus* (Sens).
[4] Foule. — [5] Même orthographe au m^s de Sens.
[6] Découvrir. — On lit *descrire* dans la copie de l'Arsenal.
[7] A été perdue pour nous.
[8] Lui rendre plus d'honneurs.
[9] *Teulz mil*. (Sens.)

Bien déust piessa ¹ estre par droit canoniziés
Servis et honorés et plus auctorisiés.

Pour tant que nous n'ailliens plus loign exemple querre
De ceulz qui y receurent ² santé de mainte terre,
A Poutieres, ce dient les novelles croniques,
Fut nés uns pouvres hons qu'estoit paralitiques.
Si mervoilleusement estoit espovantables
Qu'à touz qui le véoient estoit abominables :
Tuit li nerf li estoient si retrait par malaiges ³
Que ses cuisses estoient presque jointes aus naiges ⁴.
Il ne povoit aler ne son corps sostenir
Ne ses piés ne povoient à la terre avenir.
Sur les artez ⁵ des piés un trop pou s'apuioit
A touz deux fors potances ⁶ say que lay se ruioit ⁷.
Telx poines telx tormens paciemment soffroit,
Chascung jour à l'iglise son propre corps offroit,
Supplement ⁸ requierant la Dieu misericorde,
Par quoi vrai repentant trouvent paix et acorde ⁹.
A la tombe Girart aloit communément
Et déprioit s'aïde ¹⁰ moult tres dévotement
Qu'il, par ses grans mérites, ou par ses orisons,
Li empestrast ¹¹ de toutes ses douleurs garisons.
Et, comme de ce feust très lonc temps costumiers,
Et venist touz les jours par boue et par fumiers,
La grace Dieu le fist en santé repairier ¹²
Pour les très grans mérites du saint duc declairier ¹³.

---

¹ Il y a longtemps.
² Recurent. (Mˢ de Sens.) — On n'employait pas alors la cédille.
³ Souffrances, du latin *malum agere*. — ⁴ De *nates*, fesses. — ⁵ Orteils.
⁶ Avec deux béquilles. — On lit au mˢ de Sens : *A tout* II *forz potances*.
⁷ Se traînait. — *Que ça que là se ruoit* (ibid). — ⁸ Adoucissement.
⁹ Résignation. — ¹⁰ Et invoquait son secours. — *Déprioit*, du latin *deprecari*.
¹¹ Lui obtint, du latin *impetrare*. — ¹² Revenir. — ¹³ Faire éclater.

Ung jour vint à sa tombe si com avoit apris,
Les cordes des grans cloiches, s'oroison faite, a pris ;
Il les prist au tirier et eles le tiroient
Si que [1] à la parfin ung petit [2] sonetoient.
Ainssin com il tiroit et fort restoit tiriés [3],
Si que ses poures corps en estoit empiriés [4],
Il se prist à crier sovant et à vouix fière :
« Saint Girars, aide moi par ta sainte prière. »
Tantost sentit ses ners estandre doucement
Et ploins de bone humeur très mervoilleusement,
Si bien sentit ses plantes avec ses piés confermes
Qu'il se tint maintenant touz droiz et touz affermes.
Quant touz sains se sentit ses batons jus gietta,
Corrans bien et forment la tombe visita,
A embracier la prist et doucement baisier,
Dieu prist fort à louer ne s'en voult pas taisier.
Grans graces et louanges rent à son créatour
Et puis apres mercis à son procuratour [5],
Par cui saintes prières et par cui sains mérites
De ses très grans dolours estoit absoubz et quittes.
   Li moigne qui celui si fort crier oïrent
Furent tuit esbaï quant sain et sauf le virent :
Bien voïent le miracle apparoir clérement ;
Quar il le cognoissoient trestuit communément.
Il leur conta le fait et toute la menière,
Comment Diex le garit par la sainte prière

---

[1] Dans le ms de Sens il y a *si ques* pour éviter l'élision ou l'hiatus.
[2] Un peu.
[3] Même version dans le ms de Sens. Il y a *estoit tiré* dans la copie de l'Arsenal.
[4] Endommagés.
[5] A son intermédiaire ou intercesseur, Girart.

De saint Girart le duc, quant de cuer l'appela ;
Toute la vérité leur dit, rien n'en cela.
Lors font soner et chantent hault *benedicamus*
Et maint ymne des anges [1] : *Te Deum laudamus*
Chantent à aute vouix et chantent de pitié [2],
De ce que Diex lor monstre tel grace et amitié.
Renummée qui voule plus tost que nulz oisiaux
Y assambla tantost dames et damoisiaux,
Chevaliers et bourgeois, le peuple et le clergié
De tost courre à l'iglise ne se sont pas tergié [3].
Nuz selonc son povoir ne se voloit soffrir [4]
De dons et d'oroisons dévotement offrir.
Tuit s'efforcent de Dieu sovant glorifier
Et du saint duc Girart très bien magnifier ;
Tuit le prïent de cuer que par ses grans mérites
Leur empetroit [5] vers Dieu de leurs mals estre quites.
Enqui furent gari pluseurs paralitique
Sourd, muet, clop [6], gouteux et fievreux et étique.
Maint en sonant les cloiches, Saint Girart réclamant [7],
Furent tantost gari par Dieu le vrai amant [8].
Cil qui virent ces faiz fermement le tesmoignent
Et li certain escript pour voir le nous tesmoignent.

Li cuens de Bar sur Aube qui havoit nom Raoulz,
Qui oncques de mal faire ne fut ung jour saoulz,

---

[1] On lit dans les copies *hé mas ymne*.
[2] On lit dans la copie de l'Arsenal *plorent de pitié*, c'est-à-dire d'attendrissement.
[3] Mis en retard.
[4] S'abstenir, se priver.
[5] Pour *leur empêtrât, leur obtint*.
[6] Boiteux. Du latin *claudus* est venu clop ; en bas latin, *cloppus* : d'où clopin-clopant et clopiner.
[7] Intercédant, invoquant.
[8] Par le vrai serviteur de Dieu.

Si s'en vint à Poutieres je ne sai pour quel cause ;
Quar mes livres n'en dit ne vers ne point ne clause [1].
De preieurs [2] y amoine moult très grant multitude
A pié y à cheval que tout destrure cuide [3].
Il sambloit qu'il déust trestouz vifs emaigier [4],
Si avoit très grant fain des signeurs domaigier.
Il entrent en la ville, praignent, happent et pillent
Quant qu'il puelent trover, desrompent [5] et exillent [6].
Li homme de la ville s'en füent en ces tours,
Bien estoïent certain de ses faiz de ses tours :
Nulz ne laisse a s'aproche [7] n'en escrin ne en huge [8]
Qu'an l'iglise ne port [9] ce qu'il puet à refuge.
Quant li mavais cuens vit qu'ainssin li achappoient
Et que en la frainchise [10] lor hutille [11] pourtoient,
Il commande à sa gent tantost brisent [12] les portes
Et praignent [13] toutes gens dedans vives ou mortes.
Les corps et les richesses velt [14] tout ravir et prandre
Pour ce qu'il savoit bien ne se pouvent deffendre.
Demantiers qu'il vouloient les portes deffroissier [15]
Et toute l'abbaïe destrure et tamboissier [16],
Les femmes s'escrièrent à hauz cris et souvent :
« Biaux sire saint Girart, garde ton saint convent

---

[1] *Clause* pour *glose*, c'est-à-dire ni le poème non plus n'en parle.
[2] Pillards, du mot *preie*, venant de *prœdium*, butin.
[3] On prononçait sans doute *cude*. — [4] Dévorer.
[5] De *disrumpere*, mettent en pièces.
[6] Et forcent à la fuite.
[7] A son approche.
[8] Ni en boîte ni en coffre. — [9] Ne porte.
[10] L'asile privilégié, c'est-à-dire l'église, lieu inviolable.
[11] Meubles. — [12] *Brisaint*. (Sens.)
[13] *Prenaint*. (Sens.)
[14] *Wet* (ms de Sens) pour *vuet*, car on a quelquefois confondu, au XIIIe siècle, les deux *u* avec le *w*.
[15] Briser.
[16] On dit plutôt, en roman, *tambustier*, fracasser.

Et ta ville et ton puple, priant nostre Signeur :
Quar oncques mais d'aïde n'eumes mestier grigneur ¹. »
Si tost com orent fait lor cris et lor prière,
Uns malvais esperis férit de tel menière
Dous des plus grans d'aus tous et si les tormenta
Que li cuens et son host trestous s'espovanta,
Et laissent l'abbaïe et la ville et s'en fuent,
Ne riens n'empourtent d'eulz, et cil après les huent ²,
Puis viennent rendre grâces à Dieu et au saint conte
Qui les out delivrés de meschief et de honte.

Ung evesque out ³ à Lamgres qui avoit nom Regnart :
Il pourta bien son nom qu'il out le cuer gaignart ⁴
Et fel ⁵ et fier et fort et foul et orgueilleux,
Hardi et couraigeux, ancres ⁶ et artoilleux ⁷.
Moult se tint eslevé de l'onour qu'il tenoit
Et de ce que lui estre bon clerc li sovenoit.
Par dessur tout se mist forment en son coraige
La force et la noblesce de son puissant lignaige.
Des hoirs de Bar sur Soigne qui alors estoient conte
Fut cil nés et extrais si com mon livre conte.
De Poutières out deul grant pour s'exempcion ⁸ ;
Car il n'y povoit prandre sa visitacion ⁹,
Ne faire ses vouloirs ainssin com autre part.
Il en ha tel envie par poul de deul ne part ¹⁰.

---

¹ Plus grand besoin. — ² Leur envoient des huées. — ³ Il y eut.
⁴ Adonné au gain, au vol. — *Gaaig*, en roman, signifie proie.
⁵ Perfide.
⁶ Dur, âpre, d'où le mot vulgaire *aincre*. — L'étymologie est *anchora*, ancre de navire.
⁷ Du latin *artitus*, artificieux.
⁸ Son exclusion. C'était un autre seigneur qui avait obtenu la garde de l'abbaye de Pothières.
⁹ Son inspection, car cette abbaye dépendant directement du pape, l'évêque de Langres n'y avait aucun droit de visite.
¹⁰ Que ce n'est pas avec peu de chagrin qu'il y renonce.

Il assembla communes par simulacions,
A crouix y eau benoit à grans procescions,
A Poutières entra Regnars regnardement [1] :
Ses gens furent armées à couvert faulsement [2] :
Bien sout s'il feust venus à armes descouvertes,
Les lices ne les barres n'eust pas trové ouvertes.
La ville estoit fermée de fort paliz de chasne [3] ;
Par force n'y heust mis ne fort cheval ne asne.
Quant il fut en la ville il la desroba [4] toute
Et dedans l'abbaïe bouta le feu senz doubte [5],
Es signeurs ardit tout leurs biens et leur maison :
Cy out grant malvaistié [6], cy out grant desraison.

L'abbés et li convent qui estoient lors saint homme
Traitent [7] personelment Regnart à court de Romme.
Tantost fut convoincus de son très grant meffait,
De toute honeur d'avesque l'a li papes deffait,
De l'aveschié de Laingres perdit la dignité
Par sa tres false envie et par s'iniquité.
Quant il s'en fut venus en son paiis arrières,
A l'abbé, au convent fit tant faire prières,
Qu'au pape supplièrent pour Dieu li perdonast
Et sa grant dignité pour Dieu li redonast,
Et par certenes lettres li out fait à savoir
Qu'il leur ha amandé [8] et doné grant avoir.
Li sains Pères receut leur supplicacion
Pour Dieu et pour eulz faire la restauracion [9],

---

[1] Comme un rusé renard. Le jeu de mots est ici fort plaisant.
[2] C'est-à-dire étaient armés sous leurs vêtements par tromperie.
[3] Palissades de chêne.
[4] Pilla. — [5] Sans hésiter.
[6] Méchanceté.
[7] De *trahere*, citent.
[8] Indemnisé. — [9] Réhabilitation.

Li restablit s'oneur en son estat arrières ¹.
Moult en fist de biaux dons és signeurs de Poutières ² ;
Pour ce que la mémoire en fust perpetuelx,
A l'église dona les rentes annuelx
Des crouix de Chasteillon et de Muxy ensamble ³,
A perpetuïté comfirmans ce me samble.
Li cloistres estoit lors de fin malbres ouvrés,
Par le feu fut gasté, jamais n'iert recouvrés ⁴.

Or avint que les roiches ⁵ qui de hault trabuchièrent
Le tombel du saint conte Girart ung ⁶ poul quassièrent ⁷,
Et y out uns pertus ⁸ part d'une part ouvert ⁹,
Par c'om povoit véoir le corps à descouvert ¹⁰.
Li malade y venoient de touz sens à planté ¹¹
Qui anqui recevoient garisons et santé.
Uns foulz musars y vint qui se prist à mocquer
Et son chief à la tombe appoier, et quoquer ¹²,
Lay dedans regardast par grant présumpcion
Senz créance, senz foi et senz dévocion,
Et puis le trova l'on si com cognut pour tel
Qu'il estoit enlaciés de grant pecchié mortel.
Quant il cuida véoir li corps saint ne vit goute ;
Li malvais esperis dedans son corps se boute,
Par trois jours le tormante si très crueusement
Que li signeur ¹³ en prient le saint piteusement ¹⁴.

---

¹ En son état précédent. — ² C'est-à-dire aux moines de l'abbaye.
³ Monnaie ayant cours à Châtillon et à Mussy, comme fiefs de l'évêque de Langres.
⁴ Il ne sera rétabli. — ⁵ Pierres. — ⁶ *I* pour *un* au mˢ.
⁷ *Un peu froissèrent.* (Copie de l'Arsenal.)
⁸ Un trou. — ⁹ Ouvert de part en part.
¹⁰ Même version dans le mˢ de Sens. — On lit dans la copie de l'Arsenal : *Por ce pouvait-on voir.*
¹¹ De tous côtés en foule. — ¹² Faire le moqueur.
¹³ Les moines de Pothières. — ¹⁴ Pieusement.

Et Dieu par sa prière et par sa velanté
Rendist au pecchéour son sens et sa santé.
Lors sonna on les cloiches, vienent de toutes places
Cil qui à Dieu premiers puis au saint rendent grâces :
Ainssin il faceoient tuit toute fois qu'an apert [1],
Y fasoit Diex miracles manifest et apert [2].

Des miracles Girart avés ung poul oï
Dont tuit cil du païs furent moult esjoï,
De Berte la duchesse vous en doi bien ung dire
Qui de novel avint et le fit on escrire.
Si com cil de Poutieres fut patrons en persone
Si en fut elle dame gardienne et matrone :
Au lous de Dieu [3] doit on ses sains magnifier
Et pour foi et créance és cuers multiplier.
Mes auctours [4] dist : Les biens ne devons nous pas taire
Que nous avons véus par certains exemplaire
De très digne mémoire au temps pape Alixandre
Qui sout bien sainte iglise gouverner et deffendre,
Phelippe filz Henri de bonne remambrance
Noblement gouvernant le royaume de France.
Et *Humbert* père abbé du saint lieu de Poutières
Qui si bien se pourta [5] en trestoutes menières,
Out [6] léans une femme qu'avoit nom *Engersens*,
Qu'estoit religieuse en touz biens conversens [7].
De fievres et de goutes estoit si tres enferme [8]
Que ne povoit aler ne venir en ce terme [9] ;

---

[1] Qu'il était évident. — [2] Ostensibles.
[3] A la louange de Dieu.
[4] Le ms latin.
[5] Se comporta.
[6] Il y eut du temps de Philippe, etc. — [7] Du latin *convertens*, s'adonnant à toutes sortes de biens.
[8] Infirme. — [9] En ce temps.

Jamais de lieu en autre n'alast ne ne venist,
S'a deux poures potances ¹ son corps ne soustenist.
En celle imfirmité dura ² moult longuement,
Mas tous les jours aloit orer dévotement
Ou tombeaul sainte Berte, quar bien le licu savoit
Et de trestout son cuer grant fiance y avoit.
Lay estoit coustumiere de gésir ³ tout le jor,
En plorant li prioit senz cesser senz sejor ⁴.
Qu'anvers le roi des rois li impetrast santé,
Se faire le doignoist par bonne velanté.

Uns soirs fut qu'an son lit ne dormoit pas forment,
Que ceste vision li avint en dorment,
Qu'elle vit la duchesse en très grant noble atour
Pour li faire prière à Dieu le créatour,
Pour li donner santé, mas ne le vouloit mie
Senz sa tres douce mère vierge sainte Marie.
Lors véoit sainte Berte prier la sainte mère
Qui fut file son filz et si porta son père ⁵,
Qu'elle en doignast son filz et son père prier,
Si com il la vouloit en ce glorifier.
Lors vit ⁶ la douce dame qu'est de pitié roïne
Devant les piés son filz estre supple et encline ⁷.
Li doubz rois débonaires l'en leva par la main
Et l'assit à sa dextre ou regne et soir et main,
Comme filz obéist, com père commanda
Qu'à sa velanté feust ce qu'elle demanda.

---

¹ Béquilles. — ² Demeura.
³ Demeurer, ou plutôt être gisante.
⁴ Sans repos.
⁵ Qui fut fille de son fils et engendra son père.
⁶ Alors elle voit.
⁷ Agenouillée, suppliante.

Lors vint à celle femme, si com il li sambloit,
Qui toute de paour et de joïe trambloit.
« Va, dit elle, au sepulcre de Berte la duchesse,
De li rendre grans graces ne fine ne ne cesse,
Pour ce qu'est ta santé, saiches, par li venant.
Lieve toi toute saine et si va maintenant. »
Ha! com très biau miracle et de mémore digne!
Ha com beaul exemplaire et très louable signe,
Quant celle qui langui havoit si longuement
En ung seul moment fut garïe doucement,
Et se leva tantost et ala à l'iglise
Senz ce que sui baston li féissent servise.
Mas quant elle vint là les portes trouva fermes,
Quar de soner matines n'estoit pas encor termes.
Elle fiert et refiert forment par tel menière
C'uns moignes se leva pour véoir qui ce ière [1].

Li secretains [2] se liève et li oevre la porte,
Bien scet c'est Engiersens la boiteuse, la torte [3] :
Il fut touz esbaïs quant il vit tel couvaine [4],
Qu'elle aloit senz potances trestoute droite et saine!
Elle li ha conté toute sa vision
Et il l'an crut très bien par démonstracion.
Elle entra en l'iglise, à la tombe courri
Bien samble que n'ait mie le cuer vain ne pourri,
Ne le corps tormenté de fièvres ne de goutes :
Quar ses grans maladies furent sanées toutes [5]
Premiers rent à Dieu graces et puis à sainte Berte
Quant li a fait miracle et ovre si aperte,

---

[1] C'était. — [2] Le sacristain. — [3] Tordue.
[4] Pour *couvine*, état, disposition, manière d'être.
[5] Guéries toutes.

Li frere se levarent et font soner les cloiches :
Tuit y viennent du lieu et d'entour des paroiches.
Celle conte le fait à touz en audiance
Et tuit en loüent Dieu de toute leur puissance.
Te Deum laudamus et tout chant de liesse
L'abbés et le convent chantent en grant autesse [1].
Par Dieu vez cy miracle de très grant excellance,
Bien doit on a tex saints honour et révérance !
Il chantent tuit et plorent par grant compuncion
Et rendent à Dieu graces par grant dévocion.
Biaux très doulz Jhesus Chris, telx ovres de pitié
Viennent de vostre grace et de vostre amitié,
Qui Lazar suscitastes tout mort de quatre jours,
Tout vif le commendastes lever senz nul séjour,
Et celle pouvre fame donates garison
Par les mérites Berte et sa sainte orison,
Et tant doignastes faire biau miracle sovant
Es prières d'aux doux [2] en vostre saint convent !
Vous soiés aourés [3] triples en unité,
Loués et honorés simples en trinité !

Apres cestui miracle de ceste sainte dame
Vous en dirai un autre, lequel je croi par m'ame [4]
Je l'ai, pour voir, trouvé dedans un ancien livre,
Et par ce le romans du latin vous delivre [5].
Ung grans proudons estoit secretains [6] de Poutières,
Dieu nuit et jour servoit en dévotes prières ;

---

[1] A pleine voix.
[2] D'eux, deux c'est-à-dire Girart et Berthe. — [3] Adoré.
[4] Mon ame.
[5] D'après ce qu'on vient de lire, ce serait du roman en vers, et non plus du manuscrit latin, que notre poète aurait tiré le récit qui va suivre.
[6] Sacristain.

Cilz gisoit au mostier et si vestoit la haire,
Voulans estoit, com Noex [1], de pénitence faire,
Au tombeaul [2] sainte Berte faisoit ses orisons
Et de nuit et de jour ainssin com nous lisons.
Or avint une nuit, que cilz proudons oroit
Au tombeaul sainte Berte, lai ses pecchiés ploroit
Et sentit une odour sur toutes délictable,
Et vit par le mostier clarté marevoillable
Entrer parmi les portes qui estoient toutes fermes;
Lors se prist au plorer cil proudons chaudes lermes,
Quant voit de saintes ames très noble compaignie
Blainces [3] devant l'autel chantant grant mélodie.
Nostre Signeur louoient moult mélodieusement :
Lor chanz lor mélodies oioit cil clérement [4].
Il voit après venir une dame céleste,
Dui ange la tenoient à dextre et à sénestre;
Cele fut à service que les autres féirent
Et devant les autelz ou les autres venirent.
Au partir des autelz en chantant la suiguoient [5]
Toutes les autres dames [6] et li dui la menoient
Au tombeaul sainte Berte ou estoit cilz sains moine
Qui lor très grant clarté pout regarder à poine [7].
Quant cil l'aperçéurent qui menoient cele dame
Et voient icil proudons hout corps humain et ame,
A la dame demandent tantost moult humblement
Qui est cil qui nous voit si très apertement :

---

[1] Au temps de Noël. — Le sens de la copie de l'Arsenal est tout à fait différent; voici la variante :
  Blancs estoit comme noix de pénitence faire.
c'est-à-dire : il était blanc comme neige à force de faire pénitence.
[2] On lit *tombliaul* au mᵘ de Sens. — [3] Blanches.
[4] Le mot *clérement* est écrit de même dans le mˢ de Sens.
[5] *Segoient.* (Sens.) — On lit *ames* dans la copie de l'Arsenal.
[7] Avec peine.

« Nostre est cil, dit la dame, Diex benéir le vuille; »
Et li proudons respont : « Dame, que ne me duille [1]
De par Dieu vous requier, dites moi qui vous estes.
— Berte, sui cui tu sers chascuns jours et és festes. »
Li proudons lui cuida ses devoz piés baisier,
Cele s'esvanüit [2], cil ne se pout taisier,
Ains cria : « Sainte Berte, parle à moi, en ton estre. »
En l'ore fut ou ciel avec le roi celestre.

Li proudons sout et vit iceste avision,
A matin la conta en sa religion [3].
Après ung poul de jours li proudons trespassa :
Nous créons sainte Berte des périlz le passa [4].
Bien la devons servir quant li ange la servent
Ou tout les saintes ames qu'en chantant li deservent.
Or li prions de cuer pour nous prières face
A Dieu qui nous oütroie [5] et s'amour et sa grace.

Ou lieu ou je trovai cest miracle devant
En trovai jou un autre nulz n'en vois decevant [6].
Quant dans [7] Girars et Berte orent fait les iglises
Ou l'on fait pour les morz et pour eulz les servises,
Tout pour l'amour de Dieu de leurs biens y donnèrent
Et de possessions grandement les fundèrent.
Ung reclus si estoit clous en son reclusaige [8],
De visions divines avoit sovant l'usaige ;
En pensant, fut ravis de paradis en gloire :
Uns anges li monstroit par démonstrance voire
Les lieux de paradis et de quoi il servoient,
C'estoit pour ceulz qui Dieu et s'amour deservoient.

---

[1] Afin que je ne m'afflige point.
[2] Disparut. — [3] En son monastère. — [4] Délivra.
[5] Pour qu'il nous accorde. — [6] Je ne trompe personne. — *Vois* pour *vais*.
[7] Sire. — [8] Enfermé dans son ermitage.

Entre les autres lieux vit deux liz [1] flamboyans
De très noble clarté devant ses yels voyans.
A l'ange demanda pour cui cil lit estoient,
Li anges respondit : « Pour deux qui deservoient
L'amour Nostre Signeur. » C'estoit Girars et Berte
Qui ces deux liz devoient avoir pour leur deserte.
Au vivant de ces deux, li reclus le céla [2],
Et quant il furent mort à touz le révéla.
Nous le devons bien croire par ce qu'oï avés
Et leurs faiz et leurs ovres or en droit [3] bien savès.
Uns hons devient bien sains à la fin de sa vie
Auxi tost com fait cil qui de premier s'avie [4];
Autant out cil d'argent qui vint tart en la vigne,
Com cil qui vint premiers, ce fut par droite ligne.
Diex ainssin le ligna [5], Diex ainssin l'ordonna,
Autant com le premier le darrier guierdonna [6].
Que cilz düi soient saint n'en vuilz à nul plaidier [7] :
Ainssin com je le croi, me vuille Diex aidier.

AMEN.

---

[1] Siéges.
[2] Le cacha, c'est-à-dire ne révéla pas son secret. — [3] Désormais.
[4] Qui tout d'abord se met dans le droit chemin.
[5] L'écrivit sur son livre. — [6] Récompensa le dernier.
[7] Contester.

Les pièces de vers qu'on va lire sont particulières au manuscrit de Savesterot. Elles sont de ce copiste ou de son temps, car on ne les trouve ni dans la copie du président Bouhier, ni dans celle de l'Arsenal.

CY ENSUIGUENT LES QUATRE COMPLEXIONS DES HOMMES.

SANGUIN.

Homme sanguin est débonaire
Atemprés [1] et de simple affaire,
En parler courtoix lies et sain,
Charnel, vermoil, en ses fais plain,
Benigne, saige, large, hardi [2].
De celuy lay plus ne vous di.

FLEUMATIQUE.

Trop est tardif le fleumatique
Et trop pensant à la pratique.
D'ordonance [3] est large et charnu,
Despendeur [4], honteux, tost chenu [5] :
De cestui saichiés vrayement
Qu'on le treve sovant dorment.

COLORIQUE.

Colorique est de nul engin [6]
Maigres et à maingier enclin,

---

[1] Ayant de l'ordre. — [2] Elision de l'e avec la lettre *h*, le contraire de l'aspiration.
[3] De complexion. — [4] Prodigue. — [5] Vieux. — [6] Génie.

Hardy, traïtes, orguilleux
Tost corrocent et engineux ¹
Et agüi en science male ².
De cestui point ne me régale.

MÉLANCOLIQUE.

Mélancolique est corrocent ³
Et à la fois est decevent ⁴
Et n'est pas sovant en santey
Ne en yver ne en estey,
Froit et mol, envieux et triste,
Eschas ⁵, dont point ne me delite ⁶.

ÉVITER QUATRE CHOUSES.

De quatre chouses Diex me garde :
De petit maingier qui trop tarde,
De char salée senz mostarde,
De toute femme qui se farde,
Et de vallet qui se regarde.

FUIR SEPT AUTRES CHOUSES.

Sept chouses sont ou monde dont il ne faut mestier ⁷ :
De prestre trop hardy, de couart chevalier,
De mire ⁸ trop piteux et de punais berbier ⁹,
De juge covoiteux, de roigneux boloingier ¹⁰,
De femme rioteuse ¹¹ : Diex leur doint encombrier ¹².

---

¹ Rusé.
² Subtil (aigu) en mauvaise science.
³ Se courrouce aisément. — ⁴ Trompeur.
⁵ Chiche. — ⁶ Qui ne me plaît point. — ⁷ Besoin, — ⁸ Médecin.
⁹ Puant barbier. — ¹⁰ Boulanger galeux. — ¹¹ Querelleuse.
¹² Que Dieu leur donne encombre, — qu'ils ne m'approchent pas.

CY S'ENSUIGUENT
LES SEPT VERTUS QUI PARLENT ÉS SEPT PECCHIÉS MORTELX.

SAINT MICHEL PARLE A OURGUEUL.

Puant, charonne abhominable
Plus soffrerés [1] que le Déable,
La corone qu'est sur ton chief
Signifie les sept pecchiés.

HUMILITÉ.

Orgueul il te faut trabuchier [2] :
Riens ne t'y vault li affichier [3],
Que le paons de ton escu
Tout reluisant ne t'ait vaincu.

ORGUEUL.

Je surmonte trestout le monde
Tant com il dure à la réonde ;
Mas tu, qui pourtes le chamoy,
M'as desconfi se poyse moy.

CHASTETEY.

Luxure cuer d'iniquitey,
Morir te faut en grant viltey :
Tu avec ton père et mochon [4]
Estes ploins d'ordure à foison.

---

[1] Qui sent plus le soufre, le feu d'enfer.
[2] Détruire. — [3] L'ostentation.
[4] Du latin *mœcha*, et ta femme.

LUXURE RESPONT : (Luxure parle à Chasteté.)

 Qui es tu donc qui es si blans
Que nulz hons n'est à toy semblans?
Ta vertus et ta flour de lis
M'ont getié de mes grans delis [1].

VERTU DE FORCE.

 Paresce, cuer de négligence,
Bien t'a assemey [2] ta vaillance.
A ton hiame [3] pert il moult bien
Pareiseux ès de faire bien.

PARESCE RESPONT.

 Dame qui pourtés le griffon
Et en vostre escu est le lyon,
Tout ce force bien signifie :
Abatu m'avés par maistrie [4].

CHARITÉ PARLE A ENVIE.

 Tu as le cuer si ploin d'envie,
Tout pecchié si fort te maistrie
Que tu n'as pitié de nul homme ;
En doleur morras, c'est la somme.

ENVIE.

 Dame qu'estes si chéritable
Bien resemblés ung conétable,
De doner estes bien apris,
De doner n'ay ne lous ne pris [5].

---

[1] Délices. — [2] Orné ; on disait plutôt *acesmé*. — [3] Ou *hiaume* casque.
[4] Supériorité.
[5] Ni louanges ni prix.

SOBRIETEY.

Sobrietey fait il bon faire,
Quar l'on ne scet qu'on *a afère*.
A loup qui est en ton escu,
Pert il bien commant as vescu.

GLOTONIE.

Chastoye toy, tant qu'il te plait,
Mas je feray ung autre plait :
Boire, maingier est mes solas,
Ne say se j'en diray hélas!

LARGESCE.

Je vuilz doner à mes amis
De l'avoir que Diex m'a tramis :
Corps qui est sers à son avoir [1]
Pais ne repoux ne peut avoir.

AVARICE RESPONT.

Tu as donney par ton savoir;
Mas j'ame tant le mien avoir
Que s'ung [2] seul denier en ostoye
Tout mon temps en doleur vivroye.

PACIENCE PARLE.

Ire, corroux et mal talant [3]
Est chouse dont je n'ay talant,
Soy corrocier est vilonie,
Ointier [4] m'en vuilz toute ma vie.

---

[1] Qui est sous la servitude de ce qu'il possède.
[2] Si un.
[3] Mauvaise volonté.
[4] Avoir honte.

IRE RESPONT.

De corroux ne me puis retraire [1],
Plus que femme de son douaire;
Corroux me plait: ainssin m'atour [2]
En pene vit et en dolour.

ANTECRIST EST LAY TOUT ESBAÏS.

Ces gens forment [3] si me guerroient,
Par leurs vertus mes gens maistroient [4],
Il convertiront tout le monde :
Déaubles d'enfer les confonde.

SAINT MICHIEL PARLE.

Antecrist puant, orguilleux,
Charnelx, mondains, delicieux [5],
Tousjours cuides estre vivant,
Morir te faut mavesement.

LA PATENOSTRE SAINT JULIEN.

—

Biaux tres doulz sire saint Juliens
Je te requier à jointes mains
Que nous soyens bien seurement
Receus et véus l'iement,
Couchiés et péus [6] nettement
    Par ta prière.

---

[1] Empêcher. — [2] Mon entourage. — [3] Fortement. — [4] Dominent.
[5] Adonné aux délices. — [6] Repus.

Et de nostre hoste bone chière,
Des servans, de la chambelière
  Et de l'ostesse,
Bone vïande leccheresse [1],
Bon vin digne pour chanter messe
  Net fort et franc,
Fin, fref [2], fervant [3] et fremiant [4]
Et qu'il soit bon. En sousriant
  Riens ne nous faille.

Blainche nappe, blainche touaille [5].
Bon pain légier et fresche paille
  Pour nos liz faire.
Nos chevalx aïent bon repaire,
Bon foign menu qui soüef flaire [6]
Chaude estable, bone rivière,
Et si haïent bone laitière [7]
Haute devant, basse derrière,
Et si hayens planté d'avoir [8]
Nulz n'ait envi de nostre avoir [9].

---

[1] Friande. — [2] Frais.
[3] Chaleureux. — [4] Frémissant. — [5] Serviette.
[6] Qui sente bon.
[7] Litière. — [8] Abondance de biens.
[9] Il y avait encore quelques vers, mais si tronqués et si incomplets que nous les croyons d'une main inhabile.

REMARQUE.

Pour que rien ne manque aux leçons diverses que nous avons présentées dans les notes accompagnant le texte du poème, il est essentiel de signaler ici quelques incorrections du copiste.

Ainsi, page 6, *au lieu de cette moitié du vers* 90e : qui dist Charles Martiaux, *lisez :* qui dès Charles Martiaux.

P. 7, v. 110, *au lieu de* Charles, *lisez* Charle.

P. 8, v. 127, *au lieu de* grand, *lisez* grant.

P. 21, v. 421, *au lieu de* conseiJ, *lisez* consoil.

P. 28, v. 605, *au lieu de* bourguoignons, *lisez* bourgoignons.
Même observation p. 31.

P. 32, note 3, *au lieu de* m'y hons, *lisez* my *ou* mi hons.

P. 43, v. 916, *au lieu de* petir, *lisez* petiz.

P. 45, v. 973, *supprimez l'*s *dans* bourgoignons.

P. 57, v. 1246, *au lieu de* à Diex, *lisez* à Dieu.

P. 58, v. 1257, *au lieu de* suffrir, *lisez* souffrir.

P. 58, v. 1271, *au lieu de* puot, *lisez* pout.

P. 66, v. 1459, *au lieu de* fouls, *lisez* foul.

P. 84, v. 1878, *au lieu de* l'aidengent, *lisez* laidengent.

P. 160, v. 3759, *au lieu de* banc, *lisez* ban.
Même observation p. 199.

P. 162, v. 3795, *supprimez l'*s *dans* plusieurs.
Même observation p. 180 et 265.

P. 163, v. 3838, *au lieu de* Dieu, *lisez* Diex.

P. 164, v. 3855, *au lieu de* François, *lisez* Franceois.
Même observation p. 168 et 195.

P. 249, v. 5997, *au lieu de* couvent, *lisez* convent.

P. 253, v. 6117, *au lieu de* hoires, *lisez* haires.

P. 270, v. 6554, *mettez une virgule au lieu d'un point.*

DU ROLE RÉEL
DE
GERARD DE ROUSSILLON
DANS L'HISTOIRE DU IXe SIÈCLE
ET
EXPOSÉ DE CETTE HISTOIRE

Notamment en ce qui concerne les pays bourguignons.

> Les hommes n'obtiennent guère tant de renommée dans les fictions populaires, sans en avoir beaucoup dans l'histoire. (FAURIEL, *Histoire de la Gaule méridionale.*)

La première pensée qui s'offre quand on étudie un point reculé de notre histoire, c'est la délimitation des lieux; mais cette pensée est souvent desespérante parce que la géographie du moyen âge est remplie d'incertitude. Toutefois les travaux concernant la carte des divers royaumes de Bourgogne ne manquent pas, et, se laissât-on diriger par le judicieux résumé critique de M. Roget de Belloguet[2], on aurait déjà de satisfaisantes solutions.

---

[1] C'est ainsi qu'on a généralement francisé, et à tort, le nom du *Girart de Rossillon*, de notre poème et d'autres chansons de geste. Si nous nous conformons à cet usage, ce ne sera pas du moins sans hésiter ni sans protester contre cette manière de défigurer le véritable nom historique du personnage et du lieu où il a vécu.

[2] Carte du premier royaume de Bourgogne, par M. le baron Roget de Belloguet; Dijon, Frantin, 1848.

La Bourgogne, avant d'en être réduite à ses étroites limites actuelles, avait une étendue non moins grande que celle de la France d'aujourd'hui ; mais nous n'avons pas affaire ici au royaume de Gontran : c'est la Bourgogne du IX° siècle qui va nous occuper, et nous devrons poursuivre ses phases réelles parmi les éphémérides du règne de Louis-le-Débonnaire.

Dans les morcellements réitérés[1] que ce prince fit de l'empire légué à ses faibles mains par Charlemagne, il agissait avec l'unique intention de complaire à Judith de Bavière, sa deuxième femme : car le désir de faire apanager son fils Charles[2] aux dépens des frères consanguins de ce dernier ne laissait à cette reine astucieuse ni trêve ni repos. Son ambition était si effrénée et son royal époux si peu sage que l'empire chancela sur ses bases ; le souverain joua sa couronne, sacrifia sa dignité et plaça ses autres fils, par une série de faits iniques, entre toutes sortes d'alternatives de politique, d'amour-propre, d'intérêt et de devoirs.

En effet, Louis-le-Débonnaire voulut en 829 modifier, en faveur du fils qui lui était né de Judith, un premier partage fait entre ses autres fils en 817 : il démembra donc, pour lui disposer un lot, les provinces qu'il leur avait d'abord données en apanage. On connaît la révolte de ses fils, sa première déchéance, la honte de Judith séquestrée dans un monastère près de Poitiers et enfin le rétablissement du

---

[1] 829, 833, 837.
[2] Depuis Charles-le-Chauve.

roi sur le trône. Toutes ces vicissitudes n'avaient fait qu'aigrir l'orgueilleuse Judith et son faible époux ; car, princes ou sujets, les hommes pardonnent peu l'humiliation ou l'indulgence : aussi en 833, dans un nouveau partage frustratoire pour ses frères aînés, le jeune Charles se vit investir de la Bourgogne transjurane[1], arrachée à Lothaire, et de l'Aquitaine[2], dont Pépin fut tout à coup dépouillé. Cette fois la conclusion devint plus triste encore : les sujets de Louis l'abandonnèrent, il fut de nouveau déposé et rien ne peut égaler la dégradation profonde où il descendit. On se demande comment il put redevenir roi ? Plusieurs choses l'expliquent : le prestige de la souveraineté, confondu dans ces temps plus austères avec la personne même du souverain; la commisération pour une grande infortune, et les sentiments de piété filiale qui ont parlé plus haut au fond du cœur de ses fils qu'on ne l'a trop généralement pensé.

Enfin dans une diète tenue en 837 à Aix-la-Chapelle, un troisième partage eut lieu : on assigna au fils de Judith, la Frise, pays entre la Meuse et la Seine. Le véridique historien Nithard nous fait connaître ces faits[3] qui jettent beaucoup de clarté sur les délimitations de la Bourgogne d'alors. On voit en effet que les nouvelles possessions de Charles dans ce pays comprenaient notamment les deux Bar, Brienne, Troyes,

---

[1] Bale, Soleure, Sion, Genève, Lausanne, etc.
[2] Bourges, Poitiers, Limoges, Clermont, Toulouse, etc.
[3] Caroli Magni nepotis historiæ ; cap. vi, anno. 837.

Auxerre et Sens. D. Bouquet ajoute qu'il s'agit ici de Bar-sur-Aube et de Bar-sur-Seine, et non point de Bar-le-Duc non encore existant[1]. M. de Belloguet a fait avec raison remarquer qu'Aimoin (IV, 15) est d'accord avec Nithard en parlant de Troyes de cette époque comme d'une ville de Bourgogne[2]. Lothaire et Louis murmurèrent de ce partage[3], car il entamait encore une partie de leurs possessions respectives; mais ils dissimulèrent parce qu'ils virent la plupart des seigneurs, fatigués de tant de dissidences, donner les mains à cette nouvelle transaction[4].

La mort de Pépin Ier, roi d'Aquitaine et troisième fils de Louis-le-Débonnaire, vint tout remettre en question dès l'année suivante. Le jeune Pépin, successeur du roi défunt, fut dépouillé de ses droits sous prétexte d'incapacité, et une assemblée tenue à Kiersi déclara Charles, fils de Judith, roi d'Aquitaine. Lothaire alors cessa de dissimuler, et, avec des forces qui s'accrurent sur son passage, tant il y avait de haines amassées de toutes parts, il s'avança vers Fontenai contre ses deux frères Louis de Bavière, et Charles devenu roi de France. Du choc de deux puissantes armées (841),

---

[1] Voici le passage de *Nithard* : Et de Burgundia utrosque Barrenses (Barrensis pagi sic dicti a Barro ad Sequanam et a Barro ad Albam, quum Barrum Ducis (Bar-le-Duc) ut notat Valesius ætate Nithardi nondum ædificatum fuerit), Brionensem (nunc Brienna), Tricassinum, Autissiodorensem, Senonicum, etc.

[2] Questions Bourguignonnes, page 205, note 1.—Voici les propres mots de l'historien Aimoin : « *Pagus Tricassinus olim erat in Burgundia.* »

[3] Graviter ferebant... callide dissimulantes (Nith, c. 6).

[4] Ib., ib.

jaillirent des flots de sang qui cimentèrent enfin un partage définitif entre les rois rivaux réunis à Verdun-sur-Meuse en 843. La portion échue à Charles-le-Chauve fut limitée à l'est par trois fleuves : la Meuse, la Saône et le Rhône, formant comme une barrière continue du nord au sud, et renfermant entre ces imposants cours d'eau et l'Océan, la Neustrie, la Bretagne, le royaume de Paris, l'Aquitaine et la Navarre : c'était la France actuelle, et, de plus les pays placés entre les Pyrénées et l'Ebre, grand fleuve qui traverse tout le diamètre nord de l'Espagne. Au moyen de cette division fondée sur les bornes posées par la nature, la Bourgogne se trouvait scindée : la partie inférieure ou Basse-Bourgogne[1] devenait irrévocablement le lot de Charles-le-Chauve, tandis que la Bourgogne *cisjurane*[2] entrait dans celui de Lothaire[3] avec la Bourgogne *transjurane*[4] dont il fit, avec les importantes villes de Lyon, Vienne, Arles et Aix, *le royaume de Provence* pour apanager son plus jeune fils Charles. Lothaire, avec le titre d'empereur, posséda en outre l'Italie et les provinces comprises entre la Meuse et le Rhin appelées alors, du nom de son souverain, la *Lotharingie*, et depuis, la *Lorraine*.

Louis dut le nom de Germanique à ses possessions comprises entre le Rhin à l'ouest, la Drave au sud,

---

[1] Devenue depuis le duché de Bourgogne.
[2] Devenue depuis la Franche-Comté.
[3] C'est pour cela qu'on nomma longtemps la Franche-Comté, terre d'empire, et le duché de Bourgogne, terre de roi.
[4] Partie de la Suisse occidentale jusqu'à la rivière de Reuss.

l'Elbe, la Saal et une partie du cours du Danube, à l'est.

Que pouvait-il y avoir de durable dans les partages précédents où l'on n'avait consulté ni les mœurs, ni la nationalité, ni les limites naturelles que Dieu semble avoir tracées aux nations par les grands cours d'eau et par la chaîne des monts? Aussi, du célèbre traité de Verdun conforme à ces principes, sortirent enfin trois grands empires : ceux de France, d'Allemagne et d'Italie, et trois langues dont chacune engendra une littérature immortelle et une ère civilisatrice dont le IXe siècle, époque de transition universelle, a été l'aurore.

Plus tard, Charles-le-Chauve, le plus puissant des trois souverains dont on vient de parler, eut beau mettre en œuvre tous les manèges d'une ambition effrénée, il ne put porter atteinte aux bases de la politique dont il avait contribué lui-même à affermir la solidité. Il est vrai de dire qu'il rencontra sur sa route un vigoureux antagoniste : ce fut *Gérard de Rossillon*[1]. La Bourgogne, par son importante position

---

[1] *Girart, Gérard* ou *Gherard* paraît bien être un de ces surnoms glorieux comme les nations Germaniques en conféraient à leurs plus intrépides guerriers. En effet, ce surnom, dont le sens est *très-brave*, aurait prévalu depuis un temps immémorial sur le nom de famille de notre héros, puisque son père, d'origine Germanique, s'appelait *Luithard* ou *Luithaire*, comme nous le verrons ultérieurement. Dunod (*Histoire des Séquanais*, p. 226), dit : « Les noms des princes Bourguignons étaient composés et désignaient les qualités particulières à ceux qui les portaient. » S'il faut en croire les étymologistes, il y en qui prétendent que *gher-hard* veut dire tout à fait brave; mais la traduction littérale est : *fort par les armes;* car le mot tudesque *gewehr* signifie armes, et *hart* signifie fort.

sur la frontière des Franks, fut toujours le champ de bataille de ces graves démêlés d'où sont issues ces fortes races d'hommes qui, à la faveur du régime féodal né de ces temps, ressaisirent l'indépendance de ce beau pays et l'arrachèrent à la domination des Franks sous laquelle elle ne rentra que par l'astuce de Louis XI.

La première fois qu'il soit question dans les historiens du IXe siècle du personnage de Gérard de Rossillon, c'est à l'époque de l'assemblée d'Aix-la-Chapelle, en 837 Alors, à l'instigation de la reine Judith, Louis-le-Débonnaire donnait au jeune Charles son dernier fils, presque tout le territoire de France y compris Paris et la Basse-Bourgogne, comme il a été dit plus haut. On voit par les termes de la charte de donation reproduite par Nithard, que ces provinces étaient alors divisées en comtés[1]. Selon le même historien, tous les comtes et les plus éminents personnages de ces contrées prêtèrent serment à leur jeune et nouveau suzerain. Nithard nomme les principaux et, entre autres, Hilduin, abbé de Saint-Denis, et Gérard, comte de Paris[2].

La chronique de saint Denis met au rang des comtes qui favorisaient Charles un autre *Gérard, comte*

---

[1] Omnes videlicet episcopatus, abbatias, *comitatus*, fiscos, et omnia infra prædictos fines consistentia, cum omnibus ad se pertinentibus, in quacumque regione consistebant, etc.
(Nithard, cap. VI, anno 837).
[2] Hilduinus autem abbas ecclesiæ Sancti Dionysii et *Gerardus* comes Parisiacus civitatis, cæterique omnes prædictos fines inhabitantes convenerunt, fidemque sacramento Karolo firmaverunt.
(Ib., ib.)

d'Auvergne, gendre de Pépin, roi d'Aquitaine[1]. Il faut nous habituer dès ce moment à ne pas confondre les deux personnages. « Gérard de Rossillon, pour me servir des expressions mêmes d'un judicieux écrivain, ressemblait plus à un roi qu'à un vassal ; son père était originaire de la Bourgogne et des environs de Châtillon-sur-Seine où nous trouvons le fils en possession d'un vaste héritage[2]. » Il s'était, dit Albéric, attiré l'affection de Louis-le-Débonnaire par sa fidélité dans les jours d'angoisse de ce malheureux prince, et comme il avait été le principal auteur de la réconciliation du roi avec ses fils, il avait reçu en 834 le gouvernement du comté de Paris en récompense de ses services[3]. Le comte Gérard était donc doublement astreint au serment qu'il venait de prêter au fils de Judith et de Louis-le-Débonnaire, c'est-à-dire comme vassal à cause de la nouvelle dignité de

---

[1] Gerardus, Arvernorum comes gener Pippini Aquitaniæ regis, favebat Carolo Ludovici Pii filio (*Chron. de Saint-Denis*, ch. LXI). — D. Bouquet. p. 122, c.; Ademar, Cab. 160; Astronome, 317; D. Vaissette, t. I, 518, disent que ce Gerard, comte d'Auvergne, et Rathaire ou Rathier (Ratherius), comte de Limoges, tous deux gendres de Pepin, ont été tués à la bataille de Fontenai.

[2] M. Alfred de Terrebasse (*Histoire des deux Bourgognes*) émet ainsi sa pensée sur la filiation de Gérard. Nous commençons par cette citation la série des opinions que nous allons produire. Quant aux domaines de Gérard, en Bourgogne, il possédait, entr'autres, ceux situés au *pagus Latiscensis*, disent plusieurs autorités et entr'autres Jacques de Guise (*Histoire du Hainault*, t. VIII, ch. L.), et le manuscrit latin de l'abbaye de Pothières, avec ces expressions textuelles : *patrio jure possidebat*, plusieurs fois citées dans les notes historiques de Delamothe, sur le pays Châtillonnais. L'on voit au vers 93 de notre poème toute la confiance que méritait ce manuscrit.

[3] Alberici monachi trium fontium Chronicon sub anno 834.

comte de Paris qui venait de lui être conférée au nom du jeune prince sous la suzeraineté duquel allait se trouver désormais cette importante capitale, et encore en sa qualité de comte *du pays Lassois*,[1] placé dans l'apanage de ce même fils privilégié de Louis-le-Débonnaire.

Il est nécessaire de nous arrêter un instant aux lieux où a vécu notre héros. La montagne de Vix[2], au sommet de laquelle était la forteresse de Gérard, a eu plusieurs noms : celui de *Mont de la Croix* lui est com-

---

[1] Robert Joly, dans un mémoire manuscrit possédé par la bibliothèque publique de Châtillon, dit que dans les titres du IXe siècle, ce pays était non-seulement connu sous le nom de *pagus Latiscensis*, mais encore sous celui de *comitatus Rossilionis*. Ce savant n'a fait, au surplus, que répéter ce qu'il a pu voir dans la Chronique de Vézelay, où il est dit qu'on trouve dans les chartes : *pagus Latiscensis* aussi bien que *comitatus Rossilionis*. On voit dans la collection Delamarre, à la bibliothèque impériale (t. II, p. 109), que le *pagus Latiscensis* est aussi nommé, dans les Capitulaires de Charlemagne, *comitatus Girardi*. Or, cette assertion de Vignier se trouve justifiée dans l'Essai sur le système des divisions territoriales de Guérard ; car on y lit, dans l'énumération des légations ou missives de l'an 853, ce qui suit : Missaticum 4 : comitatus Berengarii, idem Engiscalchi; *comitatus Girardi*, idem Reginarii.
Cette dénomination de *comitatus Girardi*, et la qualité de *comte par la grâce de Dieu et la faveur du roi*, qualité que se donne Gérard dans le préambule de son testament reproduit par les meilleures autorités, comme la Chronique de Vézelay, le Spicilége, etc., témoignent que ce puissant seigneur possédait des biens considérables dans l'étendue du *pagus Latiscensis*, soit patrimoniaux (*patrio jure*), soit par suite de munificences royales, comme le reconnaissent les termes mêmes du testament, soit par des acquisitions, *comparata*, disent les chartes, pour distinguer les terres provenant d'achat.

[2] A 6 ou 8 kilomètres de Châtillon-sur-Seine (Côte d'Or); ou, comme disent les anciennes désignations, entre Mussy et Chasteillon-sur-Saigne.

mun avec un grand nombre de lieux élevés où les premiers chrétiens, à mesure qu'ils faisaient des progrès dans les Gaules, plantaient le signe de la rédemption. La désignation de *Montagne Saint-Marcel* date du temps où une petite chapelle de ce nom y a été fondée. Il ne reste plus, au sommet de ce mont renommé et dans une sorte d'anse abritée du Nord, près de vestiges nombreux d'antiques démolitions[1], il ne reste plus, disons-nous, que la petite église de Saint-Marcel, destinée à desservir deux communes limitrophes. Elle est bien ancienne : car, en 1110, Béatrix de Bourgogne, sœur de Robert, évêque de Langres, et femme du sire de Vignory, en faisait donation à l'abbaye de Molesme, au grand déplaisir des abbés et religieux de Pothières[2]. Elle a dû nécessairement subir diverses modifications depuis son origine jusqu'à nos jours. La dédicace en l'honneur de saint Marcel annonce l'antiquité du petit sanctuaire : on sait que le roi Gontran avait une dévotion toute spéciale pour ce saint ; car il avait fondé une abbaye au lieu même où ce noble martyr avait reçu sa couronne de gloire, près de Chalon-sur-Saône, vers la fin du IIe siècle de notre ère. Le Saint-Marcel de Gontran a donc été de bonne heure très-populaire en Bourgogne, et il est

---

[1] *In loco ubi arcis ruinæ sunt*, dit le président Bégat (Commentarii rerum Burgund.)

« Si quidem vestigia murorum et parietum testantur, patet magnam et fortem hominum habitationem ibi fuisse. » (Passage du manuscrit latin de l'abb. de Pothières, rapporté par Delamothe.)

[2] Manuscrit Delamothe.

de la plus grande vraisemblance que l'église actuelle occupe l'emplacement de la chapelle du château de Gérard et qu'elle était elle-même placée sous l'invocation de saint Marcel[1]. Les noms les plus anciens et les plus patronimiques du lieu dont il s'agit sont : *Rossillon*[2], *Lassois*[3], ou simplement la Montagne, d'où

---

[1] On lit, en effet, dans notre poème, que la chapelle du château de Gérard possédait, entre autres reliques, l'épée de saint Marcel.
On y puet bien veoir l'espée saint Marcel. (Vers 544).

[2] Le même poème (p. 25) s'évertue à trouver plusieurs étymologies du nom de *Roussillon;* et Vignier lui-même (coll. Delamare, II, 109) se perd dans cette recherche. Toutefois, il paraît, d'après plusieurs autorités et d'après Vignier lui-même, que ce nom s'appliquait à divers lieux fortifiés, soit en Provence, soit vers les Pyrénées, soit dans le Nivernais, etc. — (Voir coll. Delamare, II, 109). Toutefois, c'est *Rossillon* et non pas Roussillion, qu'il faut dire. L'usage a amené la confusion qu'on a faite de ces deux mots. (Voir notre poème, p. 25.)

[3] On a donné toutes sortes de noms à une ville ruinée dont l'emplacement était sur la colline de *Vertaut*, à 14 ou 16 kilomètres de là, et que Lebeuf classait parmi les villes de second ordre. Nous en avons décrit nous-même avec le plus grand soin, dans les Mémoires de la Société archéologique de la Côte-d'Or, le remarquable établissement thermal.
Delamothe et Robert Joly, l'un et l'autre zélés investigateurs de tout ce qui touchait à l'histoire du Châtillonnais, leur pays natal, pensaient que cette ville, nommée à l'époque gallo-romaine *Lantz* ou *Latz ad Lagnim* (et fort improprement désignée aujourd'hui sous le nom de Landunum), fut le premier chef-lieu du *pagus Laticensis*, et qu'après sa destruction par les barbares, *Latiscum*, autre ville rappelant le nom de la première et occupant le plateau du mont Saint-Marcel ou de Rossillon, fut le second chef-lieu du même *pagus*. Robert Joly appelle encore cette ville *Latscum* et même *Laussuinum*, d'où l'on a fait, depuis, le *Lassois* et même le *Laussois*, afin de se conformer, ajoute Robert Joly, au *pouillé* du diocèse de Langres, dont le *Laussois* était un des neuf archidiaconats. (Notre poème dit aussi : La monteigne de Laussois (Voir p. 17, v. 332.) Après la destruction de *Latiscum*, la ville de Châtillon, héritière des prérogatives de cette dernière, devint le troisième siège de la mouvance féodale du *pagus Latiscensis*.
Cette opinion a beaucoup de valeur, et elle est diamétralement

est venu à cette contrée le nom de *pays de la Montagne*[1].

On ne peut savoir au juste à quelle époque ni à quel titre les auteurs de Gérard ou la noble famille alliée à lui prirent possession de la contrée, mais quel qu'en fût le possesseur au IX° siècle, il trouva à cette époque la ville de Latiscum fondée et la forteresse établie au haut du mont[2]; car il fallait alors faire face à de continuelles irruptions, et les voies romaines qui sillonnent la contrée entre Châtillon et le mont Lassois révèlent suffisamment l'importance de ces deux positions. D'ailleurs et comme meilleure preuve, *Latiscum* était, dès le commencement du VII° siècle, le chef-lieu de cette contrée, puisque,

---

opposée à celle que nous exposions, d'après Walkenaër et d'autres géographes, dans une question litigieuse que nous avons eu plutôt la pensée d'étudier que la prétention de trancher, soit dans les Mémoires de la Société archéologique de la Côte-d'Or, soit dans une discussion au Congrès scientifique de France tenu à Dijon en 1854. La seule chose qui ait pu nous faire hésiter, et sans doute aussi les respectables autorités citées par nous, c'est la difficulté de prouver que la ville ruinée de *Latz ad Lagnim*, qui n'existait plus longtemps avant la création des archidiaconats, ait fait partie du diocèse de Langres. On aurait grand tort de penser que nous ne préférions pas la vérité et la bonne foi à tout l'éclat d'une discussion.

[1] Cette simple dénomination *de Montagne* et celle de *pays de la Montagne*, ont été plus particulièrement employées à l'époque des bailliages.

[2] S'il faut en croire un passage de notre chronique en vers, la forteresse de Roussillon était même démantelée quand Gérard en prit possession; mais il la répara et ajouta son nom au propre nom du lieu.

> Après assés de temps au duc Girart eschut
> Li païs li chastiaus ; mas avant fut refais
> Non pas si biaux si fors com quant il fut deffais.
> Deis enqui cilz chastiaus fut Rossillon nommés
> Et delai prist sou nom *Girars* li renommés.
>
> (P. 24, v. 508 et suiv.)

en 632, un certain Ermembertus et Epmenoura, sa femme, donnaient à l'abbaye Saint-Bénigne de Dijon plusieurs bourgs situés dans le pays du Lassois[1]. Le premier abbé de Flavigny, Varé ou Waren, dans son testament de l'an 721, enrichit l'abbaye de Sainte-Reine, qui fut peu après réunie à celle de Flavigny, de plusieurs biens, entre autres de trois terres situées au même pays du Lassois[2], dans lequel, selon Héric, moine d'Auxerre, il faut aussi comprendre le bourg de Larrey[3]. Une charte de l'an 885, trouvée aux archives de l'évêché de Langres par Delamothe, place *Montigny* et *Gevrolles* dans le même ressort, et une autre charte de l'an 879 y met encore Lenty[4]. Suivant le nécrologue d'Auxerre cité par Lebeuf, saint Géran, le jour de son ordination comme évêque, en 910, donna aux chanoines la terre de Giey, alors dans le pays Lassois[5], aujourd'hui en Champagne. Le nécro-

---

[1] Masciacum, Posciacum, et Fontem Lagnis, *in pago Latiscensi*; par quoi il faut entendre Maisey, Poinsson (autrefois Poiçon) et Laignes. (Voir Pérard, p. 7, *Cartulaire de Saint-Bénigne*, mˢ Bouhier et D. Plancher, t. I, p. 11.)

[2] Villam Maurianam, Altam ripam, Baniolos *in pago Latiscensi*, c'est-à-dire Villemaurien, Ricey-Haute-Rive et Bagneux-la-Fosse, etc. (Id., ib.) Ces deux derniers villages sont, de plus, cités comme faisant partie du *pagus Latiscensis*, dans une charte de Leothaire et d'Ingoare, sœurs de saint Ebbon, archevêque de Sens au commencement du XIIIᵉ siècle. (Voir Lebeuf, *Dissert.*, t. I, p. 81.)

[3] *Larreium.* — Voir Heric, *de Miraculis Sancti Germani*, c. 40, livre écrit au IXᵉ siècle.

[4] *Lentinus.* — Boson, frère de Richard-le-Justicier, y possédait un château l'an 879, l'année où il rétablit la Bourgogne cisjurane, en prenant le titre de roi. (Voir mˢ Delamothe, p. 49 et 233.)

[5] *Histoire d'Auxerre*, t. I, p. 205 et 207.

logue de la cathédrale d'Autun range aussi ce bourg dans le même *pagus*[1].

Il y a un intérêt historique réel à étudier les variations de la carte de Bourgogne du V° au XIII° siècle, et particulièrement à rapprocher celle du bailliage de la *Montagne* de la carte du *pagus Latiscensis* du IX° au XIII° siècle : on verra que le comté de ce nom, et qui avait appartenu à Gérard, se trouve, à l'époque des bailliages[2], échancré de toutes parts par ceux de Sens, de Chaumont, de Troyes et de Langres. Le petit bailliage de Bar-sur-Seine[3] et le Tonnerrois, formés l'un et l'autre des morcellements du Lassois, avaient des bourgs où s'exerçaient trois justices : cela était particulièrement remarquable pour les villes devenues frontières comme les Riceys par exemple. Ainsi une portion de ces bourgs dépendait de la justice du roi, une autre de celle de l'évêque de Langres et une troisième de celle de l'évêque de Châlons-sur-Marne. Marguerite de Bourgogne, comtesse de Tonnerre, prit à tâche d'enrichir, vers 1275, son comté de plusieurs villes et chatellenies qui, par suite de ses

---

[1] Mabillon, ampl. coll., t. VI, col. 687.

[2] La plus ancienne charte des ducs de Bourgogne qui soit adressée aux baillis date de l'an 1235. (M⁵ Delamothe, p. 94.)

[3] Vers le premier tiers du XV° siècle, le pays de Bar-sur-Seine fit retour au duché de Bourgogne, par suite de la cession qu'en fit Charles VII à Philippe-le-Bon, par le traité d'Arras, en 1435. — C'est par pure invention qu'il a plu à certains de créer un *pagus Barrensis* et même *Baralbulensis*, confondant dans cette dernière acception le pays de Bar-sur-Aube avec celui de Bar-sur-Seine, car le mot *Alba* figure dans ce barbarisme très-arbitraire.

acquisitions, sortaient du comté de Lassois[1]. C'est par de semblables aliénations que les villes de Crusy, Ancy-le-Franc, Ravières[2] furent, en termes de droit féodal, *éclipsées* pour accroître le domaine des comtes de Champagne. Peu à peu la Bourgogne septentrionale fut dépossédée d'un grand nombre de bourgs[3]. Alors il n'y avait pas de vicomtés qu'on ne vit s'efforcer de s'agrandir. Un capitulaire de Charlemagne prouve au surplus qu'une telle tendance commençait déjà à se manifester dès le règne de ce puissant monarque, quoique le système féodal ne fût alors qu'en germe.

Mais, ce qui est bien plus fort, c'est que Pothières, Vix, et le *Mont Lassois* même, qui était l'âme du comté de ce nom, se trouvèrent un beau jour compris dans la Champagne. Toutefois, ce dernier point parut trop anormal au Parlement de Dijon, car, suivant arrêt de l'année 1752, cette compagnie décida que le *Mont Lassois* était entièrement du duché de Bourgogne. Un seigneur, en démembrant ses domaines, acquérait des vassaux qui lui devaient, à la vérité, foi et hommage ; mais ces devoirs s'atténuaient à la longue, et ils finissaient par tomber en désuétude :

---

[1] C'était, entre autres lieux, l'importante châtellenie de Laignes. (Voir Courtépée, 2ᵉ éd., t. I, p. 283 ; et mˢ Delamothe, p. 273.)

[2] Villes placées par les anciennes chartes *in pago Latiscensi*. (Mˢ Delamothe, p. 221.)

[3] C'était, entre autres, Fontette, Essoyes, Giey-sur-Seine, Les Riceys, etc. Une partie de ces bourgs relevait de la généralité de de Paris et de la Chambre des comptes de Dijon. (Voir Courtépée, *loc. cit.*)

ce qui restait de plus clair c'était l'aliénation et un imprescriptible mais *fort vain* droit de suzeraineté. Nous reviendrons un peu plus tard sur ces données, quand il sera question de l'étendue définitive de la Bourgogne à l'époque de ses derniers ducs.

Maintenant que nous avons jeté un coup-d'œil sur ses limites septentrionales, et particulièrement sur celles du comté de Gérard au IXe siècle, nous allons parler de l'origine de notre héros. Plus les documents essentiels ont fait défaut sur sa filiation et plus on s'est opiniâtré à la découvrir, ce qui atteste l'intérêt considérable attaché à son nom, et surtout à la lutte entreprise par lui. Il serait plus sage de confesser l'incertitude de cette filiation et d'avouer ingénuement que les chroniques, restant muettes à cet égard, laissent le champ libre au vraisemblable plutôt qu'au vrai. Passons donc impartialement en revue les opinions des historiens.

Pontus Huterus Delfius[1] et le président Bégat[2] reconnaissent un Gérard de Rossillon, qui, en 726 ou 727, ayant voulu se faire roi, fut vaincu par Charles Martel, et tué dans la bataille, selon Huterus[3]. Quant au président Bégat, il n'est d'accord avec le précédent que pour la date. Il fait livrer la ba-

---

[1] Opera historica Burgundica, p. 4.
[2] Comm. rer. Burg.
[3] Ce récit a tout l'air de prendre son origine dans la légende qui fait périr Gérard près du Drugeon. Cependant, ceux qui reconnaissent plusieurs Gérard ont peut-être le droit d'appuyer l'opinion d'Huterus.

taille au pied du mont Lassois, adoptant en cela les traditions de la contrée[1]: Charles Martel est vainqueur, mais son adversaire rentre en grâce; au lieu d'être maintenu comme roi, il conserve le gouvernement de la Bourgogne en qualité de simple duc[2]. Que Gérard ait songé à se faire roi d'un peuple fier, qui aspirait naturellement à se délivrer de la dépendance des Franks, rien ne serait plus vraisemblable. Nous verrons plus tard le duc Noménoé faire preuve de cette ambition en Bretagne, et attirer contre lui les armes de Charles-le-Chauve; plus tard encore, Boson se fera roi, sous le spécieux prétexte de reconstituer la vie politique de la Bourgogne méridionale. A l'époque de Charles Martel surtout, la stupide fainéantise des derniers princes mérovingiens rendait leur autorité méprisable, et c'était à qui s'emparerait de la domination[3]; comment donc ceux qui mettent Gérard en

---

[1] D'après notre chronique rimée, cette bataille aurait eu lieu au pied et à l'occident du mont Lassois, mais au temps de Charles-le-Chauve.

Il n'est nulz hons ne femme qui en cel paiis hante
Qui n'appeloit cel val, le vaul Sanguinolante.
(P. 196, v. 4681.)

[2] Caroli Martelli temporibus (726), Gerardus comes Rossilionis qui *se ex vetusta stirpe regum asserebat,* existimans se nactum rei bene gerendæ amplissimam occasionem, in rebus novis rei publicæ Galliæ regium nomen sibi in Burgundia vindicat, munit ac montem divo Marcello hodie sacrum (le mont de Saint-Marcel ou mont Lassois, aujourd'hui montagne de Vix), ubi ruinæ extant ad Castellionem : illic viros comparat; quo in loco vincitur. Tandem restitutus *ducis nomine in Burgundia regnat,* in fidem Caroli receptus, etc. (Begat, *loc. cit.*)

[3] Quare provinciarum proefecti ad dominationem proefecturas converterunt. Mansère que tamen Burgundi franciæ regibus circiter annis sexagenta fidelissimi donec anno 727. Gerardus Ros-

scène dès le VIII⁰ siècle ne l'auraient-ils pas fait profiter des circonstances où la force constituait le droit : c'était, avec le mérite d'émanciper la Bourgogne de la domination des Franks, tout le relief qu'ils voulussen lui donner. L'abbé Legendre et Vély sous l'an 734, Daniel sous l'an 732, Deserre sous l'an 739, rapportent qu'alors Charles Martel châtia les ducs et comtes de Bourgogne rebelles à son autorité, mais ils ne nomment point Gérard. D'après Mézeray, la Bourgogne n'obéissait pas, en 733, à l'autorité du roi des Franks. « Peut-être, ajoute cet historien, qu'*Arnoul, fils de Grimoald*, que quelques-uns disent en avoir été duc, voulait tenir ce pays en souveraineté. »

Achevons la liste des historiens qui adoptent pour Gérard l'époque de Charles Martel; ce sont encore : Gilles et Belleforest [1], Paradin [2], Nostradamus [3], le président Hénault [4] et Garreau [5], qui fait mourir Gérard de Rossillon en 746. Parmi ces historiens, de la Haye [6] avance que *Droon* ou *Drogon* [7], comte d'Autun,

---

silionis, vir nobilis magnæque autoritatis francorum rerum ignavia utendum ratus, regem se facere Burgundionum *est conatus*, sed a Carolo Martello in ipso conatu oppressus atque occisus : Burgundi ad antiquam francisi regni obedientiam rediere. (Pontus heuterus, Delfius, *loc. cit.*)

[1] *Chroniques et annales de France.*
[2] *Annales de Bourgogne*, p. 94.
[3] *Histoire de Provence.*
[4] Années 767, 768, 787, 788.
[5] *Description du gouvernement de Bourgogne.*
[6] *Mémoires et recherches de la France et de la Gaule Aquitanique*, p. 11.
[7] L'historien Bourguignon Mille parle ainsi de Drogon : « Vers 695, Pepin, maire du palais sous Childebert III, fait son fils aîné

ayant pour bisaïeul Mérovée, fils de Thierry, roi d'Orléans[1], épousa *Aldremade*, héritière du domaine de Rossillon, et en eut, entr'autres enfants, Gérard, comte d'Autun, devenu de la sorte, par alliance, comte de Rossillon[2].

Il y a eu aussi des partisans de l'existence de plusieurs Gérard, et entr'autres Nostradamus, historien de la Provence. Ce dernier assure qu'il trouve un Gérard, *second du nom*, né du précédent et de la fille d'un duc d'Aquitaine, appelé *Waifer* ou *Walfride*. Ce Gérard II n'eut pas de fils, mais, en revanche, Albon, duc bénéficiaire du Poitou[3], et frère du précédent, eut de Pernelle, fille du comte de

---

Drogon comte de Champagne et duc de Bourgogne. L'auteur des *Annales de Metz*, année 711, donne à ce pays de Bourgogne le titre de principauté, ce qui prouverait que ce pays n'était pas un simple gouvernement comme les autres duchés de ce temps-là. »

[1] C'était sans doute Thierry II, quatrième roi d'Orléans, troisième roi de Bourgogne, et septième roi de Metz ou d'Austrasie. Il avait eu pour apanage, à la mort de Childebert II, son père, en 596, les royaumes d'Orléans et de Bourgogne. Il mourut en 613 à Metz.

[2] D'après notre poème, p. 30 et 33, v. 638 et 698, Gérard de Rossillon était fils de Droon et petit-fils du roi de Bourgogne *Gondebaud*. Nous avons bien peur que notre poète, assez exact chroniqueur pourtant, ne se soit rendu complice de la tendance presque universelle des Trouvères, à donner une origine antique et royale au héros dont il composait la geste. Il est impossible, en effet, qu'un petit-fils du roi Gondebaud, qui régnait sur les Bourguignons de 473 à 506, ait vécu au IXe siècle, sous Charles-le-Chauve, époque où notre poète fait agir son héros.

[3] Voici ce que nous lisons p. 249 du m[s] Delamothe, qui adopte aussi plusieurs Gérard :

« Il est sûr que la maison de nos comtes de Roussillon subsite encore en Poitou, dans celle de *Saucey*, qui descend d'Arnault fils d'Albon, lequel Albon était fils d'Albon Ier du nom, fils de Gérard Ier et frère de Gérard III du nom, comte de Roussillon et

Wincester, le troisième Gérard qu'il fallait à l'arbre généalogique étudié par Nostradamus.

On doit associer aux partisans du premier Gérard le chanoine de Tours et Guillaume de Nangis, qui rapportent qu'en 731 Gérard de Rossillon était chef des Bourguignons, et que Charles Martel prit par force son château nommé Roussillon, dont les ruines se voient encore entre Mussi-l'Evêque et Châtillon-sur-Seine. Duchêne[1]; en citant ce passage, dit qu'il est

---

de Poitou. Il semble que nos écrivains n'aient pas assez consulté les archives, chroniques et annales de Poitou pour débrouiller notre histoire de Bourgogne, comme s'ils avaient ignoré que les anciens ducs de Bourgogne, comtes de Roussillon, et les anciens comtes de Poitou étaient de la même maison; et que ces anciens comtes de Poitou, inhumés aux Carmes de Paris, et qui subsistèrent beaucoup plus longtemps que nos anciens ducs et même que leur race, s'y sont perpétués dans les maisons de *Thoüars et de Saucey* qui subsistent encore, etc. On verra peut-être avec plaisir ici l'épitaphe de *Robert de Saucey*, chef des guerres pendant la captivité du roi Jean (1355), épitaphe connue en Poitou, mais très-ignorée en Bourgogne :

« Burgundus Stirpem mihi dat, Cunabula Picto,
« Dat Sauzea domum Tellus, tres una propago. »

Voici un autre passage de Courtépée (2ᵉ éd., t. II, p. 585) sur *Roussillon*, paroisse du diocèse de Nevers et archiprêtré de Château-Chinon : « Là fut inhumé en 1772 *Etienne de Chaugy*, le dernier de la branche de Roussillon. »

« *Jean de Rossillon* reconnait, en 1271, tenir son château en fief du duc de Bourgogne, *Eudes de Rossillon*, mari d'Alix de Frolois, en 1301 ; Jean et Pernette, sa sœur, femme de Jean de Sancerre, firent le partage de Roussillon, etc. » — Nous avons reproduit à dessein dans cette note toutes les variations d'orthographe des noms propres et des lieux.

Une chose digne de remarque, c'est que le porte-étendard de Girard de Rossillon avait le nom d'une maison de *Chaucy*.

Son comfenon pourtoit ung hons très renommés
Regnaus li preux, li fors, de *Chaacis* fut nés.
(P. 220, v. 3261 de notre poème.)

[1] *Histoire des rois, ducs et comtes de Bourgogne*, p. 231.

évident que ces historiens ont pris Charles Martel pour Charles-le-Chauve, sous lequel véritablement vivait Gérard. Le père de ce dernier, ajoute Duchêne, s'appelait Luithard ou Luithaire, nom familier en la Bourgogne transjurane et en la Suisse.

L'opinion de Duchêne est on ne peut plus judicieuse : en effet, tous les historiens dont nous venons de faire l'énumération ne se sont pas assez défiés de la date assignée par les troubadours et les trouvères, et ils n'ont pu la chercher ailleurs, car les solides travaux des bénédictins sur l'histoire générale et sur celle du moyen-âge n'existaient pas pour le plus grand nombre d'entr'eux. Ils s'en étaient référés soit au poème provençal de Gérard de Rossillon, soit au roman en vers et en langue d'Oïl, auquel notre poème fait allusion[1], et qui, l'un et l'autre, placent la geste de Gérard sous Charles Martel ; « et il me semble que ainsi faire ne se peut, dit la traduction de la chronique latine dont nous venons de parler, car oncques Charles Martel ne fu roy de France, mais seulement régent... »

Il y a peu d'historiens bourguignons qui ne se

---

[1] Cette allusion est une protestation en faveur de la chronique latine des monastères, et particulièrement de ceux de Pothières et de Vezelay, qui font de Charles-le-Chauve l'adversaire de Gérard. Et cela est ainsi, dit notre poète chroniqueur, quoi que prétende le premier romancier, qui établit la lutte entre Gérard et Charles Martel.

Or soit, save la grace du premier romancier
Qui dès Charles Martiaux fit le plait commancier.
(P. 6. v. 89.)

soient ralliés à l'opinion de Duchêne. Vignier[1] se range du côté de ceux qui ne veulent pas s'écarter du testament de Gérard et de Berthe[2], et il pense avec eux que le comte Luithard ou Luithaire, descendant d'Adalbert, duc d'Alsace, eut de sa femme Grimildis le fameux Gérard de Rossillon[3], d'une famille fort illustre, ajoute-t-il, puisque c'est la même que celle des maisons d'Autriche, de Lorraine, etc., et que par là Gérard était cousin-germain de l'empereur Lothaire, frère de Charles-le-Chauve. Cette parenté explique-

---

[1] Coll. Delamarre, t. II, p. 109.

[2] Ce testament est cité textuellement par le *Spicilége* de D. Luc Achery; par le *Gallia Christiana;* par Mabillon, anno 867; par Hugues de Poitiers (*Chronique de Vezelay*). Il est cité dans un procès-verbal dressé à Avallon par le conseiller Bégat, en 1554; mais, depuis cette date, en 1563, il en a été trouvé une copie précieuse à Pothières. (Voir au Recueil de Pincedé, archives de Bourgogne.) La date est ainsi conçue : « Data in mense Martio anno vicesimo tertio, regnante gloriosissimo et clementissimo rege et domino nostro Karolo I (869). » Quel témoignage nous faudra-t-il encore après les termes d'un testament ou charte reproduite par les historiens les plus accrédités ?

[3] Dunod (*Histoire du 2ᵉ royaume de Bourgogne*, p. 66) dit, en parlant de Gérard : « Ce seigneur célèbre était fils du comte Leuthaire, dit d'Alsace, et de Grimilde, descendante des anciens rois bourguignons. Leuthaire descendait lui-même d'Erchinoald, maire du palais sous les derniers rois de la première race. »

Chorier (*Histoire générale du Dauphiné*, p. 669) fait descendre Gérard des anciens rois de Bourgogne.

Honoré Bouche (*Chorographie de la Provence*, p. 726) dit que Lothaire établit pour duc ou comte, c'est-à-dire gouverneur général de toute la Provence, du Viennois et du Lyonnais, l'illustre comte Gérard de Roussillon, bourguignon transjurain de nation.

Mille (t. II, p. 361) dit : « Gérard de Roussillon, fils d'un grand seigneur de la haute Bourgogne, nommé Leuthaire, et de Grimildis, est fameux dans l'histoire par sa piété, sa valeur, ses richesses et ses malheurs. »

rait à merveille les rapports d'une intimité peu ordinaire qui seraient nés entre Gérard de Roussillon et tous les membres de la famille de Louis-le-Débonnaire, et elle donnerait de l'autorité à la légende, qui aurait ainsi puisé dans un fond vrai les délicieuses pages où est peinte si naïvement l'amitié née dans les cœurs de Berthe et de la reine de France. Vignier a tort de s'effrayer tant qu'on puisse voir dans Luithaire un prince allemand, voisin d'ailleurs de la Bourgogne transjurane. Il n'y aurait rien d'étonnant que ce seigneur, convoitant une riche héritière, ait obtenu en mariage la fille d'un des comtes du Lassois ou Rossillon, et que cette fille se nommât Grimildis ou Grimilde, selon le testament ou charte de fondation de l'abbaye de Pouthières[1]. Tous les passages que nous avons lus dans nos historiens disent que le comté de Gérard était du patrimoine de Grimilde. Voici de plus ce que nous trouvons dans les *Mémoires historiques de Poligny,* par Chevalier, page 56 : « Gérard de Rossillon était comte de la Haute-Bourgogne, du chef de Grimilde, sa mère, descendante de ceux qui y avaient commandé. »

Nous avouons qu'il nous a fallu quelque courage pour éplucher le champ des conjectures relativement à la filiation de notre héros : nous avons hâte désormais de le suivre au milieu des faits avérés. Ce n'est

---

[1] Sed et dignam rependentes genitoribus atque parentibus honorificentiam, id est Leuthardi et Grimildis. (*Spicil.* de D. Luc Achery, in-f°, t. II, p. 499, éd. de 1723.)

pas que cette deuxième tâche soit pourtant très-facile non plus; car ces faits sont encore bien épars et bien fugitifs parmi nos chroniqueurs les plus dignes de foi.

Tant que vécut Louis-le-Débonnaire, Gérard lui demeura fidèle, et par conséquent à son fils Charles, objet de sa prédilection; et, ce qui le prouve, c'est que Gérard fit partie, avec les comtes Hugues, Adalhard et Egilon, d'une ambassade chargée d'apaiser Lothaire, et de le prier de ne pas chercher à entraîner les vassaux de l'empereur son père; mais tout se modifia bientôt. En 840 eut lieu l'avénement de Charles-le-Chauve, jeune prince irascible, d'un esprit artificieux, d'une ambition effrénée, et d'un cœur gonflé de tout l'orgueil où l'avait entretenu la tendresse aveugle de sa mère Judith, et du faible monarque conduit par elle. Heureusement pour ce jeune roi de dix-sept ans, Nithard, homme d'Etat et d'une prudence consommée, dirigeait ses premiers pas; néanmoins, il ne put empêcher que les personnages les plus considérables ne se séparassent du nouveau roi[1] pour aller offrir leurs services à Lothaire, marchant vers Paris. Charles cependant s'alliait avec son frère Louis de Bavière ou le Germanique, et en 841 avait lieu la bataille ou plutôt l'effroyable boucherie de Fontenai.

---

[1] On comptait, parmi les plus puissants, Hilduin, abbé de Saint-Denis, et Gérard, comte de Paris. (Frantin, *Histoire de Louis-le-Pieux*, t. II, p. 352.)

On peut bien croire que Charles, une fois maître du trône, employa son influence pour attirer à lui Gérard, et s'en faire un auxiliaire dans le traité d'alliance qu'il venait de conclure avec Louis de Germanie contre Lothaire; mais Gérard paraît s'être mis à l'écart dans cette circonstance, et comme il convenait au rôle de conciliateur, qui lui avait déjà valu l'estime de la famille impériale et des marques d'une haute munificence. Toutefois, la neutralité dans un pareil moment devait, à un esprit aussi absolu et aussi impérieux que celui de Charles, paraître une rupture. Quoiqu'il en soit, Gérard de Rossillon ne parut point à la bataille de Fontenai. Notre poème répand, à cet égard, un jour lumineux sur l'histoire, et témoigne, ainsi qu'on va le voir par d'autres preuves, qu'il n'y a pas de fictions où ne se cache un coin de vérité. Selon le passage suivant, Gérard refusa en effet à Charles d'entrer dans son alliance contre Lothaire, et déclara qu'il serait neutre :

> Lothaires et vous dui vous êtes mi seigneur,
> Ne pour vous ne pour li ne me vuilz point meffaire
> (Vers 160 et 161 du poème, p. 10.)

Pendant que Gérard de Rossillon se séparait du roi de France, devenu aussi roi d'Aquitaine, un autre Gérard lui restait fidèle; car voici ce que Loup, abbé de Ferriéres, écrivait à cette époque à l'évêque d'Orléans[1] :

---

[1] Beati servati Lupi epistola 28 ad Jonam episcopum Aurelianensem.

« Tout va bien en Aquitaine, d'après la relation de nos hommes qui en reviennent. On l'a divisée en trois parties, selon l'opportunité des lieux militaires. *Modoin*, évêque d'Autun, commande à Clermont avec *Autbert*, comte d'Avallon, et quelques autres. *Gérard*, prince autrefois, et cher au roi Pépin, commande à Limoges [1], avec d'autres chefs dignes de confiance. »

La preuve que ce Gérard d'Auvergne resta fidèle au nouveau roi d'Aquitaine, c'est que Emenon, comte de Poitiers, lequel fomentait la rébellion dans ce royaume, fut dépouillé de son comté en faveur de Rainulphe, fils de *Gérard, comte d'Auvergne* [2]. C'est ce même *Gérard*, comte d'Auvergne, qui fut tué à la bataille de Fontenai, et le même qui avait épousé Berthe, fille de Pépin, roi d'Aquitaine [3]. Il est né de là une confusion extrême [4] entre le personnage dont il s'agit et notre Girard de Rossillon, qui avait aussi

---

[1] M. Frantin (*Louis-le-Jeune*, t. II, p. 359) fait bien remarquer qu'il s'agit ici de Gérard comte d'Auvergne.

[2] D. Vaissette, *Histoire générale du Languedoc*, t. I, p. 524.

[3] Gerardus gener Pippini regis Aquitaniæ et cujus uxor Bertha vocabatur.... Cœsus est in prælio fontanetico, anno 841..... Unde patet cum non esse confundendum cum Gerardo de Rossilione... porro hic noster Gerardus non fuit comes Lemovicensis ut placuit Duchesnio et Jussello, sed arvernensis ut colligitur ex Ademaro (Baluz. in notis ad Lupi epistolam 28). — Voir aussi Chron. Ademari, anno 841 et 864. — Mabillon, t. III, liv. xxxvi, ch. lxxiii, anno 867. — Astronome, p. 317. — D. Vaissette, t. I, p. 530.

[4] Dunod, La Mure, le P. Ménétrier, Duchêne et d'autres encore sont tombés dans cette confusion.

épousé une autre Berthe¹, fille de Hugue, comte de Sens².

L'auteur de l'*Histoire des Deux Royaumes de Bourgogne* dit, en critiquant l'opinion que Gérard de Rossillon ait été l'époux de la fille de Pépin, que c'est au nom multiple de Gérard qu'il faut renvoyer cette erreur. Vaissette³ reprend l'auteur de l'*Histoire généalogique de la Maison de France* d'avoir confondu avec Gérard de Rossillon, Gérard, comte d'Auvergne, lequel avait en effet épousé Berthe, fille de Pépin.

On lit dans un manuscrit du XIII⁰ siècle, intitulé *les Vies d'anciens Saints*⁴ : « Une noble pucèle ygaur (égale) à lui, fu donée au dit Gerard par loial mariaige, qui auoit a non Berthe, fille Hugon, conte de Sens, etc. »

La collection Delamare (t. III, p. 487), cite ce passage d'un manuscrit de Clairvau : « Monseigneur Geinrard de Rosseillon se saisit de Sens comme de son héritage, à cause de sa femme qui estoit fille du conte, etc. »

Un autre manuscrit latin de l'abbaye de Pouthières, et notre poème lui-même, disent que Gérard avait épousé Berthe, fille de Hugon, comte de Sens⁵.

---

¹ Ce nom était fort répandu au moyen âge : l'historien Nithard était né d'Angilbert et de Berthe, fille de Charlemagne, etc.

² Le comte de Sens avait deux filles, dont Gérard de Rossillon avait épousé l'aînée. (Saint-Julien de Baleure, *Origine des Bourguignons*, p. 22.)

³ T. I, p. 518.

⁴ Bibl. imp., Suppl., f. 632, p. 217.

⁵ ...... Fut file au comte de Sens
  Hugues estoit nommés, saiges, subtiles de Sens.
  (P. 29, v. 613.)

Dans la charte de fondation de Pouthières ou testament de Gérard, celui-ci invoque les noms de Hugon et de Bava, les auteurs de Berthe, comme il avait invoqué les noms de Leuthard et de Grimilde, ses père et mère[1].

A la faveur du nom de Berthe d'Aquitaine, petite-fille de Louis-le-Débonnaire, il était facile aux romanciers de prêter à Gérard de Rossillon un véritable relief résultant d'une alliance avec la famille impériale. D'autre part, ceux qui ont adopté pour le même Gérard la fille du comte de Sens, n'ont pas manqué non plus de donner à ce dernier une autre fille destinée à la pourpre des rois, et de centupler ainsi l'intérêt qui s'attache à la véritable Berthe, en la faisant sœur de la reine de France. Cette fiction amène en effet de charmants épisodes; mais l'histoire nous enseigne très-prosaïquement que Berthe d'Aquitaine seule avait une sœur, laquelle avait épousé le comte Rathaire tué à Fontenai avec son beau-frère le comte Gérard d'Auvergne[2].

Tout en déguisant les noms, notre poëme n'a pas voulu perdre les avantages du récit émouvant de la bataille de Fontenai d'où il avait, conformément à l'histoire, écarté son héros. Aussi, amène-t-il le suzerain et le vassal à se rencontrer au val *de Beton*, vers *Pierre Pertuis sous Vezelai*[3], et transporte-t-il sur les

---

[1] *Spicil. d'Achery*, t. II, p. 499.
[2] Ex Chron. Ademari, anno 841.
[3] P. 156 du poëme.

rives de la *Cure*, les scènes de carnage qui ont eu lieu réellement sur celles du ruisseau d'*Andrie* ou ruisseau des Burgondes, qui se jette dans l'Yonne, près de Coulanges. Dans notre poème donc, c'est la rivière d'*Arce* qui est grossie du sang des victimes de l'effroyable mêlée, et elle prendra désormais, de cet aspect terrible, le nom de *Chorée*[1]. Le roi Charles est vaincu, et il survient une trève... Mais, laissons les moines féliciter Gérard d'employer les moments de cette trève à fonder des monastères[2]. Le poème, d'ailleurs, marche à sa fantaisie, mais pour nous qui voulons suivre l'ordre chronologique, il ne peut être encore question de conflits entre Charles et son vassal au temps où nous sommes, c'est-à-dire en 843, époque du célèbre traité de Verdun, où les trois petits-fils de Charlemagne fondent les premières grandes divisions des monarchies européennes, et, en séparant les peuples, séparent et constituent les éléments des langues, et, par conséquent, de la civilisation.

Mais combien de tiraillements étaient encore réservés à ces grands Etats avant que leurs fondements ne fussent solidement assis! Charles, qui était le mieux pourvu, était le plus insatiable et celui des trois dont la bonne foi était toujours la plus équivoque. Sans cesse disposé à dépouiller ses frères ou ses neveux, il ne s'occupait que d'intrigues politiques propres à amener à son parti les seigneurs dont la résis-

---

[1] Mélange de chair et de sang.
[2] P. 180 du poème.

tance aurait pu nuire à ses projets ; car ces seigneurs marchandaient leurs services, et leur puissance s'accroissait à mesure que les divisions entre les rois renaissaient : aussi la féodalité formait-elle déjà un vaste réseau, et menaçait-elle de ses serres d'acier le libre arbitre des rois. Charlemagne, en établissant ses leudes, et en leur donnant de simples bénéfices à vie, avait créé ce nouvel et redoutable élément politique, que les divisions de la famille de Louis-le-Débonnaire firent grandir, et auquel l'ambition sans repos de Charles-le-Chauve ne laissa plus de limites dans son accroissement et dans sa constitution.

Mais le coup le plus funeste et le plus subversif qui ait été porté à l'autorité royale, prend sa source dans les statuts de l'assemblée de *Mersen*, près de Maëstricht, où les trois souverains des royaumes nouvellement fondés s'étaient donné rendez-vous en 847. Le deuxième article portait « que tout homme libre pourrait choisir du roi ou de ses vassaux, qui il voudrait pour seigneur[1]. » Il fut donc permis dès-lors à chacun de ne pas relever immédiatement du roi.

Par le cinquième article, on statua qu'aucun vassal du roi ne serait obligé de le suivre à la guerre que lorsque cette guerre serait générale et aurait pour objet la défense de l'état contre une invasion étrangère.

---

[1] Volumus ut unusquisque liber homo in nostro regno seniorem qualem voluerit in nobis et in nostris fidelibus accipiat. (Baluze capit. t. II, p. 44, ad annos 847 et 851. — Vely, t. II, p. 75.

L'influence des évêques et seigneurs réunis en grand nombre à Mersen se fait directement sentir par de telles dispositions. Les rois n'avaient plus de voix assez prépondérantes ni surtout assez désintéressées parmi les guerriers qu'ils nommaient encore leurs *fidèles*, pour faire prévaloir la suprématie royale.

Les trois monarques décidèrent, en outre, que chacun des fils qui naîtraient d'eux, succéderait à son père pour une portion égale. Ils voulaient, par là, éviter le système fatal des préférences, par lequel avait été secoué tout l'empire de Louis-le-Pieux leur père. Il y avait aussi, de la part de Lothaire et de Louis, comme un soupçon contre Charles-le-Chauve, soupçon justifié par le mépris que fit ce prince des obligations à lui imposées par ce dernier point du traité.

A peine Charles-le-Chauve avait-il apposé sa signature au traité de Verdun, qu'il eut deux guerres à soutenir pour entrer en possession du lot à lui fait par ce traité : la première en Aquitaine, où se maintenait son neveu Pépin, et la seconde contre Noménoë, duc ou comte de Bretagne, lequel, pensant profiter des temps de désordre entre hauts suzerains, voulait, avec le titre de roi, constituer l'indépendance de sa province. Ces deux guerres, et surtout celle d'Aquitaine, tinrent Charles-le-Chauve en échec pendant dix ans[1].

Il essuya une grande défaite en 844, et y perdit

---

[1] Ce n'est qu'en 853 que l'Aquitaine fut soumise.

grand nombre de seigneurs dévoués à sa cause[1]. L'ardeur de ces guerres donnait lieu à d'étranges préoccupations : on disait qu'on avait vu dans le ciel des armées de feu se précipiter dans les airs l'une contre l'autre[2]. Surpris par Noménoë en 845, dans un lieu nommé *Balon*, sur les confins de la Bretagne et du Maine, il est entouré, et ce n'est qu'à grand' peine qu'il échappe à la mort[3]. Notre poème s'est souvenu de cette circonstance, car dans une de ses batailles imaginaires, mais qui sont en réalité la reproduction des conflits dont parle l'histoire, sauf la fidélité des lieux[4], il montre le roi sur le point de périr et d'être fait prisonnier; mais ses guerriers le délivrent, et il parvient à s'enfuir vers Paris.

Hérispoé, fils du duc Noménoë, fut deux fois vainqueur en deux rencontres avec Charles-le-Chauve en 851[5]. On ne voit pas qu'il soit question de notre Gérard dans cette longue péripétie de combats et de révoltes de l'Aquitaine et de la Bretagne. Toutefois, le président Fauchet parle des comtes Eudes et Gérard, qui, dans l'année 845, résistèrent aux Normands[6],

---

[1] Pippini duces Karli exercitum superant VII idus junii : in quo prælio ceciderunt Hugo abbas patruus Karli et Rihboro abbas, Raban quoque signifer cum aliis multis ex nobilibus. (*Annal. fuldenses*, D. Bouquet, pag. 161, anno 844.)

[2] Acies terribiles visæ sunt igneæ inter aquilonem et orientem, et in media plaga orientali visuntur. (D. Bouquet, ann. 848.)

[3] Hénault et Daniel, année 845.

[4] Dans le poème cette bataille se donne en un lieu près de Pons-sur-Yonne, appelé Sixte. (Voir p. 213.)

[5] D. Bouquet, p. 247 et 363.

[6] On voit dans l'Art de vérifier les dates que les Normands vinrent en 846 jusqu'à Limoges, et que les habitants abandonnèrent la ville.

et il ajoute *que ce Gérard* était surnommé *Roussillon*.

Toutefois, les documents de l'histoire les plus importants sur cette même époque et sur ce même personnage nous le montrent comme désormais dévoué à la cause de Lothaire, qui, d'après le traité de Verdun, joignait à l'empire d'Italie et à la Lorraine la possession des deux Bourgognes transjurane et cisjurane. Lothaire lui donna un témoignage de sa haute confiance dans une occasion difficile : ainsi, des symptômes de révolte s'étant manifestés dans la Provence par les menées d'un seigneur remuant, appelé par les uns *Solocrat* ou *Dolocrat,* et par les autres *Fulcrad*[1], lequel était duc d'Arles, Lothaire lui ôta son gouvernement pour en investir Gérard, en confiant à ce dernier l'administration de toute la Bourgogne cisjurane[2]. Gérard, dont il faisait presque un vice-roi, répondit à sa confiance. Il agit adroitement sur l'esprit des comtes que Solocrat avait pratiqués par toutes sortes d'artifices, et il vint à bout, autant par la douceur que par la fermeté, de pacifier toutes ces provinces formant le plus beau fleuron de la couronne de l'empereur Lothaire.

Des services aussi signalés et la reconnaissance du souverain attachèrent le suzerain au vassal et réci-

---

[1] Duchesne, *loc. cit.*, p. 124. — Dunod, *loc. cit.*, p. 66. — Chorier, *loc. cit.*, p. 619.

[2] C'était lui donner une autorité pour ainsi dire absolue sur toutes les contrées en-deçà du Jura, sur le Mâconnais, le Chalonnais, la Bresse, le Lyonnais, le Dauphiné et la Provence.

proquement. Gérard ne déserta jamais la cause de Lothaire ni celle de ses enfants ; il s'attacha même, après leur mort, aux autres princes allemands de la famille de Lothaire et à leurs jeunes héritiers, et devint leur appui contre les perpétuelles tentatives de spoliations de Charles-le-Chauve. En un mot, Gérard montra, en toutes circonstances, une loyauté inaltérable et bien digne d'éloges pour une époque où il n'était pas rare de voir les seigneurs changer de maître autant de fois qu'il y avait du profit à tirer de ces fluctuations.

Gérard était en outre la sauvegarde des peuples. On lit dans l'*Histoire d'Arles*, par la Lauzières[1] : « L'an 850, la ville d'Arles fut saccagée de nouveau par les Sarrasins, mais Gérard de Rossillon parvint à les chasser. » Ce n'étaient pas les seuls ennemis du nom chrétien qui voulussent faire leur proie de cette malheureuse France d'alors, où les discordes particulières occupaient tous les esprits, et où la force brutale d'un côté et la servitude de l'autre étouffaient le nom de patrie ; mais quoi ! ce nom magique n'était pas encore même à son aurore parmi ces populations, puisqu'on voit pendant quinze années, de 850 à 865, la France ravagée en tous sens par les Normands, que le flux des mers déposait sur la grève des fleuves, et que ramenait chez eux le reflux avec les dépouilles de nos villes et de nos monastères. Pendant quinze ans les habitants des premières villes du royaume de Charles,

---

[1] Arles, 1808, p. 90.

Nantes, Tours, Paris, Melun, Meaux, Poitiers, Bourges, Limoges, etc., furent incendiées et livrées au pillage. Ceux des habitants qui échappaient au fer de ces brigands maritimes fuyaient dans les forêts, où le désespoir, la faim et le dénument de toutes choses achevaient leur triste existence. On n'entendait que plaintes et gémissements mêlés aux prières[1]; on ne voyait que processions de moines allant abriter, dans les villes ceintes de remparts, et nommées alors lieux de refuge[2], les plus précieux dépôts des monastères. Ainsi, les moines de l'abbaye de Saint-Germain de Paris fuyaient jusqu'à Nogent-sur-Marne, emportant avec eux les reliques de leur saint; ainsi, en Bourgogne, l'abbé Egil transportait, en 864, d'Alise au bourg fermé de Flavigny les reliques de sainte Reine; ainsi encore l'évêque de Langres Isaac transportait du village de Marcenay dans la ville de Châtillon les reliques de saint Vorles[3], canonisé au VIe siècle par la voix unanime des populations. C'était une panique universelle, un sauve-qui-peut général devant ces bandes résolues, qui, ne pouvant vivre dans leur propre pays, se partageaient d'avance notre littoral et remontaient nos fleuves à l'improviste, sans qu'aucune précaution ait été prise nulle part pour conjurer leurs fatales irruptions.

---

[1] On avait inséré dans les litanies de cette époque ces mots significatifs : « A furore Normanorum, libera nos, Domine.

[2] In *receptis* ou *oppidis*.

[3] Nous avons parlé ailleurs de cette translation, et nous avons donné l'iconographie d'un précieux tableau sur bois qui la représente. Ce tableau appartient à l'église de Saint-Vorles, de Châtillon-sur-Seine (Côte-d'Or).

Que faisaient cependant les seigneurs dont les descendants ne tarderont guère à rougir le sol de leur sang généreux toutes les fois qu'il faudra le défendre et le protéger? Nous l'avons dit. Leurs titres de noblesse n'étaient pas nés encore : ils étaient les brigands de l'intérieur; ils ravageaient tous les jours les contrées que les brigands du dehors ne dépouillaient que périodiquement; ils traquaient les laboureurs comme des bêtes fauves, ou les forçaient, moyennant des fiefs ou redevances, à venir s'abriter sous leurs forteresses. Il n'y avait pas de crête de montagne qui ne fût hérissée d'un de ces nids de vautours s'abattant sur la plaine et sur les chemins toutes les fois qu'ils apercevaient une proie digne de leur appétit, et surtout un voyageur chargé de marchandises ou de quelque argent. On voit le tableau de l'époque et surtout la faiblesse de l'autorité souveraine dans la pauvre législation d'alors : ainsi, les capitulaires de l'assemblée de Pistes[1] avaient, dans un but de défense nationale et pour faire tête aux incursions des peuples nomades, prescrit aux comtes et aux vassaux du roi de réparer les anciens châteaux et d'élever de nouvelles forteresses : or, les seigneurs ne se firent pas prier, car, sous les apparences du bien public, ils pouvaient, à certain jour, tourner contre la royauté elle-même les armes mises en leurs mains. La royauté s'aperçut

---

[1] Aujourd'hui Pitres près de Pont-de-l'Arche, en Normandie. — Voir Henri Martin, *Histoire de France*. T. II, p. 449.

bientôt de son imprévoyance, et deux ans après[1] ses premières résolutions elle enjoignit la démolition des châteaux et *fertés*, et même des haies établies sans l'ordre exprès du roi, sous le prétexte que *les voisins en souffraient grandes vexations et pilleries*. Le nombre des seigneurs qui, dans ces impérieuses circonstances d'invasions et de calamités, se sentirent du cœur pour le bien public, est si limité, qu'il faut chercher leurs noms dans l'ingrate histoire presque comme on poursuivrait une ombre. Nous nous estimons heureux, toutefois, d'avoir rencontré à plusieurs reprises celui de Gérard de Rossillon parmi ceux que les peuples pouvaient bénir comme un libérateur. Dans une lettre de Loup, abbé de Ferrières, écrite en 855 à Gérard et à Berthe, le saint personnage félicite ce dernier d'avoir détruit et mis en fuite des ennemis très-incommodes. Il s'agissait des Normands, qui venaient de faire irruption sur le littoral de la Seine[2]. Un peu plus tard encore, en 860, ces mêmes pirates dévastaient les côtes de la Méditerranée, et, remontant le Rhône sur leurs longues et agiles pirogues, ils étaient venus établir leur centre d'opérations dans l'île de la Camargue[3],

---

[1] En 864.

[2] Hostes molestissimos, id est *Nortmannos*, hos ergo partim peremerat *Gerardus*, partim fugaverat utiliter in publicum ut docet Lupus. Factum id opportuit anno 855, cum epistolam hanc scriptam esse constet post obitum Marcuvardi abbatis Prumiensis qui anno 853 abiit e vivis. — Anno autem 855, Normannos tertio ingressos esse Sequanam docet auctor Chronici Fontanellensis.
(Ex Comm. Baluz. in epist. Lupi Ferrierentis 122.)

[3] Un peu au-dessous d'Arles.

d'où ils s'élançaient pour dévaster les deux rives du fleuve, soit en le remontant, soit en le descendant. Ils avaient même fortifié et défendu l'accès de cette espèce de delta du Rhône ; mais Gérard les en délogea, et fit tant, qu'il délivra de cette peste tout le littoral du Rhône[1], comme il avait délivré cinq ans auparavant celui de la Seine.

Cependant, l'empereur Lothaire, fatigué de sa vie politique, tourmenté sans doute par les remords des intrigues qu'il avait ourdies contre son père et contre ses frères, et ayant surtout une grande frayeur de la mort, forma le projet de prendre l'habit monastique à l'abbaye de Prum, dans les Ardennes ; mais avant d'exécuter ce parti extrême et de signer son abdication, il partagea son vaste empire qui, des rives de la mer du Nord, s'étendait à celles de la Méditerranée et de la mer Adriatique.

Son fils aîné Louis[2] devait lui succéder dans le royaume d'Italie sous le titre d'empereur ; son second fils, Lothaire II, devait régner sur la Lotharingie, et à son troisième fils, Charles encore enfant, était destiné le royaume de Provence ou Bourgogne cisjurane, qui comprenait, entre autres villes déjà importantes, celles de Lyon, Vienne, Avignon, etc.

---

[1] Fauriel, *Histoire de la Gaule méridionale*, t. VI, p. 354. — Daniel, année 859. — Mabillon, ad ann. 860. — Loup de Ferrières, ep. 122.

[2] Nous l'appellerons Louis II, pour le distinguer des autres princes du même nom et de la même famille qui figurent dans les nombreux partages des royaumes de cette époque. — Nous appellerons aussi Lothaire II, celui de ses fils qui porte le même nom que lui.

Une chose le rassurait dans l'éloignement absolu où il allait se mettre des affaires : c'était sa confiance en son favori Gérard, qu'il avait déjà fait duc d'Arles à la place de Solocrat. Il lui conféra donc la tutelle de son jeune fils Charles, et ajouta au titre dont nous venons de parler celui de comte de Provence et de gardien des marches ou marquis[1].

En l'investissant de toutes ces dignités, qui plaçaient sous lui une foule de comtes, il lui fit prêter foi et hommage au jeune prince Charles comme roi de Provence[2]. On peut bien penser qu'au milieu de ses grandes préoccupations nouvelles, Gérard dut confier à un lieutenant l'administration de son comté du Lassois que les capitulaires et *missatiques* de cette époque nommaient le *comté de Gérard*[3]. On voit par ces capitulaires qu'en 853, époque où cet illustre comte commençait à administrer la Provence, les *Missi dominici* faisaient leur tournée dans ce *comté dit de Gérard* et autres comtés limitrophes, tels que ceux de Sens, de Troyes, de Melun, de Provins, etc.[4]. Cette belle institution de Charlemagne devait peu à peu régulariser le cours de la justice dans les

---

[1] Lothaire désignait Gérard par ces mots : « Gerardus illustris comes atque *marchio*, nobis fidelissimus. » (Diplomata Lothariæ imperatoris apud D. Bouquet, t. VIII, p. 388, et apud d'Achery, t. XII, p. 110.)

L'abbé Loup de Ferrières, dans sa correspondance avec Gérard, lui donne le titre de comte dans sa 81ᵉ épître et celui de duc dans sa 122ᵉ.

[2] D. Bouquet, t. VII, p. 618.

[3] Guérard, Div. terr., p. 65.

[4] Cap. de Charles-le-Chauve. D. Bouquet, t. VII.

comtés où le défaut de haute sanction aurait pu laisser oublier qu'elle émane du souverain.

A peine Gérard fut-il investi du gouvernement de la Provence et du duché de Lyon, pour employer ici la dénomination dont se sert M. de Gingins[1], qu'il fut mis en relief par une haute distinction. Il fut chargé par l'empereur Lothaire de présider l'assemblée de Salmoring[2]. Là, il s'agissait de peser murement tous les intérêts de la Bourgogne cisjurane, et de faire cesser une foule d'abus résultant du conflit des bénéfices[3]. Par exemple, les seigneurs, profitant du crédit qu'ils pouvaient prendre sur l'esprit du monarque à mesure qu'il avait besoin de leur concours, trouvaient, faute d'autres largesses possibles, le moyen de dépouiller les églises pour s'approprier les biens qui en provenaient. En effet, étant désormais dans l'impuissance de gratifier un seigneur exigeant, de bénéfices de terres dont la rareté se faisait sentir alors à cause de la profusion des dons antérieurs, le roi conférait à ce seigneur l'*avouerie* de quelque nouvelle église[4], et, ne pouvant pas toujours avoir le fonds, le bénéficiaire se contentait du revenu.

Pendant toute la durée du IX° siècle, les évêques, devenus puissants, ne cessaient de demander au roi

---

[1] *Mémoires pour servir à l'histoire des royaumes de Provence et de Bourgogne jurane*, p. 24. (Lausanne, 1851.)

[2] Bourg du Viennois en Dauphiné.

[3] Cartul. de l'église de Vienne, f°. 40. — Charvet, *Histoire de l'Eglise de Vienne*, p. 191.

[4] De Sismondi, *Histoire de France*, t. III, p. 170.

la restitution des biens ecclésiastiques envahis par la noblesse. C'était une réaction qui avait aussi son danger et ses exigences, et il fut surtout question de cela dans l'assemblée de Salmoring, où figuraient avec pompe les archevêques de Lyon, de Vienne et d'Arles, et leurs suffragants. Douze comtes, disent les cartulaires, siégeaient aussi dans cette assemblée solennelle où le duc Gérard dirigeait la discussion et recueillait les voix. Ce fut à sa demande que l'empereur Lothaire confirma les possessions de l'église de Lyon, dont quelques seigneurs cupides l'avaient dépouillée[1].

Quand l'empereur Lothaire eut mis tout en œuvre pour assurer l'avenir et la bonne intelligence parmi les siens, il déposa tout à coup sa couronne et pensa trouver dans la solitude du cloître un remède aux agitations et aux illusions des grandeurs ; mais, soit que les tempêtes dont il voulait s'abriter eussent déjà épuisé son âme, soit que le puissant contraste de ce qu'il était en ce moment et de ce qu'il avait été l'eussent terrifié, une fois qu'il fut seul en présence de lui-même ses forces défaillirent, et il mourut au bout de peu de jours, comme accablé de l'effrayant silence qu'il s'était fait.

---

[1] Gerardus illustris comes atque *marchio* (marquis, chargé de surveiller et de protéger les frontières) nobis fidelissimus ad nostram accedens clementiam deprecatus est pro redintegratione sanctæ Lugdunensis Ecclesiæ rerum, ut quæ per insolentiam et quorumdam cupiditatem ab eadem Ecclesia ablatæ vel subtractæ esse noscebantur, etc.
(Lotharii imperatoris diplomata circa ann. 853, et apud Acherium, t. XII, Spicil., p. 112. — D. Bouquet, t. VIII, p. 388.

Gérard justifia bientôt la confiance qu'il avait inspirée à Lothaire, et s'attira toute la tendresse de son pupille, dont il recevait les noms affectueux de parent, de gouverneur et de père nourricier[1]. Combien l'aimable Berthe dut le seconder dans cette tâche si délicate et si difficile, où il fallait faire oublier à des seigneurs envieux et à des comtes insoumis l'élévation et la préférence dont son noble époux avait été l'objet de la part du souverain! Aussi, Gérard lui-même n'épargna-t-il rien pour rendre son nom populaire. Il s'était déjà attiré la confiance des évêques par la dignité et par le bon esprit avec lequel il avait présidé l'assemblée de Salmoring. Il se les concilia tout à fait en donnant aux autres seigneurs l'exemple du désintéressement. En effet, il se dépouilla, en faveur de l'église de Lyon, de la terre d'*Urbane*, qui lui avait été donnée comme bénéfice, et en faveur de l'église de Vienne, de la terre de *Saint-Marcel*, qu'il possédait au même titre, et il en fit reconnaître par le jeune roi son pupille l'immunité au profit des deux églises[2].

En 856, la minorité du jeune roi de Provence, Charles, ayant pris fin, les trois frères firent à Orbe[3]

---

[1] Illustrissimus comes et parens noster ac nutritor Girardus. — Girardus comes magister et nutritor noster. (Diplom. Caroli, Provinciæ regis anno 856 et 857, et apud Achery, Spicil., t. XII, p. 120.

[2] Diplom. *loc. cit*

[3] Ville de Suisse sur l'Orbe, rivière qui tombe dans le lac de Neufchâtel et à 24 kilomètres de Lausanne. Cette ville d'Orbe était la capitale de la contrée portant le nom de *petite Bourgogne*.

un traité où ils reconnurent mutuellement leurs droits. Cette situation dura environ huit années, mais fut loin d'être pacifique. Elle demanda, au contraire toute l'énergie dont Gérard était capable et tout le dévouement qu'il avait voué à son pupille, car l'ambition germa dans le cœur des deux aînés, et ils avaient résolu de partager entre eux le royaume de Provence après en avoir dépouillé leur plus jeune frère. Pour venir à bout de leurs fins, ils fomentèrent parmi les comtes et les seigneurs du royaume de Provence un esprit de mécontentement contre l'administration de Gérard, et n'eurent pas beaucoup de peine à lui faire des ennemis ardents de tous ceux qui jalousaient sa haute fortune. Ils insinuaient que Gérard visait à la royauté réelle sous le masque d'administrateur, et que si l'on ne mettait pas bientôt un terme à son ambition il finirait par avoir la pensée de les détrôner eux-mêmes et de bouleverser l'empire. « Quelle humiliation, » ajoutaient-ils, « pour tant de hauts personnages, que celle d'obéir à un parvenu, à un simple chef de comté ! » De semblables discours, mêlés d'insinuations perfides, eurent un moment le succès qu'en pouvaient désirer les agitateurs. Charles-le-Chauve n'y était sans doute pas étranger; car les chefs du complot allèrent s'offrir à lui pour être ses sujets, et il se hâta d'envahir les frontières septentrionales du royaume de son neveu, et s'avança jusqu'à Macon; mais il essuya une défaite sur laquelle les chroniques ne donnent aucun détail. Elles se contentent de dire que Charles *échoua rude-*

ment dans son entreprise[1] et se hâta de revenir en France.

Les ennemis du comte Gérard furent attérés quand ils le virent défendre *si héroïquement*, pour me servir de l'expression de M. Fauriel, la cause de son pupille[2] et déjouer tous leurs plans. Par une politique très-sensée, le comte Gérard ne voulut rien approfondir, et il laissa ainsi plus de pente à la soumission. Quelle différence entre cette sage modération et l'emportement habituel de Charles-le-Chauve ! Gérard savait bien que ce dernier avait assez du soin de consolider son pouvoir en France sans encore se mettre en guerre ouverte avec la Provence; il le redoutait donc peu et avec raison : en effet, pendant que ce prince cauteleux et peu sûr dans ses alliances s'était éloigné de sa capitale pour tâcher de tenir en échec les Normands, qui s'étaient fortifiés dans l'île d'Oissel[3], plusieurs évêques, réunis aux seigneurs mécontents convoqués à Attigni par Vénilon, archevêque de Sens,

---

[1] M. de Gingins renvoie au Catalogue des m⁸ de la bibliothèque de Berne, par J.-B. de Sinner, t. II, p. 213, où il est question des succès des armes de Gérard sur Charles-le-Chauve, en 859 et 861, *aux environs de la Saône.*

[2] Nous regrettons d'avoir vu dans l'Histoire de France de M. Henri Martin, t. II, p. 433, histoire revêtue à juste titre d'une grande autorité, que « Gérard avait établi en Provence une ombre de gouvernement plus à son profit qu'à celui de l'empereur. » Nous réclamons de l'illustre historien plus de justice pour Gérard, que les meilleurs documents des chroniques nous montrent, au contraire, rempli de désintéressement et de loyauté dans l'exercice de la mission qu'il avait reçue de Lothaire.

[3] A 12 kilom. de Rouen, sur la rive gauche de la Seine; cette île était une des principales stations des pirates.

déposèrent Charles-le-Chauve et députèrent à Louis de Germanie pour lui offrir la couronne. C'était la seconde fois qu'on lui faisait cette ouverture, et il se décida à venir à Sens, en envoyant toutefois des émissaires pour préparer les voies. Ceux-ci réussirent si bien, que la désertion se mit dans l'armée de Charles, au point qu'il demeura presque seul. Ainsi abandonné près de Brienne, où il avait résolu d'attendre son adversaire, il s'enfuit chez les Bourguignons septentrionaux [1], les seuls sujets qui lui fussent restés fidèles dans tout son royaume. Ils justifièrent bien dans cette circonstance cet éloge de Paradin : « Les Bourguignons aiment leurs princes plus qu'aucun peuple d'Europe [2]. » En effet, pendant que Louis-le-Germanique perdait à Troyes un temps précieux à distribuer des bénéfices ecclésiastiques et des comtés à ses nouvelles créatures, la noblesse bourguignonne remettait le roi Charles-le-Chauve à flot, et chassait son frère Louis du royaume de France [3]. Quelle fluctuation du principe d'autorité régnait alors de toutes parts ! Quelles n'étaient point les exigences des leudes ou seigneurs, et combien les dissensions

---

[1] Ceux du duché. — Voici comment M. Henri Martin (*Histoire de France*, t. II, p. 445) raconte ce fait : « Karle, en butte, en 858, à une défection presque universelle de la part des seigneurs neustriens, se retira dans la *Burgundie neustrienne* (le duché de Bourgogne), qui seule lui restait fidèle ; et Louis-le-Germanique reçut les serments des comtes, des bénéficiaires et de quelques prélats. »

[2] Ann. de Bourgogne, p. 258.

[3] En 859.

intestines nées parmi les descendants de Charlemagne n'avaient-elles pas obligé ceux-ci à de dangereuses concessions pour se créer des appuis personnels! Chaque rival, en fait de suzeraineté, n'eut de force désormais qu'à la condition de céder une partie de la sienne, et ce sacrifice n'empêchait pas toujours le vassal de ressaisir son indépendance. Le principe monarchique s'avilissait en recourant aux intrigues et aux condescendances ; il régnait alors un conflit perpétuel entre le tout et ses parties, et la ruine de la monarchie était imminente. C'était, dès le règne de Louis-le-Débonnaire, la pensée du judicieux et clairvoyant Nithard, esprit bien supérieur à son époque. Mais tout se systématise ici-bas, et le génie de la féodalité eut bientôt ses lois fixes et se réglementa par la force même des choses.

Au milieu de ces événements divers, et malgré ses ennemis, le duc Gérard sut bien maintenir son influence ; car lorsque son pupille mourut, en 863[1],

---

[1] Les Annales de Saint-Bertin disent que Charles, roi de Provence, mourut l'an 858. (Anno ejus sæculi quinquagesimo octavo.) Il est évident que cette date est erronée, puisqu'on voit Charles, roi de Provence, assister avec son frère Lothaire II et leur oncle Charles-le-Chauve au concile de *Toul ou de Savonières*, en 859. (*Art de vérifier les Dates*.) Il n'est pas douteux que cette mort n'ait eu lieu en 863, comme le dit M. de Gingins (*loc cit.*, p. 28), puisque les frères du roi défunt partagent à cette époque sa succession. Voici, au surplus, ce qu'on lit dans l'*Art de vérifier les Dates* (Paris, 1734) : « L'an 855, Charles, fils de l'empereur Lothaire, commença son règne avec le titre de roi de Provence. Il ne le porta qu'environ huit ans, et mourut à Lyon, où il faisait sa résidence ordinaire, l'an 863, selon le sentiment des meilleurs critiques. » — Voir aussi Fauriel, t. IV, p. 330; D. Vaissette, t. I, p. 563, etc.

sans laisser d'enfants, les frères de ce pupille prirent Gérard pour arbitre dans le partage du royaume de Provence, et, comptant avec raison sur l'énergie de son bras et sur son dévouement, ils lui laissèrent le gouvernement général dont l'avait investi leur père : c'était un acte d'habile politique. Ils opposaient, en effet, par là une digue puissante aux tentatives et à l'insatiable convoitise de Charles-le-Chauve ; ils tenaient en échec les pirates du Rhône, déjà châtiés par le bras vigoureux de Gérard, et ils plaçaient entre eux-mêmes un médiateur d'un esprit à la fois paternel, ferme, conciliant et sûr[1].

Le partage fut ainsi réglé entre les deux frères : l'empereur Louis II, l'aîné, eut la Provence proprement dite, appelée d'abord duché d'Arles, et joignit ce lot au royaume d'Italie ; Lothaire II eut le duché de Lyon et le joignit à la Lotharingie[2]. Charles-le-Chauve était alors trop occupé chez lui pour venir troubler les affaires de ses neveux dans la Provence. En ce moment un autre de ses neveux, Pépin II d'Aquitaine, déjà dépouillé par lui, avait poussé l'esprit de vengeance jusqu'à se mettre à la tête des Normands pour porter le fer et le feu dans la ville de Poitiers. Opprobre éternel à celui entre les mains duquel la haine ou l'intérêt place contre sa patrie un fer parricide ! D'autre part, les murmures éclataient par toute

---

[1] D. Bouquet, t. VIII, p. 410. — Diploma Loth., reg. pro Gerardo comite suo. — Ann. Bertin, ad ann. 863 et 869.
[2] Adonis Vienn. chron., ann. 863. — La Lorraine a pris son nom d'une partie des Etats qui étaient régis par Lothaire.

la France contre un roi qui ne faisait aucun effort décisif pour la délivrer de ce terrible fléau d'invasions continuelles. Mais comment persuader à un prince ambitieux de diriger ses coups sur un ennemi passager plutôt que sur ceux qui faisaient ombrage à ses desseins d'agrandissement. Il essaya d'un moyen, quelque honteux qu'il dût être : ce fut d'acheter la retraite des pirates au prix de quatre mille livres d'argent. Les pirates y mettaient si peu de pudeur, que les Normands de la Somme lui offrirent de chasser les Normands de la Seine[1].

Cependant les duchés d'Arles et de Lyon goûtaient depuis l'administration de Gérard une paix profonde, qui, à partir de 869, fut gravement troublée par Charles-le-Chauve et jusqu'au jour de la mort de ce dernier[2]. Durant l'heureux répit dû à la sagesse et à l'esprit de modération de Gérard, ce *duc célèbre* fut en haut crédit. Aucun prélat n'était nommé sans son bon plaisir aux évêchés suffragants de l'archevêché métropolitain, dans les provinces placées sous son commandement. Le pape Adrien II ne se contenta pas d'écrire, en 867, aux évêques de ne pas élire d'autres prélats que ceux auxquels l'empereur Louis concéderait l'épiscopat; il écrivit de plus au duc Gérard de s'opposer à la consécration de ceux qui n'auraient pas l'agrément de l'empereur[3].

---

[1] Daniel, années 859 et 865.
[2] En 877.
[3] Ex chron. Verdunensi, auctore Hugone flaviniacensi abbate, anno 867. — D. Bouquet, t. VII, p. 247.

Cette condescendance de la cour pontificale avait sans doute pour but de plaire à l'empereur et de se le ménager ; mais les évêques protestèrent contre une telle dépendance, et leur dépit s'exhala par des épigrammes : ils appelaient Gérard un *piquant messager*[1] ; s'agissait-il d'une élection nouvelle, l'illustre comte a-t-il consacré le prêtre? s'écriaient-ils avec ironie ; est-il de son diocèse[2]? etc. Ce fut sur la demande du comte Gérard et de Remi, archevêque de Lyon, que *Bernair* fut ordonné évêque de Grenoble par l'archevêque de Vienne *Adon*[3], d'après l'avis de Lothaire II. Dix années auparavant il y avait eu dissidence entre Gérard et Charles-le-Chauve au sujet de la promotion d'*Isaac* au siége épiscopal de Langres. « Gérard de Roussillon (dit Jacques Vignier[4]), qui *administrait beaucoup de comtés*, et que douze abbayes avaient choisi pour avoué et pour protecteur, » opposait à Isaac, créature de Charles-le-Chauve, un clerc de l'église de Reims, nommé *Vulfade;* mais, ce dernier ayant été promu à l'évêché de Bourges[5], *Isaac*, surnommé depuis le *Bon* à cause de ses actes de bienfaisance, fut intronisé à Langres. Il ne faut pas être surpris de ce que l'archevêque de Reims *Hincmar* sollicitât pour cette élection l'agrément de

---

[1] *Apicum Gerulum.*
[2] Numquid Gerardus illustrissimus comes illum presbiterum consecravit? Numquid de ipsius est diocœsi? etc. (D. Bouq., ib.)
[3] Lothariæ regis epistolæ, anno 869. — D. Bouquet, t. VII, p. 571.
[4] *Chronique de l'évêché de Langres*, traduite par Jolibois, p. 80.
[5] Id., ib.

Gérard[1] ; ce ne fut point, comme plusieurs l'ont pensé, parce que Gérard aurait gouverné le duché de Bourgogne[2], mais bien parce que son intervention était nécessaire pour l'ordination d'*Isaac* par le métropolitain de l'église de Lyon, qui dépendait du royaume de Provence[3]. Croirait-on que l'*abbé de Mangin*, auteur d'une histoire ecclésiastique de Langres, dans laquelle perce un peu trop l'amour, louable d'ailleurs, de son clocher, n'avait pas absous, après neuf siècles, le comte Gérard d'avoir été opposé à l'élection d'Isaac, le trente-septième des évêques de Langres[4], dont il

---

[1] Frodoard, *Histoire de l'église de Reims*, cap. 26.

[2] Gérard n'avait pas perdu son titre de comte de Lassois ou de la Montagne ; mais cette qualité, très-inférieure à celles que lui avaient conférées Lothaire et ses successeurs, ne lui aurait donné aucun droit sur les affaires épiscopales de Langres.

[3] Mabillon, année 858.

[4] *Histoire ecclésiastique du diocèse de Langres*, t. I, p. 383.

Nous nous sommes plus d'une fois demandé si, dans un tableau sur bois, appartenant à l'église Saint-Vorles de Châtillon-sur-Seine, et représentant la translation des reliques du saint prêtre de Marcenay, l'artiste, qui a été si naïf dans le groupe de ses personnages, n'a pas eu l'intention de représenter Berthe dans la noble attitude de cette dame précédant toutes les autres femmes et portant un diadème sur la tête. Ne serait-ce point aussi le comte Gérard qui marche en avant, revêtu d'hermine et entouré de jeunes seigneurs ayant, comme lui, les pieds chaussés, tandis que toute l'assistance et le pieux évêque lui-même a les pieds nus ? On s'accorde généralement sur l'année 868 pour le temps de la translation, époque où s'opérait un grand nombre de ces pieuses cérémonies, à cause des fréquentes incursions des pirates normands. Or, c'était le moment où Gérard faisait construire l'abbaye de Pothières et avant qu'il entrât en guerre avec Charles-le-Chauve. Il nous semblerait anormal que Gérard n'eût pas assisté à une aussi grande solennité, qui attirait de loin les populations, et, qu'avec ses sentiments d'une piété fervente, il fût demeuré seul indifférent à ce qui se passait de plus notable pour son époque à deux pas de son noble manoir de Latiscum.

a fait assez négligemment (par parenthèse) le précis historique? Il traite Gérard de rebelle, et dit avec un aplomb singulier que, par punition, il fut dépouillé de ses comtés l'année après le concile de Toul. Or, ce concile se tint en 859, et c'est en 870 seulement que Gérard céda la ville de Vienne et se retira après une honorable capitulation, comme nous le verrons plus bas. Généralement on a si peu étudié le IXe siècle, que nous sommes à même assez souvent, dans ces études consciencieuses, de relever dans divers auteurs, soit des omissions, soit des inexactitudes, soit même des injustices, que nous sommes bien porté néanmoins, à considérer comme involontaires et comme la suite d'un examen insuffisant.

Le duc Gérard, pendant qu'il administrait le royaume de Provence, scindé en deux gouvernements depuis le partage des deux frères héritiers de son pupille, résidait soit à Vienne, soit à Lyon[1]. C'est dans cette dernière ville que Berthe donna le jour à un fils du nom de *Théodoric* ou Thierry. La naissance de ce fils si cher et tant désiré de Gérard, qui voulait un héritier de son nom et de ses richesses patrimoniales et bénéficiaires, fut célébrée comme un grand évènement. Berthe, tandis qu'elle portait dans ses flancs l'objet de tant d'espérances et de tant d'amour, avait, comme les princesses d'Homère, tissu de ses mains et en lettres d'or[2] toute une strophe de vers latins sur une

---

[1] De Terrebasse, *Histoire des deux Bourgognes*.
[2]   Sumat perpetuam pro facto Bertha coronam
        Hæc cujus studio palla hæc effulgurat auro.
Nous extrayons des seize vers latins, assez alambiqués, et sentant

nappe d'autel destinée à l'église de Lyon; elle les avait groupés avec art autour de l'effigie de l'Agneau sans tache, surmonté de l'anagramme A et Ω, exprimant que celui dont il est l'image est le commencement et la fin de toutes choses. Le poète avait choisi pour sujet le mystère et les bienfaits de l'eucharistie[1]. Le nom de saint Remi, archevêque de Lyon, y figure[2]; et c'est entre les mains de ce pontife, en effet, que se faisait la noble offrande, balayée un jour, avec tant d'autres objets précieux et à jamais regrettables, par la tempête des révolutions. On montrait encore cette nappe, à la fin du XVII° siècle, comme un des plus curieux documents historiques du trésor de la cathédrale Saint-Jean de Lyon[3].

Mais, hélas! ce jeune enfant dont le berceau était si fêté, vécut à peine une année[4]. Un poète mieux inspiré que celui qui avait célébré la naissance de *Théo-*

---

leur époque, ceux qui précèdent, parce qu'ils attestent le soin que Berthe avait pris de les broder elle-même en fil d'or. On peut lire le reste de la strophe dans le *Voyage littéraire en Bourgogne*, par les bénédictins Martène et Durand.

[1] Qui cupit hoc epulum sanctumque haurire cruorem
Se prius inspiciat cordisque secreta revolvat.

[2] Remigius præsul Christo per secula vivat.

[3] Cette nappe d'autel subsistait encore à la fin du XVII° siècle, au trésor de l'église de Saint-Etienne de Lyon, unie à celle de Saint-Jean. (De Terrebasse, *Histoire des deux Bourgognes*.) — Voir aussi de La Mure, *Histoire eccl. du diocèse de Lyon*, p. 298, et le P. Menestrier, *Histoire civile et consulaire de la ville de Lyon*, p. 238.

[4] Il hauoit engendrez un enfanz ce est à sauoir un fils qui hauoit a non Theodoris, lequel finit sa vie dedans l'espace d'un an. Il étoit innocenz et fu acostez as ceaus en la copaignie des Innocenz.

(Ms du XIII° siècle, intitulé: *Vie des Saints*, Bibl. imp., 632⁵, p. 120.)

doric a écrit sur son tombeau, quelques années plus tard, une touchante oraison funèbre. Les auteurs de l'*Histoire littéraire de la France* considèrent les quatorze vers élégiaques latins gravés sur une table de marbre blanc[1] comme des *meilleurs en tout sens qu'on fit en ce temps-là*[2]. Ils les attribuent à un moine de l'abbaye de Pothières, nommé Lambert, contemporain et ami d'Albéric, qui fut abbé de Saint-Bénigne de Dijon de 927 ou 928 à 937[3]. Ce moine était un

---

[1] On peut les lire, texte latin et traduction, p. 9 et 10 de notre histoire et légende. (V. Didron; Paris, 1853.) Les bénédictins Martène et Durand n'avaient donné qu'un peu plus de moitié de cette épitaphe en vers latins, parce qu'ils avaient été arrêtés par une lacune qui existait alors dans le marbre du monument funèbre. Nous avons raconté, dans notre opuscule ci-dessus (p. 5), comment un fragment de marbre blanc abandonné dans une cour, revêtu de caractères tronqués et ne formant aucun sens, avait, un jour, frappé notre vue, et comment nous avions complété le sens de l'inscription laissé indécis par les deux touristes bénédictins. Ce qui nous occupait principalement dans cette reconstruction, c'était la pensée de reproduire en son entier un des spécimens les plus remarquables de l'épigraphie monumentale du Xe siècle. Toutefois, nous nous sommes donné pour l'interprétation de l'ensemble une peine réelle que nous n'aurions assurément pas prise si nous avions eu recours au tome III, livre XXXVI, de Mabillon; mais il faut avouer qu'en voyant d'autres bénédictins, Martène et Durand, passer outre et laisser la lacune, nous n'avions pas pensé que les annales bénédictines pussent renfermer dans un de leurs doctes plis le texte entier de l'épitaphe. Quoi qu'il en soit, M. de Terrebasse a trouvé la découverte de notre fragment de marbre si intéressante, qu'il s'est hâté de reproduire dans sa jolie édition (Louis Perrin; Lyon, 1856) du Gérard de Roussillon, en prose, imprimée déjà au XVIe siècle par Olivier Arnoullet, de Lyon, les caractères de notre fragment artistement enchâssés par lui dans tout le reste de l'inscription.

[2] *Histoire litt. de France*, t. VI, p. 222.

[3] Il ne faut pas le confondre avec un autre Lambert qui fut le onzième abbé de Pothières. (Voir l'*Histoire eccl. de Langres*, par de Mangin, t. I, p. 389, aux notes.)

des plus savants de son époque et des plus versés dans l'étude des auteurs latins ; aussi lui avait-on confié la direction des écoles, et l'emploi d'écolâtre le recommandait au loin. Or il y avait d'étroites liaisons entre l'abbaye de Pothières et celle de Saint-Bénigne ; car l'on avait vu le premier abbé de Pothières, *Saron*, gouverner les deux monastères simultanément[1].

Albéric voulut que les moines de Saint-Bénigne pussent profiter du savoir de Lambert, et il le pria de lui donner par écrit des éclaircissements sur quelques difficultés grammaticales faisant à cette époque l'objet de grandes controverses parmi les moines. Il s'agissait surtout de la manière d'accentuer certains mots. Lambert, qui était modeste et quelque peu courtisan, se fit beaucoup prier. « Comment moi, vieillard presque déjà en enfance, écrivait-il, moi, vieillard léthargique, dont la voix babultie, et qui n'ai plus de dents, comment enseignerai-je Minerve elle-même[2] ? » Il se laisse aller pourtant, et adresse à Albéric et aux moines placés sous sa direction un petit *Traité grammatical* que Mabillon a reproduit[3]. Toutefois, Lambert, en faisant cet effort, a soin de dire à Albéric : « En vérité, si je suis devenu si peu

---

[1] *Histoire lit. de France*, loc. cit.

[2] Ut ego scilicet jam desipiens, jam delirus senex, jam letargia obsitus, ore balbutienti, ut pote edentulus ipsam docerem Minervam.

[3] Mab., t. II, p. 744, à l'appendice, comme la citation latine qui précède et celles qui suivent.

sage, c'est vous et nos frères qui m'y avez contraint[1]. »
Il semblerait, après tant d'hésitations et de précautions oratoires, que le bon Lambert va révéler les secrets de la nature ; mais il s'agit tout bonnement du choix de la pénultième ou de l'antépénultième pour placer l'accent ; il est question de la valeur de l'*i* devant l'*a* ; et il ne faut rien moins que la ferme raison et l'excellence du génie d'Albéric pour décider la plus grave des choses, c'est-à-dire où il sera nécessaire de placer l'accent dans *enim vero*[2].

Telle se montrait la science d'alors ; et les livres étaient rares, puisque, s'il faut en croire l'abbé Lebeuf[3], on fit au X° siècle, à Saint-Bénigne de Dijon, une grande faveur aux chanoines de Langres en leur prêtant un exemplaire manuscrit d'Horace. Quoi qu'il en soit, les vers latins du moine Lambert ont de la grâce et une exquise sensibilité : il y avait déjà progrès réel dans les écoles, progrès qui s'est arrêté au milieu du X° siècle, à cause des terreurs de la fin du monde. Lambert, d'après son propre aveu, était déjà fort âgé à l'époque où Albéric lui demandait communication de ses notes grammaticales ; et si l'on admet, avec les auteurs de l'*Histoire littéraire de la France*, que Lambert ait vécu au moins jusqu'en 930, il ne

---

[1] Verum si factus sum insipiens, vos me coegistis.

[2] Dicunt quidam *enim vero*, quidam *enim vèro*. Sed quia hic usu mihi vacillante, nec auctoritas suffragatur nec firma ratio, vestro relinquo judicio vel excellenti ingenio.

[3] *Dissertation sur l'état des sciences dans les Gaules.*

serait mort que cinquante-trois ans après Gérard[1]. Si Lambert n'a pas vu l'illustre comte, le souvenir de sa présence et de sa renommée était encore si vif qu'il ne faut pas s'étonner si le docte religieux a voulu laisser, sur une tombe *à peine fermée* de cette noble famille, une marque de sa pieuse et touchante sympathie.

La perte de ce fils, sur lequel avaient reposé toutes leurs espérances, remplissait leurs jours de tristesse. Une fille leur restait, portant le nom d'Eva, et n'aspirant qu'à la vie monastique. Berthe et Gérard eux-mêmes, animés d'une pieuse ferveur, tournèrent plus que jamais leurs regards vers le ciel, comme il arrive toujours aux ames profondément éprouvées; ils résolurent donc l'un et l'autre de consacrer leur patrimoine à fonder des églises et des abbayes, et, selon l'expression naïve d'un historien, ils choisirent Dieu pour leur héritier[2]. Les lieux qui, pour un monastère d'hommes, fixèrent leur choix, furent d'abord *Pulta-*

---

[1] Nous verrons plus tard que l'époque la plus probable de la mort de Gérard se trouve être entre 877 et 879. Il n'était déjà plus jeune quand il fonda les abbayes de Vezelay et de Pothières, car il vivait déjà sous l'empereur Charlemagne : Vixit Gerardus de Rossilione temporibus Caroli Magni, etc. (Gall. Christ., t. IV, p. 724.)

[2] Gérard, allié des rois (regum affinitate proximus), et ayant d'immenses richesses héréditaires en Bourgogne (divitiarum prestantissimus jure hereditario possidebat), et n'ayant point d'enfant, résolut, avec Berthe, de vendre leur patrimoine pour bâtir des monastères, et de choisir Dieu pour leur héritier. (Deum eligerent cohæredem.)

(*Histoire de Hainault* par Jacques de Guise, t. VIII, ch. L, p. 195.)

ria (aujourd'hui Pothières), sur les bords de la Seine et au pied de leur forteresse de Rossillon [1], et, pour un monastère de filles, un autre lieu appelé *Virziliacus*, appartenant à la reine Judith, femme de Louis-le-Débonnaire [2]. Ce lieu, situé sur les bords de la Cure, avait plu à Gérard, et il l'avait obtenu de la reine Judith en échange d'autres terres [3]. La charte de fondation est faite pour les deux monastères [4], et elle renferme pour l'un et l'autre le détail des terres concédées par Gérard et Berthe, dans les territoires d'Avallon et de Tonnerre, en faveur de l'abbaye des bords de la Cure, et dans les territoires de *Pultaria*, de Sens et de Troyes (*in pago Tricassino*), en faveur de l'abbaye des bords de la Seine.

Indépendamment des biens concédés ainsi à cette dernière, nous trouvons qu'elle eut encore pour droit d'*avouerie* des droits importants de tutelle, garde et gîte [5].

---

[1] L'abbaie de Poutières est assise sur le flume de Saingne, le lonc lou mont *Lascons*, en la sovereine haustesce dou quei uns trés nobles chastials Rossillons, fu jadis (m^s du XIIIe siècle, Bib. imp.)

[2] In loco vel agro qui dicitur virziliacus, in pago avalensi in regno Burgundiæ (*Spicil.* d'Ach.) in finibus Burgundiæ. (Gall. Christ.)

[3] *Chron. de Vezelay*, p. 11.

[4] La charte de cette double fondation est imprimée en tête de l'*Histoire de Vezelay*, écrite par le moine Hugues de Poitiers, secrétaire de Pons de Monboisier, 18e abbé de Vezelay, mort vers 1161. — Elle est aussi reproduite au *Spicilége* d'Achery, t. II, p. 499, et t. III, p. 446.

[5] Ces droits étaient exercés par l'abbaye de Pothières sur les *villes* de Bouys (Bouix), de Chierry (Charrey), Gomméville-le-Grand et Gomméville-le-Petit, Villers-le-Pautas (Villare), aujourd'hui Villers-le-Patras, et sur Noiron et Vic (Vix). (Archives de Bourgogne, Recueil de Pinc., t. XXV, p. 113, titre de 1411.)

Maître Guillaume Darbois, procureur du duc de Bourgogne Philippe-le-Hardi[1], disait à son seigneur, en lui transmettant la déclaration des localités soumises à ces droits : « Mon avis serait que monseigneur le duc échangeât lesdites seigneuries avec monseigneur de Langres contre les possessions que monseigneur l'évêque a dans Châtillon-sur-Seine. » Ce procureur était, à ce qu'il nous semble, un fort bon diplomate; mais il est douteux que, malgré la rivalité et les tracasseries intestines nées entre le duc et l'évêque pour leurs droits respectifs concernant leurs hommes de Mussy, il est douteux, dirons-nous, que l'évêque de Langres eût consenti à faire ainsi l'échange de son antique et noble castel[2] de Châtillon. Les illustres donateurs ne se réservèrent que l'usufruit, pendant leur vie, des biens considérables destinés par eux à la prospérité de leur œuvre et la garde et protection des monastères.

La fondation de ces deux célèbres abbayes est sans date ; il a donc fallu la supputer. Si l'on conçoit des doutes sur celle de 863, énoncée par une copie de la charte de Gérard trouvée à Pothières en 1563, et dont nous avons parlé plus haut, il faut, avec D. Luc Achéry, placer cette date entre l'an 859, où fut intronisé le pape Nicolas Ier, dont on a un diplôme

---

[1] Id., ib. — M^s pour servir à l'*Histoire de France et de Bourgogne*, p. 72.
[2] Si cette suggestion n'était pas faite au duc comme gardien de l'abbaye, elle attesterait au moins le droit imprescriptible de suzeraineté qu'avait le duc de Bourgogne sur ces localités, malgré les nombreuses aliénations faites par ses prédécesseurs.

confirmatif de la charte du fondateur, et l'an 867, où ce pape est mort[1]. On a, de plus, un diplôme confirmatif donné par Charles-le-Chauve et ainsi daté : « Le 7 des ydes de janvier, indiction huitième, la vingt-huitième année du règne du glorieux Charles, fait à Pouilly (en Nivernais), *in Castello Pauliaco, in Dei nomine feliciter. Amen*[2]. » Or, Charles-le-Chauve ayant commencé son règne en 840, le diplôme dont il s'agit date donc nécessairement de l'an 868. On verra tout-à-l'heure que l'année suivante Charles-le-Chauve, entrant en mésintelligence avec Gérard, voulut se rendre maître des deux abbayes; c'est donc nécessairement avant l'année 869 que leur construction eut lieu. Mabillon adopte l'année 867, avec D. Bouquet[3], avec le *Gallia christiana* et avec l'*Histoire littéraire de France*[4]. D. Bouquet ajoute à son assertion une remarque qui a un grand intérêt, c'est que Gérard était alors comte de Provence et non de Bourgogne, *ce dernier comté étant alors administré par Eudes*[5]. Prenons donc note que Gérard, en même

---

[1] *Spicil.*, t. III, p. 452 et 458.
D'après la *Chron. de Vezelay,* une lettre du fondateur au pape Nicolas Ier, pour obtenir son approbation, porterait la date de la 23e année du règne de Charles, c'est-à-dire l'an 863.
[2] *Chron. de Vezelay.*— Mabillon, t. III, liv. XXXVI, ch. LXXII, p. 141 et 142.—Diplomata Caroli Calvi.
[3] T. VIII, p. 608.
[4] T. VI, p. 222.
[5] Vizeliacense monasterium conditum est anno 867, etc. Gerardus comes erat Provinciæ non Burgundiæ. *Burgundiæ enim comitatum per id tempus Odo administrabat,* ut patet ex duobus placitis a Perardo relatis, p. 167 et seq.

temps qu'il exerçait ailleurs le haut commandement que lui avait confié Lothaire, était resté simple comte du Lassois, dans la partie de la Bourgogne placée alors sous l'autorité de Charles-le-Chauve.[1] Mais comme, en sa qualité de comte ou duc de Provence, Gérard commandait dans le Lyonnais, le Viennois, la Savoie et autres lieux compris dans l'ancienne Bourgogne (transjurane et cisjurane), placées sous l'autorité des neveux de Charles-le-Chauve, on lui a donné, en terme général, le titre de duc de Bourgogne[2]. Il était en outre comte de Bourges, et nous verrons bientôt éclater un conflit entre lui et Charles-le-Chauve à l'occasion de ce dernier comté.

L'esprit dans lequel fut faite la charte des deux fondations est digne de remarque parce qu'il amena pour les deux abbayes de fatales conséquences, dont nous parlerons plus tard. La seule redevance imposée par les donateurs était deux livres d'argent en faveur du Saint-Père et de ses successeurs, sous la vigilance et le patronnage unique desquels les deux abbayes furent placées, sans que *les saints Pontifes de Rome* pussent néanmoins les considérer comme *choses à leur disposition*. Ainsi les abbés devaient être électifs à Pothières et les abbesses électives à Vezelay, *suivant le conseil des gens de bien*, et avec l'approbation pon-

---

[1] Partie de la Bourgogne qui devint plus tard le duché.
[2] D. Plancher, t. I, p. 135. — Il faut prendre garde de se méprendre sur ce titre de duc de Bourgogne, et ne pas l'appliquer pour cette époque au duché même, qui n'était qu'une petite partie de l'ancien royaume de Bourgogne.

tificale. Le nombre des religieux devait toujours se régler d'après la proportion des biens affectés aux monastères. Le donateur défend à qui que ce soit de rien changer aux principes de la fondation, et il appelle les foudres du Vatican et les peines éternelles contre quiconque s'ingérerait dans l'administration des deux abbayes ou prétendrait y rien innover.

Il est évident que ces dispositions prohibitives allaient tout droit aux évêques diocésains, contre lesquels il n'aurait pas été décent de montrer de l'ombrage dans une charte publique ; mais, par une lettre postérieure écrite au pape Nicolas, et dont la Chronique de Vezelay donne le texte, le comte Gérard s'explique catégoriquement, en disant qu'il prétend ne conférer aucun droit, ni de juridiction, ni d'ordination, à aucun évêque, et supplie le souverain Pontife de s'opposer de tous ses moyens à un empiètement de cette nature.

De ce que le donateur range parmi les principaux devoirs des religieux les prières pour le roi *Louis-le-Pacifique*, pour son fils Charles-le-Chauve et pour les reines leurs épouses [1], on pourrait peut-être penser que les deux monastères avaient été bâtis avant la charte de fondation et les diplômes confirmatifs [2] ; mais

---

[1] Voir le testament de Gérard.
[2] C'est une opinion énoncée, du moins pour Vezelay, par D. Achery (t. III, p. 271), lequel dit qu'*au temps de Louis-le-Pieux* Gérard bâtit son monastère sur la montagne de Vezelay et y fit transporter d'Aix, en Provence, les reliques de sainte Marie-Madeleine.

le comte Gérard désirait tout simplement honorer, dans un des actes les plus importants de sa vie, la mémoire de son ancien maître Louis-le-Débonnaire, qui l'avait comblé, ainsi qu'il le dit, de libéralités et de marques d'honneur, et il voulait à la fois se montrer reconnaissant envers son seigneur le roi Charles, *à présent régnant*, de faveurs semblables que lui avait prodiguées ce prince à une époque où ce dernier faisait tout pour s'attacher un seigneur aussi puissant.

Tous les historiens et les touristes qui ont écrit avant le vandalisme révolutionnaire du siècle dernier s'accordent à dire que ce qui restait de la première fondation de l'abbaye de Pothières était d'une riche architecture : ainsi, le sanctuaire était pavé en marbre blanc et entouré de belles colonnes aussi en marbre blanc. Les dévastations et l'incendie avaient ruiné la nef, qui sans doute présentait jadis la même magnificence. Les tombes de Berthe et de Gérard se voyaient dans ce sanctuaire ; mais des inscriptions récentes et peu fidèles aux dates historiques véritables avaient attenté à l'éloquente simplicité de ces sépultures, placées d'abord sans inscriptions[1] dans ces lieux révérés. Une dalle en marbre blanc couvrait, devant le grand-autel, les restes du jeune Théodoric, et laissait voir l'épitaphe composée par le moine Lambert. Le fragment[2] carré de cette tombe est désormais le seul vestige restant de grandeurs évanouies. Nous en avons donné

---

[1] Sine inscriptionis nota.
[2] Nous en parlons dans cet ouvrage quelques pages plus haut.

religieusement l'estampage dans notre opuscule intitulé *Histoire et Légende*, et nous ne pensons pas qu'aucun touriste puisse le voir sans émotion, si la ferveur de ses goûts l'attire jusqu'à la bibliothèque de Châtillon, où ce curieux document est conservé avec soin.

L'ancienne église du monastère de filles fondé par Gérard et Berthe sur les rives de la *Cure*, et dont leur fille *Eva* fut la première abbesse[1], est d'une élégante construction. On y voit encore, à droite du sanctuaire, la place de la grille qui isolait les religieuses du reste de l'assistance. On aperçoit aussi sous le portail, d'un côté la statue de Gérard, et de l'autre celle de Berthe, toutes deux en pierre blanche et d'une moyenne dimension. Le pieux donateur ne tarda pas à élever sur la montagne voisine et dans le *castellum*, qui en faisait un lieu de défense, un autre monastère d'hommes moins exposé aux incursions ennemies, si redoutables alors. Les deux monastères de Vezelay furent mis, comme celui de Pothières, sous la règle de saint Benoît et sous l'invocation des apôtres saint Pierre et saint Paul. Dans l'origine, les deux églises de Vezelay se nommaient l'une Saint-Pierre-le-Haut et l'autre Saint-Pierre-le-Bas; c'est par suite de l'ancienne prononciation que cette dernière

---

[1] Elle avait signé la charte de fondation avec vingt-huit seigneurs, qui y sont dénommés; et, selon le style en usage alors, *elle y avait consenti en la confirmant, et l'avait confirmée en y consentant.*

a gardé le nom de *Saint-Père*; celle du castellum reçut plus tard le nom d'église de la *Madeleine*, à cause des précieuses reliques qu'elle gardait.

Quand un voyageur vient d'Avallon par les rives fraîches et pittoresques de la rivière de Cure, cette gracieuse petite basilique de Saint-Père s'offre à lui comme un premier plan de ces beaux lieux renommés par de si grands souvenirs. L'église actuelle de Vezelay-le-Haut est un assemblage de parties construites à des époques très-différentes. La plus ancienne ou la primitive est celle du milieu : elle s'étendait de la nef des Catéchumènes jusqu'au chœur actuel. Le XIII° siècle a pensé racheter la lourdeur des piliers construits par les ouvriers de Gérard, en couronnant les fûts d'une foule de sujets monstrueux, grimaçants et impurs, qui sont là comme l'histoire d'une époque naïve, il est vrai, mais qui, par des allégories trop nues, dégradent la majesté de notre culte.

Sous le chœur actuel et dans toute son étendue est une chapelle souterraine dont la voûte est portée par huit colonnes, et où avaient été déposées les reliques de sainte Marie-Madeleine[1]. Les historiens s'accor-

---

[1] Il n'y a qu'une seule Marie surnommée *Magdelaine*, parce qu'elle était du bourg de *Magdala*, en Galilée. C'est elle que Jésus-Christ délivra des démons, qui ne cessa plus de l'accompagner et qui embauma son corps avec des parfums. Une autre Marie, de *Béthanie*, et sœur de Marthe, répandit un parfum de grand prix sur les pieds de Jésus et les essuya avec ses cheveux. (Jean, XII, 3.) Une femme de la ville de *Naïm*, qui était de mauvaise vie, vint aussi couvrir de parfums et essuyer avec ses cheveux les

dent peu soit sur le lieu d'où elles proviennent, soit sur l'époque de leur translation d'Aix à l'abbaye de Vezelay. L'agiographe Baillet dit, d'après Frodoard [1], que cette translation n'a pu avoir lieu avant l'an 920. D. Baunier [2] est d'accord pour cette même date; mais il assure que le moine Baidilon, abbé de Leuze en Hainaut, apporta ces reliques de Jérusalem. D'après le *Gallia christiana*, ce n'est que vers 1040 que l'abbaye de Vezelay prit le vocable de sainte Marie-Madeleine, et, d'après D. Plancher [3], une bulle du pape Léon IX, donnée en 1050, est la première charte qui fasse mention de Sainte-Madeleine de Vezelay. Ce culte, ajoute D. Plancher, n'était pas en-

---

pieds du Sauveur. (Luc, VII, 37 et 38.) Remarquons que l'Ecriture ne dit pas le nom de cette pécheresse. Néanmoins, la simple analogie des parfums a suffi pour faire *trois Marie-Magdelaine* au lieu d'une. L'Eglise grecque paraît avoir facilité cette confusion en personnifiant trois Maries sous le nom de *myrophores* (de μυρον, parfum, et φορεω, je porte). Il fallait que cette fausse doctrine eût fait des progrès, puisqu'en 1521 la Sorbonne se prononçait pour une seule *Marie-Magdelaine*, *unica mulier evangelio magis consona*. Néanmoins, l'église de Vezelay n'avait point suivi cette orthodoxie, car, d'après la Chronique de Vezelay (p. 248), elle avait un autel dédié aux trois Maries. Elle n'était sans doute pas bien fixée elle-même sur celle des saintes femmes dont elle possédait les reliques. (Voir à ce sujet ce que dit Baillet; *Vie des Saints*, t. II, p. 418; in-f°, Paris, 1715).

Les Provençaux ont prétendu qu'après l'ascension de Jésus-Christ les Juifs firent éclater leur fureur contre Lazare et ses sœurs, qui se réfugièrent à Marseille et furent les premiers apôtres du pays. Les Provençaux prétendaient ainsi posséder à Saint-Maximin (diocèse d'Aix) le corps de Marie de Béthanie, qu'ils appelaient *Marie-Magdelaine*.

[1] Frodoard était né à Epernay en 894; il est mort à Reims en 966.
[2] Chron. de Vezelay.
[3] T. I, p. 137.

core bien affermi dans les premières années du XIIe siècle, puisqu'un évêque d'Autun le défendit à tous les fidèles de son diocèse, et qu'il fut nécessaire de recourir au pape Pascal II[1] pour avoir main-levée de cet index épiscopal. Toutefois, de ce moment même l'esprit public, qui semblait ne point partager ces indécisions, dès qu'il put s'abandonner en liberté de conscience à son entraînement, donna au culte de la *Madeleine de Vezelay* un élan prodigieux. Les pèlerins et les offrandes affluèrent, et ce n'est sans doute pas le moindre des motifs qui firent choisir Vezelay pour le rendez-vous de la croisade prêchée par saint Bernard. Il y eut alors une telle affluence de seigneurs et de peuple, qu'on fut obligé de construire pour l'orateur sacré une tribune au centre de la colline. Du haut de cette chaire, l'éloquence de saint Bernard captiva cette multitude déjà entraînée d'avance par le zèle de la foi et par le vaste incendie d'une idée qui embrasait le monde chrétien.

Un tel succès obtenu par les religieux de Vezelay excita l'envie des Provençaux, et il y eut un parti qui soutint que les véritables reliques de sainte Marie-Madeleine n'avaient jamais quitté le bourg de Saint-Maximin. Cette rivalité amena toutes sortes de contradictions ; on alla jusqu'à reculer vers la fin du XIIIe siècle la translation de ces reliques et à en im-

---

[1] Intronisé en 1099 et mort en 1118.

puter le fait à Charles, comte de Provence et roi de Sicile[1].

Quoi qu'il en soit de cette controverse, il est sage de ne pas considérer comme de l'histoire la pieuse légende de Sens et de Vezelay. Toutefois, il y a du vrai, comme dans toutes les légendes, et il se trouve des historiens recommandables qui imputent à Gérard ou à ses délégués la translation qui nous occupe. « Le comte Gérard, dit D. Luc Achery, lorsque, sous le règne de Louis-le-Pieux, les Sarrazins ravageaient la Provence, l'Aquitaine et la plus grande partie de la Bourgogne, transporta sur la montagne de Vezelay la véritable résidence de l'église dédiée à Saint-Pierre; et, après avoir enlevé à la ville d'Aix en Provence le corps de la bienheureuse Marie-Madeleine, il le transféra dans sa nouvelle église de Vezelay[2]. »

Honoré Bouche, quoique historien provençal, sem-

---

[1] Anno Domini 1279 Carolus comes Provinciæ, primus rex Siciliæ fertur invenisse corpus Mariæ-Magdalenæ apud villam Sancti Maximini, etc. — Contrarium asserunt Virziliacenses qui illud translatum ibi dicunt a Gerardo comite Burgundiæ tempore Zachariæ papæ. — (Cornelii Zantelict Chronicon. — Martini et Durand, amplissima collectio.)
Cette deuxième assertion est inadmissible : car le pape Zacharie étant mort en 752, on reculerait au VIIIe siècle, contre toutes les données de l'histoire, et la fondation de Vezelay, et l'époque où existait le fondateur de cette abbaye.

[2] Tempore Ludovici Pii Saraceni a partibus Hispaniæ emersi, provinciam Aquitaniam et maximam partem Burgundiæ *usque Vizeliacum* vastaverunt. *Geraldus* comes *de genere Ludovici*, ecclesiam S. Petri in monte transtulit et corpus beatæ Mariæ-Magdalenæ in Provincia, ab Aquis urbe *raptum* in ecclesia videliaco monte sita recepit, etc. — (D. L. Achery, *Spicil.*, p. 271.)

ble mettre une louable impartialité dans son récit[1] : Gérard, pense-t-il, qui avait gouverné la Provence, connaissait tout le prix attaché à la possession des reliques de sainte Marie-Madeleine, lesquelles reposaient dans la petite ville de Saint-Maximin, gardées comme le plus précieux trésor par les religieux cassianistes, relevant du monastère Saint-Victor-lez-Marseille. Il est fort vraisemblable, ajoute l'historien, que les religieux n'osèrent pas refuser à la piété d'un si illustre et si recommandable seigneur de toute la Provence une *portion de ces reliques* qui furent portées au monastère de Vezelay par un moine de cette abbaye. Il est vraisemblable encore que ce larcin fut fait bien en cachette, les religieux de Saint-Maximin redoutant de se faire un mauvais parti dans le peuple. Ils firent donc partir de nuit le pieux commissionnaire muni de sa part du trésor.

Voilà le vraisemblable : tout le reste, le voyage de Badilo soit à Constantinople, soit à Jérusalem, soit ailleurs, soit même en Provence, avec les circonstances de rapt et le merveilleux du voyage, est purement légendaire et appartenait de plein droit à notre poème, qui a bien su le mettre à profit.

On sait que Vezelay fut occupé par les protestants depuis le mois d'octobre 1569 jusqu'en juin 1570. Pendant tout ce temps, dit la Chronique de Vezelay, l'église de la Madeleine servit de manège et d'écurie

---

[1] Chron. de la Provence, t. I, p. 730.

à leurs chevaux. Ils n'y laissèrent que les quatre murs, et la première chose qu'ils firent, ce fut de brûler les reliques de sainte Marie-Madeleine avec tous les objets sacrés. L'auteur d'*Autun chrétien* semble inculper Théodore de Bèze. Ce dernier était en effet revenu à Vezelay, sa patrie, en 1568, après dix années passées tant en Allemagne qu'à Genève. Mais, comme l'a dit Bayle, Théodore de Bèze, homme d'un mérite extraordinaire, fut exposé à cent sortes de médisances et de calomnies[1], et il est sage de se défier de l'acrimonie et de l'injustice entre adversaires religieux.

En 868, Charles-le-Chauve était en pleine paix avec son redoutable vassal, comme l'atteste le diplôme royal approuvant la fondation des deux abbayes, et portant cette même date. On voit par certains termes de cette charte combien le roi caressait l'alliance du comte Gérard : « En favorisant les pieux désirs des hommes nobles et illustres qui nous sont fidèles (y est-il dit), nous attachons de plus en plus ces personnes à nous par la fidélité[2]. » Paroles dorées, ayant pour but de jeter des racines autour du noble cœur de Gérard, mais auxquelles il ne fallait pas se fier ; car le roi Charles ne se faisait pas faute de la duplicité, et, quand il donnait d'une main, il y avait beaucoup à craindre qu'il ne retirât de l'autre. Or, il agissait ainsi en ce moment : il est impossible de le révoquer en

---

[1] Edition de 1730, in-f°, p. 552.
[2] Diplomata Car. Calvi, ann. 868. — (Chron. de Vezelay, p. 24.)

doute quand on voit le comte Acfrid ou Egfrid, nouveau favori du roi Charles, venir, sans cause apparente et sous le sceau de l'autorité royale, s'emparer du comté de Bourges, dont Gérard était en pleine possession[1], qu'il tenait de la munificence de Louis-le-Débonnaire, et où l'avait solennellement maintenu Charles-le-Chauve lui-même.

Les chroniqueurs donnent à peu près les mêmes motifs à cet acte politique : selon les uns, Charles, que ses nombreuses guerres et ses largesses intéressées avaient apauvri, tirait déjà de bons subsides[2] du comte Egfrid, enrichi par de nombreux bénéfices, et il espérait les accroître en pourvoyant le comte d'une contrée que ce dernier n'aurait pas hésité à pressurer dans l'intérêt de son suzerain et aussi dans le sien propre. Selon les autres, le même comte *s'étant pris de convoitise* pour ce riche pays, placé sous la suzeraineté du roi de France, l'acheta de Charles à *beaux deniers*[3] en 867. Mais, substituer une autorité équivoque à l'autorité paternelle et populaire du comte Gérard n'était pas chose facile, et il fallait de plus que

---

[1] L'an 867, Charles, pour quelques sujets de mécontentement qu'on ignore, dépouilla Gérard de Rossillon du comté de Bourges pour le donner à un seigneur nommé Egfrid ou Acfrid, déjà pourvu, suivant Mabillon, de l'abbaye de Saint-Hilaire de Poitiers et d'autres bénéfices ecclésiastiques. (*Art de vérifier les Dates*, Chronol. des comtes de Bourges, année 867.)

[2] Exemia non modica suscipiens. (Ann. Bert.)
Dans certaines provinces, et dans le Dauphiné principalement, on appelait *taille comtale* le droit qui se payait chaque année au comte. (Chorier, p. 518.)

[3] Fauriel, *loc. cit.*, t. IV, p. 351.

le roi n'eût pas l'air d'y donner les mains. Le comte Egfrid se mit donc en marche pour prendre possession du comté de Bourges, et, malgré ses efforts, il trouva une résistance contre laquelle son agression ne put tenir. La province resta fidèle à Gérard, et les hommes de ce dernier n'eurent pas de peine à mettre aux abois le comte usurpateur. Forcé dans ses derniers retranchements, il s'était enfermé dans une chaumière à laquelle on mit le feu. Egfrid s'élança en désespéré contre ses ennemis; mais ceux-ci, ne voulant lui faire aucun quartier, lui coupèrent la tête pour s'en faire un trophée, et jetèrent son corps dans le feu.

En apprenant cela, Charles-le-Chauve entra dans un de ces paroxismes de fureur qui lui étaient familiers[1], et la dissimulation devenant inutile, il vint assiéger la ville de Bourges sans pouvoir la réduire. Pour se venger de son insuccès, il mit la province des Bituriges à sac[2], et fit périr des milliers d'hommes par la faim; il dévasta tout, habitations, églises, monastères : la parole se refuse à dépeindre les maux qui en résultèrent[3]. On ne peut se figurer dans nos

---

[1] Notre poème a bien suivi l'histoire en mettant presque toujours l'injure et les propos violents à la bouche du roi Charles.

[2] Fauriel, *loc. cit.*, ann. 868. — Sancti Maxentii Chron., ann. 868. — D. Bouquet, t. VII, p. 229, ann. 868.

[3] Tunc Carolus, quasi ad hoc vindicandum flagitium, pagum Brituricum adiit in quo tanta mala et in Ecclesiorum confractione et in pauperum oppressione atque in omnium flagitiorum commissione atque terræ devastatione, commissa sunt, ut dici ore non possint, sicut multorum millium hominum fame mortuorum pro ipsa depopulatione attestatio demonstravit, etc. (Ann. Bertin, ann. 868.)

temps modernes tout ce que les guerres de rivalité entre suzerains et vassaux faisaient souffrir à ces générations vivant au jour le jour, sans repos et sans dignité, et comme une proie inerte et fatalement résignée.

Malgré tous les efforts du roi, non-seulement il ne put tirer vengeance de son redoutable antagoniste Gérard, mais il ne put même l'expulser du comté de Bourges, ni lui ni les comtes qui, en son absence, gouvernaient sous sa suzeraineté[1]. C'était une guerre terrible et qui va se compliquer tout-à-l'heure d'événements nouveaux.

Cependant le système féodal se régularisait; déjà de certaines conventions réglaient les hostilités, et avant de les entreprendre contre les suzerains, le vassal devait, un an ou six mois avant de commencer la guerre contre son seigneur, mettre ce dernier en demeure de lui rendre justice, et lui faire savoir ses griefs. De tels délais étaient comme le droit de la guerre dans ces temps farouches où l'on ne s'égorgeait pourtant pas sans de certains égards[2]. Ils étaient d'ailleurs absolument nécessaires pour convoquer et réunir les vassaux et arrières-vassaux. Nous avons dans les

---

[1] Vindicta autem in Gerardum *et ejus comites* non solum ulla non extitit, verum nec ipsi de pago Biturico a quoquam expulsi sunt. (Ann. Bertin, ann. 868.)

[2] En toute occasion notre poème nous met au courant de cet usage des sommations et nous montre que, pour y avoir manqué, le comte Gérard amena la défection parmi les siens :

> Et pour ce que Girart Charles-le-Chauf ne somme
> Par an ne par demy, tuit li faillent sui homme.
> (P. **74**, v. 1651.)

grades de nos armées une image fidèle de la hiérarchie féodale.

Le duc ou comte des marches transmettait le mandement de guerre du suzerain aux autres comtes placés sous son autorité, dans la province dont il avait l'administration civile et le commandement militaire. Chaque comte avait plusieurs barons ou châtelains sous sa dépendance, et ceux-ci voyaient se grouper autour d'eux d'autres chefs d'un rang inférieur, comme les *centeniers* ou commandants de la milice de cent villages, lesquels donnaient des ordres aux *dizainiers* ou chefs de dix villages. Venaient ensuite les grades inférieurs des *majores* et *juniores*, *præpositi*[1], etc. Quand les bandes étaient organisées, il fallait bien avoir des points de ralliement, un étendard, un cri de guerre, autrement la confusion aurait régné non-seulement dans la mêlée, mais jusque dans les préparatifs et les rassemblements préliminaires. Aussi, chaque degré de la hiérarchie féodale avait-il sa *bannière*, et c'est de là qu'est venue l'expression consacrée de convoquer le *ban* et l'*arrière-ban* des vassaux. Le mandement royal de guerre une fois publié, le duc le transmettait à ses comtes, ceux-ci aux *hauts-bers* ou barons et châtelains, lesquels mettaient en mouvement leurs propres vassaux sous leurs bannières partielles, et venaient ranger ces compagnies sous le *penon* du comte de chaque *pagus*. Tous les comtes

---

[1] Voir Perreciot, *De l'état civil des personnes*, t. II, p. 324, et Saint-Julien de Baleure, *De l'origine des Bourgoignons*, p. 700.

venaient ensuite se grouper sous l'étendard du duc, puis ce corps d'armée allait se réunir à d'autres au lieu assigné par le roi, et où était déployée l'enseigne du suzerain en signe de ralliement général.

Tels furent les apprêts de guerre ordonnés par le roi Charles dans l'année 868, pour venger l'affront qu'il avait reçu dans le pays de Bourges. Il manda ses leudes à un *plaid* tenu par lui à Laon, leur exposa ses griefs, s'emporta en invectives contre les téméraires desseins d'un vassal audacieux, et, après avoir plus ou moins convaincu l'assemblée de la justice de sa cause, il ajourna ses leudes pour le printemps de 869 à Cône-sur-Loire[1].

Par suite de cette rupture, le roi Charles s'empressa de retirer la charte de confirmation des deux abbayes de Pothières et de Vezelay, et un messager royal vint prévenir Gérard que son seigneur le roi prétendait se rendre maître des deux monastères[2]; mais le comte sut habilement mettre en œuvre l'influence de l'archevêque de Reims Hincmar, pour paralyser le projet dont on le menaçait. Il se rappelait fort à propos une lettre que l'archevêque, au temps de sa promotion, vers 845, avait écrite à Berthe et à lui-même au commencement de leur résidence et de leur puissant crédit dans la Bourgogne cisjurane. Par cette lettre, Hincmar invoquait leur protection sur un patrimoine que son église de Reims possédait dans un

---

[1] Fauriel, *loc. cit.*, p. 359.
[2] Et occupare velle. (Frodoard, *Hist. Rem.*, liv. III, chap. 26.)

antique bourg de la Narbonnaise, portant le nom de *Glanum*[1]. Gérard écrivit donc à l'archevêque qu'il lui faisait aujourd'hui pour le patrimoine de saint Pierre et de saint Paul[2] la même recommandation qu'il avait reçue jadis du prélat, et il le priait, comme ayant une grande autorité sur l'esprit du roi, de détourner ce monarque de son funeste dessein ; il ajoutait, enfin, que si celui-ci (*iste*) exécutait sa menace, il rendrait, lui, comte Gérard, quoique à regret, l'église de Reims responsable, en s'emparant de ce qu'elle possédait.[3] L'habile politique de Gérard porta ses fruits : l'archevêque fit réponse que jamais il ne donnerait les mains à ce que personne s'exposât à la colère de Dieu en usurpant les biens de l'Eglise; en même temps il justifiait le roi, qui lui paraissait être soupçonné trop gratuitement, d'une pareille intention, contre laquelle lui, Hincmar, serait le premier à protester[4].

Charles-le-Chauve eut bientôt des préoccupations autrement importantes que celle qui lui faisait convoiter les biens des deux abbayes. Son neveu Lothaire II mourut[5], et aussitôt la convoitise de cette succession au préjudice de son autre neveu, Louis II,

---

[1] Frodoard, ibid. — Hon. Bouche. *Chor.*, t. I, p. 730.

[2] Gérard entendait par là ses deux abbayes, de Pothières et de Vezelay, dédiées aux apôtres saint Pierre et saint Paul.

[3] Ipse, licet invitus, res hujus regni quæ in illo habebantur regno, nempe Provinciæ, præsumeret. (Mab., t. III, liv. XXXVI, p. 143.)

[4] Id. ibid. — D. Bouq., t. VII, p. 516, note 6.

[5] Lothaire, roi de Lorraine, étant mort, Charles-le-Chauve se fit couronner à Metz, au préjudice de l'empereur Louis, frère de Lothaire. (*Art de vérifier les Dates*, année 869.)

chatouilla le cœur de Charles-le-Chauve. On se souvient qu'après la mort du jeune roi de Provence Charles, pupille de Gérard, ce royaume avait été divisé en deux parts, dont celle avoisinant la Lotharingie, et qui comprenait Lyon et Vienne, était échue à Lothaire II. Cette part revenait de droit à Louis II, frère de ce dernier, et représentant désormais par une seule tête la succession de l'empereur Lothaire Ier, son père. Mais Charles-le-Chauve, possédé du désir de reculer les limites de son royaume jusqu'aux rives de l'Isère, foula aux pieds les conventions du traité de Mersen, qu'il avait solennellement jurées en 857, et, profitant de l'absence de l'empereur Louis II, occupé dans une guerre contre les Saxons, il vola à Metz et s'y fit couronner roi de Lorraine par son favori l'archevêque de Reims Hincmar, le 8 août 870[1]. Le pape Adrien II eut beau protester en faveur de l'absent, Charles-le-Chauve se hâta d'unir sa politique ambitieuse à celle de son frère Louis-le-Germanique. La ville de Mersen, qui les avait vus l'un et l'autre, dans un autre temps, cimenter les liens de succession, les leur vit anéantir. Ils s'accordèrent sur un partage de la Lotharingie : Louis-le-Germanique prit les pays avoisinant le Rhin, et Charles-le-Chauve s'attribua les contrées sises au-delà du Rhône et de la Saône. En un mot, ils rayèrent d'un trait de plume la Lotharingie des possessions de leur neveu Louis II,

---

[1] Mille, t. II, p. 264, ann. 869. — Al. de Terrebasse. — Mézeray, *Abr. Chron.*, t. I, p. 339.

et ne lui laissèrent que la Provence avec son royaume d'Italie. Mais il y avait encore une arrière-pensée dans l'esprit de l'ambitieux Charles-le-Chauve, et il se serait emparé de la Provence sans coup férir, s'il n'eût pas rencontré sur son chemin un champion redoutable, aussi fidèle aux jeunes princes de la famille de Charles-le-Chauve que ce dernier était pour eux déloyal et animé contre eux d'une ardeur spoliatrice. L'historien Gollut, qui veut être juste envers la mémoire de Louis-le-Germanique, dit que ce prince recula, dans l'acte de spoliation, devant les menaces d'excommunication du pape[1]; mais Charles-le-Chauve n'en tint aucun compte : il savait fort bien que la cour romaine préférerait toujours son alliance à celle de princes dont la domination au sein de l'Italie même la gênait et lui portait ombrage. La politique de Rome tendait évidemment à rendre le titre d'empereur purement nominal, mais en même temps à placer cette ombre de couronne sur la tête d'un prince puissant et qui pourrait tenir tête aux invasions dont le sol d'Italie était sans cesse menacé.

Le moment était bien choisi pour un coup de main sur le royaume de Provence; car le jeune Louis II avait conduit ses bandes armées dans la Saxe, et se reposait sur Gérard du soin de protéger ses frontières : toutefois ce chef habile, pris lui-même à l'improviste, ne pouvait organiser en un instant des moyens de

---

[1] Gollut, *Rep. seq.*, liv. IV, c. VIII.

lutte bien énergiques. Il prit le seul parti possible, et
qui consistait à garnir de défenseurs les forteresses le
mieux mises en état de tenir en échec son adversaire.
Berthe, sa noble épouse, était douée d'une rare intrépidité, il lui confia la place de Vienne, ville munie
de fortes murailles, hérissée de tours, et défendue par
des travaux qui en rendaient l'accès difficile. M. Fauriel a eu le tort de ravaler le courage de Gérard,
comme si cet écrivain habile avait eu besoin d'un
tel système pour rehausser l'intrépidité de Berthe[1].
Nous sommes loin de partager cette opinion : Gérard
était surpris par un événement inattendu, c'est-à-dire
par la mort du jeune roi de Lorraine, Lothaire II
(869), cause immédiate de l'invasion du roi des
Franks. Ce dernier savait bien, d'une part l'indécision
que cette mort devait avoir jetée tout à coup dans
l'Austrasie, et il devinait encore mieux, d'autre part,
combien les frontières de la Bourgogne cisjurane
allaient être dégarnies de soldats par suite de l'expédition du jeune Louis II. Gérard fit alors ce que les
circonstances lui prescrivaient : il confia à un autre
lui-même la garde d'une place d'un difficile accès,
et où l'armée royale ne serait pas entrée sans tous

---

[1] Voici les paroles de M. Fauriel (*Hist. de la Gaule méridionale*, t. IV, p. 360) : « Ce fut au printemps de l'année 870 que
Charles-le-Chauve entra sur les terres du duché de Vienne. Les
chroniques ne disent presque rien de cette guerre, sinon que
G. de Roussillon y fut pris au dépourvu et n'y fit pas une défense
digne de sa renommée. Ce fut Berthe qui joua le beau rôle dans
cette guerre. »

les manèges de la ruse, de la perfidie et de la corruption[1]. En effet, Berthe sut se maintenir plusieurs mois contre les suggestions des traîtres ou des gens pusillanimes qui l'entouraient ; pendant ce temps-là, Gérard, avec une activité sans égale, rassemblait dans toutes les terres de sa domination, le peu d'hommes qu'il lui fut permis de trouver. Mais ne pouvant, avec d'aussi faibles ressources, tenir la campagne, il alla, lui aussi, dans une forteresse[2] afin d'attendre, sans compromettre l'avenir, la présence, la diversion et les secours qu'il ne cessait de solliciter et d'espérer de l'empereur Louis II. Les Annales des Bénédictins et la Chronique de Saint-Denis se taisent sur le lieu fortifié que choisit Gérard ; mais, d'après les historiens de la Bourgogne cisjurane, ce serait le château de Grimon ou Griefmont, lequel défendait au nord l'entrée de la ville de Poligny, protégée elle-même alors par une forte enceinte d'épaisses murailles garnies de vingt-cinq tours[3]. Cette place avait été, à l'époque romaine, le séjour des personnages consulaires qui gouvernaient l'importante province des Séquanais. Les Bourguignons, lorsqu'ils furent maîtres de la contrée, se gardèrent

---

[1] Tant fist li rois et par sens et par engin que il mict dissention entre ceus qui la cité gardaient, si que une grant partie se tint à lui. (*Chron. de Saint-Denis*, ch. v.) — D. Bouq., t. VII, p. 135.

[2] Nam Gerardus in altero morabatur Castello. (*Ann. Bertin*, ann. 870).— D. Bouq., t. VII, p. 112.

Cil Girard n'estoit pas dedens, ainz estoit ailleurs en un fort chastel. (*Chron. de Saint-Denis*, loc. cit.)

[3] Chevalier, *Mémoires hist. sur la ville et seign. de Poligny*, t. II, p. 23.

bien de rien changer aux habiles dispositions stratégiques et administratives de leurs devanciers; d'ailleurs, ils avaient été établis par eux dans ces contrées au déclin de l'empire, afin de protéger les frontières contre d'autres Barbares[1], et, en rémunération de ces services, ils entraient en une certaine proportion dans le partage des terres, et, comme ils étaient industrieux[2], ils fondèrent çà et là des établissements[3]. Ils surveillèrent les principaux passages le long du Mont-Jura, entre Bâle et Genève[4], et il faut bien qu'avant le IX° siècle les environs de Pontarlier eussent déjà joué un rôle dans la défense du sol, puisqu'il en est question dans les plus anciens poètes populaires[5].

---

[1] Grégoire de Tours, liv. II, ch. XXXII. — Montesquieu, *Esprit des Lois*, liv. XXX.

[2] Burgundiones sunt fabri lignarii fere omnes et ea arte vitæ sumptus tolerant. (Socrat., *Hist. eccl.*, lib. VII, c. XXX.)

[3] Crebra per limitem habitacula constituta. Ibid.

[4] Droz, *Mémoires sur Pontarlier*, p. 24.

[5] Il est dit dans notre poème, v. 1915, que *Girart*, après sa défaite, se retira au fort de Joigne (Jougne.)

A ung fort lieu s'en va que l'on appelle Joigne.

Cette forteresse commandait vraisemblablement un de ces deux défilés étroits dont les Helvétiens, qu'Orgétorix excitait à tenter fortune dans les Gaules, voulaient obtenir le passage : « Relinquebatur una per Sequanos via qua, Sequanis invitis, propter angustias, ire non poterant. » (César, *De bello Gall.*, lib. I, IX.) — Jougne était la clef principale de tous les défilés qui de l'Helvétie aboutissaient aux rampes du Jura. Il y a là une plate-forme d'où la vue plonge dans les creux vallons boisés où les ours font peut-être encore aujourd'hui leurs repaires. La forteresse de *Jougne* n'a pas dû être bien éloignée de cet emplacement. Une voie romaine venant d'Italie passait par Lafferière, *Jougne*, les Hôpitaux, la Combe, la Cluse et *Pontarlier*, dont elle traversait le territoire par les champs dits *les grands et petits Longs-Traits*. Nous avons pris ces détails sur les lieux mêmes, et nous avons vu à la biblio-

Poligny, au dire de Chevalier, était un grand centre de résistance où venaient aboutir les rayons des trois plus importantes contrées de la Séquanie[1]. En effet, cette ville formait, avec Ariarica (Pontarlier), la base d'un triangle renfermant le pays des Varasques[2], et ayant le sommet appuyé sur la chaîne du Jura. Ces Varasques étaient des Bourguignons qui avaient tellement multiplié au Ve siècle, dans les environs de Genève, qu'ils s'étaient emparés de la province de Vienne, de celle des Séquanais et de la première Lyonnaise[3], et qu'ils avaient pour ainsi dire crevé leurs fortes limites en constituant la Petite-Bourgogne dite aussi anciennement de *Oultre-Joux*, où sont les cantons de Fribourg, Berne et Neufchâtel[4]. Ces montagnards bourguignons sont peut-être les seuls dans les Gaules qui n'aient pas courbé la tête sous les fourches caudines de la féodalité. Leur dépendance était honnête et souvent glorieuse : car, vivant toujours

---

thèque de la ville de Pontarlier une borne milliaire trouvée en 1834 près de la fontaine intermittente de *Fontaine-Ronde* et dans un pli de terrain où il ne nous a pas été difficile de démêler des indices de la voie romaine. Bourgon et M. Girod ont donné le texte de l'inscription gravée sur la borne milliaire dont il vient d'être question.

[1] *Mémoires hist.*, t. I., Prélim., p. 17.

[2] Ce nom seul atteste la vocation belliqueuse des habitants de ce pays : « *Wahren*, en allemand, dit l'historien Droz (p. 29), « signifie *garder*. » Or, la contrée des Varasques comprenait toutes les gorges ou passages qui étaient à garder de Bâle à Pontarlier et Salins inclusivement. C'est dans cette même contrée qu'étaient les *Hériens*, qui, peut-être, ne sont autres que les Bourguignons Ariens.

[3] Voir Mézerai, ann. 443. — Voir aussi Droz, *loc. cit.*, p. 35.

[4] Gollut, 2e édit. in-4°, 1846, p. 103.

de leur première vie militaire, ils ne restaient dans le domaine du souverain *que pour la justice.* C'étaient des gens libres, divisés par centaines, moitié soldats, moitié artisans, lesquels cultivaient des terres appelées *militiæ*, et, sans posséder de fiefs proprement dits, formaient un bourg sous le nom de *compagenses* ou *milites*. Il est question, dans une charte entre Charles-le-Chauve et ses frères, de cette sorte d'hommes libres qui pouvaient à leur gré adopter le roi pour seigneur[1], et ignoraient jusqu'au hideux nom de *mainmortables*.

La ville d'Ariarica respirait cette franchise et n'avait que des protecteurs au lieu de suzerains[2]. Il semble que ses traditions militaires et celles de son voisinage la tiennent encore éveillée, et que son front neigeux donne à ses habitants un sang plus vif, un corps plus dispos et plus de patriotisme que partout ailleurs[3].

---

[1] Droz, *loc. cit.*, p. 12. — *Esprit des Lois*, liv. xxx. — Ducange, *verb. centenœ.*

[2] Les sires de Salins et de Joux étaient les protecteurs de Pontarlier. — C'est l'*Ariarica* de la carte Théodolienne. Son nom plus moderne lui vient d'un pont sur le Doubs, construit par l'empereur *Ælien Adrien*. Le nom de Pont *Elie* ou *Alie* s'est conservé dans le patois du pays :

On ot biau verie deverie
On ne voit ra d'té que Pontalie.

[3] Quelque chose de bien rare en beaucoup d'autres lieux nous a frappé dans cette chaleureuse petite ville : c'est que la salle principale de la mairie est un musée de famille où sont offerts à la vue de tout le monde les portraits des Pontissaliens qui se sont distingués soit dans les sciences exactes et le génie militaire, soit dans les lettres ou les arts, soit dans les rangs du clergé ou de la ma-

La principale route de l'Helvétie, à l'époque romaine, franchissait le Doubs à l'extrémité de cette ville[1], dont les plaines parsemées de vestiges, d'ossements humains et d'armures[2], révèlent les luttes diverses de ce champ de bataille assigné pour ainsi dire aux générations successives. Là, dit M. Clerc, le *Drugeon* rappelle la courageuse fidélité de Gérard de Roussillon et sa glorieuse défaite[3]. Il est étonnant qu'on ne trouve ni dans les chroniques, ni dans l'histoire générale, la mention du combat entre Charles-le-Chauve et Gérard. Ces chroniques et cette histoire générale, par une sorte d'esprit chevaleresque tou-

---

gistrature, soit dans l'administration, etc. Jamais la place n'es contestée dans cet équitable aréopage : on la marque même à l'avance. Honneur à ces esprits francs et honnêtes chez lesquels le sentiment de la patrie domine les petites passions!

[1] Les cartes et les titres lui donnent différents noms : *Via ad palmam, via romana, magnum iter ferratum*, etc. M. Clerc, dans son bel ouvrage sur la Franche-Comté à l'époque romaine, la prend en-deçà d'Orbe, dans le pays de Vaud, et la dessine avec la plus scrupuleuse exactitude et d'après toutes les données anciennes et nouvelles, en indiquant ses bornes milliaires, ses tombeaux et ses champs de bataille. Cette voie va de Jougne à Pontarlier, puis à Besançon, etc. Un embranchement qui part de Pontarlier va à Salins et coupe, au-delà, vers Corteméry, la voie romaine de Poligny à Besançon.

[2] On en rencontre tous les jours dans la plaine de Chaux-d'Arlier, au village de Chaffoix, etc., etc. Toutes celles qu'on nous a montrées portent le cachet de cette époque mérovingio-carlovingienne, si nous pouvons nous exprimer ainsi, car on a imputé trop exclusivement à l'époque mérovingienne seule ce qui revient aussi, en fait d'armures militaires aux premiers temps de l'époque carlovingienne.

Des *tumulus* ont été découverts à Frasne, à Bulle, à Chaffoix, à Dommartin, etc., et l'on conserve à la bibliothèque de Pontarlier plusieurs fragments d'armures et de glaives qui proviennent de divers lieux du voisinage de cette ville.

[3] Voir l'ouvrage précité, p. 79.

jours prêt à gagner tout le monde, même les historiens, chez un peuple adonné au merveilleux, ces chroniques, disons-nous, semblent perdre de vue notre grand jouteur féodal au moment où il laisse l'héroïque Berthe défendre Vienne pour aller lui-même, à la tête des intrépides montagnards dont nous venons de parler, affronter deux puissants princes ligués contre lui. En effet, par un partage inique, violant les intérêts et les relations naturelles de ces contrées, Charles-le-Chauve et Louis-le-Germanique, son frère, venaient de se faire deux lots taillés à grands coups dans les domaines de leurs neveux, domaines confiés depuis longtemps déjà à l'administration vigilante et fidèle de Gérard. Charles avait pris pour lui le Sénonais, le Barrois, le pays de Toul, Verdun, Lyon, Vienne, Besançon, la Bresse, le Bugey et une partie de la Lotharingie[1]. Louis-le-Germanique s'attribuait la Bourgogne transjurane et, avec elle, le

---

[1] Et hæc est divisio quam Carolus de eodem regno sibi accepit : Lugdunum, Vesontium, etc. (Ann. Bert., 870). — E. Rougebief, p. 149. — Le P. Labbe dit que ce traité ne fut consommé qu'après l'an 870. — M. Ed. Girod (*Esquisse hist. de la ville de Pontarlier*, p. 43) dit que le pagus des Varasques, qui avait pris le nom de comté, échut à Louis, de la ville de Besançon jusqu'à Pontarlier, tandis que Besançon même était concédé à Charles-le-Chauve par un traité conclu au mois d'août 870. — On lit dans les *Documents inédits sur l'Histoire de la Franche-Comté*, p. 65 : « C'est de Charles-le-Chauve, *venu à Besançon en 871*, que l'archevêque Arduin obtint le droit de battre monnaie, dont ses successeurs ont joui pendant plus de 700 ans. »

Il résulterait de ces diverses et graves autorités, que Charles-le-Chauve se serait trouvé dans la Séquanie, théâtre de son dernier conflit avec Gérard, à l'époque même que les historiens assignent à la bataille du Drugeon.

pays des Varasques, Poligny, Château-Châlon[1], etc. Le plus grand soin de Gérard fut certainement de se porter vers ces dernières contrées, à cause des montagnes et des forteresses qui lui assuraient une protection et les moyens d'attendre des renforts. D'ailleurs, les Varasques, qu'un traité bizarre allait rendre Germains, étaient les amis naturels des alliances féodales. La même célérité pour déconcerter ces contrées et pour

---

[1] En ce lieu, situé à 8 kilomètres environ de Poligny, était une abbaye fondée au VIIe siècle par *Norbert*, un des derniers patrices qui ont eu pour successeurs les comtes (Roug., 134), et par sa femme *Eusébie*. Saint Léger, évêque d'Autun, alors relégué à Luxeuil par Childéric II, fit, en 673, la dédicace de cette abbaye. (Dunod, p. 178.) Elle fut dotée, agrandie et entourée de murailles par Charlemagne, à qui elle devait certains dons dans les grandes circonstances, et un contingent de guerre, ce qu'on appelait en droit féodal *dona* et *militiam*. Les religieux, assujettis dans ce monastère à la règle de saint Benoît, devaient produire la preuve d'au moins douze quartiers de noblesse, et l'on choisissait l'abbé parmi les familles les plus princières des deux Bourgognes *transjurane* et *cisjurane*. L'abbaye, protégée d'un côté par des roches à pic, et de l'autre par des murs élevés, laisse encore apercevoir des vestiges curieux. Elle est assise, comme une forteresse, sur la croupe d'une montagne dominant le joli bourg de Voiteur, et dont une des pentes abruptes porte le nom de *Rossillon*, au rapport de Gollut (liv. IV, c. 8). On y rencontre, et nous y avons vu nous-même, à peu de distance de l'abbaye, une tour ruinée et encore assez imposante, semant une à une, depuis des siècles, les pierres de ses créneaux sur une friche aujourd'hui déserte et entourée de vignes dont quelques-unes, de la dépendance de l'abbaye, rapportent encore un vin exquis. L'historien Chevallier (p. 60), parle en ces termes de cette tour antique : « Charles-le-Chauve, voulant opposer une forteresse à celle de *Grimon*, qui servait de retraite à son ennemi, et d'où il pouvait pénétrer dans les montagnes ou descendre dans la plaine, fit édifier près de Château-Châlon un fort appelé *Galardon* ou *Gaillardon*, duquel on voit encore les restes. Ce fort était sur un rocher au midi du village ; il subsistait en 1147, et il y avait un prévôt de ce nom. (*Ext. d'une charte de Cluny, 1147*.)

D'après notre poème (p. 72, v. 1604) ce castel appartenait à Girart.

détruire les ressources de Gérard était aussi la politique dont Charles-le-Chauve devait user : il poursuivit donc à outrance son adversaire. Tous les historiens des deux Bourgognes, Gollut, Dunod, Mille, Chevalier, Droz[1], Bourgon, E. Clerc, Rougebief, etc., s'accordent à dire que Charles-le-Chauve ou une partie nombreuse de ses adhérents avaient joint Gérard[2] au moment où il se réfugiait dans les montagnes,

---

[1] Seulement l'historien Droz a un scrupule. Il a vu dans les notes de D. Ruinart, sur Grégoire de Tours et Frédégaire, que près de Fontenai il y a une forêt appelée *Arelaum* ou *Arelaunum*, dont les environs sont marécageux. Or, se demande Droz, la plaine de Pontarlier a toujours été appelée *Chaux-d'Arlier* à cause des marais dont elle est remplie; et n'aurait-on pas pu transporter à Pontarlier une bataille qui ne convient qu'à Fontenai, puisque personne ne révoque en doute cette sanglante bataille?

Cette façon de raisonner paraîtra peu solide si l'on réfléchit que deux lieux différents peuvent avoir des marais, et que les chroniqueurs ont bien pu passer sous silence les détails d'un combat inégal entre un suzerain et un vassal, sans que, pour cela, toutes les traditions et tous les historiens de la contrée où coule le Drugeon aient tort.

D'ailleurs, Droz invoque une étymologie prétendue celtique et des plus douteuses, laquelle donnerait de Pontarlier, l'idée d'une ville bâtie spécialement sur un terrain marécageux, tandis qu'au contraire elle s'adosse à la montagne. Toutes les chartes prouvent que ce mot *Chaux-d'Arlier* est tout simplement une abréviation de *Chaume d'Arlier*, et rien n'était plus raisonnable que de qualifier de la sorte un pays de culture, plutôt que de lui imprimer le caractère d'une très-minime partie de son territoire. Un titre de 942 nomme, en effet, la campagne ou l'assemblage des habitations *Calmis Arlicana;* d'autres titres de 1135 et de 1288 la désignent sous le nom de *Chalme de Arlia.* (Voir E. Girod., *loc. cit.*, p. 137 et 138.)

D'ailleurs encore, Gérard n'avait rien à démêler avec Charles-le-Chauve en 841, époque de la bataille de Fontenai, et il ne se trouvait pas même à cette bataille, nous l'avons bien établi antérieurement. Ceux qui ont pensé le contraire ont confondu cet illustre chef avec le comte Girart d'Auvergne, qui y fut tué.

[2] Quelques-uns pensent que Charles-le-Chauve, qui poursuivait

et que ce dernier ayant vu périr dans un combat sur les rives du Drugeon[1], près de Pontarlier, ses faibles cohortes engagées contre des forces trop supérieures, s'était retiré à Poligny, dans la forteresse de Grimon, qu'il avait sinon construite lui-même[2], du moins ravitaillée avec soin lorsqu'il avait la souveraine intendance sur les deux Bourgognes. Cette forteresse avait vu et abrité les diverses fortunes des proconsuls romains, des patrices, des ducs et des comtes ou gouverneurs qui avaient précédé Gérard, dont la puissance chancelait en ce moment. Charles-le-Chauve avait

---

son fils Carloman, alors en pleine révolte contre lui, et fuyant vers le pays des Belges, pouvait bien ne pas se trouver à cette même époque dans la Bourgogne cisjurane. Toutefois, disent les *Annales Bertiniennes*, le roi Charles ne perdait pas de vue son principal adversaire : *non tamen iter suum deseruit, sed Viennam, in qua Berta uxor Gerardi erat, obsessurus quantocius adiit.*

M. de Terrebasse (*Hist. des deux Bourgognes*) dit formellement que Charles-le-Chauve, après être entré sans coup férir à Lyon, poursuivit Gérard jusqu'en Franche-Comté, le mit en déroute près de Pontarlier, et vint ensuite assiéger Vienne. — Les historiens Mille (t. II, p. 264) et Dunod (p. 74) ont écrit dans le même sens. — On lit dans D. Bouquet (t. VII, p. 113) : « Charles-le-Chauve, poursuivant son fils rebelle Carloman, va de Reims à Besançon. »

[1] La poésie et les légendes, qui se sont emparées de ce fait, disent même que Gérard périt dans cette bataille à lui livrée dans la plaine de Pontarlier entre *le Doubs et le Drugeon*. Mais c'est bien assez que sa puissance, et non sa personne, ait succombé dans cette contrée. Il n'y a, d'ailleurs, que le premier sens de raisonnable, car les chroniques et l'histoire générale mettent encore en scène Gérard après la reddition de Vienne, et le font vivre jusque vers l'année 878, ainsi que nous le verrons.

[2] G. Cognatus (*Descriptio Burgund.*), Gollut, Dunod, Chevallier (*loc. cit.*, p. 123 et suiv.), etc., disent que Gérard fit rebâtir à neuf le château de Grimon.

bien pu lui envoyer là des ambassades¹ lorsque l'abandon où le laissaient parfois les siens faisait tout à coup tomber son arrogance; et, comme il y a presque toujours compensation et deux faces extrêmes dans les choses, ces mêmes lieux ont bien pu voir les premières joies orgueilleuses et tranchantes de la féodalité aussi bien que ses premiers revers. Ainsi, au moment où nous sommes de cette histoire, la royauté, qui n'était encore que violemment secouée sans être abattue, reprenait un aplomb passager par suite d'une victoire, et c'était le tour de Gérard d'être vaincu, fugitif et abandonné du petit nombre de seigneurs qui l'avaient suivi dans les montagnes du Jura. Cependant Berthe ne cessait de lui donner avis des menées que pratiquait son implacable ennemi jusque dans le cœur de la ville assiégée, et elle réclamait instamment l'aide et les conseils de Gérard². Celui-ci, mesurant bien alors la situation des choses, vit son rôle politique terminé, puisque, après avoir tout fait pour se maintenir et pour conserver à l'empereur

---

« ¹Non-seulement ceux qui ont écrit sur la Franche-Comté s'accordent à regarder Gérard comme le fondateur ou le restaurateur de Poligny et de sa forteresse; mais la chronique de Grimon, trouvée parmi les titres que l'on y gardait, le dit, en s'appuyant d'une très-ancienne tradition, laquelle paraît être soutenue par une charte d'Hugues Ier, archevêque de Besançon, de l'an 1033. — On apprend aussi, par cette chronique même, que de *Château-Châlon* et de la forteresse de Grimon partaient des propositions de paix entre Charles et Gérard.» (Voir *Mémoires littéraires*, t. XX, p. 286. — Chevallier, t. II, p. 60.)

² Quod sentiens Berta, post Gerardum direxit. (*Ann. Bert.*, ann. 870. — D. Bouquet, t. VII, p. 112.)

Louis II ses provinces et ses forteresses, il ne recevait aucun secours de lui. Au lieu donc d'agir comme beaucoup d'autres seigneurs qui, dans ces temps de conflits perpétuels, changeaient de suzerains sans trop de façon, Gérard voulut rester libre au prix même du sacrifice de la puissance dont il avait été longtemps investi : c'est alors qu'il fit offrir à Charles une capitulation. Charles n'eut garde de refuser une telle offre de la part de son plus redoutable adversaire, et les portes de Vienne ayant été ouvertes au roi, il y entra la veille de Noël de l'an 870[1]. Il exigea de Gérard des ôtages pour la reddition des forteresses que ce dernier avait occupées et où figurait sans doute celle de Poligny[2]. Charles-le-Chauve s'en fit mettre immédiatement en possession par des envoyés.

Cependant le fidèle et loyal Gérard demanda à s'éloigner et obtint pour cela trois bateaux, dans lesquels il fit placer les meubles de sa maison, après quoi il s'embarqua sur le Rhône avec Berthe[3]. Descendit-il ou remonta-t-il le Rhône? c'est ce que les Annales nous laissent ignorer. Les uns disent qu'il alla s'établir dans le *comté de Roussillon,* et que de là

---

[1] Qui veniens, Carolo civitatem dedit, in qua idem rex vigilia Nativitatis Domini entrans Nativitatem Domini celebravit.

[2] Carolus, Vienna in potestate sua suscepta, a Gerardo sibi obsides dari pro aliis castellis suis missis tradendis coegit, etc. A. *Bert.,* ann. 871.)

[3] Et tribus navibus Gerardo datis per Rhodanum cum sua uxore Berta et mobilibus suis a Vienna permisit abscedere. (Id., ibid., *Chron. de Saint-Denis,* ch. v. — D. B., t. VII, p. 135.)

lui est venu son prénom[1]: d'autres assurent qu'il vint se fixer à Avignon, et se fondent sur un passage de la Chronique de Vezelay[2]. Mais on a pensé judicieusement, ce nous semble, que ce n'est point à Avignon, qui avait ses princes et n'appartenait pas au comte Gérard, mais bien à Avallon, qui était bien plutôt sa ville, *civitatem suam*, pour employer l'expression alors consacrée[3]. En effet, non-seulement cette ville est placée dans le voisinage de Vezelay, où Gérard avait des terres de son domaine ; mais il avait fondé une collégiale à Avallon même[4]. Gérard aurait donc remonté le Rhône pour venir vivre en paix dans ses domaines près des florissantes abbayes érigées par sa piété, et pour y trouver le repos dans une nouvelle vie que toutes les traditions s'accordent à nous retracer comme pieuse et exemplaire[5]. Pouvait-il mieux honorer ses derniers jours ? Charles-le-Chauve, au contraire, menant une vie de plus en plus agitée, et s'a-

---

[1] Nous avons déjà dit que la dénomination de *Rossillon*, qui est la véritable, et non pas *Roussillon*, était commune à plusieurs montagnes dans le Dauphiné, la Provence, le Bugey, etc., etc., on est généralement d'accord que ce nom venait à Gérard du mont Lassois, lieu près de Châtillon-sur-Seine, et qui faisait partie de son domaine patrimonial.

[2] « Comes Girardus fundator hujus cœnobii obiit apud Avenionem civitatem suam. »

[3] Il résulte de là que le mot *Avenionem* aurait été substitué, par erreur ou autrement, au mot *Aballonem*. (Chevallier, *loc. cit.*, p. 62.)

[4] On lit dans Garreau, *Description de Bourgogne*, p. 339 et 340 :

« Outre les monastères que l'on a nommés, Gérard avait encore fondé une collégiale à Avallon, *ville qui lui appartenait, dans le diocèse d'Autun.* »

[5] Dunod, p. 74.

PREMIERS TEMPS FÉODAUX.   375

bandonnant aux caprices et aux suggestions de la nouvelle reine, femme ambitieuse et pleine d'artifices [1], dépouilla Gérard de tous ses commandements pour en investir son favori, frère de Richilde [2], lequel prit bien toutes ses mesures pour rétablir un peu plus tard à son profit le royaume de Provence sur les bases les plus larges ; car, suivant les actes du Concile de Mantailles, ce nouveau royaume comprit la Provence proprement dite, le Dauphiné, la Savoie, le Lyonnais ; partie de la Franche-Comté, du Mâconnais, du Chalonnais ; et dans les territoires de Vienne, Valence, Avignon et Arles, les cantons en-deçà du Rhône [3], etc. Quel personnage aurait donc joué Gérard, si, au lieu d'aller jouir en paix de ses biens patrimoniaux dans son ancien comté du Lassois et autres lieux limitrophes, où il avait aussi des terres, il était allé s'établir au milieu des possessions d'un rival au profit duquel il avait été dépouillé de tous ses honneurs [4] ?

De 853 à 871, Gérard avait eu la direction des affaires dans la haute Bourgogne et la Provence, et il y était plus puissant que les maires du palais des rois

---

[1] Charles-le-Chauve, veuf d'Ementrude, en 869, venait d'épouser Richende ou Richilde, sa maîtresse, « femme vicieuse, comme dit *Fulco*, évesque de Reims, qui l'avertit de se réformer et la menassat de chastoy. » (Gollut, p. 334, 2ᵉ édit., in-4°, 1846.)

[2] *Ann. Bert.*, ann. 871.

[3] *Art de vérifier les Dates*, ann. 879. Paris, 1734.

[4] « Charles-le-Chauve, qui avait enfin réussi à dépouiller Gérard de toutes ses dignités, et, en particulier, du comté de Bourges, investit alors Bozon de ce dernier. » (Fauriel, t. IV, p. 366, *loc. cit.*)

franks. Pendant toute cette période de dix-huit années, la haute Bourgogne ou Bourgogne séquanaise vit ses nombreuses forteresses[1] garnies des soldats commandés par Gérard. Lyon, la reine des grands fleuves et du commerce, lui obéissait, ainsi que Vienne et la Savoie : car toutes ces provinces étaient les apanages des fils de l'empereur Lothaire, et Gérard, à qui ce prince les avait confiés, les défendit toujours, nous le savons, avec une fidélité à toute épreuve, contre les piéges de l'astucieux Charles-le-Chauve. Il prenait la qualité de *comte par la miséricorde divine*[2]; néanmoins le titre de duc lui est donné par Loup de Ferrières[3], et c'est avec bien juste raison, car Lothaire et ses fils avaient mis sous la dépendance de Gérard tous les comtes ou chefs des pays qui constituaient leurs domaines royaux : Gérard était donc, si l'on peut parler ainsi, le *comte métropolitain,* haut rang dont celui de *duc* est l'expression la plus exacte et la plus historique. Tous les historiens et chroniqueurs sont unanimes pour dire que Gérard fit usage de sa grande autorité avec une rare sagesse. On peut supposer ce qu'à sa place aurait fait un esprit ambitieux et insatiable comme Charles-le-Chauve. Aurait-il plus ménagé de simples pupilles qu'il n'a ménagé ses neveux? cela est peu probable. Il aurait, à coup sûr, devancé

---

[1] Salins, Arbois, Pontarlier, Jougne, Poligny, etc.
[2] Gerardus misericordia Dei apud regalem clementiam comitis honore sublimatus. (*Gall. christ.*)
[3] Epist. 122, ann. 860.

Boson par une autre déclaration de Mantailles. Gérard, au contraire, prit à peine la qualité de duc, et il était pourtant si près de la royauté même, qu'une chronique lui confère le titre de roi de Bourgogne[1]. Quoi qu'il en soit, Gérard a été un des personnages les plus puissants et les plus illustres du IX⁰ siècle, et l'on en a peu vu qui aient montré plus de modération dans les grandeurs, ni plus de calme et de dignité dans les revers.

Après une vie belliqueuse et dévouée à l'aîné des fils de Louis-le-Débonnaire et aux enfants du premier, il pouvait bien être las des honneurs et du poids des affaires; néanmoins il donna un autre cours à ses pensées, en employant au service de Dieu, qui ne lui avait pas laissé d'héritiers de son nom, son activité et ses richesses. Il fit sans doute beaucoup de bien; mais les moines, ayant intérêt de lui créer des imitateurs ont chargé tous ses trophées, aussi bien ceux des champs de bataille que ceux de sa piété pendant les jours de paix. Les légendes, comme l'on sait, forcent les limites et les perspectives : c'étaient des récits faits au peuple dans les églises, et destinés à devenir un jour les délices des monastères.

---

[1] « Il paraît que c'est *de ce prince* qu'il est fait mention dans la Chronique de Grimon (à Genève, 1535), sous le nom de *Diocus*, qu'elle dit avoir été roi de Bourgogne, ce qui doit s'entendre de la qualité de duc, régent ou gouverneur. Diocus, ajoute ce recueil, fut roi de Bourgogne et fonda Vezelai, et fit reffayre le châtel de Grimont sur Polougny, auquel il se sauva et retira au temps de son adversité. »   (Chevalier, *loc. cit.*, t. I, p. 58.)

On trouve dans une de ces légendes monastiques, intitulée : *Histoire manuscrite de Monseigneur Geinrard de Rosseillon*[1], ce curieux résumé :

« Monseigneur Geinrard fut, en son tems, de Bourgoigne duc et comte. Par la malice du roy Charles-le-Chauve, il fut contraint de vider le païs, valet de charbonnier *sept* ans durant. Le comte Geinrard combattit *sept* fois le roy; fonda *sept* monastères, dont Poutières fut l'un; eut un fils et une fille, et eut la montagne nommée Mont-de-la-Croix, où fut le chastel de Rosseillon qui fut détruit par les Vandales ou Normands après *sept* ans de siége, etc. » Ce nombre sept, personne ne l'ignore, était particulièrement consacré dans les récits merveilleux; le nombre *douze* l'était tout autant, et c'est ce dernier qu'avait choisi la chronique ou manuscrit latin de Pothières, dont les religieux de Vezelay avaient une copie; aucune lecture n'était mieux accueillie par eux aux réfectoires (*au maingier,* comme dit le poète) : car ce n'était plus sept batailles, sept monastères fondés, c'était douze grandes victoires remportées sur le roi de France, et autant d'abbayes, églises ou monastères érigés en divers lieux et désignés chacun par leur nom[2] dans cette chronique en latin.

---

[1] Ce ms appartenait à la bibliothèque de Clairvaux, et avait vraisemblablement fait partie de la riche bibliothèque du président Bouhier, acquise par les religieux de cette abbaye, et disséminée depuis, à Troyes, à Paris, et surtout à Montpellier.

[2] Jacques de Guyse, dans son *Histoire de Hainaut,* entreprend de réfuter cette nomenclature, en disant que l'église de *Renaix,* en Brabant, dont on impute l'érection à Gérard, a été bâtie 220

Cependant la retraite de Gérard laissait le champ libre à tout ce que l'ambitieux Charles-le-Chauve voudrait désormais tenter pour réaliser une pensée sans cesse en fermentation dans sa tête; mais cette pensée n'était guère qu'une ombre poursuivie par un fantôme : car pour relever, comme il en avait le projet, le sceptre et l'empire de Charlemagne, il aurait fallu la puissante épée de ce grand prince, son génie extraordinaire, des leudes aussi soumis, ou la faculté d'enrichir leurs successeurs. Charles-le-Chauve se débattait donc avec une impuissance de plus en plus irritable contre sa chimère, et plus la base en était fragile, plus il s'y aheurtait avec opiniâtreté. Tout semblait le servir pourtant : car le jeune empereur Louis II mourut bientôt sans héritiers[1]. Alors Charles-le-Chauve se hâta d'aller recevoir des mains du pape Jean VIII la couronne d'Italie le jour de Noël de l'an 875, anniversaire de la reddition de Vienne et quatre ans après. Il restait un seul obstacle au maniement de cette lourde épée de Charlemagne tant convoitée par son petit-fils ; mais cet obstacle encore ne tarda pas à s'aplanir : car Louis-le-Germanique, frère de Charles-le-Chauve, mourut à Francfort moins d'une année après

---

ans avant que Louis-le-Pieux en eût fait donation à l'abbaye d'Anden. Cependant il ajoute : « C'est 131 ans avant la fondation de Pothières et de Vezelay que furent aussi fondées, vers 737, par un Gérard de Roussillon, dans le même pays de Brabant, l'église de Sainte-Marie-d'Aatoing, celle de Saint-Pierre-de-Leuse, celle de Raucourt et celle de Sainte-Marie-de-Condé.

(Edit. du m{s} de Fortia; Paris, 1830, t. VIII, liv. xi, c. 14.

[1] Mézerai, *Abr. chron.*, ann. 875.

le décès du jeune empereur Louis II, et au moment où il se disposait à conduire contre l'ambitieux Charles une puissante armée afin de couper court à ses entreprises[1].

Cependant la fortune, qui se joue des princes comme de leurs sujets, alléchait le roi de France pour achever de le perdre comme en le promenant de succès en succès. Il n'eut rien de plus pressé, à la première nouvelle de la mort de son frère, que de se mettre en devoir de dépouiller ses trois neveux Carloman, Louis III et Charles, afin que, leur ayant enlevé la Bavière et la Saxe, il complétât pour lui seul l'écrin de Charlemagne. En vain les jeunes princes voulurent conjurer cette irruption et offrirent de témoigner par toutes sortes d'épreuves qu'ils avaient respecté religieusement les traités conclus entre leur oncle et leur père[2] : Charles, par une sorte de pudeur dont les hommes qui affrontent tout montrent encore les dehors, protesta qu'il ne voulait pas les attaquer, et, comme s'il eût voulu revenir sur ses pas, il fit prendre à son armée des chemins détournés avec le dessein secret de surprendre près de Coblentz le camp de son neveu Louis de Saxe; mais ce dernier, averti par l'évêque de Cologne, se tenait sur ses gardes, et, rendant ruse pour ruse, ce fut son armée, au contraire, qui prit celle de l'agresseur à l'improviste, et lui tua et dispersa tant de monde à Mer-

---

[1] Id., ibid., ann. 876.
Id., ibid.

gen, près d'Andernach[1], que Charles lui-même, obligé de fuir, arriva seul au monastère de Saint-Lambert, sur la Meuse, où il put dire à demi-voix, sur le seuil : « Ouvrez, c'est la fortune de Charlemagne[2]. »

Désormais l'empire d'Allemagne vit ses bases consolidées par les trois frères Carloman, Louis et Charles, qui se la partagèrent en paix[3].

Aucune épreuve cependant ne chassait de l'esprit du roi Charles-le-Chauve sa pensée chimérique, et, au lieu de songer à nettoyer le sol sacré des hordes normandes qui en rongeaient le cœur, il préférait les congédier avec de l'or, sans s'embarrasser de l'allèchement qu'il leur donnait, et n'ayant lui-même en tête que son plan de conquête et de spoliation de sa famille. Bien plus aveuglé encore qu'il n'est permis, au moment où il avait tout à craindre de l'animosité des princes allemands, il va en Italie pour faire confirmer par le pape son élection à l'empire et voir couronner l'impératrice Richilde à Tortone. Là, en échange des bonnes grâces du souverain-pontife, il délibère avec lui sur les moyens de purger l'Italie de la présence des Sarrasins. Pendant ce temps-là, une conspiration s'ourdissait en France contre le roi, et

---

[1] Lieu à 12 kil. de Coblentz.

[2] Si ce mot n'était pas une supposition bien gratuite de notre part, quelle véritable sympathie ne s'attacherait pas bien plutôt à Philippe VI, qui, après la funeste bataille de Crécy, en 1346, arrivant au château de Broye, vers le milieu de la nuit, dit au châtelain : « Ouvrez, c'est la fortune de France. »

[3] Voir les délimitations dans Mezerai, ann. 877.

ni sa famille ni ses favoris n'y étaient étrangers[1]; pendant ce temps-là encore Carloman, roi de Bavière, venait, à la tête d'une armée, revendiquer ses droits sur l'Italie et demander raison à son oncle de la somme de ses entreprises spoliatrices. Qu'allait devenir en un moment toute sa gloire et ses conquêtes?... Il fut empoisonné par son médecin, pendant qu'il repassait les monts pour revenir en France, à l'âge de cinquante-quatre ans, et après un règne qui fut une crise de trente-cinq ans.

Il n'y a pas un médiocre intérêt historique à rapprocher les grandes figures de ceux qui, à des époques diverses, ont concouru le plus puissamment au même but. Ainsi, sous Charles-le-Chauve, commence la lutte de la royauté contre les seigneurs, et ceux-ci l'emportent; sous Louis XI, au contraire, la lutte se termine au profit de la royauté. Charles-le-Chauve et Louis XI mirent tous deux en pratique la duplicité; tous deux prodiguèrent l'or et semèrent les dissensions. Rien de sacré, ni pour l'un ni pour l'autre, dans les alliances ou les parentés; mais, selon les degrés de la lutte, l'un n'est que rusé et perfide où l'autre est, de plus, violent et sanguinaire. Après la prise de Vienne, Charles-le-Chauve est encore généreux à l'égard de son adversaire, car il lui fournit les moyens de se retirer, et quelques années plus tard il lui donne dans ses Capitulaires une marque d'es-

---

[1] Mézerai, ann. 877.

time[1]. Après la bataille de Monthléry, Louis XI dissimule encore, parce qu'il n'est pas encore assez sûr de la victoire, et tel de ses adversaires qu'il caresse aujourd'hui sentira demain la perfide acuité de la griffe cachée sous le velours. Le premier, livre le fruit de ses conquêtes à d'ambitieux favoris ; le second garde tout pour lui-même, et viole ses promesses et sa foi pour mieux retenir. Celui-là n'est qu'un fanfaron de gloire, un esprit fantasque et toujours prêt à se magnifier dans d'éclatantes parades ; celui-ci regarde tout d'un œil inquiet, il s'enferme, il médite ses vengeances et assure ses conquêtes. La féodalité, sous le premier de ces princes, comprit qu'elle avait ébréché pour longtemps l'épée de Charlemagne ; elle comprit, au contraire, sous le second, que son règne allait finir, car les fils répondaient du crime de lèse-majesté imputé à leurs pères.

Les deux principaux adversaires de ces princes n'offrent pas un moindre intérêt quant au parallèle. Charles-le-Téméraire, dernier soutien de l'aristocratie féodale en Bourgogne, a porté la guerre sur les mêmes champs de bataille que Gérard de Rossillon, premier joûteur de cette même politique. Celui-là était comte de la Bourgogne cisjurane par hérédité[2] ; celui-ci avait

---

[1] On voit par l'art. 17 des Capitulaires de Charles-le-Chauve, de l'année 877, que la garde du sceau est confiée à Adalard, comte du palais, et à son défaut à *Gérard*.
(D. Bouquet, t. VII, p. 701.)

[2] Le duc de Bourgogne Philippe-le-Hardi était devenu comte de la Bourgogne cisjurane, en épousant Marguerite de Flandres, et avait transmis cet héritage aux ducs ses successeurs.

été investi de ce même titre par l'empereur Lothaire. Les mêmes lieux les virent donc l'un et l'autre, Gérard animant de son courage une poignée de braves rassemblés à la hâte, Charles allant attaquer les Suisses avec une armée de vingt mille hommes, et plein de la pensée du succès. Le *fort de Jougne* et celui de *Poligny* servirent à Gérard pour se protéger contre des forces supérieures ; Charles se réfugia au *château de Jougne*[1] après la journée de Granson. Gérard,

---

[1] A 24 kilomètres de Granson. — « Après la funeste bataille de Granson, Charles-le-Téméraire courut sans s'arrêter jusqu'au *château de Jougne*, à six lieues de Granson. » (Rougebief, p. 372.)

Il ne faut pas confondre la *forteresse de Jougne*, laquelle datait de l'époque romaine et n'existe plus, avec le *fort de Joux*, qui a été construit au défilé de la Cluse, entre *Jougne* et Pontarlier, vers la fin du XIe siècle ou au commencement du XIIe, selon l'opinion la plus accréditée. Avant de devenir un poste vigilant, en cas de guerre internationale, ce fut d'abord un nid d'aigles, établi sur ces rochers pour surveiller un péage au profit de quelque noble pillard.

Nous trouvons dans l'intéressante *Esquisse historique* de M. Ed. Girod ce précis fort curieux et fort bien tracé sur les marches et contre-marches de Charles-le-Téméraire : « Charles avait quitté Besançon le 6 février 1476 ; il se rendit le même jour à *Châteauneuf*, près de *Vuillafans*, coucha le 7 au château de la *Rivière* et le 8 à *Jougne*, où forcé de camper, il passa trois jours à voir défiler sa brillante armée, dont une partie, tournant la montagne de *Larmont*, s'était dirigée sur le comté de Neufchâtel par le *vallon des Verrières*. Elle était parvenue dans la *combette de Mijoux*, lorsque les éclaireurs, revenant sur leurs pas, annoncèrent que le lieu le plus étroit du défilé (appelé aujourd'hui passage de la *Tour-Bayard*) était fermé par une forte chaîne (on en voit encore les vestiges), et encombré de troncs d'arbres énormes amoncelés à une grande élévation ; que de plus, les montagnards, placés sur les hauteurs dominant la gorge, se tenaient prêts à écraser les Bourguignons sous des avalanches de blocs de rochers. Ces troupes rétrogradèrent et vinrent, à la suite du gros de l'armée, traverser Jougne. Le samedi 2 mars (Courtépée dit le 3 mars) se donna la bataille de *Granson*. Le duc, entraîné dans la déroute

voyant la fortune l'abandonner, fit une capitulation honorable avec son ennemi ; Charles, au contraire, ramena en Suisse une fastueuse armée de quarante mille combattants, et alla engloutir à *Morat* sa puissance et ses trésors ; puis, revenant à toute bride, le désespoir et la rage dans le cœur, il alla s'enfermer au vieux castel dit *de la Rivière*, près de Pontarlier[1] ; et là, croyant entendre encore les longs mugissements des trompes d'*Uri* et d'*Unterwalden*, il poussait des

---

jusqu'à Jougne, qui ne pouvait lui offrir un gîte convenable, poursuivit son chemin et se rendit le jour même au château de *Nozeroy*. Le 9, il avait rallié une bonne partie de ses troupes, avec lesquelles il rentra dans le pays de Vaud. »

Ajoutons que c'est à ce même château de *Nozeroy* que la duchesse de Savoie vint le consoler de sa mauvaise fortune. Son fou, nommé le *Glorieux*, ne l'avait pas abandonné, mais il lui vendait cher sa sagesse ; car, faisant allusion, soit au voisinage des Alpes, soit à la manie de son maître de se comparer à Annibal, il le poignait de cette cruelle et sardonique allusion : « Monseigneur, nous voici bien *Annibalés*. »

[1] Ce n'est que le 22 juin 1476 qu'eut lieu la désastreuse défaite de Morat. « Les restes de l'armée bourguignonne, poursuit M. Ed. Girod, commandés par Jacques de Savoie, revinrent par *Yverdun* et Jougne camper au bourg de la Rivière et dans les environs. Quant au duc, contraint de fuir sans suite du champ de bataille, il gagna *Morges* d'une traite, rentra par *Gex*, *Saint-Claude*, *Morez*, traversa *Champagnole*, *Poligny* et *Arbois*, puis atteignit *Salins*, où il avait convoqué les Etats du comté de Bourgogne. L'assemblée se tint dans l'église de *Saint-Anatole*, et ne répondit qu'évasivement à la demande de nouveaux subsides. Les Etats du duché réunis à Dijon, ceux des Pays-Bas convoqués à Bruxelles, ne se montrèrent pas mieux disposés à seconder des projets extravagants. C'est alors que, transporté de colère et s'affaissant dans un morne chagrin, Charles rejoignit, à la *Rivière*, les débris de ses troupes pour y attendre des renforts qui ne devaient pas arriver. Quelques mois après, le 5 janvier 1477, il perdit en Lorraine, sous les murailles de Nancy, une des existences les plus agitées que l'on connaisse dans les régions princières, avec celle de Charles XII, roi de Suède. »

cris farouches en redemandant ses légions. Gérard céda à la nécessité après une lutte persévérante, loyale et courageuse de vingt années; il reprit son premier et modeste titre de comte dans le duché de Bourgogne, et c'est à peine si l'on sait le temps ni le lieu de sa mort. Mais que n'avait pas rêvé le trop brillant et trop infortuné Charles-le-Téméraire? un royaume de Bourgogne, par exemple, dont Besançon aurait été la capitale[1]; la couronne de Frédéric III peut-être, et certainement le titre de roi d'Italie.

L'histoire générale du IXe siècle a été si peu étudiée jusqu'ici, que, malgré l'évidence de dates certaines présentées par nos savants annalistes bénédictins, comme celle du siége de Vienne, par exemple, et de la soumission de Gérard sur la fin de l'année 870, il s'est trouvé des personnes qui, sur la foi de la Chronique de Vezelay, laquelle n'est pas toujours véridique, ont fixé la mort de Berthe à l'année 844 et celle de Gérard à l'année 847. On trouve une autre date extrême, que nous appellerons la date des moines, parce qu'elle était celle d'une chronique en latin très-répandue dans les monastères : notre poème l'a adoptée[2]. Or, d'après cette supputation monastique, Berthe serait décédée en 881 et Gérard en 889. Cela ne fait pas le compte du *Gallia christiana*, qui, d'après le nécrologue de Sainte-Marie et de Saint-Lazare d'Avallon, fixe la mort de Gérard au IV des nones de mars de

---

[1] Voir Rougebief, p. 361.
[2] Voir p. 11 du poème, v. 197 et suiv.

874, et celle de Berthe au VI des ides de novembre de la même année, d'après un fragment du nécrologue de Pothières[1]. Cette date, si elle était la véritable, devrait faire appliquer à un homonyme de notre Gérard la dignité de garde-sceau, dont il a été parlé précédemment; sinon, il faudrait se décider entre 877 et 879, car voici des raisons péremptoires :

Le pape Jean VIII, se rendant en Gaule, arrive à Arles le jour de la Pentecôte de l'année 878, où il reçoit les plus grands honneurs par les soins de Boson et de sa femme Hermangarde[2]. Il consacre l'église de Flavigny, au milieu d'un concours de dix-huit évêques qu'avait réunis l'abbé Hugues pour cette solennité[3]; il consacre aussi l'église de l'abbaye de Pouthières[4] : et il dut même commencer par là en se dirigeant vers Troyes, où il allait tenir le concile dont il présida l'ouverture le 13 août. En effet, Pouthières se trouvait sur sa route, et il ne fit la consécration de l'église de

---

[1] *Gallia christiana*, Eccl. ling., t. IV, p. 724.
Il ne faut pas s'étonner de toutes ces fluctuations; car dans la plupart des épitaphes du moyen âge le millésime était omis, Le but des fidèles étant d'appeler la prière, et non la curiosité, près des tombeaux.
[2] Mille, t. II, p. 296.
[3] Mabillon, t. III, ch. iv et v, ann. 878.
[4] Labbe, dans sa *Bibliothèque manuscrite*, dit que la dédicace des monastères de *Poultières* et de Vezelay fut faite par le pape Jean; mais, en plaçant cet événement en 877, il se trompe d'une année.—Nous ferons remarquer, en passant, que la dénomination de *Pôthières* est tout à fait moderne. On trouve dans les titres anciens Poultières et Pouthières ; il ne faut donc pas s'étonner si nous n'adoptons pas une orthographe fixe pour ce nom de lieu; généralement nous préférons le citer comme nous le rencontrons écrit dans les chartes ou dans les chroniqueurs.

Flavigny que le 5 des calendes de novembre[1]. Les historiens font mention des principaux personnages qui assistaient à ces solennités, et ils ont soin de dire que le duc Boson et sa femme Hermangarde accompagnèrent le souverain pontife pendant tout son voyage[2]. On conçoit ces égards de la part de Boson, qui rêvait alors la couronne de Provence, avec l'appui des évêques. Or, il n'est pas dit un mot de la présence de Gérard à l'occasion de la dédicace de son église de Pouthières. C'est un indice bien notable qu'à cette époque Gérard avait cessé de vivre.

D'autre part, à peine le pape était-il de retour à Rome, qu'il reçut, en 879[3], une supplique des religieux de Pouthières comme patron direct de leur abbaye, placée par leur illustre fondateur sous le protectorat spécial du saint-siége. Ils étaient en butte, en ce moment, à des spoliations exercées contre eux par des hommes puissants. Le pape répondit qu'il venait d'écrire au prince Boson et au très-noble abbé Hugues, pour les prier de prendre la défense de son abbaye de Pouthières; ajoutant que, pour respecter les dernières

---

[1] Mab., t. III, ch. v, p. 214.
[2] Mille, ann. 878, t. II, p. 296. Voici, à cette occasion, un tableau de mœurs que nous empruntons à l'historien bourguignon Mille : « Le respect dû à un souverain pontife ne le mit point à l'abri des brigandages qui se commettaient alors impunément dans toutes les parties de la domination française. On lui vola, dit-on, à Chalon-sur-Saône, une partie de ses chevaux, et les domestiques qui le servaient à Flavigny lui dérobèrent une écuelle d'argent qui était à son usage, appelée l'écuelle de saint Pierre. »
[3] Mab., ann. 879, t. III, liv. XXXVIII, ch. XXIV.

volontés du comte Gérard, de *bonne mémoire*, et de Berthe, son épouse, il adressait une bulle munie de son nom à *Anségise*, archevêque de Sens, et *au comte Conrad, dans le comté duquel étaient ces biens*[1]. Cependant les vexations continuèrent, et le pape insista, par de nouvelles lettres adressées à l'abbé Hugues[2], afin de l'exciter à venir en aide *à la famille de Pouthières*, qui ne pouvait ni labourer, ni semer, ni rien faire concernant la culture de ses terres. Un certain Arembert s'était emparé d'une ville du nom de Vandœuvres[3], appartenant à l'abbaye, et dont la possession venait d'être transmise à ce même Arembert par le comte Boson, après avoir été entre eux l'objet d'un échange. Ces admonitions successives ne suffisant pas encore, le pape revint à la charge et écrivit à Hugues, à Radulfe[4] et au comte Boson, lequel n'était

---

[1] Cela concourt bien avec ce qu'on lit dans J. Vignier, coll. Delamarre, t. II, p. 130[3] : « Le comte Gérard était si puissant, que sa dépouille fut capable d'enrichir plusieurs puissants seigneurs, entre lesquels ses biens furent partagés, et entre autres le duc *Boson*, en Provence, et *Conrad*, comte d'Auxerre, etc.

[2] Ne s'agirait-il point ici de Hugues l'Abbé? Ce personnage, dit Mezeray (ann. 879), fut très-puissant sur la fin du règne de Charles-le-Chauve.

[3] Ejusdem monasterii *villam vendoaram* invaserat quidam Arembertus quasi a Bosone comite ex commutatione acquisitam eidem que Aremberto ab ipso Bosone traditam, etc. — Voici ce qu'on trouve dans J. Vignier à ce sujet : « Il fut jugé au concile de Troyes que Vandœuvres dépendait du diocèse de Langres, comme ayant été donné par le comte Gérard à l'abbaye de Pothières ; mais Boson s'étant emparé de cette ville, la donna en fief à Arembert, qui en prit possession malgré les menaces d'excommunication du pape. (*Chron. de l'évêché de Langres,* trad. par Jolibois, p. 83.)

[4] Raoul ou Radulfe était comte de Bar-sur-Aube selon quelques-uns, et comte d'Autun et de Rossillon selon d'autres et par-

pas encore couronné roi[1], qu'ils aient à faire restituer aux moines de Pouthières leur ville, qu'ils en expulsent Arembert et tout autre usurpateur, et qu'ils protègent le monastère[2]. D'après ce qu'on vient de lire, il n'est pas besoin de montrer, d'une part, que le premier et le plus redoutable protecteur de l'abbaye lui manquait sans retour à cette époque de 879, où il n'était qu'un comte *de bonne mémoire*; ni, d'autre part, que l'autorité sur le pays de la Montagne avait passé en d'autres mains. Tout cela ressort d'une des lettres mêmes du pape Jean VIII.

Quels furent les successeurs du comte Gérard dans l'administration du pays de la Montagne? Cette question, pour la solution de laquelle on n'a que des aperçus lointains, ne manque pas d'importance, à cause des limites de la Bourgogne septentrionale, qui ont été fort vacillantes par la facilité avec laquelle nos ducs les mettaient hors de leurs mains.

Après le siége de Vienne, Charles-le-Chauve investit différents membres de sa famille des titres, dignités et gouvernements de Gérard. Quelques historiens ont même avancé que Boson, beau-frère du

---

ticulièrement selon de la Haye; mais le souverain pontife se serait adressé fort mal, car ce comte voulut aussi s'emparer de l'abbaye et la livrer au pillage.

[1] Le concile de *Mantaille*, où Boson fut investi par les évêques du titre de roi, se tint au mois d'octobre 879. La lettre du pape Jean VIII, quoique de la même année, est donc antérieure à cette date.

[2] Mab., t. III, p. 211 et suiv. — Mansi concil. ampl. coll., t. XVII, p. 158.

roi, avait réuni sur sa tête les divers comtés dont avait joui l'illustre chef bourguignon ; mais cela paraît contredit par la bulle de Jean VIII, où il est formellement question *de Conrad*, dans le comté duquel, y lit-on *étaient les biens de l'abbaye de Pouthières*. D'après l'*Art de vérifier les Dates*[1], il s'agirait ici de *Conrad-le-Jeune*, comte d'Auxerre, dont le fils Rodolphe fut le premier roi de la Bourgogne transjurane[2].

Néanmoins ce Conrad pouvait être un délégué de Boson, dont le crédit et la puissance étaient devenus considérables. On vient de voir qu'il disposait de la ville de Vandœuvres au préjudice de l'abbaye de Pouthières, et on apprend, dans les preuves de l'histoire de la maison de Vergy, que Boson, en qualité de comte de Rossillon, possédait, en 879, le château de Lanty, sur les limites de ce comté ; mais en cette même année où il devint roi de Provence, Richard-le-Justicier, son frère, lui succéda, ajoute Delamothe[3], dans l'administration du comté de Roussillon, avant de deve-

---

[1] Ann. 888.

[2] Un *Conrad*, comte d'Auxerre, était frère de Judith, femme de Louis-le-Débonnaire, et par conséquent oncle maternel de Charles-le-Chauve. Le moine Héric l'appelle *Conrad l'aîné*, pour le distinguer d'un jeune Conrad qui vivait dans le même temps. D. Viole pense que le premier mourut en 866. L'époque à laquelle le second a commencé à être comte d'Auxerre n'est pas bien connue. (Voir Lebeuf, *Histoire civile d'Auxerre*.) Toutefois Lebeuf dit que Conrad II mourut vers l'an 869, d'où il suivrait, si cette assertion était fondée, que ce serait encore d'un autre *Conrad* qu'il est question dans les lettres du pape Jean VIII.

[3] M^s, p. 233.

nir lui-même le premier duc bénéficiaire de la basse Bourgogne[1] par concession royale, ce qui, d'après Courtépée, eut lieu en 880. Depuis le partage de 843 entre les fils de Louis-le-Débonnaire, le duché de Bourgogne appartenait au roi de France, qui investissait seul les délégués de sa puissance dans les limites de sa possession, et qui eut soin de pourvoir les parents de la reine. Cela explique le crédit de Richard, frère de Richilde. Au surplus, cet homme éminent se recommandait au plus haut degré par ses qualités personnelles. On l'avait vu autrefois parcourir les provinces lyonnaise, viennoise et autres en qualité de *missus dominicus*, et la manière équitable et élevée dont il rendait la justice au nom du roi lui avait valu le surnom honorable de *Justicier*[2]. A ces titres Richard unissait une grande valeur guerrière : il défit plusieurs fois les Normands[3], qui ravageaient la Bourgogne, dévas-

---

[1] C'est le duché proprement dit.
[2] J. Vignier, *Chron. Lang.*
[3] Notamment en 888, dans la plaine de Saint-Florentin, d'après l'opinion commune; en 911, près de Chartres, et une autre fois dans le Nivernais. Le lieu de la première bataille laisse de l'incertitude, et nous croyons devoir donner ici l'opinion de Delamothe (ms, p. 273), en lui laissant toutefois l'entière responsabilité de cette opinion et de son patriotisme pour son pays natal si c'est ce sentiment (très-louable sans doute, mais contre lequel il faut se mettre en garde dans la recherche de la vérité) qui a conduit sa plume.

« Les historiens rapportent que *Richard-le-Justicier*, duc de Bourgogne, défit les Normands en 888; mais les uns disent que le combat se donna en *Charollais*, les autres près d'*Argenteuil*, les autres près de *Colan*, qui tous deux sont dans le Tonnerrois; d'autres près de Saint-Florentin, dans le Sénonais (par exemple

taient les monastères et notamment l'abbaye de Bèze, et mettaient les religieux de Saint-Bénigne de Dijon dans la nécessité de transporter les reliques de leur abbaye dans la forteresse de Langres. Il n'a peut-être pas dans l'histoire tout le renom qu'il mérite. Les légendes nous semblent avoir déversé sur Gérard de Rossillon quelque chose des éloges qui appartiennent au premier : ainsi, elles confèrent à celui-là, entre autres vertus civiles, celle de *grand justicier*, qui revient spécialement et de droit à Richard. Celui-ci ne sut pas seulement vaincre les ennemis du dehors, mais il sut imposer à ceux du dedans, tenir en bride son frère Boson même, dont les vues avides inquiétaient fort

---

Paradin, *Ann. de Bourgogne*); les autres, notamment Mezerai dans sa grande *Histoire de France*, le placent près de *Chaumont*. Ceux qui ont écrit en latin rapportent qu'il se donna *apud Montem Calanum;* mais ils s'accordent assez à dire qu'après leur défaite, les Normands suivirent la Seine. La position du Charollais ne s'accorde pas avec celle de la Seine. Si les Normands avaient été battus près d'Argenteuil et de *Colan*, ils auraient suivi l'Armançon et l'Yonne jusqu'à Montereau, avant de rencontrer la Seine; de plus, le village de *Colan* ne subsistait point alors, puisqu'il doit son existence à saint Robert, premier abbé de Molesme, qui vécut environ un siècle après la bataille dont il s'agit. La seigneurie en appartient encore à l'abbaye de Molesme, qui l'a donnée à bail emphytéotique. Chaumont en Bassigny portait alors le nom de *Haute-Feuille*, seigneurie de Ganelon de Haute-Feuille, qui vécut à peu près dans le temps dont il s'agit.

« Ce fut donc près de *Chaulmont-les-Châtillon* que se donna la bataille ; c'est donc ce Chaumont que les historiens qui ont écrit en latin appellent *Mons-Calanus*. — A quelques six cents pas, à l'extrémité de la ville du bourg de Châtillon, est un chemin connu sous le nom de *Chemin du Chalumeau*, appelé *Via Calami* dans une charte du XIIIe siècle, au lieu de *Via Calani*. Deux voies romaines y aboutissent, l'une *dérivant du pont de Brion*, l'autre venant de *Beneuvre* ou plutôt du Mont-Aigu. »

les rois de France Louis et Carloman, et il fit à ses suzerains légitimes un rempart de sa fidélité. En effet, Charles-le-Chauve, en investissant Boson des divers comtés dont son prédécesseur, Gérard de Rossillon, était titulaire révocable, avait été loin de soupçonner que Boson voudrait un jour s'en attribuer la souveraineté perpétuelle; mais celui-ci, poussé par l'ambitieuse Hermangarde, fille de roi[1], ne tendait à rien moins qu'à s'approprier, sous le nom de royaume d'Arles, la Provence, le Dauphiné, le Lyonnais, la Savoie, la Franche-Comté et une partie de la basse Bourgogne. Boson fit comme Gérard, il laissa Hermangarde dans Vienne, et il se retira vers les montagnes. Le siége de Vienne, entrepris par Louis III et Carloman, dura deux années, et fut terminé par Richard, qui fit prisonnières la femme et la fille de Boson. Cette fidélité de Richard pour ses suzerains, la guerre faite par lui aux mêmes lieux où l'avait faite Gérard, une forte cité défendue par deux héroïnes, leurs épouses, pour la cause de la féodalité, et enfin les éminentes vertus civiles et guerrières de Richard, offrent tant de rapports avec ce que les chroniques nous apprennent de Gérard de Rossillon, qu'il ne doit pas sembler étonnant que les moines et les trouvères aient pu prendre pour leur héros favori quelques pans de l'étoffe du manteau de Richard.

C'était une race énergique que celle de Richard :

---

[1] Charles-le-Chauve avait marié son favori Boson avec sa nièce Hermangarde, fille du roi de Bavière Louis II.

son fils aîné Raoul devient roi de France[1]; son second fils Boson[2] est établi comte du Langrois, du Bassigny et d'une partie du Barrois[3]; sa fille, en épousant Gislebert ou Gilbert, fils de Manassès de Vergy, devient duchesse de Bourgogne aussi longtemps que voulurent bien le permettre ses beaux-frères plus puissants que Gilbert[4]; et enfin Hugues-le-Noir, troisième fils de Richard, s'empare de Langres comme étant la clef du duché, dont il veut se rendre maître. Un autre Hugues[5], alors fidèle à son suzerain, le roi de France Louis-d'Outremer[6], et qui lui fit la loi un peu plus tard[7], réunit ses forces à celles du roi pour assiéger la place de Langres et pour comprimer les tentatives d'usurpation et d'indépendance du fils de Richard. La guerre se termina de manière à concilier les ambitions des deux contendants : les villes d'Autun, Sens, Tonnerre et les deux villes de Bar furent cédées à Hugues-le-Blanc, déjà comte de Paris, et

---

[1] En 923.

[2] Quelques-uns l'appellent Boson II, pour le distinguer de son oncle.

[3] J. Vignier, *loc. cit.*

[4] De 923 à 936, *Art de vérifier les Dates.*

[5] Ses prénoms sont multiples : *Hugues-le-Blanc*, par opposition sans doute à son adversaire Hugues-le-Noir ; *Hugues-l'Abbé*, parce qu'il possédait quantité de bénéfices ecclésiastiques ; *Hugues-le-Grand*, parce qu'il montra aussi peu d'ambition qu'il avait de moyens de les faire valoir. Petit-fils de Robert-le-Fort, neveu du roi Eudes, intrépide guerrier, et le plus près du trône à la mort de Charles-le-Simple, il ne voulut pas être roi de France, et laissa le trône à Raoul, son beau-frère.

[6] Roi de France de 936 à 954.

[7] Voir Hainault, ann. 945.

à qui Louis-d'Outremer conféra le titre de duc pour se concilier un des feudataires les plus puissants de l'époque. Il avait tenu sur les fonts de baptême une fille de Louis-d'Outremer, et, à part le nom de roi, il était au niveau de la chose. Hugues-le-Noir, son rival, qu'il fallait aussi satisfaire, obtint le reste du duché, limité alors à peu près comme aujourd'hui, en y comprenant le comté de Langres et de Bassigny *sous l'autorité du roi*[1]. Comme il mourut sans enfants, ce fut Othon, deuxième fils de Hugues-le-Blanc, qui lui succéda en qualité de duc de la basse Bourgogne. Ce titre, encore révocable à la volonté des rois de France, lui fut néanmoins confirmé par Lothaire, qui vint deux fois en Bourgogne pour maintenir cette élection contre les menées de Robert de Vermandois, beau-frère d'Othon[2]. Ainsi la basse Bourgogne fut pendant trois quarts de siècle[3] régie par la famille de Richard. Cependant le pays de la Montagne ne faisait pas alors partie du duché, mais relevait directement du roi de France[4]. On voit dans plusieurs de nos historiens, et notamment dans Paradin[5], que le pays de la Montagne n'est pas compris dans l'énonciation des comtés ressortissants au duché de Bourgo-

---

[1] *Art de vérifier les Dates.* — J. Vignier, *loc. cit.*
Hugues-le-Noir fut duc de Bourgogne de 936 à 951.

[2] Courtépée. — *Art de vérifier les Dates*, ann. 956.

[3] De 877, une des dates les plus certaines de la mort de Gérard de Rossillon, à 951, époque de la mort de Hugues-le-Noir.

[4] C'était l'opinion de Delamothe; mais il est très-confus dans cette question et ne l'approfondit pas suffisamment.

[5] *De antiquo statu Burgundiæ*, ch. XIV.

gne en 890, tandis que, en 1033, sous le premier duc héréditaire Robert Ier, ce pays y figure. Il y a toute apparence que le comté de la Montagne entra dans le lot de Hugues-le-Blanc en 938[1], puisqu'il appartenait déjà à la même délimitation politique en 879, d'après les bulles de Jean VII. Alors, en effet, le comté de la Montagne, comme on le voit par ces bulles, était sous la dépendance ecclésiastique d'Anségise, archevêque de Sens, et sous l'autorité civile d'un comte d'Auxerre appelé Conrad. Le nom de Radulfe, dont il est aussi question dans ces bulles, doit s'attribuer, ce nous semble, à *Raoul*, qui était aussi comte d'Auxerre, et qui administra la Bourgogne avant de monter sur le trône de France[2]. Les premiers ducs bénéficiaires et amovibles de notre pays de Bourgogne n'habitaient pas Dijon, ils étaient comtes d'Autun ou d'Auxerre[3]; cette première qualité, surtout, n'était guère

---

[1] Voir l'*Art de vérifier les Dates,* où il est question, à cette date, du partage de la basse Bourgogne entre les deux Hugues, partage sanctionné par Louis-d'outre-Mer.

[2] Voir Courtépée, ann. 923. — Lebeuf s'exprime ainsi : « Richard eut pour fils Rodolphe, que nous appelons en notre langue *Raoul*, lequel n'hérita pas seulement du duché de Bourgogne après la mort de son père, mais encore du comté d'Auxerre; et c'est en cette qualité qu'il est à présumer qu'il faisait souvent sa demeure dans la ville. Lorsqu'il fut parvenu à la couronne de France, il ne cessa point de prendre un soin particulier du pays Auxerrois. (*Mémoires sur la ville d'Auxerre,* édit. de Michelle et Quantin, t. III, p. 45.)

[3] Richard était comte d'Autun. Il mourut à Auxerre, et fut enterré dans l'église de Sainte-Colombe de Sens, dont il était abbé. Les deux Hugues étaient comtes d'Auxerre. Hugues-le-Blanc mourut dans un château près de Sens, et fut inhumé à Saint-Denis. Raoul résidait tantôt à Autun, tantôt à Dijon. (Coutépée.—Lebeuf, *loc. cit.*, p. 49.)

séparée alors de celle de duc de Bourgogne[1]. La ville d'Autun conservait encore un reste de son prestige, et c'est là surtout que nos premiers ducs tenaient leur cour. Ils y avaient un palais qu'ils cédèrent aux évêques lorsqu'ils se fixèrent irrévocablement à Dijon, et une chapelle devenue plus tard la cathédrale d'Autun[2]. L'abandon du siége antique de l'administration de la province n'eut lieu que sous le second de nos ducs héréditaires. En effet, lorsque Hugues Capet monta sur le trône de France, il voulut investir son frère Henri du duché de Bourgogne en toute propriété, parce que, d'une part, ce duché faisait partie du domaine des rois de France, et parce que, d'autre part, Hugues-le-Blanc, leur père commun, l'avait possédé à titre précaire et le leur avait néanmoins transmis avec la volonté du roi. Henri devint donc premier duc héréditaire. Aussi, pour ne pas mourir sans héritier, il adopta *Othe Guillaume*, que sa femme Gerberge avait eu d'un premier mariage avec Adalbert, prince lombard, qui avait été le compétiteur d'Othon-le-Grand à la couronne impériale d'Allemagne; mais les espérances d'Henri furent déçues : le roi Robert, successeur de Hugues Capet, revendiqua le duché en faveur d'un autre Henri, son fils aîné, et, après une guerre infructueuse pour les deux partis,

---

[1] Lebeuf le dit formellement. Ib. id.
[2] Courtépée, *Description particul. de l'Autunois*, 2ᵉ éd., t. II, p. 488.

Othe Guillaume accepta la Bourgogne cisjurane[1], dont il fut le premier comte héréditaire et non le moins puissant[2]. Lorsque ce même Henri eut été sacré roi de France en 1027, en présence du roi Robert, son père, il conserva le duché de Bourgogne; mais, en 1032, un an après qu'il fut monté sur le trône, il détacha de son domaine le duché au profit de son frère Robert, et ne s'en réserva que la suzeraineté. A partir de ce troisième duc héréditaire, une révolution commença pour la Bourgogne. Déjà le roi Robert avait obtenu de l'évêque de Langres, Lambert, que ce dernier lui cédàt les droits que ses prédécesseurs et lui avaient sur Dijon[3], et il avait fait de cette ville la capitale du duché[4]. Désormais Autun, qui était une des plus florissantes cités de la Gaule, depuis les Druides jusqu'à Sacrovir; Autun, qui a brillé de toutes les gloires et qui fut longtemps l'Athènes gallo-romaine à cause de ses illustres écoles dues à Eumène, originaire de l'Athènes réelle; Autun, sans rien perdre des fruits de cette splendeur, va céder son droit de cité à une Athènes plus moderne : Autun descend au second rang comme centre gouvernemental, tandis que Dijon s'élève au premier. Dieu marque, dans son équitable justice distributive, les époques de gloire de chaque peuple, et dans cet ordre providentiel, la ville

---

[1] Aujourd'hui la Franche-Comté.
[2] *Art de vérifier les Dates*, 1015. — Rougebief, *Hist. de la Franche-Comté*, p. 170.
[3] J. Vignier, *Chron. Langr.*, Jolibois, p. 112 et 245.
[4] En 1015, selon Courtépée.

de Dijon prend son tour de célébrité progressive à partir de ses ducs héréditaires jusqu'à sa réunion définitive à la France en 1477. Pendant un intervalle de quatre siècles et demi, elle compte seize ou dix-sept princes, dont quelques uns ont placé dans un très-grand relief la province de Bourgogne : ce n'est pas à dire pour cela que l'auréole de cette noble cité ait pâli depuis sa réunion à la France. Dijon a brillé, au contraire, de tout l'éclat des lettres, des sciences et des arts, et la France a pu être plus d'une fois fière de sa conquête... N'oublions pas pourtant que nous cherchons le fil d'Ariane dans le labyrinthe des premiers chefs féodaux de notre belle province, et revenons au temps où le duché de Bourgogne se constituait dans ses limites réelles.

Nous avons vu tout à l'heure qu'un évêque de Langres avait cédé à un duc de Bourgogne son domaine de la ville de Dijon. Est-ce un motif pour penser que d'autres parties du diocèse de Langres, le comté de la Montagne par exemple, appartinssent à cet évêque? C'est une grave erreur de Brussel et de notre historien Mille d'avoir considéré les évêques de Langres comme suzerains de tout leur diocèse. D'après ces écrivains, les évêques de Langres étaient non-seulement seigneurs de Châtillon, mais même de tout le pays de Lassois compris dans le diocèse[1]. « Mais, s'écrie Delamothe[2], un fait semblable mérite

---

[1] En 1477.
[2] Ms, p. 148.

bien qu'on en assigne l'époque certaine et qu'on en indique au moins quelque preuve : or, les documents les plus anciens ne m'ont jamais donné lieu de soupçonner que les comtes du Lassois fussent vassaux des évêques de Langres. Si les évêques obtinrent la seigneurie temporelle de tout leur diocèse, ils tinrent cette concession, ou des rois de Bourgogne, ou de ceux de France, et cette donation leur fut faite par une charte ou autre titre quelconque. Or, les archives de l'évêché de Langres furent brûlées en 814[1] ; il fallut y suppléer, et Louis-le-Débonnaire confirma dans tous leurs droits et possessions ceux de ses vassaux dont les titres avaient été la proie des flammes ; cependant le diplôme royal, qui fait une énumération fort détaillée des biens dont il s'agissait de remplacer les titres, ne dit pas un mot de la prétendue seigneurie temporelle des évêques de Langres sur leur diocèse, chose assez considérable, assurément, pour ne pas l'omettre. »

Toutefois, la charte de 814 n'est pas le seul document péremptoire à produire dans la question qui nous occupe. Il y en a un second, portant la date de 889, et émanant du roi de France Eudes. Cette charte attribue aux évêques de Langres peu de chose de plus que la première, mais absolument rien dans le comté de Lassois. Enfin, il y a un troisième document, c'est une charte émanant de Charles-le-Gros et por-

---

[1] Entièrement *perperam*, dit J. Vignier.

tant la date de 885, par laquelle un seigneur nommé Dodon reçoit de la munificence royale, et à titre de bénéfice, en présence de l'évêque Anscher et des comtes Rodolphe et Pépin, trente manses, tant à Montigny, et Gevrolles, qu'à Vitriaques[1]. Tous ces titres, provenant des archives de la Haute-Marne, prouvent suffisamment, d'une part, que l'évêque de Langres ne possédait rien au IX° siècle dans le comté de Rossillon ou Lassois, et d'autre part, que le roi de France disposait seul alors des terres et bénéfices de ce comté[2].

---

[1] Ces trois localités sont dans le Lassois, mais *Vitriaques* n'existe plus.

[2] Comme il l'exprime, au surplus, par ces mots : *De quibusdam rebus proprietatis nostræ*, etc., dans la charte de 885.

La charte de 814, confirmative des possessions des évêques de Langres et leur seul titre terrier après l'irruption des Sarrazins et les pillages et incendies qui suivirent, n'attribue aux évêques de Langres que les domaines ci-après énumérés : Langres et l'église de Langres, et, sous les murs de cette ville, l'abbaye de Saint-Pierre avec le monastère des Saints-Jumeaux et l'église de Saint-Gengoul; Dijon et le monastère de Saint-Bénigne, *munitionem videlicet Lingonice civitatis ubi habetur ecclesia in honore Sancti Mammetis eximii martyris et castrum Divionense, in quo sita est ecclesia in honore Sancti Stephani protomartyris; et juxta murum monasterium Sancti Benigni cum omni eorum integritate;* l'abbaye de Bèze, dans le *pagus Atoariensis, et in pago Atoariorum, monasterium Bezuense;* l'abbaye de Melun, dans le *pagus Tornotrensis,* et Tonnerre, tête de ce comté, *et in eodem pago Tornatrense, caput scilicet comitatus;* et l'abbaye de Saint-Symphorien, dans le pays du Lassois (à Mosson, dans le voisinage de Châtillon-sur-Seine).

La charte de 889, émanant du roi Eudes, confirme les mêmes possessions, et n'y ajoute que les châteaux du pays de Bar et de Mémont. *Obtulit etiam immunitates et auctoritates de castellis Barro scilicet et Magnomonte.* Cette charte est adressée à *Argrin, Sanctæ Lingonensis ecclesiæ reverendus Antistes.* Voici ce qu'en dit J. Vignier dans sa *Chron. Langroise* : « L'é-

C'est seulement entre les années 889 et 973 que les évêques de Langres commencèrent à posséder non pas le comté de Lassois, mais une bien petite parcelle dans l'étendue de ce comté, trente pauvres manses par exemple, ce qui représentait environ 600 journaux[1], ou, dans l'ordre numérique actuel, environ 200 hectares. C'était là sans doute la presque totalité du territoire du bourg de Châtillon, lequel commençait à se former au-dessous de la forteresse romaine, dont on aperçoit aujourd'hui quelques ruines

---

vêque Geilon étant mort sur la fin de l'année 888, deux concurrents se présentèrent, Thibault, qui avait déjà été sacré à la mort d'Isaac, et Argrin ; mais celui-ci paraît avoir siégé le premier, car on trouve de lui, dans le cartulaire de Bèze, une charte du 12 avril 889. » (Jolibois, p. 88).

On lit dans la charte de 885, émanant de Charles-le-Gros : « Nos ergo morem sequentes predecessorum nostrorum regum atque imperatorum, libuit celsitudini nostre quemdam fidelem nostrum Dodonem nomine, intervenientibus atque deprecantibus fidelibus nostris Anscherico videlicet vocato episcopo et Rodulpho comite atque Pipino, *de quibusdam rebus proprietatis nostre* et mancipiis munerare atque sublimare, *que siquidem res sunt site in comitatu Latiscensi*, in villa Montiniaco super fluvium Albe, etc. »

On trouve dans J. Vignier que le *puissant* seigneur Dodon fit donation d'une grande partie de ses biens à l'église de Saint-Mammès, à la condition qu'il en jouirait jusqu'à sa mort. « Cette donation, ajoute J. Viguier, comprenait la ville de Montigny-sur-Aube, que Dodon avait reçue de l'empereur, peu de temps auparavant, à titre de bénéfice *in beneficium*, à la recommandation de l'évêque Anschare, du comte Raoul et de Pépin son fils. »

[1] Une *manse*, *mas*, *maes* et *meix*, était une portion de terre suffisante à l'entretien d'une famille, d'une maison, *mansio*, d'où vient le mot même qui nous occupe.

Ducange en évalue la valeur à 12 arpents, et D. Plancher la définit une maison champêtre avec autant de terres qu'il en faut pour occuper un laboureur et le nourrir lui et sa famille, c'est-à-dire de 18 à 20 journaux. Les deux estimations sont parfaitement concordantes.

imposantes, et encore faut-il défalquer de cette supputation la petite métairie de Crépan près de ce bourg. Nous donnons avec empressement ici le texte de la charte qui, tout en plaçant Châtillon dans le comté du Lassois ou de la Montagne, fixe en même temps l'origine de l'agrandissement de cette charmante petite ville. Les poètes[1] et les historiens l'ont notée, pour la gloire, comme le rendez-vous habituel de l'intrépide noblesse bourguignonne; pour les lettres, comme le centre des bonnes études et des écoles les plus célèbres à cette époque; pour le bon sens, pour l'élégance des mœurs et pour l'urbanité, comme une des villes les plus remarquables de l'ère féodale. En même temps elle était florissante par son industrie et par ses statuts, ce qui lui a mérité le privilége de prendre rang parmi les dix-sept villes *de loi* du royaume de France. Puisse l'amour unique des biens matériels, honteuse plaie de notre temps, ne point ternir son ancien lustre !

Les hautes parties contractantes figurant dans la charte qu'on va lire sont, d'une part, Vidric ou Widric, évêque de Langres de 970 à 980, et Henri, frère de Hugues Capet. Ce dernier, remarquons cela en passant, fut élu roi de France en 987 seulement, époque à laquelle il fit d'un comté révocable le premier duc

---

[1] Guillaume-le-Breton, sous le règne de Philippe-Auguste.
Rendons-nous assez exactement dans notre éloge les expressions suivantes de ce poète historien : *Militia, sensu, doctrinis, veste, nitore?* (Voir son poème de la *Philippide*.)

héréditaire de Bourgogne, dans la personne de son frère Henri, et la charte suivante ne confère en effet encore à ce même Henri que le premier des deux titres. Voici ce document, fort peu exactement interprété jusqu'ici, parce que le latin en est d'une afféterie peut-être un peu trop pédantesque. Il est important que cette charte, trouvée aux archives de Langres par Delamothe, soit bien comprise : pour cela nous ne pouvons mieux faire que de mettre sous les yeux de nos lecteurs notre traduction en regard du texte même[1].

---

[1] « In nomine sancte et individue Trinitatis ac vivifice unitatis, anno Incarnationis Dominice DCCCCLXXIII nutu Dei, Vidricus sancte sedis urbis Lingonice presul etc. Ecce adiit serenitatis nostre obtutus benevolentia, Henricus eximius Burgundie comes, intimans nobis ut quasdam res sue proprietatis que conjacent in pago Atoarensi et in villa que nuncupatur *Artasia* cum omnibus sibi aspicientibus, Deo et Sancto Mammerti legaliter conferre et justa dispositione tradere conabatur. Ipse vero suam benignissimam voluntatem adimplere satagans condonavit et benigna deliberatione tradidit prefatas res Deo et suo Agoniste Mammerti. Postmodum namque suam implorationem obtulit nobis per quam et ipsas res sue donationis et alias ad jus et dominium Ecclesie nostre pertinentes in comitatu Laticensi Castellionem scilicet oppidum cum suis adjacentiis, hec sunt mansa XXX cum Crispenni villa, usu beneficiario tribuere ac condonare non dedignaremur. Nos autem veluti *tanti ac tanti precipui comitis* dignam observationem annuentes et ejus rationabilem suggestionem ad effectum perducere studentes, desiderium illius juste petitionis perficere procuravimus, dantes et concedentes prenotato comiti Heynrico et *uno heredi*, et ipsas res sue largitionis et alias ad Ecclesie nostre dominationem pertinentes, sicut supra inserta habentur, ea videlicet auctoritate ut quandiu vixerint, per hoc privilegium nostre largitionis eas teneant et possideant ac nullo modo de regimine nostro successorumque nostrorum eas abstrahere licentiam habeant, nec ipsa Ecclesiastica mancipia injuste opprimere aut indebitum eis imponere valeant, sed sicut ab antecessoribus Ecclesie nostre jure habite sunt, ita et ab ipsis habeantur.

« Au nom de la sainte et indivisible Trinité, l'an de l'Incarnation 973, Vidric, évêque par la grâce de Dieu, etc.

« Henri, *illustre comte de Bourgogne,* ayant exprimé le désir de nous donner quelques parties de son domaine qui sont situées au *pagus Atoarensis*, dans un lieu appelé Artais (au bailliage de Semur), et d'en conférer la possession à Dieu et à saint Mametz par un acte légal, ce comte, s'empressant de remplir sa très-bienveillante intention, donna et abandonna de sa bénigne volonté les biens ci-dessus à Dieu et à son confesseur saint Mametz.

« Il nous fit ensuite la prière de lui accorder et de lui concéder à titre bénéficiaire les biens dont il venait de nous faire donation, et, en outre, d'autres biens appartenant au domaine de notre église dans le comté de Lassois, c'est-à-dire Châtillon avec ses dépendances, c'est-à-dire trente manses avec la métairie de *Crépan*.

« Mais nous, adhérant aux observations d'un *comte* si illustre, et voulant donner plein effet à ses raisonnables propositions, lui octroyons sa demande et donnons et concédons au susdit *comte* Henri et *à un seul*

Constituimus etiam quotannis singulis festivitate Sancti Mammertis absque ulla procrastinatione libram unam in argento ad altare ipsius in censum persolvere non tardant. Post cujus finem migrationis prenominatas res immelioratas absque alicujus judicis interrogatione aut heredum expectatione ad jus et dominium Ecclesie nostre nos ipsi sive successores nostri revocandi liberam potestatem habeamus. »

de ses héritiers, les biens provenant de sa donation et les autres biens appartenant aux églises de notre domaine, comme ils sont désignés ci-dessus ; mais à cette condition que, tant qu'ils vivront, ils possèdent ces biens qu'ils tiennent par un privilége de notre largesse, comme ne devant jamais avoir la possibilité de les distraire de notre administration ni de celle de nos successeurs, ni de porter atteinte aux droits de cette propriété ecclésiastique, ni de leur imposer rien d'illégitime, mais de les tenir en leur main comme ils l'ont été par nos prédécesseurs dans notre église. Nous les constituons aussi passibles du cens d'une livre d'argent qu'ils devront déposer chaque année sans délai le jour de la fête de saint Mametz sur l'autel de cette église.

« A la fin de cette possession, nous ou nos successeurs nous réservons le droit de revendiquer les biens ci-dessus dénommés, sans qu'il ait pu y avoir d'aliénation et contre toute réclamation de juges ou d'héritiers, afin que nous les fassions rentrer dans le domaine de notre église. »

Avant la réunion complète du comté de Lassois au duché de Bourgogne, on voit que son premier duc bénéficiaire et non révocable possédait bien peu de chose dans ce comté, et encore n'était-ce qu'à titre précaire pour lui et un de ses héritiers seulement. Il ne possédait pas même alors l'autre ville voisine appelée *Chaumont* ou *Chamont*, ville encore peu considérable, il est vrai, et qui se grossissait peu à peu comme le bourg, au pied d'un château moins important[1]. Châtillon, faible et naissant, n'était rien encore comme centre administratif ou féodal ; cette prérogative appartenait alors à la ville qui dominait le mont Lassois ou de Rossillon, et même, après sa ruine, *au mont* lui-même, par un reste de respect féodal et traditionnel. Le comté de Lassois relevait alors du roi de France directement, pour un peu plus tard relever médiatement du roi comme suzerain et immédiatement du duc de Bourgogne en sa qualité de vassal. En attendant, les comtes du Lassois, investis de ce titre par le roi de France comme agissant dans son domaine direct, se sont succédé jusqu'au moment où le duché de Bourgogne, par suite de concessions royales, eut reculé ses limites au nord par la possession du Lassois.

Après l'illustre Gérard, et pour lui avoir succédé en qualité de comtes du Lassois sous l'autorité royale, nous avons vu plus haut les raisons qui militent en faveur de Conrad, de Boson et de Richard, avant que de ces deux derniers l'un ne devînt roi de Provence et l'autre duc de Bourgogne; puis en faveur de Hugues-le-Blanc. D'autre part, la charte de 973, dont on vient de lire le texte, attesterait suffisamment que Henri, qui fut duc de Bourgogne seulement quatorze ans après[2], était alors comte du Lassois. Delamothe dit que son fils adoptif Otton ou Othe-Guillaume lui

---

[1] Le *Châtelot*, ancienne résidence de Marmont, duc de Raguse, et aujourd'hui la demeure de l'honorable famille Maître.
[2] En 987.

succéda en cette qualité, mais il n'en apporte aucune preuve[1]. Il est néanmoins vraisemblable que Othe-Guillaume, en qualité de fils adoptif et d'unique héritier d'Henri, posséda comme usufruitier seulement, aux termes de la charte que nous avons lue, les trente manses du bourg de Châtillon, données à titre précaire au comte Henri par cette charte de 973, émanant de l'évêque Vidric. Nous ne voyons ni dans la *Chronique Langroise* de Vignier, ni dans l'*Histoire des évêques de Langres* de l'abbé de Mangin, ni ailleurs, que ce *domaine de Châtillon* donné au comte Henri et à un seul de ses héritiers à charge de retour, soit en effet retombé sous les mains d'un successeur de Vidric. Il y a lieu de penser, et c'est l'opinion de Delamothe exprimée dans ses preuves et à la suite de la charte de 973[2], il y a lieu de penser, disons-nous, que ce domaine ne retourna point aux évêques, parce qu'ils ne l'exigèrent point[3], mais qu'il continua comme fief à rester entre les mains des successeurs du comte de Lassois[4], d'où serait venue, d'après la

---

[1] Delamothe assure, de plus, que Othe Guillaume, fils adoptif d'Henri, eut un fils appelé Guy, lequel épousa Elisabeth de Vergy.

« Cette dernière, ajoute-t-il, devenue veuve, épousa Gérard de Vergy, comte de Bourgogne, son parent au quatrième degré ; et voilà peut-être l'origine de la *maison de Châtillon*, soit qu'elle descende de Guy, soit qu'elle descende de Gérard de Vergy. » (Ms. p. 261.)

[2] Et encore p. 42 et 44 du même Ms.

[3] Ils s'étaient réservé la libre faculté de réclamer ce retour, *revocandi liberam potestatem habeamus.*

[4] Ce seraient les successeurs d'Othe Guillaume, fils adoptif d'Henri, *qui eum loco filii adoptavit.* (*Chron. de St-Ben.— Spicil.* II, 387.)

plus grande vraisemblance, la maison de Châtillon-sur-Seine, descendant de ces seigneurs et particulièrement de la maison de Vergy[1]. Nous reviendrons sur ces comtes de la Montagne, réduits dès ce moment à un rôle secondaire.

Avec nos premiers ducs héréditaires de race royale se manifeste la tendance de reculer le plus possible vers le nord et jusqu'aux limites de l'ancien royaume de Bourgogne, sinon leurs possessions, au moins leur suzeraineté. Ainsi, en 1083, le troisième de ces ducs héréditaires de race royale, Eudes Ier, très-libéral en faveur des maisons religieuses, donne à l'abbaye de Molesmes le village de Marcenay[2], et, le cinquième de la série de ces mêmes princes, Eudes II, fixe à peu près les limites septentrionales du duché en faisant valoir ses droits de suzerain jusqu'au cœur de la Champagne. Là, en effet, des envahissements successifs avaient déjà passablement échancré le domaine que les comtes de la Montagne tenaient pour le roi de France. Eudes avait épousé, en 1142, Marie, fille de Thibaut, comte de cette province, et il obligea son beau-père à lui faire hommage, entre autres

---

[1] Il est plusieurs fois question, dans l'*Histoire généalogique de la maison de Vergy*, par André Duchesne, de Guy de Châtillon, notamment dans une charte de 1162, où le roi Louis VII confirme un jugement prononcé par ses barons, au nombre desquels il cite *Guy de Châtillon*, et dans un document extrait des archives du prieuré de Fouvens, et où, par des lettres de 1331, le sénéchal de Bourgogne, Henri de Vergy, sire de Fouvens, prononce son jugement *sur un désaccord meu entre son amé nepveu Guy de Chastillon, d'une part, et Othe de Cromary, prieur de Fouvens.*

[2] Courtépée.

fiefs, de l'abbaye de Saint-Germain d'Auxerre, de Saint-Florentin et de la ville et du comté de Troyes, comme mouvances du duché de Bourgogne. Des titres à la Chambre des Comptes, suivant Courtépée, prouvent que les successeurs de Thibaut s'acquittèrent du même devoir jusqu'en 1283. Seulement, on a pensé, et Courtépée lui-même, que cet acte d'hommage féodal avait eu lieu à *Autun*; mais Delamothe, qui avait étudié cette question particulière avec plus de soin que son émule en fait d'histoire locale, a laissé dans ses notes[1] des éclaircissements fort curieux là-dessus. Nous le citerons textuellement, puisqu'il contredit une opinion accréditée par l'historien du duché :

« En 1143, Eudes II se fit rendre hommage par Thibaut, son beau-père, pour les villes et comtés de Troyes, de Saint-Florentin, pour la garde de l'abbaye de Saint-Germain d'Auxerre et autres terres et seigneuries qu'il tenait en fief du duc comme mouvantes du duché de Bourgogne. *Augustines* fut déterminé pour rendre les devoirs de ces fiefs. Or, on a mal à propos entendu par ce mot la ville d'Autun, parce que *Augustines* est un lieu totalement ignoré, excepté dans ce pays même. En effet, c'est une vallée arrosée d'un ruisseau et située entre Mussy-sur-Seine et le prieuré de la Gloire-Dieu. On nous assure[2] qu'il y a

---

[1] Ms p. 82.
[2] Delamothe tenait sans doute ce renseignement de Courtépée et de Béguillet, avec lesquels il entretenait une correspondance dans l'intérêt de l'histoire du duché.

des titres à la Chambre des Comptes de Dijon prouvant que les successeurs de Thibaut s'acquittèrent du même devoir jusqu'en 1282, c'est-à-dire jusqu'au mariage de Philippe-le-Bel avec l'héritière de Champagne, d'où s'ensuivit de plein droit la réunion du comté de Champagne à la couronne de France. Quoi qu'il en soit, cet hommage fut réitéré en 1214, et Eudes III, alors duc de Bourgogne, reconnaît, par ses lettres du mois de septembre de cette même année, qu'il ne pourra tirer aucun avantage pour l'avenir de ce qu'il vient de recevoir en l'abbaye de Fontenay, où il était dangereusement malade[1], l'hommage de Thibaut, comte de Champagne, qui ne devait le lui faire qu'à *Augustines* ou dans certains autres lieux *en marche*. Il suit de ces derniers termes que *Augustines* était en marche, et que l'hommage devait être fait sur les marches ou limites du duché de Bourgogne, soit au ruisseau d'*Augustines*, soit à certains autres lieux de la frontière. On a donc eu raison de dire que le petit val d'*Augustines* servait de limites au duché de Bourgogne et au comté de Champagne, du côté de Châtillon. »

Cette même petite ville, à cause de sa forteresse, devait nécessairement tenter le duc Eudes II, si jaloux de sa suzeraineté, qu'il en élargissait le plus possible les prérogatives; mais l'évêque de Langres, Godefroy, possédait ce fief important, dont il faisait hommage au roi de France, et il n'y avait guère moyen de le dé-

---

[1] *Gravi detinebamur infirmitate* (Brussel, t. I, p. 344).

posséder. Toutefois, l'évêque de Langres s'apercevait bien des manéges de son puissant rival ; aussi fit-il comme bien d'autres grands feudataires ecclésiastiques de ce XII° siècle, il prit le parti de céder une portion de son domaine au duc de Bourgogne, afin de s'en faire un protecteur contre les invasions d'autres feudataires d'épée dont les riches possessions cléricales excitaient la convoitise. Le titre d'inféodation[1] investit Eudes II de la moitié de ce que l'évêque possédait dans la ville du bourg de Châtillon, et le duc, devenant ainsi le vassal de l'évêque, lui fit foi et hommage de ce fief tout en en prenant l'investiture. D'après la généalogie de saint Bernard, conservée jadis à Clairvaux, on voit que ce même évêque Godefroy, d'abord prieur de cette abbaye, était le deuxième fils de Verric, Virric ou Guerric, comte de Châtillon au X° siècle[2] et aïeul du jeune Técelin ou saint Bernard, lequel put être témoin de cet acte d'inféodation qui atténuait singulièrement la puissance de sa maison, car Godefroy de Châtillon était l'oncle paternel de saint Bernard, et c'était par l'arbitrage de ce dernier qu'après la mort de l'évêque Guillenc, Godefroy avait quitté sa pieuse cellule pour gouverner le diocèse de Langres. Or, comme ce dernier devenait seul comte

---

[1] Entre les années 1142 et 1162.
[2] D'après une charte de donation citée par le P. Chifflet, (*S. Bern. gen. ill.*, p. 541), le comte Verric aurait eu un frère qui habitait à Châtillon entre les deux villes et tout près de la Seine. « Actum est hoc castellioni, in domo Wirrici de ponte quæ est in insula. » On nomme aujourd'hui ce quartier la rue des Ponts.

de Châtillon, puisque son frère aîné, André de Châtillon[1], avait renoncé au monde, ce même Godefroy réunissait ainsi sur sa tête deux seigneuries, l'une comme évêque et l'autre comme successeur des comtes, titre auquel étaient attachés les droits seigneuriaux dont il est question dans notre texte. Il fallait donc que cet évêque eût de bonnes raisons pour se donner un protecteur, puisqu'il le faisait au moment même où il cumulait toutes les prérogatives qui en auraient fait le seul maître de Châtillon.

---

[1] Gérard, seigneur d'Eschalot, fils d'André de Châtillon et par conséquent cousin germain de saint Bernard, avait épousé la sœur du seigneur de Salives, frère du comte de Grancey, de laquelle il eut un fils nommé Milon de Châtillon, cousin issu de germain de saint Bernard par conséquent, lequel Milon mourut sans enfants. (Voir *la Généalogie de Clairvaux*.)

On peut lire au t. III, p. 2, de l'*Histoire ecclésiastique de Langres*, par de Mangin, que les comtes de Grancey et de Saulx avaient beaucoup de fonds indivis entre eux, parce qu'ils étaient *très-près parents*.

Delamothe a donc eu raison de dire, p. 254 de ses *Notes historiques*: « Je suis tenté de croire, sur des indices fort multipliés, que la maison de Châtillon existe encore dans celle de Saulx-Tavannes, reconnue pour une des plus anciennes et des plus illustres de la Bourgogne, qui a possédé le comté de Langres jusqu'en 1179 et porte les mêmes armes que celle de Châtillon, c'est-à-dire d'azur au lieu d'or, telles qu'elles se trouvent en l'abbaye de Pothières. Aussi le P. Chifflet (*loc. cit.*, p. 654), souhaitait-il qu'un habile généalogiste fît l'histoire de l'illustre maison de Saulx. — Le même annaliste dit ailleurs : « Saint Bernard était de la maison de Saffre, du côté maternel. L'ancienne maison de Grancey et celle de Châteauvillain étaient issues des comtes de Châtillon. »
— Le P. Chifflet trouve encore des titres de parenté et d'alliance entre cette maison de Châtillon et celles de Sombernon, de Saigny, de Marrey, etc., et il cite, p. 612, ces mots extraits des titres de la famille de Saffre : « Traicté de mariage de Claude de Moisy Cleron, baron de Saffre, avec dame Marguerite de *Chaugy-Ross*, et de dame Diane de Chastelux, le 3 mars 1632. »

Suivons nos ducs dans leurs conquêtes progressives sur Châtillon, qu'ils s'efforçaient de toutes les manières de réunir au duché[1]. Hugues III comprit l'importance de cette ville comme point stratégique ; en outre, il s'y plaisait et y résidait souvent[2]. Il sut adroitement s'y prendre avec l'évêque Gautier, son oncle[3], à qui il donna le comté de Langres à titre d'aumône pour lui et ses successeurs[4], et dont il obtint des concessions importantes, telles que la faculté de fortifier Châtillon et de statuer sur leurs immunités mutuelles. Le premier traité eut lieu en 1168, et le duc en jura l'accomplissement dans une chapelle de l'église de

---

[1] L'auteur du *Dictionnaire de la France ancienne et moderne* dit avec beaucoup de discernement qu'avant que Châtillon ne fût réuni au duché de Bourgogne, il était possédé par *des seigneurs particuliers*, dont quelques-uns étaient ancêtres de saint Bernard, de la maison de *Safres*; que cette ville avait alors le titre de comté, avec de grandes mouvances, comme le marquisat de *Crusy*, la baronie d'*Ancy-le-Franc*, *Ravières* et *Laignes*, qui sont dans la province de Champagne, sous le ressort du parlement de Paris, et qui néanmoins ressortissaient à la Chambre des Comptes du duché de Bourgogne pour la foi et hommage. L'art. 175 du terrier de Châtillon, rédigé au XIIIe siècle par Jean de Foissy, un de ses baillis les plus recommandables, ajoute à ses mouvances les *terres de Saint-Pierre* de Pothières, la châtellenie de Griselles, Leuglay et autres fiefs et arrière-fiefs du duc de Bourgogne. Pour suivre l'ordre hiérarchique féodal, les seigneurs de ces fiefs lointains en faisaient foi et hommage aux ducs de Bourgogne par-devant le bailli de la Montagne, à Châtillon. C'est de la même manière que le comté de Troyes était, à l'époque du duc Eudes II, considéré comme un fief mouvant du duché de Bourgogne. Il n'en faut pas davantage pour décider que Troyes devait être, à l'époque de Gontran, compris dans le royaume de Bourgogne.

[2] Courtépée.

[3] Gauthier était fils du duc de Bourgogne Hugues II.

[4] Ce comté a été depuis érigé en duché-pairie.

Châtillon, sur l'autel de Saint-Nicolas[1]. Cette circonstance, qui démontre l'existence de l'église Saint-Nicolas au milieu du XIIe siècle, est bonne à noter. Entre les témoins figuraient deux membres de la maison de Grancey et un membre de celle de Técelin.

Le deuxième traité conclu entre le duc et l'évêque était une conséquence de leur position. Il fallait couper court aux perturbations que jetait parmi les vassaux des deux suzerains un état mixte ou incertain provenant des mariages contractés entre deux familles d'une dépendance différente. Nous traduisons ici, du latin du cartulaire de l'évêché de Langres, les articles de cette convention, parce qu'elle est une des plus importantes de la juridiction féodale :

« Moi, duc de Bourgogne, je fais connaître que, moi et le vénérable seigneur mon oncle Gaultier, par la grâce de Dieu évêque de Langres, pour conserver le bienfait de la paix et couper court à toute occasion de litige, entre nous et nos *officials* nous avons arrêté ces conventions pour être tenues à perpétuité par nos successeurs ; nous nous sommes concédé l'un à l'autre que si des hommes venaient s'établir à Châtillon dans l'intervalle compris entre les deux portes de Chamont, *ils seront exclusivement mes hommes*, pourvu qu'ils ne soient pas du domaine de l'église de Langres

---

[1] Hoc ego juravi in capella, domo dei (id est in ecclesia), castellionis super sacrosanctmu altare beati Nicolaï observandum in perpetuum et firmiter tenendum cum juramento promisi. (*Cartulaire de l évêché de Langres.*)

ou du casement de l'évêque depuis le lieu dit *des Barres* jusqu'à la Seine, ou de sa châtellenie. — Et, en compensation, ceux du domaine de l'église de Langres ou dudit casement de l'évêque, s'ils viennent demeurer à Châtillon, soit sur le domaine de l'évêque, soit sur le mien, *seront exclusivement les hommes de l'évêque.*

« Tous ceux qui se fixeront à Châtillon, en quelque lieu que ce soit hors de l'intervalle compris entre les deux portes de Chamont, quel que soit le seigneur de ce lieu, moi ou l'évêque, *seront communs entre nous et le tènement commun*, excepté ceux qui viendront des trois abbayes de Flavigny, Pothières et B... [1], lesquels sont tous mes hommes.

« Mais s'il arrive que ceux qui étaient devenus *nos hommes communs* à l'évêque et à moi se retirent, le fonds de terre restera au domaine de celui qui le possédait d'abord. S'ils se marient et emmènent leurs femmes, ce qu'ils peuvent faire en toute liberté, les seigneurs ne pourront les suivre comme leurs, mais bien plutôt *elles seront communes aux deux seigneurs*, ainsi que leurs enfants et leurs maris [2].

« Et afin qu'il n'y ait nul doute, chez nos descendants, de l'époque où a pris naissance cette com-

---

[1] Berrovi monasterii.
[2] Si vero eos qui communes facti sunt episcopo et mihi ab hoc tempore retro abire contigerit, fundus terræ remanebit in dominio ejus cujus primo fuit. Homines vero hujus communionis utrius libet qui mulieres duxerint, liciti habebunt nec domini eas sequentur, sed potius erunt communes dominis et eorum liberi, sicut et viri eorum.

munauté de biens, qu'il soit avéré que la convention en a été faite l'an de l'incarnation du Seigneur 1178, au mois de décembre. »

Enfin Hugues III donna cours à sa monnaie ducale à Châtillon en concurrence avec celle de l'évêque. D'après le même cartulaire de Langres, ce nouveau moyen d'autorité au profit des princes de la maison de Bourgogne fut l'objet d'une convention écrite entre le duc et Manassès, évêque de Langres et comte de Bar-sur-Seine. Hugues III s'engage à n'altérer ni le titre ni le poids de la monnaie de Dijon pendant sa vie, ni sans le consentement de l'évêque [1].

On a peine à ne pas considérer comme une contradiction, avec les actes dont nous parlons, la facilité avec laquelle le même duc Hugues III mit hors de ses mains des fiefs importants placés sur la frontière septentrionale de la province. Il faut bien croire qu'il y avait pour ce sacrifice d'importantes compensations pécuniaires, politiques ou autres, dont les chartes ne parlent pas. En outre, il existait entre le duc et l'abbaye de Pothières un traité de parcours [2] dont une des principales clauses était que, si un homme sujet du duc se retirait dans une dépendance de Pothières pour y résider, il devenait homme de l'abbé; et par réciprocité, que si un homme de l'abbé se retirait sur la terre du duc, il devenait homme de ce dernier. La barrière était la Seine et le pont d'Etrochey, qui subsiste en-

---

[1] D., p. 357, texte latin.
[2] Delamothe le cite dans ses *Notes historiques*, Mˢ, p. 83.

core. Et, ce qu'il y a de plus significatif, c'est que le duc ne pouvait suivre son homme ni le réclamer au-delà de ce même pont; mais pour qu'il ne restât aucun doute dans sa renonciation au territoire d'au-delà de la Seine, le duc précise ses limites, en se réservant les premiers villages qu'on rencontre immédiatement en-deçà du fleuve[1].

Des difficultés survenues, en 1245, entre le duc de Bourgogne Hugues IV et l'évêque de Langres, au sujet de leurs hommes respectifs, donnèrent lieu à un nouveau traité entre le duc de Bourgogne, l'évêque de Langres et l'abbé de Pothières[2]. Le duc concéda gracieusement ses hommes à l'abbé de Pothières[3] et renonça à la faculté d'en retenir aucun dans la contrée comprise entre le pont d'Etrochey et le ruisseau d'Augustines[4], et d'y faire valoir aucun droit de justice ; il autorisa même l'abbé à construire des forteresses entre les confins exprimés[5]. Le duc retint seulement la garde de l'abbaye de Pothières ; mais encore ce reste de suzeraineté lui échappa-t-il par suite du principe que la garde d'une abbaye appartient au seigneur dans le domaine duquel sont situés les biens

---

[1] C'est-à-dire Courcelles, Montlyot, Etrochey et Cerilly, villages ayant toujours formé, depuis, les limites septentrionales du duché de Bourgogne.

[2] Id., ibid.

[3] Il n'en retint qu'un seul nommé Jaïs, pour lui et ses descendants.

[4] *A ponte predicto usque ad dictum rivalum*, porte la charte de 1245, mentionnée par Delamothe.

[5] *In locis suis vel villis suis ubicumque voluerit et placuerit*, dit la charte.

à sauvegarder. C'est ainsi que la garde de l'abbaye passa aux comtes de Bar-sur-Seine et de Tonnerre, qui étaient de la même maison[1]. Elle passa même à un sire Henri, qui était à la fois comte de Nevers et comte de Tonnerre; mais ce dernier manqua à ses engagements, consistant à ne pas *sortir de ses mains* la garde de l'abbaye sans le consentement de l'abbé, ni à la confier à un moins puissant. En effet, il la céda à *Jean de Sainte-Croix,* simple damoiseau; et entre des mains aussi peu fermes il y eut, de la part des officiers du comte de Tonnerre, de telles vexations, que les religieux, assemblés capitulairement par l'abbé de Pothières, résolurent de recourir au duc de Bourgogne Philippe-le-Hardy, et lui offrirent la garde de leur abbaye.

Des lettres-patentes de ce duc, en date du 15 septembre 1370, attestent avec quelle satisfaction il vit *la garde de Pothières, qui était de son fief, retourner à sa source.* Toutefois, l'abbé sut bien réserver ses droits, en stipulant « que les habitants du duché de Bourgogne ne pourraient s'élargir en vaine pâture dans les terres de l'abbaye, sous prétexte de la garde, et que les auditeurs des causes d'apeaux à Beaune n'auraient aucune juridiction à exercer sur les domaines de Pothières; que si un *forain* était condamné à mort par la haute justice de l'abbaye, le coupable serait remis tout nu aux gardes du duc, au pont d'Etrochey, pour faire l'exécution. »

Un procès fut entamé par le titulaire du droit de

---

[1] Ms Delam.

garde méconnu, Jean de Sainte-Croix, et jugé par le Parlement de Paris en 1391 seulement. Jean de Sainte-Croix fut remis en possession du droit de garde, et il était dit dans l'arrêt : « Le contrat féodal est synallagmatique, et ce serait une violation de la loi des fiefs si le duc de Bourgogne voulait enlever à Jean de Sainte-Croix la garde de Pothières et lui laisser la châtellenie de Laignes, dont cette garde fait partie. » D'ailleurs, un grave précédent avait fixé la jurisprudence sur ce point, puisque, par arrêt du même Parlement rendu en 1284, le roi lui-même avait retiré sa main de la garde de l'abbaye de Pothières, pour remettre cette garde à Marguerite, comtesse de Tonnerre. En effet, neuf ans auparavant, en 1275, Marguerite de Bourgogne[1] avait acquis la terre de Laignes et *l'avait unie à sa comté de Tonnerre.*

Ainsi donc les aliénations précédentes portaient leurs fruits amers pour nos ducs. Le mont *Rossillon, Lassois* ou montagne de Vix, le chef-lieu du comté ou *pagus*, auquel il avait donné son nom, sortait, par la plus violente des anomalies, de sa circonscription native, pour sauter en Champagne ; et Pothières, fondé par le comte bourguignon Gérard, avait le même sort, avec sa célèbre abbaye et toute la vallée enfin, entre Etrochey et Mussy[2]. Ces riches vil-

---

[1] Deuxième fille du duc Eudes III, épouse de Charles de France, duc d'Anjou, roi de Jérusalem et de Sicile.
[2] Les villages de Vix, de Bouix, de Villers-Patras, Charrey, Noiron, Gomméville, Mussy, Plaines, etc., devinrent des dépendances de la Champagne.

lages, ces beaux vignobles, qui ceignaient auparavant le front de la Bourgogne septentrionale, ne devinrent plus que ses arrières-fiefs. Le gracieux et fertile bourg de Laignes fut aussi démembré du domaine de nos ducs, et les barons de cette châtellenie fournirent vainement à la Chambre des Comptes de Dijon des dénombrements annuels : tous les lieux que nous venons d'indiquer ne tinrent plus désormais au duché que par les liens d'une glorieuse mais inutile fiction. Pendant que nos ducs cédaient ainsi leur territoire, les comtes de Champagne s'agrandissaient au point de faire ouvrir les yeux à ceux-là. Et il fallut bien s'en apercevoir à des signes manifestes, puisque le sire de Chapes, seigneur d'*Essoyes*, en vertu d'une aliénation antérieure à celles de 1189, refusa de reconnaître pour *suzerain* le duc de Bourgogne, et que dans les Grands-Jours de Champagne il fut décidé que ce fief relevait du comté de Troyes; et pourtant les ducs avaient mis le bourg d'*Essoyes* hors de leurs mains, et il ne s'agissait ici que du droit indélébile de suzeraineté.

Mais déjà en 1302 le duc Robert II s'était bien aperçu du tort que le système des aliénations faisait à la Bourgogne, car, dans un codicile à cette date, *il ordonne pour toujours* que ses successeurs ne puissent mettre hors de leurs mains les fiefs de Bourgogne et notamment ceux de *Chastoillon* et de *Rossillon*.

Cependant les ducs de Bourgogne, qui étaient si larges pour leurs possessions d'au-delà de la rivière de

Seine, étaient très-attentifs à ne rien perdre et même plutôt à anticiper lorsqu'il s'agissait de leurs possessions d'en-deçà de cette limite. On le voit bien par divers démêlés entre eux et les évêques, concernant la ville de Châtillon, et dans lesquels le roi de France, en qualité de suzerain, dut intervenir. Un troisième élément dont nous avons déjà touché un mot compliquait la situation. Les généalogistes et les historiens nous en font connaître peu de chose; Duchesne se borne à dire que les *seigneurs* de Châtillon possédaient en cette ville quelques maisons, droits et revenus. Quelle était cette maison de Châtillon? Delamothe se charge de nous mettre sur la voie.

« Quoi qu'en ait dit Philibert Delamare dans la *Vie de Philandrier*, ni les évêques de Langres, ni les ducs de Bourgogne n'avaient toute la seigneurie de Châtillon : car la justice, dans la ville du Bourg, appartenait par droit héréditaire[1] aux descendants des comtes du Lassois. Sitôt qu'on perd les traces de ces comtes et que Châtillon devient le chef-lieu du comté, on voit paraître des seigneurs de Châtillon issus de ces comtes et possédant la seigneurie de cette ville conjointement avec les évêques de Langres. Saint Bernard était issu de cette maison du côté paternel[2], et cela explique

---

[1] *Jure hereditario*, dit une charte de 1027 rapportée par Delamothe.

[2] « Il estoit (dit Paradin dans ses *Annales*) personnage plus angélique que humain. *Il fut extrait de la noble maison des seigneurs de Chastillon,* desquels encore jusqu'à présent est permanente la noble race et postérité portant les noms et les armes de Chastillon. »

pourquoi il habitait dans son enfance, chez son oncle André de Châtillon, la partie du château occupée depuis par les religieux des Feuillants. Lorsque les ducs entrèrent en partage du château fort avec les évêques, les comtes de Châtillon en prirent de l'ombrage, et c'est sans doute ce qui les porta à vendre successivement aux évêques de Langres, à l'abbaye Notre-Dame de cette ville et à plusieurs une très-grande portion de ce qui constituait leur seigneurie. Cette maison de Châtillon portait d'azur au lion d'or. »

Il était impossible, en effet, que des intérêts politiques continuellement en présence n'occasionnassent pas de fréquents démêlés : aussi la situation devint-elle à charge au plus faible, et il arriva une époque où le chef de la maison seigneuriale de Châtillon donna en fief à l'évêque et ses possessions et la justice du Bourg, qu'il conservait héréditairement sous la dénomination de *majoria castellionis*[1]. Un conflit au sujet de cette maison éclata en 1207 entre Robert, évêque de Langres[2], et Lambert de Châtillon, et ils durent avoir recours à la médiation d'Eudes III, duc de Bourgogne, de l'abbé

---

[1] Ce titre ne paraît pas différer beaucoup de celui de vicomte. Voici la définition qu'en donne Ducange dans son *Glossaire* : « Majores villarum primitus dicebantur qui cæteris villæ incolis præerant et Domini villæ jus dicebant : qui et villici interdum appellabantur. »
Or, les *baillis* semblent avoir succédé à l'autorité de ces *maires*. Paradin qualifie de *comtes* les baillis de la Montagne et les place ainsi dans cette hiérarchie; Chifflet (*sancti Bern. gen. ill.*) les nomme *toparchæ* (gouverneurs de lieux), ce qui revient au même.

[2] J. Vignier, dans sa *Chron. de Langres*, nomme cet évêque Robert II *de Châtillon*, et ajoute qu'il était frère du même Lambert.

de Réome, du célérier de Clairvaux et du seigneur de Fouvent[1]. Il en résulta un traité par lequel Lambert, moyennant une indemnité convenue, céda à perpétuité ses droits à l'évêque, et, de plus, ses biens présents et à venir, pour les tenir de lui en fief et casement lige[2]; mais il paraît que ces droits seigneuriaux qui portaient tant d'ombrage aux ducs et aux évêques n'avaient pas été épuisés dans la cession qu'en avait faite Lambert de Châtillon : car Avérique, fille de la *dame du bourg* de Châtillon[3], vendit, par acte du mois de février 1255, à Guillaume de Rochefort, évêque de Langres, la moitié du cens qui lui appartenait à Châtillon au même titre de droit héréditaire; et trois ans plus tard, en 1258, d'autres ayants-droit des comtes de Châtillon, Lambert et Jean, fils de Jean de Châtillon, cédèrent au même évêque des biens encore plus considérables que les précédents.

Avec l'extinction des droits de la maison de Châtillon commença l'annexion de cette ville au duché et le titre qu'elle reçut de chef-lieu du bailliage. Ainsi disparaissaient les dernières traces des comtes de la Montagne, qui, depuis l'illustre Gérard, avaient donné

---

[1] Ms Delamothe.

[2] Delamothe rapporte le passage suivant du livre des fiefs de l'évêque de Langres, commencé en 1273 : « Lambertus de castellione tenet a domino episcopo in feodum ligium quiquid habet castellionem et in castellianiam. »

[3] Averica que fuit filia domine Burgensis jam defuncte de castellione super Sequanam. — Or, Delamothe commet une grave erreur lorsqu'il dit en marge de son Ms que *Burgensis* signifie bourgeoise. Il faut traduire ce mot comme nous l'avons fait au texte,

à la contrée et à la ville de Châtillon un véritable relief par la sagesse de leurs statuts et de leurs règlements.

Il est temps de nous résumer sur l'esprit et sur le mouvement du IX⁰ siècle ou première époque féodale : car la recherche de l'histoire politique des derniers comtes en ce qu'elle se rattache surtout à celle des ducs qui ont commencé la série héréditaire, et aussi la recherche des délimitations successives de la Bourgogne dans ses frontières du nord, nous ont laissé interrompre l'étude générale de ce IX⁰ siècle. Reprenons-là en peu de mots, en y enchaînant les faits qui concernent plus particulièrement nos annales bourguignonnes.

Dans ce qu'on appelle improprement la barbarie du moyen âge, il y a deux époques mémorables qu'on a peu comprises, parce qu'elles sont des époques de travail et de *transition*. La première est celle du VI⁰ siècle.

En ce moment suprême, par le mépris où tombait le latin, on sent les approches d'un langage non encore qualifié, et l'on peut pressentir ses conquêtes lointaines. D'après certains aveux de Grégoire de Tours, où l'on aperçoit qu'il pèche plus par la mauvaise érudition de son siècle que par son naturel propre, il est entraîné, on le voit, car il est prêt à faire profession d'écrire en style rustique, et prévient qu'il ne fera plus d'efforts inutiles pour épurer son langage[1]. C'est un

---

[1] Solœcismum non refugio. (Voir le début de son histoire.)

cri d'alarme comme celui d'un homme subjugué par une force irrésistible; mais Grégoire de Tours appartient à la civilisation qui va finir : il s'estime et il se sent, puisqu'il proteste. Saint Augustin avait déjà fait comme lui, en consentant à user de locutions barbares et populaires pour se faire mieux goûter des mariniers d'Hippone[1]. Ainsi, malgré la douleur quelque peu résignée de Grégoire de Tours, ce père de notre histoire, au lieu d'avoir sous sa plume, comme Hérodote, un idiôme fait et d'une brillante facture, se servit d'une langue en décadence. Il n'y avait plus à lutter : car déjà ce nouveau jargon se substituait au latin pur dans les actes publics, et c'était une transformation lente dans l'ordre moral et tout aussi puissante que les transformations qui s'opèrent peu à peu dans l'ordre naturel. Déjà les lettres étaient tellement négligées, qu'il ne se trouvait personne pour les faire servir à l'histoire. Si l'on eût risqué le moindre récit dans un style de choix, personne ne l'aurait compris, pense D. Ruinart; c'est aussi la raison pour laquelle les lois et les diplômes de nos souverains furent rédigés en style rustique[2].

Déjà dans les premières années du VIe siècle, saint Avite, évêque de Vienne, se plaint de ce que peu de personnes comprennent même le rhythme du vers[3]. Mais écoutez cet accent de douleur exprimé par Gré-

---

[1] Em. Lefranc, *Litt. fr.*
[2] D. Ruinard, 101, coll. des Bén.
[3] Quod paucis intelligentibus mensuram syllaborum servando canat.

goire de Tours : « Malheur à notre temps, parce que l'étude des lettres en a totalement disparu [1] ! » En effet, la poésie latine expire sous la plume de Fortunat, évêque de Poitiers, et il faut lui pardonner ses madrigaux à la reine Radegonde et son éloge de Frédégonde en faveur des belles hymnes de *Pange lingua* et de *Vexilla regis*, que l'Eglise chante depuis plus de douze cents ans. Les lettres latines, qui ne jetaient plus que des lueurs çà et là parmi les personnes d'un rang élevé, s'étaient déjà tout à fait éteintes dans la nation, et il fallait que la barbarie fût devenue bien profonde et l'étude de l'antiquité bien oubliée au VIIe siècle, pour que saint Ouen, panégyriste de saint Eloi, distinguât deux écrivains dans un seul, Tullius et Cicéron [2], et pour que l'auteur de la Vie de saint Baron ait pu dire : « La langue latine a fleuri anciennement à Athènes sous l'autorité de Pisistrate [3]. »

Toutefois, au milieu de cette dégradation universelle, les monastères purent recueillir la dernière étincelle des lettres latines, lui faire jeter d'abord un pâle reflet dans l'ombre, puis lui donner des aliments, l'étendre et lui rendre enfin l'éclat par lequel l'Eglise a fait un pas si ferme et si décisif dans la civilisation de l'univers. Le respect pour les livres saints a fait conserver les langues grecque et latine et reproduire

---

[1] Væ diebus nostris quia perit studium litterarum a nobis.
[2] Ampère, t. II.
[3] Id., ibid.

en manuscrits nouveaux les antiques trésors de la sagesse et de la raison.

Grâce à l'Eglise, la première et la plus féconde des forces législatrices, aucun temps n'a été dépourvu de science et surtout de vertu; et pour que les nouvelles intelligences conservatrices et salutaires reçussent plutôt la trempe de la simplicité du cœur que celle des orgueilleuses traditions des sciences humaines, d'humbles religieux remplacèrent les rhéteurs. Au lieu de ces éclatants panégyriques où la vanité parle à la vanité qui écoute, l'évêque s'imposait l'unique tâche de raconter avec simplicité et onction la vie de quelque saint personnage, et tenait deux écoles, l'une au-dedans du monastère pour les religieux, et l'autre au-dehors pour les laïcs[1]. Dans le VIe siècle, si obscurci par les ténèbres de l'ignorance, l'abbé de Saint-Seine[2] avait établi dans son monastère, au fond de la Bourgogne, de si bonnes études que ce lieu excitait l'admiration des autres monastères[3]. L'évêque lui-même enseignait la sainte doctrine dans l'intérieur, et il déléguait les plus instruits de ses moines pour l'éducation laïque. Une telle initiative prise par l'abbaye de Saint-Seine porta d'heureux fruits en Bourgogne et donna naissance à l'école de Saint-Bénigne de Dijon, ouverte à tous ceux qui s'y présentaient, libres ou serfs, pauvres ou riches. Cette même école devint si célèbre au temps

---

[1] D. Rivet, t. III, VIe siècle.
[2] Mort vers 580.
[3] Mabillon, *Ann.*

de l'abbé Guillaume[1], que plusieurs évêques et plusieurs abbés italiens furent attirés autant par sa bonne renommée que par la réputation de sainteté du célèbre personnage qui y présidait[2]. On y étudiait alors les mathématiques et la médecine, et on donnait une application particulière à la musique[3], au chant grégorien, et à la copie des manuscrits[4]. L'abbaye de Saint-Etienne avait aussi ses écoles, qui s'efforcèrent de rivaliser avec celles de Saint-Bénigne.

Langres et Châtillon, qui étaient sous la dépendance diocésaine du même primat, eurent aussi leurs écoles de très-bonne heure[5], et lorsque Brunon devint évêque de Langres, vers 981, il transmit à ses écoles tout le feu scientifique qu'il avait puisé dans celle de Reims, dirigée par le savant moine Gerbert[6], que la prodigieuse facilité de son intelligence fit monter successivement au siége de l'archevêché de Reims et au trône de saint Pierre sous le nom de Sylvestre II. L'école de Langres se recommandait spécialement par les études théologiques, et il en sortit plu-

---

[1] Au XIe siècle.

[2] Mab., *Ann.*

[3] L'abbé Guillaume, dit l'*Histoire littéraire de France* (t. VII, p. 34), possédait si parfaitement le chant ecclésiastique et la musique, qu'il avait la réputation de surpasser en ce point tous les maîtres de l'art, de son temps. Il semble même qu'il introduisit dans le chant une nouvelle méthode différente du chant grégorien, laquelle se communiqua aux monastères de sa dépendance et autres de Normandie.

[4] Mab., *Ann.*, t. IX, p. 327.

[5] *Gallia christ.*, IV, p. 549-552.

[6] Mab., *Ann.*, IX, 35.

sieurs philosophes et entre autres *Halinard*, que son savoir fit monter au rang d'abbé de Saint-Bénigne et d'archevêque de Lyon. A Châtillon, résidence favorite des évêques du diocèse de Langres, les écoles établies par les prédécesseurs de Brunon étaient languissantes; mais Brunon s'occupa avec un grand zèle de leur réforme, il les enrichit de revenus honorables, et érigea en collégiale la petite communauté des prêtres qui desservaient l'église Sainte-Marie-du-Château. Bien plus, ne trouvant pas que cette église répondît à ce qu'il désirait, il la fit rebâtir en son entier[1]. Tout au commencement du XIe siècle, l'école réformée par lui devint florissante, et elle eut l'insigne avantage de former l'esprit et le cœur d'un des plus célèbres personnages de notre histoire, c'est-à-dire de saint Bernard[2]. C'est à peine si ce généreux évêque Brunon[3], qui a fait pour Châtillon un si bel emploi de ses richesses et qui a fondé l'église nommée aujourd'hui Saint-Vorle, c'est à peine, disons-nous, si le nom de cet illustre prélat est connu des habitants de cette ville intelligente. Nous protestons contre un oubli peu équitable, et nous faisons des vœux pour qu'on n'y sépare plus son souvenir de l'amour de ses œuvres; car les Châtillonnais sont pleins de vénération pour leur pittoresque et religieuse petite église.

---

[1] Vignier, *Chron. de Langres*, acte de fond., p. 55 du cahier.
[2] *Gallia christ.* — Baillet. — Bern., *Op.*, t. II, p. 1063.
[3] Il était fils de Renaud, comte de Reims, et d'une princesse sœur du roi Lothaire. (de Mangin, I, p. 441. — J. Vignier, *Décade hist.*, t. I, p. 281, coll. Delamarre.)

La Bourgogne, comme on l'a vu par notre exposé, a eu une large part dans les forces régénératrices de la civilisation par les lettres et par les arts.

Au VIIIe siècle, l'apparition de la grande figure de Charlemagne fut comme un météore dont la lumière était trop vive pour les ombres épaisses qui offusquaient le monde ; toutefois le germe de la civilisation, rendu plus vigoureux par ses soins, fut lancé par lui dans l'avenir. Il chercha les savants dans tous les coins de son empire et même au-delà ; il les combla de biens et d'honneurs, et, par un rescrit daté de 787, il fonda des écoles dans toutes les cathédrales et dans toutes les abbayes qui en avaient jusqu'alors été dépourvues. Mais, ô douleur du génie qui se connaît et qu'une infranchissable barrière rend impuissant! la langue nationale, et par conséquent une nationalité, n'était pas encore prête à éclore dans ce pêle-mêle de nations qui étaient venues s'implanter par la conquête sur le vieux sol de l'empire romain. Charlemagne s'arrêta donc dans les immenses desseins d'un fondateur, comme un vaisseau superbe qui, surpris par un calme plat et désespérant, entrevoit le port et n'y peut toucher. Quoiqu'il en soit, les hautes maximes de politique, de religion et de morale inscrites dans ses Capitulaires étaient comme le premier formulaire de la puissante unité qui se concentrait alors et s'organisait dans la papauté, ancre de salut du monde et son premier élément de civilisation, soit pour la produire, soit pour la sauvegarder. La plus célèbre des écoles fondées par Charlemagne fut celle de Tours, dirigée par le célèbre Alcuin. Les lettres et toutes les choses de l'intelligence furent partout en crédit sous Charlemagne ; mais ce fut le IXe siècle qui en profita.

Charles II, dit le Chauve, fut donc plus heureux que Charlemagne, en ce qu'appartenant à la deuxième époque de transition, Charles II voyait s'organiser sous ses yeux, si l'on peut s'exprimer ainsi, les premiers éléments d'une langue nationale qui contenaient en embryon la langue française. Alors le latin cessa tout à fait d'être vulgaire, on le sait, et un jargon comme celui du serment de Strasbourg, comme le Livre des Rois et comme la cantilène à sainte Eulalie[1], etc., en prit la place. C'est une époque de transition des plus marquées : car dès ce moment le latin se réfugia dans le rang des langues mortes, et le *roman* prit sa place pour vivre au grand jour et s'alimenter de ses dépouilles. L'idiome germanique repassa le Rhin, celui des Franks demeura sans crédit, et les empires se constituèrent, comme le langage, dans les limites que la Providence leur assignait depuis le traité de Verdun (en 843). Ainsi la langue romane prenait son essor ; mais avant qu'elle n'eut pour interprètes des poètes au nord et au midi de la France, la langue latine restait en tout lieu celle des gens lettrés et avait surtout ses protecteurs dans l'Eglise : il est remarquable, en effet, que du Ve au XIIe siècle les clercs seuls aient été les historiens de leur temps.

---

[1] Les deux dernières productions sont déjà en progrès manifeste sur le serment de Strasbourg.

Il faut l'avouer à la louange de Charles-le-Chauve, et c'est d'autant plus un devoir impérieux de notre part que nous n'avons pas failli devant la critique que nous imposait l'examen de ses actes et de son caractère, il faut l'avouer hautement, les lettres doivent beaucoup à Charles-le-Chauve, « elles lui doibvent tant, s'écrie l'historien Gollut[1] dans son vieux langage, que l'on tient pour asseuré que sans luy les universités fondées par Charlemagne se perdoient; car haïant attiré tous les doctes qui estoient en Angleterre et en Escosse, il redressa le tout. » — « La meilleure de ses qualités, dit Mézeray, fut qu'il se rendit très-sçavant et qu'il gratifia les gens de lettres d'honneurs et de récompenses, les envoyant chercher jusqu'en Grèce et en Asie pour en enrichir la France. »

Malgré le règne agité de ce prince, et à l'imitation de Charlemagne, il voulut choisir un lieu où les hautes études fussent en relief. Il avait jeté son dévolu sur Compiègne, dont il voulait changer le nom en celui de *Carlopolis*. L'école du palais accrut encore son lustre par suite de la protection puissante de Charles-le-Chauve, qui y appelait de toutes parts les hommes les plus éclairés en tous genres. Il avait confié la direction de cette école à un savant Bourguignon appelé *Mannon*[2], lequel avait commenté la *République* de Platon

---

[1] 2ᵉ éd., in-4°, 1846, p. 334.
[2] Mab., t. VII.

et toute la partie morale de la philosophie d'Aristote[1]. Les lettres florissaient en France, et particulièrement l'histoire. Il est vrai qu'elle se ressent encore çà et là des ténèbres de l'époque : ainsi l'excellent abbé Hilduin[2], qui écrivait la vie de saint Denis, un des apôtres des Gaules et le premier évêque de Paris au milieu du III⁰ siècle, confond ce saint avec Denis l'Aréopagite, un des juges de saint Paul à Athènes. Ce gros anachronisme donne l'idée de l'ignorance où l'on était alors des moindres notions de chronologie ; et il ne faut pas s'étonner si nous sommes encore si incertains aujourd'hui de l'âge où ont vécu certains personnages que les premiers chroniqueurs, et surtout les moines, ont placés au hasard dans la série des temps. La chronologie est pour l'histoire ce que la grammaire est pour le langage : elles ne naissent l'une et l'autre qu'après le progrès.

Toutefois, les historiens et autres écrivains que nous allons indiquer par ordre de date dans ce remarquable IX⁰ siècle, font plus que compensation avec ce qui pouvait rester du mauvais ferment des siècles antérieurs. Eginhard[3] et le comte Nithard[4], l'un gendre et l'autre petit-fils de Charlemagne, profitèrent avec

---

[1] Le Beuf, t. II, p. 100 ; — *Histoire de la France litt.*, t. V ; — Mille, t. II.

[2] Mort abbé de Saint-Denis, en 840.

[3] Mort en 839. Il était le secrétaire intime de Charlemagne.

[4] Mort en 858. Il était né d'Angilbert et de Berthe, fille de Charlemagne. Angilbert, issu d'une noble famille de la Neustrie, était disciple d'Alcuin et le favori de Charlemagne, qui l'appelait son Homère, à cause de son goût pour la poésie.

honneur de l'impulsion donnée aux lettres. Ils sont tous deux les guides les plus sûrs et les plus judicieux que l'on puisse consulter, l'un sur la vie de Charlemagne, l'autre sur les funestes divisions nées entre Louis-le-Débonnaire et ses enfants. Un troisième historien de ce prince malheureux conserve encore parmi nous une incontestable autorité. Son véritable nom est inconnu, car celui qui lui est resté le qualifie sous le rapport d'une science spéciale où il excellait sans doute, c'est le surnom d'*Astronome*. C'était la gloire des hommes illustres d'alors de s'identifier avec la cause même de leur renommée. Charlemagne avait mis cela en vogue, afin que, dans son académie, les titres littéraires fussent les seuls, et que les grands dignitaires laissassent toute autre livrée au vestibule du temple qu'il avait institué. Lui-même avait pris un nom patronymique, afin d'effacer par un aussi touchant subterfuge la grandeur de son rang au milieu de son illustre famille d'adoption littéraire. Quel hommage à la dignité et à la puissante souveraineté des lettres! Un des principaux statuts du règlement de cette assemblée, c'était qu'elle restât assise quand Charmagne paraissait!

Nithard dut son empire sur Charles-le-Chauve plus encore à ses talents littéraires qu'à sa haute naissance. L'abbé de Ferrières[1], qui était un des meilleurs écri-

---

[1] Loup ou Leu, le disciple et l'ami d'Eginhard. Il assistait au concile de Soissons en 853.

vains du IX⁰ siècle, jouit par la même raison de la faveur de Charles-le-Chauve, et ils furent tous deux, comme plus tard l'archevêque de Reims Hincmar, les principaux conseillers de ce prince ami des lettres. D'ailleurs, ces deux derniers combattirent avec un grand succès par leurs ouvrages une dangereuse doctrine qui tentait de faire irruption, c'était celle d'un moine allemand nommé Gotescalc : il enseignait que Dieu a prédestiné ses élus à la vie éternelle et les réprouvés à une mort éternelle. A l'aide de l'abbé de Ferrières et d'Hincmar, les saines doctrines triomphèrent, et Gotescalc mourut en prison sans vouloir se rétracter. Un autre savant moine irlandais, appelé Jean Scot ou Scot Erigène, vint d'Irlande à la cour de Charles-le-Chauve, où il avait été attiré, comme beaucoup d'autres illustres étrangers, par les soins que mettait le roi de France à donner tout le relief possible au progrès des connaissances humaines. Il devint l'ami du prince, et lui dut une éclatante protection jusqu'au moment où il lui fallut quitter la France sur l'injonction du pape Nicolas, à cause de ses doctrines hérésiarques[1]. Il avait écrit un Traité de la Prédestination, où il réfutait Gotescalc; mais son imagination ardente l'entraîna lui-même dans des chimères philosophiques, et il s'élança témérairement hors du domaine de l'Ecriture et de la tradition, en enseignant un véritable panthéisme. Ainsi, la recrudescence des lettres, en

---

[1] D'autres prétendent qu'il termina ses jours en France, vers 877.

produisant un avantage, amenait aussi un danger, c'était l'abus et la subtilité de l'esprit, comme s'il était impossible au génie du bien de se manifester sans éveiller aussitôt le génie du mal.

Loup de Ferrières et Hincmar eurent le plus grand crédit sur l'opinion de leurs contemporains, on le voit par les lettres nombreuses qu'ils nous ont laissées et où ils prennent un ton d'autorité et d'admonestation, soit dans les questions politiques, soit dans celles où il s'agit de la conscience, de l'art de se conduire, ou de l'impulsion qu'ils prétendent donner aux plus hauts personnages comme aux plus humbles. On a plusieurs lettres de ces deux coryphées de l'esprit de leur siècle adressées à Gérard de Rossillon et à Berthe, qui figuraient parmi les personnages le plus en relief à cette époque. Ainsi, quoique dévoué en tout à Charles-le-Chauve, Hincmar se ménage néanmoins l'appui du puissant duc de Provence, et flatte en diverses occasions son amour-propre en assurant Gérard que ce sera sa propre autorité et non celle du roi dont il invoquera l'appui lorsqu'il s'agira des biens de l'église Saint-Remy, située en Provence; il l'assure que dans plus de dix monastères de chanoines, de moines et de religieuses, il fera prier pour son salut présent et à venir. Il fallait que le duc Gérard fût bien puissant pour que le fougueux Hincmar lui tînt un langage aussi souple ; car ce prélat ne ménageait personne, pas même la reine Richilde, à laquelle il écrivit d'un ton rigoureux pour lui faire le reproche d'avoir favorisé certaines menées sur l'emploi d'aumônes qui avaient été léguées au siége de Laon par la reine Hermentrude.

Le roi Charles-le-Chauve consultait l'archevêque de Reims en toute occasion, et se conduisait d'après ses conseils, lorsque ceux de son ambition n'étaient pas les plus entraînants. Ce dernier avait écrit et dédié au roi un livre extrait de l'Ecriture et des Pères, et qui était comme un formulaire de conduite. Il y traitait de la personne du souverain, de son action gouvernementale, des punitions et de la miséricorde. Ainsi, descendant du roi à ses courtisans, de ceux-ci aux inférieurs, des archevêques aux évêques et aux simples clercs, des abbayes aux plus modestes centres religieux, l'infatigable prélat entretenait une correspondance active qui le rendait partout maître de l'esprit de son siècle. Il contribuait à en adoucir les mœurs, car, malgré un grand progrès déjà, il existait un reste de barbarie et de violence digne des siècles où la force était la loi suprême : en effet, il prend soin de répandre parmi les évêques la sentence de saint Paulin contre ceux qui tuent leurs femmes.

La vie d'Hincmar est racontée avec tout l'intérêt qu'elle mérite par Flodoart ou Frodoart[1], chanoine de Reims. Son histoire de l'église de Reims est déjà un modèle de narration et de haute simplicité qui témoigne d'un immense progrès sur le chroniqueur bourguignon Frédégaire, appartenant au VII° siècle. Cet au-

---

[1] Mort en 966.

teur est l'ignorance, la crédulité et la confusion même; mais déjà dans Frodoart brillent des réminiscences des historiens et des poètes de Rome. Tous deux peignent à merveille la situation de leur époque respective : l'un la plus sombre des décadences, et l'autre la jeunesse et la vivacité du progrès.

Déjà les mœurs s'adoucissaient en Bourgogne : Albéric et Théobald, évêques de Langres, ranimant parmi les esprits le culte des lettres romaines, ramenaient en même temps la discipline et la réforme dans les monastères. Une des principales causes de cet adoucissement des mœurs, c'est que le culte de Marie devenait fervent parmi les populations; et qu'un grand nombre de sanctuaires étaient alors consacrés à la Vierge sous l'invocation de Notre-Dame. L'Eglise n'eut pas de peine à encourager un enthousiasme si pur dont l'effet, en sanctifiant la femme et la jeune fille, était d'apporter à ce pauvre cœur humain des respects et des sentiments inconnus qui convertissaient en force et en dignité la faiblesse même, de fonder le charme et la sainteté des familles, et, par un ordre logique nouveau et irrésistible, d'établir une admirable compensation, un équilibre puissant auquel les nations païennes n'avaient jamais songé.

L'Eglise ne se bornait pas à donner asile aux lettres latines et grecques, elle encourageait aussi la langue vulgaire naissante : car les conciles de Tours et de Reims[1] ordonnaient que chaque évêque eût, pour

---

[1] En 813.

l'instruction des peuples, des homélies traduites en langue romane, afin que tout le monde pût les comprendre. Les cœurs commençaient à se recueillir dans une foi plus douce et plus pénétrante, et la poésie des légendes berçait ce malheureux temps comme une mère affectueuse berce son faible enfant et endort ses douleurs. Le récit des vertus des saints produisait des imitations; la Bible fournissait d'intarissables objets de comparaison dans les événements contemporains : ainsi une colonne de feu était sortie de la cathédrale de Poitiers pour guider l'armée de Clovis[1]; il n'y eut pas d'église qui ne prétendît à son martyrologe, et il fallut partout garder les reliques pour les préserver d'escamotages sacriléges. Un grand abus résulta de cette effervescence : quand les actes manquaient, on ne crut pas toujours qu'une fraude pieuse fût répréhensible. De cette dangereuse facilité naquirent les fausses légendes, dont l'effet a nui plus tard à la meilleure des causes, en faisant ombrage à la vévérité, cette reine du monde, comme la qualifie le grand Bossuet. Jamais la piété d'une ame éclairée ne pourra l'engager à croire légèrement de simples traditions populaires qui n'auront pas reçu une haute sanction catholique. La superstition est la fille de l'ignorance et de l'irréflexion.

Cependant, sur la fin de ce IX⁰ siècle, un crêpe funèbre couvrait les Gaules : les Normands entouraient

---

[1] *Essais sur les légendes,* par Maury.

de toutes parts les provinces maritimes, et perçaient, par les fleuves, jusqu'au cœur de la France, tandis que les Sarrazins envahissaient notre sol au midi et les Hongrois à l'ouest. Alors les monastères étaient abandonnés de toutes parts ou convertis en forteresses où l'on veillait plus à sa sûreté qu'au succès des écoles; les lettres se réfugiaient vers les contrées lointaines ou allaient s'abriter dans d'autres monastères au-delà du Rhône et du Danube, en Saxe et en Allemagne, et les monastères germaniques devenaient à leur tour les saints asiles de la science, tandis que l'obscurité recommençait pour nous au sein de la France. Chose étonnante! ces Norvégiens qui venaient tout confondre et arrêter la sève de la nation, la protégèrent plus tard, par un de ces décrets impénétrables de Dieu, qui sait, quand il veut, tirer le bien du mal. Ainsi la langue française fut promulguée par eux[1] dès le XI° siècle, avec les lois qui devaient régir la Normandie et l'Angleterre. Qu'aurait donc opposé au torrent dévastateur des invasions normandes le faible caractère de Charles-le-Simple, si les fiers compagnons de Rolland ou Raoul ne se fussent volontairement cantonnés dans la Neustrie, en acceptant le christianisme? Ajoutons, pour compléter le tableau, que la France était déchirée en tous sens par les grands et les petits bénéficiaires.

Cependant, par une illusion assez ordinaire soit

---

[1] Les lois de Guillaume-le-Conquérant furent rédigées en langue française en 1069.

dans l'ordre physique, soit dans l'ordre moral, tout semblait s'arrêter lorsque tout se mettait en mouvement : les langues de l'Europe moderne se formaient ; des Etats nouveaux grandissaient aux dépens d'une unité gouvernementale dont le principe fermenta toujours, puisqu'il ressaisit plus tard avec vigueur ses nombreuses dépouilles enrichies des avantages et des fruits nés d'efforts individuels. Il n'est pas jusqu'à la chevalerie qui ne se soit montrée en germe à cette époque, lorsqu'on vit, près de Strasbourg, les compagnons de guerre de Louis-le-Germanique et de Charles-le-Chauve fixer tous le regards de la multitude, enchantée de leur force, de l'éclat de leurs personnes et de leur adresse dans les exercices des armes[1]. Donc, pour resserrer encore les termes de notre conclusion : progrès manifeste des lettres ; formation du langage aujourd'hui langue française ; division du sol en provinces, dont chacune a vécu son temps dans une glorieuse individualité ; adoucissement et aménité des mœurs par l'esprit de chevalerie, issu de la féodalité même ; donc et surtout, puissante influence de l'Eglise par son caractère d'unité et par ses conciles. Tel il faut se représenter le IX° siècle, époque de transition réelle entre la décadence de l'âge romain dans les Gaules et la marche progressive des temps modernes. Nous aimons à restituer au IX° siècle ses droits, et nous le faisons par un amour sincère de

---

[1] Frantin, *Histoire de Louis-le-Pieux*, ann. 842.

la vérité et d'après la conviction où nous sommes que, faute d'avoir étudié ce siècle, on l'a généralement calomnié.

Mais au X° siècle le mouvement littéraire s'arrête tout à coup, et l'on demeure terrifié par ces paroles de l'Apocalypse de saint Jean[1] : « Après que les mille ans seront accomplis, Satan sera délié, et il sortira de sa prison, et il séduira les nations qui sont aux quatre coins du monde Gog et Magog, et il les assemblera pour combattre ; leur nombre égalera celui du sable de la mer. »

Le bruit s'était répandu que, quand l'Annonciation, qui est toujours fixée au 25 mars, tomberait le Vendredi saint, le monde finirait infailliblement. Or, cette fatale rencontre devait arriver l'an 992, Pâques se trouvant pour cette année au vingt-septième jour de mars[2].

De toutes parts alors on ne pensa plus qu'à mourir, et tout le reste fut indifférent. On ne voyait sur les chemins que des personnes agenouillées au pied des croix ; de tous côtés on faisait des pèlerinages aux saintes reliques, et ce zèle religieux et universel était comme l'avant-coureur du grand pèlerinage des Croisades ; les écoles se fermèrent, et maîtres et disciples ne songèrent plus qu'à prier et à conjurer le ciel. Quelques esprits sages et éclairés s'efforçaient pourtant de tranquilliser les populations ; mais que peut

---

[1] Ch. xx, v. 2-6.
[2] Fleury, *Hist. eccl.*, t. XII, liv. LVII, p. 310.

une voix calme et rassurante au milieu d'un peuple mu par une panique rendue contagieuse et excessive en raison de l'ignorance et de la superstition? Saint Abbon, abbé de Fleuri ou Saint-Benoît-sur-Loire [1], fut du petit nombre de ceux qui essayèrent vainement d'y porter remède. On sait par lui, qu'étant fort jeune encore, il avait entendu un prédicateur annoncer dans une église de Paris, que vers la fin de l'an 1000 l'Ante-Christ, viendrait et que le jugement dernier le suivrait de près. Ce qui contribua encore à augmenter parmi le peuple la croyance à la fin du monde[2], c'est qu'il vivait à une époque de grandes ruines, de misères de toute nature, et qu'il était autant pérsécuté par les seigneurs que maltraité par les invasions. Cependant l'aurore du Xe siècle s'annonça calme et radieuse et sans le bruit des trompettes terribles : aussi passa-t-on bientôt de la terreur à la sécurité la plus complète, et le progrès, qui s'était tristement arrêté, reprit sa noble course.

La langue romane fit dès lors de rapides progrès et se scinda en deux branches dont les troubadours au Midi et les trouvères au Nord créèrent la littérature

---

[1] Mort en 1004.

[2] Selon Eusèbe (III, 39), dit Bossuet, c'est Papias qui, au IIe siècle, répandit le système des millenaires, ou le règne de mille ans pris à la lettre. Cependant cette opinion disparut au IVe siècle, et elle était tenue pour indifférente dans l'Eglise, d'après saint Justin. Il est aisé de voir (pense saint Augustin, aussi bien que Bossuet), que le xxe chapitre de l'Apocalypse doit être pris dans un sens spirituel. Ainsi, ni mille ans ni cent ans ne sont des nombres préfixes, mais bien, des nombres parfaits employés pour marquer la plénitude des temps et un nombre indéfini d'années.

propre à chacun de ces deux idiomes. Pendant ce temps-là, les lettres latines et grecques, plus que jamais ravivées par les écoles ecclésiastiques, reçurent enfin, tout au commencement du XIII° siècle, une haute sanction publique par l'institution de l'Université[1]. On sait de quelles grandes prérogatives fut doté ce corps illustre, et l'immense influence qu'il exerça sur la splendeur de notre littérature française. Dès son apparition, il reçoit de saint Louis une protection éclatante, car la pensée que ce corps va se dissoudre par suite de démêlés avec les bourgeois de Paris trouble le repos de ce bon et illustre roi. Il lui semble que Jésus-Christ lui-même vient l'admonester en ces termes : « Puisque tu as repoussé la science de ton royaume, apprends que je te repousserai aussi de moi. » Le judicieux chroniqueur Guillaume de Nangis, contemporain de son héros, partage bien ses appréhensions, car il ajoute que tant que la foi, les lettres et la chevalerie seront inséparables en France, le royaume prospérera; mais que, si elles se séparent jamais, il tombera au contraire en dissolution[2]. Les termes de la plainte sont

---

[1] En 1200. Ses statuts furent rédigés en 1215, par Robert de Courson, sous le règne de Philippe-Auguste; on l'appela l'Université, parce que le corps enseignant comprenait alors quatre nations: France, Picardie, Normandie et Angleterre, remplacée depuis par l'Allemagne. (Bouillet.)

[2] En cel an meisme (1230), grans dissentions mut à Paris entre les clers et les bourgeois, et ocirent li bourgoi aucuns des clers; pourquoi li Universités se départi et issi hors de Paris, et ala en diverses provinces. Quant li roys Loys vit que l'estude des lettres et de philosofie cessoit parmi Paris, par quoi li trésors de sens et de sapience est acquis, qui vaut et seurmonte tous autres trésors,

bien plus énergiques chez le vieil auteur; car comment notre langue, déjà énervée et sans vigueur, lutterait-elle de sève et de liberté contre les vives allures de sa jeunesse? Remarquons cette triple alliance de la foi, des lettres et de la chevalerie, et sachons bien qu'elle renfermait tout le secret de notre gloire et du premier rang que nous tenions dans le monde.

Le règne de Charles V, dit le Sage, est une époque mémorable dans l'histoire des lettres. C'est là, en effet, que scintile le premier rayon de la pléaïde de nos poètes français. On doit à ce roi la première collection d'ouvrages, au nombre de neuf cents volumes, rassemblés par lui avec amour dans une des tours du Louvre nommée *Tour de la Librairie*. Tel a été l'embryon de la bibliothèque de la rue de Richelieu, aujourd'hui la plus riche et la plus complète

---

s'estoit ainsi partis de Paris, qui estoit venue de Grèce à Romme, et de Romme en France avec le titre de chevalerie, si se douta mout et ot paour grans li roys dous et débonnaires, que si grans et si riches trésors ne se eslongât de son royaume, pourceque richesse de salut sont plaine de sens et de savoir, et pourceque il ne li peut estre dit ne reprouchié de nostre Seigneur : « Pource que tu as geté et eslongié science de ton royaume, saches que je te eslongeré de moy. » Ne demoura mie gramment après que il manda les clers et les bourgois et fit tant que li bourgois amendèrent aus clers ce qu'il leur avoient méfait. Et quar puisque nostre sire Jhesu-Crist vout espécialment suz tous autres royaumes enluminer le royaume de France de *foy*, de *sapience* et de *chevalerie*, etc., comme ces troy grace seront fermement et ordonnément jointe ensemble ou royaume de France, li royaume sera fors et fermes, et se il avient que eles en soient ostée ou desseurée, li royaume cherra en désolation et en déstruiement.

(*Annales du règne de saint Louis*, par G. de Nangis, p. 170 de l'édit roy. de 1764.)

du monde. Charles V donna à l'Université le titre de fille aînée des rois, et voulut que dans les solennités elle prît rang après les princes de sa maison ; et comme les courtisans murmuraient d'une si éclatante marque d'honneur, le roi leur disait : « Tant que les lettres seront favorisées en France, ce royaume sera florissant; mais si jamais on les néglige, leur chute entraînera la sienne. On ne peut donc trop honorer ceux qui les cultivent [1]. »

Cette opinion a fait la force de toute la monarchie française; et elle était tellement dans l'esprit du XVIIe siècle, que les principaux personnages, depuis le plus grand seigneur jusqu'aux financiers, traduisaient leurs sympathies par des pensions faites aux grands écrivains. Aussi régnait-il à cette mémorable époque une aménité générale dans les mœurs; l'esprit français était alors animé de toute sa grâce et de son ingénieux et facile abandon. Partout on savait causer, et de là était née une égalité par l'esprit, la seule égalité possible, et qui s'est retirée de nous comme un vernis suave et délicat que nous ne reverrons plus.

Le grand Colbert, quoique puissamment adonné aux choses spéculatives, avait honte d'être dénué de lettres, et, pour montrer l'estime qu'il en faisait, il avait voulu consacrer tous les jours, même pendant

---

[1] Les clercs où a sapience l'on ne peut trop honorer, et tant que sapience sera honorée en ce royaume, il continuera à prospérité ; mais quand déboutée y sera, il décherra. (Christine de Pisan.)

qu'il était ministre, une heure au latin, afin de se mettre à même de lire les grands modèles de l'antiquité. Il ne rendit pas aux lettres ce seul et personnel hommage : on le vit distribuer de toutes parts des encouragements, et il y eut peu d'hommes alors renommés qui ne se ressentissent, par ses soins, de la munificence royale[1].

Mais qu'est-ce à dire? L'esprit humain est-il devenu autre depuis qu'un vaste système de communications rapides unit les capitales entre elles? Les peuples divers vont-ils se mêler bientôt, et aspirent-ils à l'étroite alliance de l'unité du langage? N'y aura-t-il bientôt ni océan, ni chaînes de montagnes pour servir de limites aux nations? S'il n'y a plus qu'une langue, il n'y aura plus qu'une littérature universelle, et le

---

[1] C'est un fait curieux à observer aujourd'hui que le thermomètre des libéralités d'alors. Ainsi, Corneille était coté aux états de pension pour deux mille livres, avec ce magnifique éloge : « M. Corneille, le plus grand génie dramatique connu. » Au-dessous figurait le *poète Racine,* pour huit cents livres seulement; mais la postérité substitua bientôt une couronne d'or à cette humble apostille. Pourra-t-on croire que Pradon ait éclipsé, comme pensionnaire, ces deux sublimes poètes? Hélas oui! et il n'y a jamais eu un homme de valeur qui n'ait *son Pradon* en croupe. Celui de Racine recevait trois mille livres, avec cette belle note officielle : « M. Pradon, le plus grand poète et l'esprit le plus solide qui ait encore paru. » Faut-il s'étonner de ce vol impertinent fait à la gloire en plein XVIIe siècle?... Roxalinde de l'hôtel Rambouillet avait dicté la formule, pendant que les grâces mettaient un bandeau sur les yeux de Mme de Sévigné, et Pradon, dévoré de la soif des ruelles, les courait ardemment, aux heures mêmes où Racine disposait dans la solitude les brillants et magiques reflets de son style. Quant à Molière, il tenait le milieu entre ces catégories : on le pensionnait pour mille livres; mais quel était l'avantage, de recevoir plus d'argent pour être plus fustigé par la verge redoutable de ce dernier, ou poursuivi par les guêpes que l'implacable Boileau attachait à ses rimes?

monde en sera-t-il moins sous la sublime dépendance des lettres ? Quelle sera cette langue et cette littérature ? Faut-il le demander ? La langue française est aujourd'hui le lien du monde, et quand la science, fière d'avoir conquis la foudre, s'attribuerait encore le domaine des airs, ces nobles conquêtes, loin d'arrêter l'essor de notre littérature, la populariseraient davantage encore. La science ne peut centupler ses résultats qu'elle ne centuple ceux des lettres : la science et les lettres sont l'unité. En avoir fait deux puissances, c'est pure subtilité, et l'illusion vient de ce qu'on touche matériellement du doigt les succès des expériences visibles, tandis que la vue des progrès du monde moral et purement abstrait, lequel est spécialement du domaine des lettres, échappe à la foule. Nous sommes, à notre époque, dans un de ces paroxismes d'étonnement où l'on s'attache à ce qu'il y a de plus apparent et où l'on scinde, par une dangereuse abstraction, un phénomène naturellement complexe. Entendez-vous, d'ailleurs, les plus grands génies protester ? Entendez-vous Bossuet dire aux fils des rois : « Les lettres sont les maîtresses de la vie humaine ? » Entendez-vous Napoléon-le-Grand, dont la vaste intelligence dominait son siècle, lui dire, dans l'effusion de sa haute pensée : « Oui, j'aime les sciences, chacune d'elles est une belle application partielle de l'esprit humain; mais les lettres, *c'est l'esprit humain lui-même*[1]. »

---

[1] Citation de Monseigneur Dupanloup, évêque d'Orléans, dans son discours de réception à l'Académie française.

Nous tous, nous protestons journellement par nos propres définitions, et nous ne pouvons appliquer le mot sacramentel et si en usage, de *sanctuaire des lettres*, sans songer qu'elles reflètent le rayon divin que l'homme a reçu du ciel. Les lettres nous font converser, dans notre ame, avec nous-mêmes et avec Dieu ; elles élèvent notre esprit et nous rendent meilleurs ; elles nous affermissent dans nos sentiments et dans nos devoirs ; elles nous charment, nous consolent et nous tiennent lieu de fortune. Il n'appartient qu'aux lettres de faire un homme distingué dans toute profession, et, à moins d'un sot orgueil qui obscurcisse sa raison, il n'y a pas d'homme, quel que soit l'éclat de son rang, qui n'ait un hommage au moins tacite à accorder à son inférieur en titre, si ce dernier l'égale ou le surpasse en mérite personnel. Eh ! qu'importe à l'inférieur en titre le contraire de ce procédé naturel ? Il aura pour la robe les égards ostensibles, mais l'homme ne lui échappera point.

Deux bases inébranlables de notre dignité, le christianisme et les lettres, nous ont rachetés du sensualisme grossier des mœurs païennes : le plus grand malheur pour nous, ce serait d'y retomber faute d'apercevoir dans cette double cause l'origine d'une félicité réelle autant qu'on puisse en posséder ici-bas. Vienne le dédain et l'insouciance pour les lettres, on s'attacherait désormais exclusivement à un appât dangereux de prétendue science pratique sous l'empire de laquelle on croirait apercevoir l'unique source du bien-être. Alors bientôt l'esprit de lucre ravagerait les familles, la considération publique changerait de nature et ne serait plus accordée qu'aux favoris de la fortune ; alors les manœuvres de ceux-ci passeraient pour habiles, leur rapacité pour un moyen nécessaire, leurs détours contre le véritable esprit de la loi pour un tact heureux ; puis encore la langue se plierait à ces nouvelles mœurs, et la dépravation n'aurait plus de bornes ; car l'argent se serait subtilué à tous nos plus nobles instincts.

Les lettres étaient hier encore le contrepoids de ce terrible danger ; on leur accordait de faire briller à tous les yeux des foyers de lumière concentrés d'âge en âge ; on saluait avec respect les grandes physionomies qui ont jeté un si bel éclat parmi nous. Que deviendrait cette magnifique auréole si l'abandon des lettres était un jour toléré en haut ? Ce serait le plus dangereux signal donné à la dévastation de notre esprit français ; mais, grâce au ciel, il n'est plus possible d'appréhender un si fatal enivrement : car le prince qui nous gouverne semble avoir fait asseoir avec lui les lettres sur le trône, et sa préoccupation est de tout faire pour que la France, après avoir reconquis si glorieusement sa prépondérance sur le monde, puisse désormais se livrer avec sécurité à tout ce que produit de grand le génie de la paix[1]. Qu'arriverait-il encore d'une tendance exclusive au bien-être matériel, sinon une vie fiévreuse, déchue de la dignité et de

---

[1] Discours de l'Empereur à l'ouverture de la session législative du 16 février 1857.

l'honnêteté publique et de l'urbanité ; sinon la recherche des enrichissements rapides, l'agriculture avilie, et la bonne et joyeuse simplicité de la vie rurale abandonnée pour courir le hasard des spéculations de la Bourse, la fortune des places et la vie haletante de la capitale? Les extrêmes se touchent : ces prétendus progrès de la civilisation pourraient bien, si la raison publique n'y apportait le remède, frapper nos champs de stérilité, comme l'avait fait au moyen-âge un excès de barbarie.

Prenons bien garde de contribuer nous mêmes à notre décadence au moment où nous possédons tous les éléments les plus féconds d'une civilisation universelle. Les temps de décadence ont toujours été des époques de luxe et d'apparat : ainsi la vapeur recueillera en un instant, sous de féeriques palais de cristal, des troupeaux plus magnifiques cent fois que ceux ravis par Ulysse au géant Polyphême ; des gerbes luxuriantes s'étaleront du sol au plafond flanquées de riches produits exotiques; en un instant des fleurs et des arbustes d'un aspect inconnu viendront de toutes les parties du globe provoquer parmi nous l'enthousiasme et le plaisir... Cependant, en dehors de cette pompe factice et enivrante, puissent nos gerbes de France ne point s'amaigrir ! puissent nos paysans rester simples et intègres ! puissent nos paisibles métayers comprendre la maxime mélodieuse du poète de Mantoue[1] ! puissent les familles s'accroître et prospé-

---

[1] O fortunatos mimium sua si bona norint
Agricolas. . . . .

rer autour du foyer rustique et savourer le calme inconnu aux villes !

On ne nous saura pas mauvais gré, nous l'espérons, de cette rapide esquisse sur l'influence salutaire des lettres dont le mouvement a commencé au IXe siècle et a fait la plus grande gloire de notre belle France. Par suite d'une corrélation d'idées, nous avons exposé, dans l'introduction, le jeu des éléments de la langue française en contact avec ceux de la langue d'Oïl. Pourquoi donc la *philologie* ne serait-elle pas aussi curieuse que l'histoire? On permet bien à celle-ci de remonter aux premiers chefs d'un illustre empire et d'en poursuivre les indices avec autant de zèle qu'un géographe étudiant des pays inconnus. Et que fait d'ailleurs ce dernier? Il cherche sur l'arène les moindres traces d'un filet d'eau vive parce que là est peut-être l'origine d'un grand fleuve qui, après d'innombrables tributs recueillis sur son passage, entre majestueusement dans la mer.

FIN.

TABLE DES MATIÈRES.

INTRODUCTION. . . . . I — XLVIII

   SOMMAIRE. — Utilité de la reproduction de nos grands poèmes. Empressement des étrangers et apathie des Français pour cette littérature nationale. Aperçu de la chronique rimée que nous éditons et des dessins précieux qui l'accompagnent. Côté moral et religieux du poème. Des manuscrits divers qui nous ont servi à rendre fidèlement sa contexture. Date véritable du poème. Exposé bibliographique. Du copiste Savesterot et de Jehan Tuauquelin, auteur de la version en prose du m⁵ de Beaune. Autre version, Arnoullet de Lyon. Etude comparée des XIIᵉ, XIIIᵉ et XIVᵉ siècles. — Poèmes monorimes de douze syllabes. Commencement de l'alternance des rimes, introduite dans la poésie de geste, par Adénès, au XIIIᵉ siècle, mais sans distinction de rimes *masculines* ou *féminines*. C'est ce mode qu'a suivi notre poème. Les poètes étaient nos premiers historiens, en même temps qu'ils polissaient le langage. Le dialecte le plus employé par la cour de France, devient l'idiome dominant, après avoir fait des emprunts aux autres dialectes. La langue de notre poème est celle dont se servait saint Louis. Emprunts faits par elle au dialecte bourguignon. Variations d'orthographe. Rapports immédiats de la langue française avec quelques dialectes principaux du roman d'Oïl. Transformations rendues évidentes par un tableau. Forme concise des verbes de la langue d'Oïl. Expressions heureuses dont la disparition de nos vocabulaires français est regrettable. La langue d'Oïl plus grammaticale que la langue française. Ronsard voulut, contre Minerve, substituer les formes helléniques aux formes latines. Beautés littéraires de notre poème. Différence entre lui et le poème provençal reproduit par M. Francisque Michel. Courte analyse du dernier. Sommaire de notre poème. Un mot sur l'auteur du *Girart de Viane*. Côté philologique de notre œuvre. Services rendus par la philologie depuis l'origine de la langue française jusqu'à nos jours, et son utilité.

   NOTA. — Il n'y a dans le mˢ de la Bibliothèque impériale que nous avons reproduit ni divisions ni points de repère. Les divisions que l'on verra établies ci-dessous comme dans notre texte du poème sont donc notre ouvrage. Cette méthode nous a semblé nécessaire pour faciliter la lecture et faire mieux saisir l'ensemble de cette épopée.

   I. PROLOGUE DU POÈME. . . . . Page 1

   II. ENTRÉE EN MATIÈRE. — Dissensions entre les fils de Louis-le-Débonnaire. — Girart refuse de se prononcer pour les uns ou pour les autres et ne se trouve point à la bataille de Fontenay. — Histoire du château de Rossillon et de Girart jusqu'à ses démêlés avec Charles-le-Chauve. 5

   III. Girart devient, par alliance, le beau-frère du roi Charles-le-Chauve. — La division se met entre eux à cause de la succession du comté de Sens. — Charles s'empare du château de Rossillon, puis va à la rencontre de Girart vers Poligny. — Girart, réduit à un petit nombre de défenseurs, est vaincu. 29

   IV. Fuite de Girart à Dijon, à Besançon, puis au fort de Joigne et enfin en Hongrie. — Sa vie errante et aventureuse. — Longue et touchante période de ses infortunes. 81

   NOTA. — Les dessins dont nous allons donner ici textuellement les légendes, à mesure que nous les classerons, selon l'ordre qu'ils doivent occuper dans notre texte, sont, d'après toute apparence, originaires du XIᵉ siècle, et devaient figurer dans le texte de la chronique latine de *Poultières* (Pothières), qui a servi de base à l'auteur de notre poème. Ils auront été calqués et reproduits, soit par cet auteur au commencement du XIVᵉ siècle, soit par le copiste Savesterot au commencement du XVᵉ. — Nous les donnons tels qu'ils se trouvent au Mˢ de la Bibliothèque Impériale, c'est-à-dire trois au simple trait et six coloriés.

   Premier dessin. Fuite de Girart. — Vis-à-vis la page. 84
   En suivant l'ordre des légendes du haut en bas de la page, voici leur reproduction : Cy deseus est peint Girars fui à Besançon, Berthe après.
   Dès Dijon ung messaige qui vint dire à Girars que le roy le poursuit.
   Cy desoubz s'enfuit Girars et Berthe de Besançon tout désolés et s'en vont en Ongrie au roy Otthon leur oncle.
   On lit tout à fait au bas de la gravure le mot *Besanco* (Besançon).

Second dessin. Les ermites. — Vis-à-vis la page 91
Légendes : C'est l'ermite Vestuy de Chièvre qui proischa et essorta moult Girart et Berthe.

Quand Girars partit de Besançon il trouva ung hermite qui l'adressa à ung autre hermite.

Troisième dessin. Girart charbonnier et Berthe couturière.—Vis-à-vis la page 103
Légendes : Cy desoubz est Girars de Rossillon, duc, qui porte un fais de charbon et gagne sept deniers par jour.

Berthe est couturière qui gaignoit par jour un denier et siet tout bas en la poudrière.

Quatrième dessin. Girart et les varlets. — Vis-à-vis la page. 104
Légendes : Girars a vendu son fais de charbon et s'en vat aval la ville et il rencontre ung vallet qui dit qu'il estoit panderres de larrons.

Girars emporte le vallet qui l'avoit appeley panderres de larrons et dit qu'il n'y a larrons que lui et qu'il le pendra. Chacuns dit que c'est bien fait.

V. Girart rentre en grâce près du roi. — Tableau des vertus de Girart et de Berthe. — Apologues variés et attachants. 108
Cinquième dessin. Girart et Berthe reviennent d'exil. — Vis-à-vis la page 108
Légendes : La royne en allant à Mostier rencontra Girart et Berthe en estat de pelerins estrangers en la cité Paris, et appercut ladite royne Girart si com elle la dist a une damiselle.

Au bas de la gravure on lit *Primo*, parce que le dessin suivant représente la suite de cette rencontre.

Sixième dessin. Les époux exilés rentrent en grâce. — Vis-à-vis la page 115
Légendes : Le roy leur pardonna tout et leur rendit toute leur terre et les remit en possession de tout.

Comment Girars et dame Berthe, en abis honestes, vinrent au-devant du roy et de la royne à Paris en eux s'étant montrés à la Pentecoste en allant au Mostier a Nostre-Dame.

VI. Girart à la cour de France. — Le démon, avide de discorde, suggère au comte de demander de nouveau le partage du pays de Sens, et la guerre est tout à coup rallumée. — Première défaite de Charles en Flandres, deuxième défaite près de Soissons, et troisième défaite à Pierre-Pertuis sous Vezelay. — Girart et Berthe reviennent au château de Rossillon, et là ils profitent du repos conquis par les armes et reprennent leur vie sainte et exemplaire. 133

VII. Le démon réchauffe de nouveau la haine de Charles, lequel s'empare par surprise du château de Rossillon. — Bataille dans la plaine placée au pied du mont Rossillon (aujourd'hui montagne de Vix). — Le roi est défait et s'enfuit à la faveur de l'incendie de la forteresse. — Girart bâtit le château-fort de Châtillon. — Bataille de Sens. — Charles, une cinquième fois vaincu, se retire vers Paris, où le comte bourguignon vient l'assiéger. 189

VIII. Un ange apparaît au roi pendant son sommeil pour lui enjoindre de faire la paix avec Girart. — Partage du comté de Sens. — Girart et Berthe, pour répondre au nombre des victoires remportées sur Charles-le-Chauve, érigent douze monastères, et, entre autres, ceux de Pothières et de Vezelay. — Circonstances et épisodes de ces pieuses fondations. — Mort de ces illustres époux. — Translation des restes de Girart d'Avignon à Pothières. — Prodiges sur leurs tombeaux et événements postérieurs à leur mort. 223

Septième et huitième dessins, ensemble et sans légendes. Solennités religieuses. — Vis-à-vis la page 240

Neuvième dessin. L'ermite d'Avignon. — Vis-à-vis la page 258
Légende : Un hermite en son hermitage qui aoure. — Un ange devant li et d'autre part qu'il parle a peuple.

Poésies diverses : Les quatres complexions des hommes. 277
Les sept vertus qui parlent és sept pecchiés mortelx 279
La patenostre saint Julien. 282
Incorrections du copiste 284

… TABLE DES MATIÈRES. 457

DU ROLE RÉEL DE GÉRARD DE ROSSILLON DANS L'HISTOIRE DU IXᵉ SIÈCLE et exposé de cette histoire, notamment en ce qui concerne les pays bourguignons, ou HISTOIRE DES PREMIERS TEMPS FÉODAUX. 285

Sommaire. — Incertitude de la géographie du moyen âge. Morcellement de l'empire de Charlemagne. Bataille de Fontenay. Partage définitif des terres de l'empire à Verdun. Trois grandes nations et trois langues nouvelles se forment. A quelle époque et à quelle occasion il est parlé pour la première fois de Gérard de Rossillon (au lieu de *Girart* à cause de l'usage) dans l'histoire. Il ne faut pas le confondre avec un autre Gérard, comte d'Auvergne, gendre de Pépin, roi d'Aquitaine. Affection de Louis-le-Débonnaire pour Gérard de Rossillon. Il était comte de Paris et comte du pays Lassois. Dénominations diverses du mont de Rossillon. De la ville de Latiscum, de sa forteresse et de l'étendue du pays Lassois. Variations de ses limites et de celles de la Bourgogne septentrionale. Origine de Gérard. Fluctuations des historiens sur ce personnage illustre. Quelques-uns ont cru à l'existence de plusieurs Gérard. Opinion judicieuse de Duchesne, d'où il résulte, selon nous, que les historiens qui assignent à Gérard l'époque du VIIIᵉ siècle ne se sont pas assez défiés de la fausse chronologie adoptée au hasard par les troubadours et les trouvères. Véritable parenté de Gérard. Depuis la mort de Louis-le-Débonnaire, Gérard de Rossillon se tient à l'écart et s'éloigne peu à peu des intérêts de Charles-le-Chauve. Causes de la confusion de notre Gérard avec le comte d'Auvergne du même nom. Le poëte a bâti un récit de bataille imaginaire d'après le récit réel de la bataille de Fontenai. Intrigues politiques de Charles-le-Chauve pour se concilier les seigneurs. Premiers ferments de la féodalité. Guerre en Aquitaine et en Bretagne. Gérard dévoué à la cause de Lothaire. Le comte de Rossillon est la sauvegarde des populations méridionales contre les invasions des Normands. La royauté s'alarme des forteresses élevées contre les incursions ennemies, et elle en prescrit la démolition. L'empereur Lothaire prend l'habit monastique et partage ses vastes Etats entre ses fils Louis II, Lothaire II et Charles, encore enfant, qui devient le pupille de Gérard. Ce comte, investi d'une grande autorité, préside l'assemblée de Salmoring. Mort de l'empereur Lothaire. Le nom de Gérard devient populaire dans tous les lieux soumis à son autorité. Traité d'Orbe entre les fils de l'empereur Lothaire. Leurs vues ambitieuses contre le jeune Charles, devenu majeur, sont déjouées par la fermeté de Gérard. Charles-le-Chauve envahit les frontières de ses neveux et il échoue dans son entreprise. Il a mille peines à consolider son pouvoir; il est même abandonné des siens et s'enfuit chez les Bourguignons septentrionaux, qui le rétablissent sur son trône en chassant de France Louis-le-Germanique. Tableau des dissensions intestines des descendants de Charlemagne et des derniers efforts de la royauté. Au milieu de ces perturbations, Gérard maintient son autorité. Il règle le partage des fils de l'empereur Lothaire. Les duchés d'Arles et de Lyon jouissent d'une paix profonde sous l'administration de Gérard. Condescendance de la cour de Rome à son égard. Les évêques se plaignent d'être sous sa dépendance, et il est résulté de là certaines préventions contre lui qui se sont perpétuées. Gérard résidait principalement à Lyon. Naissance et mort du jeune Théodorys. Strophes sur sa naissance et sur sa mort. Des moines Lambert et Albéric, et de l'état des lettres à cette époque. Gérard et Berthe choisissent Dieu pour leur héritier et fondent des monastères, et notamment les célèbres abbayes de Pothières et de Vezelay. Date de ces fondations. Pourquoi l'on a donné à Gérard le titre de duc de Bourgogne. De l'esprit qui a présidé à ses chartes de fondations. Description des abbayes de Pothières et de Vezelay. Des reliques de sainte Marie-Madeleine. Causes de rupture en 868 entre le roi et le comte de Rossillon. Le système féodal se régularise. Le roi retire sa charte de confirmation des abbayes de Pothières et de Vezelay. Habile protestation de Gérard entre les mains de l'archevêque de Reims, Hincmar, favori de Charles-le-Chauve. La mort du jeune Lothaire II excite la convoitise du roi. Il veut s'emparer de sa succession, qui revenait à Louis II, et se fait couronner roi de Lorraine avec le concours de Louis-le-Germanique, lequel recule, au dernier moment, devant la perpétration de l'acte de spoliation. Absence de Louis II occupé d'une guerre en Saxe. Gérard, surpris à l'improviste, se retire dans les forteresses de la Séquanie ou Bourgogne cisjurane, et confie la place de Vienne à l'héroïque Berthe, en attendant le secours et la diversion qu'il espère de l'empereur Louis II. Coup d'œil sur Poligny, Pontarlier, et sur les montagnards Varasques d'origine bourguignonne. Bataille du Drugeon. Gérard, fugitif dans ces montagnes, apprend que Berthe ne peut plus tenir dans Vienne à cause des intelligences qu'y pratiquait son ennemi. Capitulation de Gérard. Il s'embarque sur le Rhône et va s'établir à Avallon. Le comte Boson s'enrichit des dépouilles de Gérard, qui avait eu pendant dix-huit ans la direction des affaires dans la haute Bourgogne et la Provence. Coup d'œil sur les actes et le caractère de Boson. Exagération des légendes monastiques. La retraite de Gérard laisse le champ libre à l'ambition de Charles-le-Chauve, suscitée derechef par la mort de Louis II et celle de Louis-le-Germanique. Le roi de France se met en devoir de dépouiller ses trois neveux. Son armée est dispersée à Mergen, et l'empire d'Allemagne se reconstitue. Il meurt en revenant d'Italie. Parallèle de Charles-le-Chauve et de Louis XI, desquels l'un avait perdu et l'autre avait rétabli le prestige de la royauté. Autre parallèle de Gérard et de Charles-le-Téméraire, deux célèbres adversaires de la royauté, l'un au déclin de cette royauté et l'autre à l'époque du rétablissement de son principe et de sa puissance. Comment l'histoire du IXe siècle a été jusqu'ici négligée, et comment on peut établir les dates réelles de la mort de Berthe et de Gérard. Des successeurs de ce comte dans l'administration du pays Lassois : Boson, Conrad, Richard. Race énergique de Richard : Raoul, Boson II, Hugues-le-Noir. Le comté de la Montagne placé sous la dépendance d'un archevêque de Sens. Des premiers ducs bénéficiaires et de leur résidence. Henri, frère de Hugues Capet, reçoit de ce dernier l'investiture du duché de Bourgogne en qualité de premier duc héréditaire. Il adopte le fils de sa femme Gerberge, afin de ne pas mourir sans héritier. Comment Dijon devint la capitale du duché et supplanta la noble cité d'Autun. Erreur de ceux qui ont considéré les évêques de Langres comme suzerains de tout leur diocèse. Epoque véritable où les évêques entrèrent en possession d'un fief dans le comté de Lassois. Charte en vertu de laquelle les ducs de Bourgogne eurent eux-mêmes part à ce fief. Tendance de la part des premiers ducs héréditaires à étendre leurs limites au nord de la Bourgogne. Hommage des comtes de Champagne aux ducs de Bourgogne. Limites de leurs possessions. Acte d'inféodation entre l'évêque Godefroy et le duc Eudes II. Hugues III et l'évêque Gautier. Concession de celui-ci. Aliénations de fiefs importants au nord de la province de Bourgogne. La garde de l'abbaye de Pothières échappe au duc de Bourgogne par suite de ces aliénations. Le mont Lassois et plusieurs bourgs cessent de relever de la Bourgogne pour dépendre de la Champagne. Le duc Robert II veut porter remède aux aliénations ou *mises hors de mains*. Comtes ou seigneurs particuliers de Châtillon. Saint Bernard était issu de cette noble maison. Conflits entre elle et les évêques. Extinction de ses droits par suite de traités. Annexion de la ville de Châtillon au duché. Esprit et mouvement général de deux époques de transition très-peu étudiées, le VIe et le IXe siècle. Grégoire de Tours. Influence de l'Eglise sur le progrès des lettres. Célébrité des écoles en Bourgogne. Charles-le-Chauve plus heureux que Charlemagne dans l'impulsion donnée aux lettres par ces deux monarques. Ecrivains du IXe siècle : Eginhard, Nithard, l'Astronome, l'abbé de Ferrières, Hincmar, Gotescale, Scot Erigène, Frodoart. Evidence du progrès quand on vient à comparer cet historien avec le chroniqueur *Frédégaire*, qui appartient au VIIe siècle. Les mœurs s'adoucissent en Bourgogne. Albéric. Théobald. Heureuse influence du culte de Marie. Epoque des légendes. Le progrès s'arrête tout à coup. Deux causes de ce phénomène moral : les invasions, et la croyance à la fin du monde. Résumé des progrès qui s'opéraient. Comment s'accréditait la pensée de la fin du monde. Le progrès reprend sa noble course. Les troubadours et les trouvères. L'université. Nos rois, leurs ministres et les gens de cour protégent les lettres. Si le nouveau système de communications rapides devait fonder un langage unique, la langue française serait le lien du monde. Scinder les sciences et les lettres est une dangereuse abstraction. La science et les lettres sont l'unité. Désordres qui résulteraient d'un attachement exclusif à ce qu'on appelle la science. Conclusion tendant à nous préserver nous-mêmes de notre décadence au moment où nous possédons tous les éléments d'une grande civilisation.

LISTE DES SOUSCRIPTEURS.

MM.

Son Eminence Monseigneur le cardinal Morlot, archevêque de Paris.
Son Eminence Monseigneur le cardinal de Bonald, archevêque de Lyon.
Son Eminence Monseigneur le cardinal Donnet, archevêque de Bordeaux.
Sa Grandeur Monseigneur Rivet, évêque de Dijon.
Sa Grandeur Monseigneur Caverot, évêque de Saint-Dié.
Le Révérend Père Lacordaire, général de l'ordre de Saint-Dominique des Frères prêcheurs.

MM.

Muteau, premier président de la Cour impériale de Dijon.
Le baron de Bry, préfet de la Côte-d'Or.
Vernier, maire de la ville de Dijon, président du Conseil général, député au Corps Législatif.
Louis, membre du Conseil général, député au Corps Législatif.
Ouvrard, membre du Conseil général, député au Corps Législatif.
De Mongis, procureur général à la Cour impériale de Dijon.
Cournot, recteur de l'Académie de Dijon.
De Lacuisine, président de chambre à la même Cour, président de l'Académie de Dijon.
Legoux, président de chambre à la Cour impériale de Dijon.

Aluert, membre de la Société dunkerquoise pour l'encouragement des sciences, lettres et arts.
André, membre de l'Académie de Dijon.
Aroux, ancien député de la S.-Inférieure.
Baudot (H.), membre de l'Académie de Dijon, président de la Société archéologique de la Côte-d'Or.
Beauvau (le prince de), membre du Conseil général de la Côte-d'Or.
Berlier, membre de la Société archéologique de la Côte-d'Or.
Bertrand, curé de Grancey-sur-Ource.
Beutot, vicaire de Notre-Dame de Dijon.
Blacas d'Aupt (le duc de), à Paris.
Bobin, avocat à Châtillon.
Bonvarlet fils, à Dunkerque.
Bordet père, ancien banquier à Châtillon.
Bordet (Louis), associé principal de la grande Société métallurgique de Sainte-Colombe, etc.
Bordet (Henri), membre du Cons. gén. de la Côte-d'Or, auditeur au Cons. d'Etat.
Bouguèret (Edouard), associé principal de la grande Société métallurgique de Ste-Colombe.
Bouguèret (Joseph) associété principal de la grande Société métallurgique de Ste-Colombe.
Bouguèret (Alex.), maire de Voulaines.
Bourée (L.), docteur-médecin à Châtillon.
Bourgon, ancien député, et ancien président de chambre à la Cour impériale de Besançon.
Bourru, ancien notaire à Châtillon.
Boutet (le marquis du), au château de Crepan.
Bresson, avoué, membre de la Société archéologique de la Côte-d'Or, président de la Société de bienfaisance, etc.
Bretenières (le baron de), à Dijon.
Breton, ancien adjoint à Chateauvillain (Haute-Marne).
Brissac (le comte Fernand de), à Paris.
Brosses (le comte de).
Cailletet-Voizot, négociant à Châtillon.
Canat de Cluzy, président de la Société d'hist. et d'arch. de Chalon-s-Saône.
Capmas, professeur de droit à la Faculté de Dijon.
Caudemberg (G. de), anc. ing. en chef, membre de l'Académie de Dijon.
Caumont, architecte, membre de la société archéologique de la Côte-d'Or.
Causard, médecin à Châtillon.
Chabrillant (le comte de), au château de Fontaine-Française.
Challe, président de la Société historique et nat. de l'Yonne, membre du Conseil général, à Auxerre.
Chalon-sur-Saône.—La Soc. d'h. et d'arch.
Chalonge (de), curé de Notre-Dame.
Charrey (de), membre de la Société archéologique de la Côte-d'Or.
Chaumonnot, à Champigny.
Cherest, avocat à Auxerre.
Chevalier-Bordet, négociant à Châtillon.
Chevillard, ancien préfet de l'Indre.
Chevreul père, membre de l'Institut.
Chevreul fils, membre de l'Académie et de la Société archéologique de Dijon.
Clerc (Ed.), président à la Cour impériale de Besançon.
Coutréglise (de), à Besançon.
Croix (le comte Albert de Sainte-), au château de Pothières.
Cousin (L.), président de la Société dunkerquoise pour l'encouragement des sciences, lettres et arts.
Cousturier (Valère), au château d'Ampilly.
Couturier, avocat et juge suppléant à Dijon.
Culmet (L.), banquier à Châtillon.

LISTE DES SOUSCRIPTEURS.

MM.

Décailly (Mme), à Dijon.
Denizot, curé à Moret.
Despeyrous, prof. à la Faculté des sciences, membre de l'Académie de Dijon.
Devouconx (l'abbé), vic. gén. à Autun.
Doré, juge d'instruction à Châtillon.
Drouot (Mme), propriétaire à Paris.
Duret, ancien membre du Conseil général de Saône-et-Loire.
Dusuzeau, ancien principal du collége de Châtillon.
Egger, membre de l'Institut.
Foisset, conseiller à la Cour impériale, membre de l'Académie et de la Société archéologique de Dijon.
Fontenay (J. de), président de la Société archéologique d'Autun.
Gallereux, ancien magistrat, demeurant à Laignes.
Garsonnet, inspec. de l'Acad. de Dijon.
Giey (Mme), au château de Châtillon.
Grancey (le comte de), au château de Grancey.
Grasset, cons. à la Cour imp., membre de la Société archéol. de la Côte-d'Or.
Gruère, chanoine de Saint-Bénigne.
Honoré (A.), agent de change honoraire à Paris.
Honoré (F.), ancien avocat à la Cour de cassation.
Jobez (A.), ancien représentant, maître de forges à Siam (Jura).
Jobez (C.), propr. à Montorges (Jura).
Joliet, docteur en droit, à Dijon.
Jonquière (le marquis de la), sous-préfet de l'arrondissement de Châtillon-s-Seine.
Jamot (l'abbé), chanoine honoraire à Dijon.
Jourdheuil, conservateur des hypothèques à Châtillon.
Juan (le baron de Saint-), à Besançon.
Labaune, propriétaire à Percy.
Labouré (Mme), à Nuits.
Lacordaire aîné, recteur de l'Université de Liége.
Ladrey, professeur à la Faculté des sciences, membre de l'Académie de Dijon.
Lagier, juge au tribunal civil de Dijon.
Lamblin, propriétaire à Changey.
Landel, ancien maître de forges.
Lapérouse, président du tribunal civil de Châtillon.
Lapérouse (Gustave), sous-préfet de l'arrondissement de Sens.
Lapérouse (Louis), maître de forges à Châtillon.
Lavernette de Leynes (Ed. de), près Macon.
Le Maistre, membre de plusieurs Sociétés savantes, à Tonnerre.
Lépine, docteur-médecin, membre de la Société archéologique de la Côte-d'Or.
Lereuil, curé de Plombières.
Loisy (A. de), à Dijon.
Mahou, juge d'instruction à Paris.
Mairot (Mlle), propriétaire à Dijon.
Maître (Antoine), libraire-éditeur à Dijon. — 100 exemplaires.
Maître (Edouard), au château de Veuxhaulles. — 2 ex.

MM.

Maître (Achille), au château de Châtillon.
Marey-Monge (Mme), à Nuits.
Marion, propriétaire à Daix.
Mariotte, maire de la ville de Châtillon.
Martinière (de la), directeur des contributions indirectes à Vesoul, président de la Société d'archéologie de la Haute-Saône.
Mathieu, conseiller honoraire, membre de la Société arch. de la Côte-d'Or.
Merle, curé de Fontaine-lez-Dijon.
Michelez, propriétaire à Belleville.
Milsand, propriétaire à Dijon.
Misset, membre du Conseil général de la Côte-d'Or.
Mongin, président du trib. civil à Langres.
Moysen, à Mussy, membre du Conseil général de l'Aube.
Nicolas, vicaire de Notre-Dame de Dijon.
Nisard, membre de l'Académie franç., etc.
Noiron (L. de), au château de Noiron, près Gray.
Perreaux (Mme), à Plombières.
Perrin de Montheron, à Beaune.
Pichot l'Anvilais (le baron), à Dijon.
Piment, curé de Gergueuil, près Sombernon.
Pingat, conseiller honoraire à la Cour impériale de Dijon.
Pingat puîné, ancien avoué à Dijon.
Poussot, vicaire de Saint-Michel à Dijon.
Protat, à Brazey, membre de l'Académie et de la Société archéologique de Dijon.
Regnier-Mignard, propriétaire à Châtillon.
Rochefond (de), ancien conservateur des hypothèques à Dijon.
Roget de Belloguet (le baron), à Paris.
Roignot, avocat à Dijon.
Rolle (Hippolyte), bibliothécaire de la ville de Paris.
Rolle (Adolphe), notaire honoraire, demeurant à Paris.
Royer, curé de Montbard.
Royer, curé de Quemigny (Côte-d'Or).
Sarcus (le comte de), au château de Bussy.
Saint-Seine (le marquis de). — 2 ex.
Stiévenart, doyen de la Faculté des lettres de Dijon, membre correspondant de l'Institut, etc.
Techener, libraire à Paris. — 24 ex.
Testot-Ferry (Gustave), juge de paix à Mâcon.
Testot-Ferry (Henri), propr. à Arnay.
Thénard (P.), membre du Conseil général de la Côte-d'Or, à Talmay.
Thomas, receveur particulier des finances de l'arrondissement de Châtillon.
Tissot, professeur à la Faculté des lettres, vice-président de l'Académie de Dijon.
Truffet, curé de Sainte-Sabine (Côte-d'Or).
Université de Liége (la bibliothèque de l').
Vaissier, notaire à Dijon.
Vaurois (Mme de), à Châtillon.
Vesvrotte (le comte de), à Dijon.
Vogüé (le marquis de), à Paris.
Voizot, principal du collége de Châtillon.
Weiss, bibliothécaire de la ville de Besançon.

OUVRAGES DU MÊME AUTEUR

Éducation de famille, Morale chrétienne. Paris, 1851, in-12; chez Jacques Lecoffre et Cⁱᵉ, rue du Vieux-Colombier, 29.

De l'Étude de l'Histoire pour les jeunes élèves qui suivent les cours latins. Paris, 1851, in-8°. *Épuisé.*

Histoire de différents Cultes, Superstitions et Pratiques mystérieuses d'une contrée bourguignonne. Dijon, 1851, in-4°, avec 10 planches. Se trouve à Paris, chez Didron, rue Saint-Dominique, 23.

Éclaircissements sur les Pratiques occultes des Templiers; un premier Mémoire. Dijon, 1851. *Épuisé.* — Deux autres Mémoires. Paris, Dumoulin, 1852 et 1853, in-4°; dont l'un sous le titre de *Monographie du Coffret de M. le duc de Blacas*, et l'autre sous le titre de *Preuves du Manichéisme de l'Ordre du Temple*, avec 5 planches.

Statistique de la Milice du Temple. Paris, 1853; Dumoulin, quai des Augustins, 13.

Histoire et Légende concernant le pays de la Montagne. Paris, Victor Didron, 1853. *Épuisé.* Cet opuscule va être reproduit avec des augmentations, sous le titre d'*Analyse du Manuscrit de Beaune.*

Découverte d'une ville gallo-romaine dite *Landunum.* Paris, 1854; Didron et Dumoulin, in-4°, avec 13 planches.

Du Chant liturgique, résumé critique et état de la question. Paris, 1854, in-8°, Didron.

Bourgogne septentrionale, ou Album pittoresque de l'arrondissement de Châtillon-sur-Seine, ouvrage artistique et historique; Châtillon et Dijon, 1855, grand in-folio, avec 65 planches exécutées par M. Nesle, artiste peintre, membre de la Société libre des Beaux-Arts, correspondant de l'Académie de Dijon et de la Société d'Archéologie de la Côte-d'Or. — SOMMAIRE du texte de M. Mignard : « Aspect intérieur de l'église Saint-Vorles. — Le sépulcre et les deux principales chapelles. — Iconographie d'un tableau représentant la translation des reliques de Saint-Vorles. — La Douix. — Tympan byzantin de l'église de Prusly. — Gurgy-le-Château, Bure-les-Templiers, la Courroierie, Épailly, la chapelle Saint-Thibaut. — Les châteaux d'Origny et de Jours. — Lettre sur la fontaine d'Étalante, dite la Coquille. — Le château d'Autricourt. — *Excursions archéologiques dans le Châtillonnais* ; Inscription antique expliquée à l'aide de pierres sigillaires. — Coffret des Templiers. — Interprétation nouvelle du Jupiter d'Ampilly. — Thermes de Lanssuine, ville ruinée, dite *Landunum*, etc. — *Autres excursions par les voies romaines et leurs embranchements.* Cette partie de l'ouvrage renferme un précis historique des lieux suivants : le mont Lassois, l'église Saint-Marcel, l'abbaye de Pothières, Larrey et alentours, le Duesmois, Aignay et alentours, Bremur et sa légende, Recey, monastères de Lugny et du Val-des-Choux, Voulaines, château de Montigny, etc.; description de Châtillon à vol d'oiseau. »

Histoire de l'Idiome bourguignon et de sa Littérature propre, ou Philologie comparée de cet idiome; suivie de poésies françaises inédites de Bernard de La Monnoye. In-8°, Dijon, 1856, Lamarche et Drouelle, éditeurs.

Dijon, imp. Loireau-Feuchot.

www.ingramcontent.com/pod-product-compliance
Lightning Source LLC
Chambersburg PA
CBHW071417230426
43669CB00010B/1581